Mutterschaft und geistige Arbeit

Eine psychologische und soziologische Studie
Auf Grundlage einer internationalen Erhebung mit Berücksichtigung der geschichtlichen Entwicklung

Von

Adele Gerhard und **Helene Simon**

Berlin
Druck und Verlag von Georg Reimer
1901

Vorwort.

Zu der vorliegenden Arbeit bewog uns trotz mancherlei Bedenken der Wunsch, das bedeutungsvolle Problem des Verhältnisses höherer geistiger Arbeit zu der körperlichen Natur der Frau und den aus ihr erwachsenden Funktionen und Aufgaben der Mutter auf Grundlage eines breiteren Erfahrungsmaterials zu prüfen. Obwohl wir uns der unvermeidlichen Mängel unseres Vorgehens durchaus bewusst waren, glaubten wir immerhin einen ersten Versuch einer derartigen Behandlung der Frage wagen zu dürfen.

Das Erfahrungsmaterial wurde für die Gegenwart zum grössten Teil durch die Ergebnisse einer internationalen Erhebung in Europa und Amerika gewonnen. Eingehende mündliche und schriftliche Mitteilungen ergänzten die Antworten auf die versandten Fragebogen und verstärkten die Möglichkeit einer individualisierenden Behandlung. Wir wandten uns vor allem an Frauen, die Leistungen in Wissenschaft und Kunst (einschliesslich der reproduktiven Künste und der praktisch wissenschaftlichen Bethätigung) aufzuweisen haben. Ferner fielen in den Rahmen unsrer Studie die auf dem Gebiet der Agitation, des Essais und des Journalismus bemerkenswerten Frauen.

Welches Niveau geistiger Leistungen unserer Ausführung als Grundlage dient, zeigen die im Anhang verzeichneten Namen der Frauen, deren Mitteilungen wir benutzten. Nimmt man das Bild als Ganzes, so sieht man, dass wir auf einem gewissen mittleren Niveau der Leistungsfähigkeit fussten. Dies war, da auf einzelnen

Gebieten Frauen bisher nur geringe Erfolge erzielten, unvermeidlich, wenn wir auch nur den bescheidensten Ueberblick geben wollten.

Nicht das Verhältnis des Frauenlebens zur beruflichen Thätigkeit, sondern vielmehr zur höheren geistigen Arbeit schlechthin ist der Kern unserer Studie. Und nur weil und soweit diese geistige Arbeit uns im Rahmen der Berufe entgegentritt, haben wir mit deren Anforderungen gerechnet.

Bei Benutzung der Vergangenheit wurden nicht alle Frauen, die auf den oben erwähnten Schaffensgebieten arbeiteten, berücksichtigt, sondern nur jene begrenztere Zahl, deren Stärke in der That hier und nicht in den rein persönlichen Wirkungen einer Memoiren- und Brieflitteratur lag. Auch handelt es sich in dem vorliegenden Buch nicht etwa um eine Geschichte der Frauenleistungen; diese wurden nur soweit herangezogen, als es für unser Problem notwendig war.

Bei Erörterung eines so komplizierten und die feinsten psychologischen Fragen berührenden Problems liegt naturgemäss immer die Gefahr nahe, gegenüber der bunten und blühenden Vielheit des Lebens durch eine Behandlung, die die grossen Linien zu erfassen sucht, schematisch zu erscheinen. Vor diesem Bedenken durfte man nicht zurückschrecken, wenn man das Problem in seiner Wesenheit herausstellen wollte. Es ist ferner am Platze, hier noch einem anderen Bedenken vorzubeugen. „Wird sich irgend ein Weib denunzieren, dass sie keine gute Mutter sei, und ihr Beruf sie daran hindere?“ Dieser von einer angesehenen Schriftstellerin erhobene Einwurf giebt wohl allgemeinen Zweifeln gegenüber einem Versuch, wie dem unsern, Ausdruck — Zweifeln, die von uns selbst vor Beginn der Erhebung aufgeworfen wurden, aber in überraschender Weise durch die empfangenen Mitteilungen widerlegt sind. Dies erklärt sich aus der Natur unserer Frage, die im Leben vieler Frauen eine weit über theoretische Erwägungen hinausgehende Rolle spielt und deren allgemeine Bedeutung sie bestimmte, ihre persönlichen Erfahrungen rückhaltslos mitzuteilen.

Wir sind den im Register verzeichneten Frauen und einigen Experten, deren Namen wir auf ihren ausdrücklichen Wunsch verschweigen, zu warmem Dank für ihre Mitteilungen verpflichtet. Diese Mitteilungen konnten wir — soweit sie persönlicher Natur sind — nur in Einzelfällen mit dem Namen der Experten bringen.

Wir möchten ferner an dieser Stelle den Herren Professoren Schmoller, Wagner, Sering, Sombart, Herkner für das gütige Interesse, das sie unserer Arbeit zu Teil werden liessen, danken. Ebenso Herrn Professor Zuntz und Herrn Professor Kemmerer sowie den Sachverständigen, die uns bei Auswahl der für die Gegenwart in den verschiedenen Berufen in Betracht kommenden Frauen halfen. Bei der Gewinnung des Gegenwartsmaterials waren uns Helene Lange, Clara Zetkin, Beatrice Webb, Henriette von der Mey in liebenswürdigster Weise behilflich.

Die mühevolle Aufgabe, uns im Auslande zu orientieren, übernahmen — teilweise infolge gütiger Vermittelung von Hanna Bieber und Minna Cauer — in Frankreich Dr. Käthe Schirmacher, in Skandinavien der Friederike Bremer-Bund, in Dänemark Elly Nienstaedt und Emma Gad, in Italien Dr. Therese Labriola, in Belgien in ganz besonders dankenswerter Weise die Holländerin Henriette Roland Holst, in Holland Henriette von der Mey, in der Schweiz Frau Steck-Brodberk, in Ungarn Frau Professor Heller, in Russland Frau Dr. Wolkowa und Sophie Kramskoi, in Portugal Caroline Michaelis di Vasconcello, in Oesterreich Marie Lang, in Polen Dr. Sophie Daszynska. Für England haben wir uns des „Women's Institute“, für Amerika des „Students Reference Bureau“ bedient. Der weitaus grösste Prozentsatz unbeantwortet gebliebener Fragebogen entfällt auf die reproduktiven Berufe. Hier stützen sich daher unsere Ausführungen zum grossen Teil auf das in reichem Masse vorhandene biographische Material.

Versäumnisse bei der Versendung der Fragebogen sind zweifellos von uns begangen worden, abgesehen von der grossen Zahl der als unbestellbar zurückgekommenen Briefe. Wir nehmen an, dass solche Lücken durch die unendlichen Schwierigkeiten dieser Arbeit zur Genüge entschuldigt sind.

Adele Gerhard. Helene Simon.

Inhaltsverzeichnis.

Seite

II. Teil. Das Verhältnis der Mutterschaft zu den verschiedenen Arten geistiger Arbeit.

Einleitung.

Durch das ganze siebzehnte bis zum letzten Viertel des achtzehnten Jahrhunderts scheint es, als führe die Entwicklung dahin, die Frau mehr und mehr in den Kreis der Familienexistenz einzuschliessen, sie der erwerbenden und weltbürgerlichen Thätigkeit fernzuhalten. Soweit schon eine Beteiligung der Frau an der gewerblichen Arbeit in den unteren Klassen angebahnt wird, hält sie sich im Rahmen der Häuslichkeit.

Dies ändert sich erst, als mit der Einführung der Maschinen, zunächst im Textilgewerbe, Frauen in Massen in den sich entwickelnden Fabrikbetrieb hineingezogen werden, für den sie den Vorzug geringerer Lohnansprüche und fast unbegrenzter Gefügigkeit bei handlicher Geschicklichkeit bieten. Der überwältigende Aufschwung des Wirtschaftslebens schleudert die Arbeiterin allmählich auch in andere Arten grossindustrieller Thätigkeit. Selbst Berg- und Maschinenbau nehmen sie zeitweilig auf, ohne Rücksicht auf das werdende Geschlecht im Mutterschooss, ohne Rücksicht auf ihre Kinder, die durch mangelnde Pflege zu Grunde gehen. Denn immer mehr entzieht diesen die Erwerbslast Zeit und Kraft der Mutter — die Arbeit wird ins Endlose ausgedehnt, die Nacht zum Tage gemacht. Mit glühenden Lettern ist in die Geschichte der Industrie eingebrannt, dass in England in den 50er Jahren zur Zeit einer mit wirtschaftlicher Krise verbundenen Hungerepidemie die Säuglingssterblichkeit stark abnahm: die arbeitslosen Mütter waren ihren Kindern zurückgegeben, konnten sie nähren und warten.

Während sich so auf der einen Seite ein erdrückendes Uebermaass an Arbeit auf das Weib niedersenkte, ward in den mittleren und höheren Ständen einer Reihe weiblicher Kräfte das Feld ihrer Thätigkeit mehr und mehr eingeengt. Wie zunächst das häusliche

Spinnen und Weben durch das grossindustrielle Textilgewerbe vollständig verdrängt wurde, so gingen allmählich auch andere Industrieen, wie ein Teil der Bekleidungs-, Reinigungs- und Genussmittelindustrie u. s. w., aus dem Bereich des Hausfleisses in die Grossindustrie über. So wurden zahlreiche Frauen des Bürgerstandes mehr und mehr um ganze Zweige ihrer Beschäftigung gebracht und wesentlich in ihrem ökonomischen Wert für den Einzelhaushalt beeinträchtigt. Dies galt besonders für die Unverheiratete, deren Unterstützung die Hausmutter nun entraten konnte. Nicht mehr wie einst war die herangewachsene Tochter ein wichtiges Glied im Räderwerk der Wirtschaft — sie war eine Ueberzählige geworden, wenn sich nicht ausserhalb der Familie ein Erwerb für sie fand. In begrenztem Maasse und sehr allmählich bot er sich in bisher wesentlich von Männern ausgeübten Berufen und solchen, welche die technischen Errungenschaften und die ungeheuer wachsenden Arbeitsanforderungen unserer rastlos vorwärts drängenden Zeit ins Leben gerufen hatten. Aus ähnlichen Motiven wie die Grossindustrie die Frauen der Arbeiterklasse heranzog, nahm der Handel die Töchter des Bürgerstandes auf, während den Staat zwar ebenfalls praktische Vorteile, zugleich aber auch die Rücksicht auf die materielle und ideelle Notlage der Frauen bewog, Telegraphistinnen, Telephonistinnen, Billetverkäuferinnen u. s. w. anzustellen. Gleichzeitig war man bestrebt, die weiblichen Lehrkräfte zu vermehren und Frauen für das Kunstgewerbe und verwandte Berufe vorzubereiten.

Diese Wandlung war nur teilweise unter dem unmittelbaren Druck der ökonomischen Verhältnisse entstanden: aus der wirtschaftlichen Entwicklung war seit der französischen Revolution mit der Betonung des Individuums und der Erklärung der Menschenrechte eine veränderte Auffassung über die Frau erwachsen. Diese veränderte Auffassung, die sowohl in Frankreich, wie in Deutschland und in England frühe und beredte Vorkämpfer gefunden hatte — wir erinnern an Hippel, Olympe de Gouges, Condorcet, Mary Wollstonecraft — ergriff nur sehr langsam weitere Kreise und gestaltete sich erst in der Mitte des neunzehnten Jahrhunderts, zunächst in Nordamerika und England, später auch in Deutschland und Oesterreich zu einer in verschiedenen Gruppen organisierten Bewegung, die heute ein nicht mehr zu ignorierender Faktor geworden ist und in allen Kulturländern ihren Einfluss mehr oder minder zur Geltung bringt.

In Amerika waren die Anfänge einer Frauenbewegung eng verwoben mit den Unabhängigkeits- und Antisklavereibestrebungen. Schon seit den 40er Jahren bildeten sich hier Wahlrechtsvereine; sie haben zwar durchgreifende Erfolge bis auf den heutigen Tag nicht erzielt, wohl aber den Frauen Schulen und Universitäten geöffnet und ihre ganze gesellschaftliche und rechtliche Stellung gehoben[1]).

Es ist anzunehmen, dass in England Mary Wollstonecraft's vollkommen modern gedachtes, glühend geschriebenes Buch „A Vindication of the Rights of Women" noch tiefer gewirkt hat, als äusserlich zu Tage trat. Jahrzehnte vergingen, ehe ihre Ideen in weiten Kreisen Wurzel schlugen. Jedenfalls aber war ein mächtiger Anstoss gegeben. Ende der 50er Jahre ward die von einem hohen Idealismus getragene litterarische und politische Wirksamkeit J. St. Mills epochemachend für die Frauenbewegung. Wie für die politischen Rechte der Frauen trat man seither auch energisch für ihre bessere Ausbildung ein. Die feste Anlehnung vieler seit jener Zeit gebildeten Vereine an bestimmte politische Richtungen ist stark an ihrem weitgehenden Erfolge beteiligt.

In Deutschland hatte Luise Otto-Peters 1844 ihre litterarische Fehde für die Selbständigkeit ihres Geschlechts eröffnet, zunächst in den von Robert Blum herausgegebenen „Vaterlandsblättern", seit 1849 in einer eigenen Frauenzeitung. Aber erst in den 60er Jahren kam es zu den ersten Vereinsbildungen, den Anfängen der heutigen Frauenbewegung. Die äusserste Linke derselben hat später hinsichtlich der politischen und rechtlichen Stellung der Frau Forderungen aufgenommen, welche die sozialdemokratische Partei schon sehr früh vertreten hatte. Seit Mills „Hörigkeit der

---

[1]) Nur in vereinzelten amerikanischen Staaten besitzen die Frauen heute das aktive und passive Wahlrecht. Auch in einem Teil von Australien haben sie das aktive Wahlrecht, so in Neu-Seeland. Etwas günstiger als für die Gesetzgebung liegt die Sache für die Teilnahme an der örtlichen Verwaltung. So steht ihnen das aktive und passive Wahlrecht bei den Grafschaftsbezirken der Armen- und Schulbehörden in 20 Staaten der Union zu; übrigens auch in Norwegen und in England. Vergl. Ostrogorski, Die Frau im öffentlichen Recht. Leipzig 1897.

Frau“ hat kein Buch über diesen Gegenstand gleich mächtig gewirkt wie Bebels „Frau“, keines in weitesten Kreisen solch leidenschaftliches und andauerndes Interesse erweckt.

Wir haben nun heute in Deutschland mit zwei prinzipiell von einander abweichenden Anschauungen betreffs der Emanzipation der Frau zu rechnen: die Sozialdemokratie betrachtet sie nur als Teil einer gesamten sozialen Umwälzung und nur in Verbindung hiermit in ihren Endzielen erreichbar — die Frauenbewegung fasst die Frauenfrage gesondert, ohne Verbindung mit einem allgemeinen sozialen und politischen Programm und erwartet ihre Lösung im wesentlichen im Rahmen der bestehenden Verhältnisse. Innerhalb dieses gemeinsamen Rahmens bildeten sich in der Frauenbewegung sehr verschiedene Zweige, die für einzelne Forderungen mit mehr oder minder grossem Radikalismus eintraten. Zunächst waren es Frauenerwerbs- und Bildungsvereine, die durch bessere und fachgemässe Schulung den Zulass der Bürgertöchter zu den vorerwähnten neuen Berufen anstrebten. Schon hier macht sich die erwähnte veränderte Auffassung über die Frau geltend, mehr noch kommt sie zum Ausdruck in dem Kampf um Erschliessung der akademischen Berufe. Auf die Berechtigung dieser Forderungen liess die Thatsache, dass fast eine Million überzähliger Frauen vorhanden sind, ein grelles Licht fallen und überzeugte mit unerbittlicher Beweiskraft selbst solche Kreise, die sich der weitergehenden Propaganda für die Zulassung zu den politischen Rechten aufs Energischste widersetzten. In diesem letzten Verlangen spiegelt sich, wie in einem Brennglas, der tiefste Gehalt der ganzen Bewegung: das Heranreifen der Frau zur Persönlichkeit, die am geistigen und öffentlichen Leben teilnimmt — die Entwickelung zum Weltbürger.

Ausser dem linken Flügel der Frauenbewegung tritt in Deutschland die sozialdemokratische Partei für diese Forderungen in ihrem ganzen Umfange ein, wenn sie auch vor allem die Interessen der Arbeiterinnen wahrnimmt, die sich zur Arbeiterinnenbewegung zusammenschlossen. Diese bildet sowohl ein Glied der politischen als der gewerkschaftlichen Organisation und ist gänzlich unabhängig von der Frauenbewegung im engeren Sinne zu betrachten.

Mit der Frauen- und Arbeiterinnenbewegung in ihrer gegenwärtigen Gestalt steht unsere Studie über die Vereinigung von Mutterschaft und höherer geistiger Arbeit in einem gewissen mittelbaren Zusammenhang — schon deshalb, weil sich die letztere nicht unbedingt von einer erwerbenden Berufsthätigkeit trennen lässt. Vielmehr spielt diese häufig und folgenschwer in die Frage höherer geistiger Arbeit hinein, ja, sie ist in vielen Fällen deren bewusste oder unbewusste Veranlassung. Ueber das Verhältnis einzelner gewerblicher Arbeitsgebiete zur Mutterschaft liegen nun bereits grundlegende, konkrete Ergebnisse vor, und es bedarf nicht mehr der Feststellung, dass es sich hier in zahlreichen Fällen um ein trostloses, das Volkswohl gefährdendes Missverhältnis handelt, wenn auch unzweifelhaft heute ein gänzlicher Ausschluss der jungen Mutter von der industriellen Thätigkeit bedauerlicherweise undenkbar ist. Was auf diesem Gebiet unmittelbar aufs dringendste notthut, ist die Ausführung der Forderungen, die aus der gewonnenen Erkenntnis an die Gesetzgebung zum Schutz der Arbeiterin und ganz besonders der arbeitenden Mutter erwachsen[1]).

Handelt es sich hier in keiner Weise mehr um eine theoretisch ungelöste Frage, so ist das von uns in Angriff genommene Problem bisher nur Gegenstand allgemeiner Erörterungen gewesen. Ferner würde der Konflikt, der durch die Vereinigung von lediglich zum

---

[1]) Wir verweisen auf folgende Forderungen einer im Herbst 1900 von der sozialistischen Frauenbewegung aufgestellten Resolution, welche die nächste notwendige Erweiterung der bestehenden Schutzvorschriften zeigt:

1. Absolutes Verbot der Nachtarbeit für Arbeiterinnen.
2. Verbot der Verwendung von Arbeiterinnen bei allen Beschäftigungsarten, welche dem weiblichen Organismus besonders schädlich sind.
3. Einführung des gesetzlichen Achtstundentages für Arbeiterinnen.
4. Freigabe des Sonnabendnachmittags für die Arbeiterinnen.
5. Aufrechterhaltung der gesetzlich festgelegten Schutzzeit für erwerbsthätige Schwangere und Wöchnerinnen von 4 Wochen vor bis 6 Wochen nach der Niederkunft. Beseitigung der Ausnahmebewilligungen zu früherer Wiederaufnahme der Arbeit auf Grund eines ärztlichen Zeugnisses. Erhöhung des Krankengeldes für Schwangere bezw. Wöchnerinnen auf die volle Höhe des durchschnittlichen Tagelohns. Obligatorische Ausdehnung der Krankenunterstützung der Wöchnerinnen auf die Frauen der Krankenkassen-Mitglieder.
6. Ausdehnung der gesetzlichen Schutzbestimmungen auf die Hausindustrie.

Die Fassung in No. 5 ist nicht ganz deutlich. Für die Zeit vor der Entbindung handelt es sich für Deutschland um eine durch die Gesetzgebung erst festzulegende Schutzvorschrift.

Zweck des Erwerbs unternommener Arbeit mit der Mutterschaft entsteht, in einer andern Wirtschaftsordnung, die den Mutterberuf ökonomisch wertet, wegfallen — hingegen niemals die Frage zwiefacher Anforderungen eines zwingenden geistigen Triebes und der Mutterschaft, wie immer sie durch die ökonomische Entwicklung modifiziert werden. Die Prüfung dieser zwiefachen Anforderungen führt zu den letzten psychologischen und soziologischen Tiefen der Frauenfrage. Denn unzweifelhaft muss die höhere geistige Leistungsfähigkeit mit Hinblick auf diejenigen Frauen erwogen werden, die sich in normaler Weise ausleben. Nur sie, die den ganzen Kreislauf des weiblichen Lebens durchmessen haben, repräsentieren erschöpfend ihr Geschlecht, zeigen es in seiner unbeeinträchtigten Wesensfülle, in seinem Reichtum, wie in seiner Gebundenheit. Vollen Einblick gewinnt man freilich nur, wenn man andererseits auch die im gesetzlichen wie im eigentlichen Sinne unverheiratete Frau mit ihren geringeren Bürden, ihrer grösseren Freiheit, aber auch ihrem physisch und vielleicht auch psychisch beeinträchtigten Geschlechtscharakter in seiner Einwirkung auf ihre Schaffenskraft prüft.

Es handelt sich nicht etwa darum, auch die Vereinigung hauswirtschaftlicher Thätigkeit mit der höheren geistigen Arbeit zu erörtern, denn die Anforderungen des Einzelhaushalts werden bereits mehr und mehr abgelöst und würden durch eine andere ökonomische Ordnung ohne schwerwiegende Bedenken verschwinden können [1]).

Gewisse Anforderungen der Mutterschaft haben hingegen Ewigkeitsbedeutung, und unter diesem Gesichtspunkt mag unsere Studie auch Zukunftsausblicke zulassen. Ihr unmittelbarer Zweck ist jedoch, wie wir ausdrücklich betonen möchten, den Thatbestand festzuhalten, wie er sich in einer bestimmten Zeit der Entwicklung darstellt. Das Jetzt, wie es sich enthüllt auf dem Boden der

---

[1]) Wenn es sich aber auch bei unserer Untersuchung nicht um die Vereinigung höherer geistiger Arbeit mit der hauswirtschaftlichen Thätigkeit handelt, so konnten wir dennoch, wo diese Frage in den Berichten unserer Experten berührt war, diese Darlegungen nicht ausscheiden. Schon deshalb, weil heute die mütterlichen Pflichten oft noch eng mit den hauswirtschaftlichen verknüpft sind.

Vergangenheit, das Gewordene, ist der Gegenstand unserer Arbeit.

Um ein klares Bild von dem Verhältnis geistiger Arbeit zu der Natur der Frau und der aus ihr erwachsenden Mutterschaft zu gewinnen, ist es nun vor allen Dingen notwendig, die spezifischen, nur für das Weib in Betracht kommenden physiologischen Vorgänge und Funktionen zu erörtern, soweit sie bedeutsame Momente im Frauenleben bilden. Im Anschluss hieran ist eine Darlegung der über die rein physiologischen Anforderungen hinausgehenden Aufgaben des Mutterberufs zu geben. Haben wir die Frau als Geschlechtswesen und ihre hiermit verbundenen natürlichen Pflichten betrachtet, so gilt es die in den Rahmen unserer Arbeit fallenden Thätigkeitsgebiete abzugrenzen und die bisherigen weiblichen Leistungen innerhalb derselben zu skizzieren. Erst auf dieser Basis werden wir dann ein Bild des Verhältnisses höherer geistiger Arbeit zu der Natur der Frau und der Mutterschaft entwerfen können, wie es aus den Ergebnissen unserer Erhebung und der geschichtlichen Betrachtung erwuchs.

I. Teil.

Die körperliche Natur der Frau, der Mutterberuf und die geistige Arbeit der Frau.

I. Die körperliche Natur der Frau.

Die Notwendigkeit, das Geschlechtsleben in seiner Beziehung zur Persönlichkeit zu berücksichtigen, gewinnt eine gesonderte Bedeutung für die Frau, weil ein Ausleben ihrer körperlichen Eigenart mit elementaren Pflichten unlöslich verbunden ist. Die Werdezeit des Kindes bedingt nicht nur eine in keiner Weise zu umgehende Kräfteabgabe, sondern auch meistenteils Monate der Gebundenheit, die im eigentlichen Sinne ein Leben für ein anderes Geschöpf bedeuten. Hier handelt es sich um ein von aller Entwicklung Unabhängiges, um ein Ewiges. Nirgends bietet das Leben des Mannes eine Analogie — auch nicht zu jener nächsten natürlichen Pflicht der Mutter, das junge Wesen auch weiterhin mit ihren eigenen Säften zu ernähren. Indem dem Weibe dies Vermögen zu teil ward, kündete die Natur in unauslöschlichen Zeichen ihre Weisung. Und wenn die Frau sich auch beim Säugen vertreten lassen kann, so müssen wir doch daran festhalten, dass die Natur es zur Aufgabe der Mutter stempelte.

Jene Vorgänge bilden aber nur das wichtigste Glied einer Kette physiologischer Momente, die im Kreislauf des weiblichen Lebens eine mehr oder minder grosse Rolle spielen und deshalb im Rahmen unserer Arbeit erörtert werden müssen. Wir können nun keinen Anspruch darauf erheben, sie in umfassender Weise geprüft zu haben. Vielmehr ward nur herangezogen, was zu einer tieferen Erfassung unseres Problems in einem wenn auch nur mittelbaren Zusammenhang steht und geeignet ist, dem von uns gesammelten Erhebungsmaterial eine allgemeine Grundlage zu geben. So haben wir Thatsachen angeführt, die Licht darauf werfen können, ob und wie die physiologischen Vorgänge im Verlaufe der Entwicklung der Menschheit zu höherer Kultur modifiziert wurden. Eine Reihe von Faktoren (Raçe, Klima) die, unabhängig von kulturellen Einflüssen, bedeutungsvoll für die physische Eigenart des Weibes sind, mussten gleichfalls in Betracht gezogen werden.

Ferner waren die wesentlichen Ursachen des nicht normalen Verlaufs geschlechtlicher Funktionen zu erwägen — sei, es um einseitigen Schlüssen auf den gefährlichen Einfluss der Berufsthätigkeit vorzubeugen, sei es um auf die heterogenen Gründe hinzuweisen, die einer grossen Anzahl Frauen ein natürliches Ausleben versagen. Bei der Erörterung unseres Problems war überdies ein Einblick in die den wichtigsten Geschlechtsvorgängen zu allen Zeiten zuerkannte Bedeutung notwendig, musste ihre Beurteilung in der Vergangenheit nebst den anknüpfenden Sitten beleuchtet werden. Ebenso war es unerlässlich, die den Sexualvorgängen anhaftenden falschen Vorstellungen in den Kreis unserer Betrachtung zu ziehen, um ein ungetrübtes Bild von ihnen und ihrer thatsächlichen Einwirkung zu erhalten.

Endlich ist auf die Häufigkeit nervöser Erkrankungen zur Zeit der Menstruation und der Schwangerschaft (im Anschluss hieran der Entbindung und des Wochenbettes), zur Zeit des Säugens und schliesslich des Klimakteriums hinzuweisen. Die Annahme eines Einflusses der berührten Erscheinungen auf die geistige Thätigkeit wird hierdurch nahegelegt — vor allem aber lässt, wie wir sehen werden, das Alter, in dem sich die zahlreichsten psychischen Störungen finden, gewisse Schlüsse für unser Problem zu.

Von vielen Seiten wird der Menstruation jede Einwirkung auf die Thätigkeit des Weibes abgesprochen, von anderen sie einseitig als Argument gegen diese geltend gemacht[1]).

Lange Zeit nahm man an, sie finde sich lediglich beim Weibe der menschlichen Rasse. Hat nun auch die vergleichende Physiologie durch Nachweis verwandter Erscheinungen in der Tierwelt diese Ansicht widerlegt, so ist doch ein entsprechend starker Blutverlust und die gleiche Einwirkung auf den Kräftezustand wie beim

---

[1]) Da gerade betreffs der Menstruation — wenigstens soweit die uns vorliegenden Aussagen in Betracht kommen — unsere Erhebung ein sehr einheitliches Resultat zeigte, erschien es uns doppelt notwendig, wenigstens die wesentlichsten der über den Einfluss der Menstruation herrschenden Ansichten hier zu berühren.

Menschen nicht zu finden, wenn auch z. B. einige höhere Affenarten regelmässig alle 3 oder 4 Wochen menstruieren sollen[1]).

Eine tiefere Bedeutung scheint der Menstruation zu allen Zeiten zuerkannt worden zu sein. Wie an viele Geschlechtsvorgänge heftet sich auch an sie die Vorstellung des Mystischen, ja ihr Ursprung ward sogar mit übernatürlichen Gewalten in Verbindung gebracht. Von jeher erregte sie Aufmerksamkeit, bei Völkern niedriger Kulturstufe sogar Abscheu. Die Frau galt als unrein, so lange sie menstruirte. Und hieraus erklärt sich, dass sie während dieser Zeit bei einzelnen Stämmen in einer Art Haft gehalten wurde, bei anderen ein auf ihren Zustand deutendes Abzeichen tragen musste[2]). Mit zunehmender Kultur führte die Vorstellung der Unreinheit, unterstützt durch das heisse Klima und Unsauberkeit, im Orient zur Entwicklung religiöser Gesetze, denen zweifellos Rücksichten auf die Gesundheit zu Grunde lagen[3]). Noch in unserer Zeit leben eigentümliche Gebräuche fort, die zum Teil in den Trugideen der Vergangenheit zu wurzeln scheinen — zum Teil in der mit der Menstruation möglicherweise wirklich verbundenen Unsauberkeit ihre Erklärung finden. So darf in manchen Gegenden die Menstruierende nicht in den Keller, weil man glaubt, durch ihre Ausdünstung verderbe der Wein — ein gänzlich haltloser Aberglaube.

Anders verhält es sich mit der Ansicht, dass Früchte, die während dieser Tage eingemacht werden, dem Verderben ausgesetzt seien. Bei vollendeter Sauberkeit ist dies erfahrungsgemäss ausgeschlossen, doch ist die während jener Zeitspanne leicht wirkende Unreinlichkeit mit mehr Grund als Erklärung in Betracht zu ziehen, denn geminderte Arbeitslust und Geschicklichkeit, in der Havelock Ellis die Ursache sucht[4]).

---

[1]) Vergl. Wiltshire: The Comparative Physiology of Menstruation. The British Medical Journal S. 399. Vol. I, 1883, London.

[2]) Auch hören wir von Sitten, die hygienischen Massregeln gleichkommen: „Bei manchen Völkern ist aber auch die Meinung verbreitet, dass die Menstruationszeit für die Frau selbst gewisse Gefahren hat, zu deren Vorbeugung ihr ein besonderes diätetisches Regime auferlegt wird. Bei einzelnen Völkern wird sie nicht nur abgesondert, sondern auch zu fleissigem Baden angehalten.“ Ploss. Das Weib in der Natur- und Völkerkunde. Leipzig, 1891, Bd. I S. 264.

[3]) Vergl. E. Krieger: Die Menstruation. Berlin 1869.

[4]) Die Annahme geminderter Arbeitslust und Geschicklichkeit bei der Menstruierenden wird auch für andere Thätigkeiten geltend gemacht und hat

Sehen wir vage, mehr oder minder mit Aberglauben gemischte Vorstellungen der Menstruation anhaften, so hat die wissenschaftliche Prüfung andererseits bestimmte, sie betreffende Resultate ergeben: ihre Abhängigkeit von sehr verschiedenen Faktoren, von Klima und Rasse, Lebensweise und Ernährung.

Ganz abgesehen von jeder Beeinflussung durch die Lebensweise, schwankt das Alter, in das der Eintritt der Menstruation fällt, zwischen 8 und 20 Jahren. Und zwar erfolgt er am frühesten in Ländern mit warmem, am spätesten in Ländern mit kaltem Klima. Wie gross die Extreme sind, sehen wir daraus, dass Clay für ganz tropische Länder 8—11 Jahre, für Island, Lappland, Grönland 17 bis 20 Jahre als das Alter angiebt, in dem die Menstruation eintritt. Die Einwirkung des Racenunterschiedes bei gleichem Klima erkennen wir, wenn wir hören, dass nach Rouvier in Syrien bei Beirut Drusinnen mit 12 Jahren 2 Monaten, katholische Armenierinnen mit 13 Jahren 4 Monaten zum ersten Mal menstruieren. In Ungarn unter gleichen sozialen Bedingungen Jüdinnen zwischen 14 und 15, Magyarinnen zwischen 15 und 16 und Slowakinnen zwischen 16 und 17[1]). Die oft betonte frühe Reife der Grossstädterinnen im Gegensatz zu der späteren Entwicklung der Landmädchen wird auf den Einfluss der Lebensweise, der Ernährung, der Thätigkeit zurückgeführt. Ob auch geistige Arbeit Abweichungen vom normalen Verlauf zur Folge haben kann, ist eine noch ungelöste Frage; jedenfalls wird eine Einwirkung plötzlicher heftiger Gemütserregungen auf die Menstruation angenommen.

Dass die Menstruation ihrerseits einen, wenn auch nach Umständen und Individualität wechselnden Einfluss ausübt, ist im allgemeinen nachgewiesen, wenn auch über ihre Beeinflussung in-

---

eine gewisse typische Bedeutung. In dem angenommenen Falle weiss jeder Eingeweihte, dass bei einem „häuslichen Ereignis“, wie es das mit Kosten und Unbequemlichkeit verbundene Einmachen ist, das Verantwortlichkeitsgefühl von Hausfrau und Personal besonders gesteigert ist, während erst in der Neuzeit die Forderungen der Reinlichkeit im weitesten Sinne sich durchgesetzt haben.

[1]) Vierordt: Anatomische, physiologische und physikalische Daten und Tabellen. Jena 1888, S. 253f. Vergl. Deniker: Races of Men. London 1899.

tellektueller Thätigkeit keine exakten Forschungen vorliegen [1]. Eine Reihe Untersuchungen über die Menstruation in einem weiteren Sinne (Messungen von Temperatur, Muskelkraft, Pulsfrequenz, die gewisse Schwankungen nachwiesen) ergaben nicht mehr als Anhaltspunkte für diese Frage. Und wenn auch das Verhältnis der Menstruation zu psychischen Störungen auf eine Beziehung zwischen ihr und geistiger Arbeit hinweist, so ist der Grad ihres Einflusses auf die Leistungsfähigkeit gesunder Frauen hiermit nicht im geringsten klargestellt.

Die Schwierigkeit dieses Problems tritt besonders scharf zu Tage, wenn man sich vergegenwärtigt, dass die Menstruation heute nicht mehr als isolierter Vorgang, sondern als Teil einer fortlaufenden Wellenbewegung im Gesamtorganismus des Weibes betrachtet wird. Schon in alten Zeiten sah man in der Menstruation einen im ganzen Körper sich abspielenden Prozess. Später verfiel man in die entgegengesetzte Anschauung und fasste sie als lokalen Vorgang auf, der dann allerdings auf den ganzen Organismus zurückwirkte. Demgegenüber hat Prof. Goodman in Louisville gemäss Reinl [2]) die

---

[1]) Siehe Icard (La femme pendant la période menstruelle. Paris 1890), der diese Frage zwar in konsequenter, aber u. Er. durchaus einseitiger und unzutreffender Weise behandelt. Man vergleiche z. B. seine Ausführungen über die Frau als Zeugin vor Gericht. „La mise en scène d'un tribunal ou d'une cour d'assises, le grand nombre de spectateurs, l'ennui de se voir l'object de la curiosité publique, les questions embarrassantes des juges et plus souvent celles de l'avocat qui essaie de mettre en contradiction et d'embrouiller les reponses, tout dans l'apparat solonnel de la justice est fait pour troubler, impressioner une femme, ordinairement illettrée et timide, et chez laquelle, dans un moment aussi critique, les violentes émotions peuvent avoir les plus graves conséquences pour sa santé physique et sa santé morale.

Ajoutez l'éloignement du tribunal qui oblige parfois la femme à de grandes fatigues, alors qu'elle a besoin d'un repos absolu et qu'elle ne saurait se soustraire un instant aux lois de l'hygiène la plus rigoureuse.

C'est dans l'intérêt de la femme mais aussi de celui de la justice que je formule cette opinion. Le tribunal en effet, ne saurait s'appuyer sûrement sur la déposition d'une femme soumise au molimen menstruel. Nous avons vu combien la jalousie est fréquente à cette époque et comment plussieurs, devorcées du besoin de nuire ou de faire parler d'elles, ne reculaient devant aucun mensonge ni aucune calomnie." (La femme devant les tribunaux.)

[2]) Reinl: Die Wellenbewegung der Lebensprozesse des Weibes. (Sammlg. klinischer Vorträge in Verbindung mit deutschen Klinikern herausgegeben von R. Volkmann, Leipzig, Nr. 331, Jahrgang 1884.)

Theorie aufgestellt, „dass die Hauptlebensprozesse beim Weibe sich in bestimmten Stadien grösserer und geringerer Intensität abspielen und dass natürlich diese Periodicität sämtlicher Hauptvorgänge der Lebensthätigkeit auch in den Funktionen der Sexualorgane ihren Ausdruck findet“. Diese Theorie Goodmans hat durch die Untersuchungen verschiedener Forscher eine gewisse Begründung und durch die eigenen Untersuchungen von Reinl eine neue Stütze erhalten. Die berührten Forschungen (u. a. Messungen von Temperatur, Muskelkraft, Pulsfrequenz u. s. w.)[1]) können bei weiterer Fortführung wertvolle Ausblicke für die Frage der Beeinflussung geistiger Thätigkeit ergeben.

Aber bei voller Würdigung der Aufgaben, die hier für die exakte Wissenschaft liegen, handelt es sich bei unserer Arbeit um jene gröberen Einflüsse der Menstruation, die von den Betreffenden selbst als Störungen der Berufsthätigkeit empfunden werden. Ist auf diesem Wege die Ermittelung gewisser Nuancen geringerer Fähigkeit zur Zeit der Menstruation ausgeschlossen, so haben die Resultate andrerseits den Wert, dass sie Erscheinungen zeigen, an deren Wichtigkeit für die Praxis nicht zu zweifeln ist — während die durch die exakten Forschungen ermittelten feineren und sicheren Beobachtungen ein endgültiges Urteil betreffs Lebens- und Arbeitsführung wohl schwerlich jemals ergeben können.

Gewisse Vorstellungen, die wir mit der Menstruation verbunden fanden, treten uns auch bei der Schwangerschaft, Entbindung und dem Wochenbett entgegen. Die Gebärende und Wöchnerin ward in alten Zeiten — bei Naturvölkern öfters noch heute — als unrein betrachtet. Die Wilden Südamerikas sollen die Gebärende in den Wald stossen, damit ihre Anwesenheit nicht die Kraft der Waffen schwäche[2]). In weniger krasser Form begegnet uns in zahllosen ähnlichen Gebräuchen bei Wilden wie bei Kulturvölkern eine verwandte Auffassung. Ihre Nachklänge glaubt man in einzelnen seltsamen Sitten verschiedener Teile Deutschlands zu vernehmen. So darf im Frankenwalde die Wöchnerin vor Ablauf von sechs

---

[1]) Vergl. Mary Putnam Jacobi. The question of rest for women during menstruation. New York u. London 1886.

[2]) Ploss: a. a. O.

Wochen nicht zum Brunnen gehen, weil sonst die Quelle vertrockne, in Schwaben ebenso lange kein Weihwasser nehmen. Die Idee: geheiligte Gegenstände während der Zeit der Sexualvorgänge vom Weibe nicht berühren zu lassen, fand bei den Juden sogar in gesetzlichen Vorschriften ihren Ausdruck[1]). Die Vorstellung der Unreinheit scheint auch vielleicht der alten und weit verbreiteten Sitte zu Grunde zu liegen, welche die Frau (bei Entbindung und Wochenbett) in der Gebärhütte absonderte, doch mögen hier in manchen Fällen auch humane und hygienische Rücksichten mitgesprochen haben.

Schon diese einzelnen Angaben, die aus einer Fülle ähnlicher Mitteilungen herausgegriffen wurden, um das Wesen jener Sitten zu kennzeichnen, geben ein Bild, dem unser Kulturempfinden in der Hauptsache widerstrebt. Nicht nur der Fortschritt der Wissenschaft, sondern auch unser sittliches Bewusstsein weist bei der Behandlung der Wöchnerin im allgemeinen andere als die von den Naturvölkern eingeschlagenen Wege.

Wie verschieden aber auch die mit der Geburt verknüpften Sitten sind — der Vorgang selbst ist sich im wesentlichen stets gleich geblieben. Zwar wird oft behauptet, den Naturvölkern müsse die Palme leichter Geburten zuerkannt werden, und zweifellos fallen bei ihnen manche Hemmungen der normalen Entwicklung des Körperbaues fort — eine Thatsache, die an sich für relativ leichte Entbindungen spricht. Indessen sind die vorliegenden Erfahrungen so vieldeutiger Natur, dass sie zu keinem bestimmten Urteil berechtigen. Bei dem heutigen Stande der Wissenschaft stehen nun allerdings weitgehende Hilfsmittel zur Erleichterung des Geburtsaktes zu Gebot. Aber hat er hierdurch seinen qualvollen Grundcharakter verloren? Wir glauben nicht. Die Schmerzen der Mutterschaft sind eine Ewigkeitserscheinung, und auch ihre Bedeutung ist, wie immer der physische Vorgang aufgefasst ward, fast stets ihrem tieferen Sinn nach gewürdigt worden. Schon die Geringschätzung der Unfruchtbarkeit, die vielfach als geradezu schmachvoll betrachtet wurde, legt hiervon beredtes Zeugnis ab. Bei Römern und Juden — und nach Grimm[2]) auch im altdeutschen Recht — ging man sogar so weit, sie als Grund zur Lösung der

---

1) S. 3. Mos. Kap. 12 Vers 2. 4. 5.

2) Citiert bei Ploss a. a. O. Bd. I, S. 133.

Ehegemeinschaft zu betrachten. Da wir in den folgenden Kapiteln einen etwaigen Zusammenhang der Sterilität mit den einzelnen Berufen berühren müssen, so ist es notwendig, schon hier darauf hinzuweisen, dass ihre Ursachen sehr verschiedenartige sein können.

Nach Forschungen der Neuzeit soll die Sterilität des Mannes eine ungeahnt grosse sein[1]), ja, nach Fritsch[2]) der Ehemann sogar in der überwiegenden Mehrzahl der Fälle an der Kinderlosigkeit schuld sein. Wenn auch bei der Sterilität der Frau innere Ursachen an erster Stelle in Betracht kommen, so ist doch für unsere Untersuchung besonders wichtig, dass auch das Alter, in dem der geschlechtliche Verkehr stattfindet, von Einfluss auf die Fruchtbarkeit sein kann: denn es liegt im Wesen gewisser Arten geistiger Thätigkeit, dass sie häufig in Folge eines bestimmten Studienganges die Eheschliessung erst in reiferen Jahren ermöglichen. Welches ist nun für die Fortpflanzung das günstigste Heiratsalter? Nach Duncan[3]), dessen Schlüsse aber im wesentlichen auf Beobachtungen in England fussen, soll es „im Durchschnitt nicht unterhalb 20 und nicht über 25 Jahren" liegen. Zu früher Geschlechtsverkehr könne sogar die Ursache der Sterilität werden, ebenso eine Hinausschiebung über das von ihm als normal bezeichnete Alter zur Verzögerung der Empfängnis führen, und zwar in dem Verhältnis, dass die Verzögerung mit je 5 Jahren über das 20 und 24 Jahr hinaus stets zunimmt.

Könnte das Ergreifen eines Berufs durch Verzögerung der Ehe somit in indirekter Weise Einfluss auf die Fruchtbarkeit üben, so sind als unmittelbare Veranlassung des Aborts bisher einzelne Arten industrieller Arbeit (speziell die Verarbeitung von Giften) nachgewiesen.[4])

---

[1]) Müller. Die Sterilität der Ehe, Stuttgart 1885. S. 133.

[2]) Fritsch. Die Krankheiten der Frau. Berlin 1897. S. 533.

[3]) Duncan. Sterilität bei Frauen. Deutsch von Hahn, Berlin 1884. S. 99.

[4]) In England ergab sich betreffs des Einflusses des Bleiweiss folgendes: Von 77 Frauen waren 15 kinderlos und ohne Abortus, 35 hatten 90 Fehlgeburten, von diesen brachten 15 überhaupt kein lebendes Kind zur Welt; 36 hatten 113 lebende Kinder, von denen 61 erhalten sind: die Mehrzahl der 52 Toten starben an Krämpfen im Säuglingsalter. Eine 25jährige, seit ihrem 17. Jahre Bleiweiss verarbeitende Frau hatte in 7 Jahren 3 Totgeburten und eine Fehlgeburt. Ihr einzig lebendes Kind ist in einem Jahre geboren, in

Ueber entsprechende Folgen der in den Rahmen unserer Arbeit fallenden Berufsthätigkeiten, bei denen übrigens auch äussere Faktoren als schädigend mitsprechen könnten, liegen bisher keine sicheren Daten vor.[1]) Wo in den von uns behandelten Berufsarten die Zahl der Fehlgeburten zu denken giebt und man geneigt ist, ihren Grund in der Berufsausübung z. B. im Auftreten der Schauspielerinnen während der Schwangerschaft zu sehen, muss immerhin bedacht werden, dass die wirklichen Ursachen des Aborts nur ausnahmsweise von aussen einwirkende sind.[2]) Wie verhält es sich nun, wo jene äusseren Störungen nicht mitzusprechen scheinen, mit der Einwirkung starker rein intellektueller Anspannung während der Schwangerschaft? Kann hier eine ernstere Schädigung für Mutter oder Kind erwachsen? Ein tiefes Dunkel ruht über diesem interessanten und komplizierten Gebiet.

Wie verschiedenartig die Schwangerschaft ihrerseits auf den Intellekt wirkt, werden im weiteren die Ergebnisse unserer Erhebung zeigen.

Die Wechselwirkung zwischen Schwangerschaft und Seelenleben ist ein Feld, das stets den Tummelplatz haltloser und wirrer Vorstellungen bildete. So spielt z. B. die mehr oder minder mit Aberglauben gepaarte Idee des sogenannten „Versehens" im Volke noch immer eine Rolle. Rückschläge psychischer Erschütterungen auf das Säugen, auf Quantität und Qualität der Milch werden offenbar auch von der medizinischen Praxis anerkannt, denn sie sucht die nährende Frau vor Erregungen zu schützen. Nur so erklärt sich

---

dem sie zum ersten Male ihrer Arbeit fern blieb. Eine Frau von 35 Jahren, 10 Jahre verheiratet, 20 im Beruf, hatte 8 Fehlgeburten und 4 Kinder, von denen 3 als Säuglinge starben. Eine dritte 28jährige Frau hatte 3 noch lebende Kinder, ehe sie in Blei arbeitete; während der 4 Jahre, seit denen sie diese Thätigkeit aufnahm, hatte sie nur ein früh verstorbenes Kind. Eine Vierte, 28 Jahre alt, 7 Jahre verheiratet, 10 Jahre im Beruf, 5 Tot- und 3 Fehlgeburten, und ein lebendes Kind, das wenige Wochen nach der Geburt an Krämpfen starb." Siehe: Annual Report of the Chief Inspector of Factories and Workshops for the year 1897. Eyre & Spottiswoode. London 1898.

[1]) Man vergleiche die Kapitel Schauspielkunst und bildende Kunst im Teil II.

[2]) Vergl. Schwarz. Zur Behandlung der Fehlgeburten (Sammlg. klinischer Vorträge in Verbindung mit deutschen Klinikern, herausgegeben von R. Volkmann S. 1716.)

die Vorsicht in der Behandlung der Ammen, die sich unter Umständen zu der Brutalität steigert, zu Gunsten des fremden Säuglings das eigene Kind der Amme sterben und verderben zu lassen, ohne dass sie davon erfahren darf: es könnte sonst eine Schädigung der Milch eintreten.

Das Ammenwesen, einer der schlimmsten Schandflecken unserer Kultur, geht vermutlich bis in vorgeschichtliche Zeiten zurück. Wenn Venus sich bei ihrem Aenaeas in ihren Mutterpflichten vertreten lässt, so muss der Gebrauch der Ammen auch schon bei den Griechen für uralt gegolten haben[1]). Der entarteten Römerin stellt Tacitus rühmend die deutsche Mutter gegenüber, die ihr Kind an ihrer eigenen Brust nähre[2]). Aber nach Weinhold[3]) änderte sich dies allmählich in den vornehmen Kreisen. Im wesentlichen ist es später offenbar ebenso wie in der Gegenwart gehalten worden. Die kräftigeren und ärmeren Mütter nährten ihre Kinder selbst, schwächere und namentlich reichere gaben sie einer Amme.

Wie zu Beginn betont ward, gehört indessen das Säugen genau so sehr zu den natürlichen Aufgaben der Mutterschaft, als deren von der Person unlösliche Funktionen. Wie tief diese Idee, die leider unter dem Einflusse der ökonomischen Verhältnisse in weiten Kreisen nicht mehr als lebendige Kraft wirkt, früher im Volke Wurzel gefasst hatte, zeigt die in einigen Strichen Deutschlands heimische Sage, dass die tote Mutter zu ihrem Kinde zurückkehre, um es zu nähren. Bei einzelnen Naturvölkern ist das Säugen der Mutter so allgemein, dass sie nur im Notfall darauf verzichtet. „Die Weiber der Irokesen hüten sich sehr, ihren Kindern Ammen zu geben; denn sie würden glauben, die Eigenschaften einer Mutter zu verlieren. Sie geraten daher in grosse Verwunderung, wenn sie hören, dass es Völker giebt, die ihre Kinder durch fremde Frauen stillen lassen. Wenn es sich aber zuträgt, dass die Mutter eines Säuglings stirbt, so trifft man bei diesem Notfall allein in der Familie Säugammen.“ (Lafiteau.)[4])

---

[1]) Über das Ammenwesen in Griechenland s. Kroner. Ü. d. Pflege u. Krankheiten d. Kinder. Jahrb. f. Kinderheilkunde u. s. w. Leipzig 1876.

[2]) Tacitus Germ. 20.

[3]) Weinhold. Die deutschen Frauen in dem Mittelalter. 3. Aufl. Berlin 1897.

[4]) Citiert bei Ploss. Das Kind.

Wenn das Nähren des eigenen Kindes nun auch einer Forderung der Natur entspricht, so sagt sie hingegen nichts Bestimmtes über die Dauer des Säugens. Bei aussereuropäischen Völkern erstreckt es sich über einen Zeitraum von 1 bis 4 Jahren[1]), bei unserer Landbevölkerung häufig noch auf 2 Jahre; aber als mit den hygienischen Forderungen übereinstimmend wird eine Nährzeit von 8 bis 9 Monaten angenommen. In dieser Begrenzung ist es wohl zweifellos, dass bei einer Frau von normalen Körperkräften das Selbstnähren der Gesundheit nur förderlich sein kann, ja, eine Unterlassung kann unter Umständen Gefahren in sich schliessen.

Entspricht das Nähren des Kindes psychisch und physisch der Bestimmung der Frau, so stellt es andererseits Ansprüche an ihre Leistungskraft[2]).

Jedenfalls gestattet die Nährzeit keine ungeteilte Hingabe an einen Beruf. Für unser Problem kommt ferner in Frage, dass jede beherrschende geistige und künstlerische Thätigkeit mit starken Erregungen verbunden ist, während man doch, wie oben erwähnt, im allgemeinen jede Aufregung als schädlich für die nährende Frau erachtet.

Wie die geschlechtlichen Funktionen von tiefstem Einfluss auf die Persönlichkeiten sind, so spielt auch ihr Erlöschen eine Rolle im Frauenleben. Unbedingt kann das Klimakterium eine zeitweilige

---

[1]) Siehe Ploss. Das Weib. Bd. II, S. 380.

[2]) Es erscheint hier wohl berechtigt, eine Analogie aus dem Tierleben heranzuziehen und auf die Behandlung der Milchkühe zu verweisen. Wo man, wie z. B. in ganz Süddeutschland, die Milchkuh zur Arbeit benutzt, ist diese eine leichtere und kürzere, als die des Ochsen. Jede zu starke Anstrengung führt leicht zur Verminderung der Milchmenge. Vergl. Dammon. Gesundheitspflege der Haustiere. Berlin 1892. „Es möge hier zugleich auf die Behandlung der trächtigen Kühe verwiesen werden. Gegen eine mässige und vorsichtige Verwendung ausgewachsener Kühe zu leichtem Zuge ist hygienisch nichts zu erinnern, sofern man sie nur in den letzten 12 Wochen der Trächtigkeit und den ersten 4 bis 6 Wochen nach dem Kalben von diesem Dienste befreit. Im übrigen bleibt es lediglich Sache der rechnerischen Erwägung, ob das Einspannen der Kühe sich, zumal auf die Minderung der Milchmenge, gutheissen lässt. Leicht muss der Dienst aber unter allen Umständen bleiben.“ Dammon a. a. O. S. 776.

körperliche und geistige Hemmung bedeuten. Ob das weitere Lebensalter, in dem das physische Zeugungsvermögen geschwunden ist, eine Minderung der geistigen Produktivität zeigt, werden wir später an Hand unserer Erhebung prüfen.

Wir haben hiermit die bedeutungsvollsten spezifisch weiblichen Sexualvorgänge berührt. Ihnen allen ist gemeinsam, dass sie, wie zu Beginn erwähnt, bei psychischen Erkrankungen eine Rolle spielen, die schon den Gedanken einer Beeinflussung intellektueller Thätigkeit durch die geschlechtlichen Funktionen nahe legt. Einen ganz besonderen Hinweis aber giebt das Alter, in dem sich die meisten geistigen Erkrankungen zeigen, wenn wir es in Verbindung mit den Ursachen betrachten, die nach Ansicht der Psychiater gerade in dieser Zeitspanne die Nervenleiden sich häufen lassen. Nach Krafft-Ebing finden sich die meisten Fälle von Irresein bei der Frau im Alter von 25 bis 35, bei dem Manne von 35 bis 50. Und zwar deshalb, weil in der angegebenen Lebensspanne beim Manne die Anforderungen im Kampf ums Dasein am grössten seien, „bei ledigen Weibern Liebes- und Lebenshoffnungen das Gemüt erregen und, so oft getäuscht, schwere geistige Wunden setzen, während bei geschlechtlich funktionierenden die schwächenden Einflüsse von Geburten, Laktation zur Geltung gelangen.“ [1])

Die hier angeführten Ursachen des Ausbruchs psychischer Störungen lehren, dass bei der in normaler Weise geschlechtlich funktionierenden Frau, die gleichzeitig beruflich thätig ist, die Gefahr sich verdoppelt, weil die anspruchvollsten Forderungen der männlichen und weiblichen Lebenssphäre hier vereint an einen Menschen herantreten — allerdings nur da in voller Kraft, wo die geistige Arbeit zugleich zur Bestreitung des Unterhalts notwendig ist. Bedeutet hier die Berufsthätigkeit eine weitere Belastung, so kann sie bei der Unverheirateten den Einfluss jener vernichteten „Liebes- und Lebenshoffnungen“ mildern und mit einem neuen Lebensinhalt Halt und Würde geben, Hebung der Persönlichkeit bewirken.

---

[1]) Krafft-Ebing: Lehrbuch der Psychiatrie, Stuttgart 1879, Bd. I S. 145/146.

2. Der Mutterberuf.

Im vorhergehenden Kapitel berührten wir, dass zwar Sitten und Vorstellungen, die mit Schwangerschaft, Entbindung und Nähren zusammenhängen, dem Wandel unterstehen, dass aber die natürlichen Anforderungen der physischen Mutterschaft im wesentlichen von aller Entwicklung unabhängig sind.

Anders verhält es sich mit den über diese natürlichen Anforderungen hinausgreifenden Pflichten des Mutterberufs. Und zwar sind sie nicht etwa nur aus dem ethischen Empfinden der Zeit geboren, sondern der Fortschritt der Erkenntnis hat in hygienischer und pädagogischer Hinsicht hier auf Aufgaben hingewiesen, die frühere Zeiten nicht, oder jedenfalls nicht in dieser Form sahen, ja, die teilweise auch erst aus den heutigen Verhältnissen erwuchsen.

Stellen wir uns nicht auf den Boden einer gänzlichen Ablösung der Mutter durch gesellschaftliche Institutionen, so muss anerkannt werden, dass nicht nur für die Gegenwart der Pflichtengehalt des Mutterberufs sich vergrössert hat, sondern dass wir auch für die Zukunft nur das Gleiche erwarten können. Ein feineres Eindringen in das Seelenleben des Kindes, in den Zusammenhang zwischen den Eindrücken und Einflüssen der Kindheit und dem späteren Werdegang der Persönlichkeit, wird hier stetig neue Gebiete erschliessen und sicherlich zur Vertiefung und Erweiterung der mütterlichen Pflichten führen.

Allein auch in anderer Weise muss der Fortschritt der Wissenschaft für die physische Entwicklung des kleinen und des heranwachsenden Kindes der Mutter neue Winke geben. Er zeigt die Keime von Gefahren, an denen man früher ahnungslos und gleichgültig vorüberging — er lehrt, wieviel Krankheitsmöglichkeiten und Abnormitäten bei rechtzeitigen Vorbeugungsmassregeln, wenn nicht verhütet, so doch gemindert werden können.

Endlich sehen wir eine Ausdehnung der Pflichten des Mutterberufs daraus erwachsen, dass eine andere und grössere Auffassung desselben heranzureifen beginnt, welche die mütterliche Aufgabe weit über die Pfähle des eigenen Heims hinausgreifen lässt. Auf diese Auffassung des Mutterberufs werden wir später zurückkommen. Zunächst gilt es indessen, die engeren Pflichten der Mutter zu skizzieren, deren Erkenntnis von grundlegender Bedeutung für die richtige Beurteilung unseres Problems ist.

Die Forderungen an die Mutter greifen im Grunde schon zurück in die physische Mutterschaft. Bereits dem Embryo gegenüber sollte sie ein Pflichtbewusstsein empfinden, das — über den Zwang der Natur hinaus — Ansprüche an sie erhebt. Ihre Lebensweise in der Schwangerschaft müsste unter dem Zeichen stehen, dass sie nun an erster Stelle ihre Kräfte dem kleinen Geschöpf in ihrem Schoosse schuldet. Vor jeder Schädigung der Aussenwelt müsste sie es schützen, müsste sich der unabweisbaren Pflicht bewusst sein, soweit es in ihrer Macht steht, es gesund, lebensfähig und kräftig zur Welt zu bringen. Die Verantwortung einem Geschöpf gegenüber, für das man die Rolle des Schicksals im letzten Sinne spielt, indem man es aus eigener Machtvollkommenheit, souverän über es verfügend, in das Leben mit seinen tausend offenen Möglichkeiten zu Leid und Lust setzte — diese Verantwortung kann, wie immer man sonst den Kreis unableugbarer Pflichten einengen mag, wenigstens von denen schwerlich bestritten werden, die sich der Verantwortlichkeit für ihr Handeln bewusst sind. Und eine der ersten Anforderungen, die der Mensch erheben kann, besteht darin, mit dem Rüstzeug eines gesunden Körpers dem Kampf mit dem Leben überliefert zu werden.

Gleiche Ansprüche wie während der Schwangerschaft werden beim Säugen an die Person der Mutter erhoben. Wir betonten bereits im vorigen Kapitel, dass das Nähren schon von der Natur als Pflicht der Mutter gestempelt ward, mag ihm auch der Charakter des Zwingenden fehlen, mag es bedauerlicherweise unter dem Einfluss ökonomischer Verhältnisse und mangelnden Erfassens der Aufgabe der Mutter nicht mehr allgemein geübt werden. Unser sittliches Bewusstsein geht aber weiter: es verlangt, dass für die Frau während der Nährzeit die Rücksicht auf den Säugling an erster Stelle steht. Sie ist mit ihren Körperkräften für das Kind verantwortlich und muss diese daher vor jeder Beeinträchtigung schützen.

Bei dem Säugen beginnt nun aber auch schon ein erster erzieherischer Einfluss auf das Kind, dessen körperliche und seelische Pflege sich überhaupt nicht von einander scheiden lässt. Den Säugling an Regelmässigkeit betreffs der Aufnahme von Nahrung zu gewöhnen[1]), gehört aus hygienischen wie pädagogischen Gründen zu den ersten und elementarsten Pflichten, wie denn mit Berechtigung gesagt werden kann, dass die Erziehung „bereits in der Wiege" beginnt. Gerade gegenüber dem kleinen Kinde aber bedarf es eines geschulten Mutterempfindens, da hier zur Durchführung der richtigen Massnahmen eine gewisse Festigkeit, die der Einsichtslose leicht als Härte verurteilen könnte, notwendig ist.

Es muss nun schon hier gesagt werden, dass heute durchgängig die junge Mutter selbst für diese engeren Pflichten des Mutterberufs ungenügend vorbereitet ist, dass sie unvertraut mit den hygienischen Vorbedingungen einer gesunden Entwicklung an ihre Aufgabe herantritt. Und doch zeigt — selbst wenn wir den Prozentsatz in bemittelten Kreisen nehmen — die Statistik über Kindersterblichkeit in beredter Sprache, von welcher eminenten Wichtigkeit gerade die sorgfältige Ueberwachung und Behütung im ersten Lebensjahre ist. Ganz besonders allerdings da, wo die Mutter nicht oder jedenfalls nicht lange genug säugen kann und zur künstlichen Ernährung gegriffen werden muss.

Nur die Frau, die tausendfach genauen Einblick in häusliche Verhältnisse gewinnt, von denen der Arzt nur Momentbilder sieht — nur sie weiss ganz, welchen Unterschied es für das Aufwachsen der jungen Generation bedeuten würde, wenn geschulte Mütter, die sich über die Unerlässlichkeit gewisser Forderungen (z. B. peinlichster Reinlichkeit bei der künstlichen Ernährung, frühe Erziehung zur Sauberkeit des Kindes u. s. w.) klar wären, die Stelle einnähmen, die heute nur zu oft Bequemlichkeit, vor allem aber hilflose Unwissenheit, Kindermädchen und Kinderfrauen zufallen lässt.

Selbst einer besser ausgebildeten fremden Pflegerin gegenüber muss daran erinnert werden, dass gerade die Behütung in den ersten Jahren des Kindes, wenn sie gewissenhaft erfasst wird, einen Grad von Selbstentäusserung erfordert, wie kaum eine zweite Lebens-

---

[1]) Schon Locke (Gedanken von Erziehung der Kinder. Aus dem Englischen übersetzt, Leipzig 1761) weist darauf hin, wie schädlich es ist, Kinder dadurch einzuschläfern, dass man sie nachts in völlig ungeregelter Weise trinken lässt und wie wichtig schon im zartesten Alter Regelmässigkeit betreffs der Aufnahme von Nahrung ist.

thätigkeit. Man denke an die Ansprüche, die an die Nachtruhe, selbst bei normalen Kindern, in der Zahnungsperiode häufig gestellt werden — von kürzeren Zeiträumen, wie bei der Entwöhnung und Impfung gar nicht zu reden. Alles in allem genommen, wird in den meisten Fällen nur die ursprüngliche natürliche Liebe der Mutter hier nie versagen.

Aber wie viel sie auch vermag, völlig wird doch nur ein geschulter Geist, der die Erfüllung kleiner und kleinlichster Pflichten in ihrem Zusammenhang und in ihrer Bedeutung für die Entwicklung des Menschen sieht, hier in Wahrheit der gestellten Aufgabe gerecht werden. Was Licht und Luft, was eine geeignete Ernährung auch für das dem Säuglingsalter entwachsene Kind bedeuten und worin diese letztere zu bestehen hat — diese und tausend andere Fragen werden nur von der Minderzahl selbst materiell gut gestellter Mütter heute richtig beurteilt werden können.

Ist die erste Lebensspanne des Kindes nun auch als diejenige Zeit zu betrachten, in der die Frau am angespanntesten, zeitlich fast unausgesetzt in Anspruch genommen wird und körperlich die grössten Anforderungen an sie gestellt werden, so treten doch in den weiteren Lebensjahren wieder neue und andere Pflichten an sie heran. Die Entwicklung des Knochenbaues und der Muskeln, die schon in der frühesten Kindheit die Aufmerksamkeit der Mutter erfordert, verlangt eine besonders sorgfältige Beobachtung bei den heranwachsenden Knaben und Mädchen; die Berücksichtigung einer geeigneten Lebensweise für die jeweilige Konstitution des Kindes erheischt Zeit und Nachdenken[1]).

Vor allem aber machen sich nun auch die geistigen und seelischen Bedürfnisse des Kindes geltend. Fraglos erweitert sich in gleichem Maasse, wie bei den heranwachsenden Kindern die unmittelbaren körperlichen Ansprüche an die Mutter schwinden, ihre eigentliche Erziehungsaufgabe. Ihre Seelenkräfte werden nun in

---

[1]) Vor allem auch eine klare Erkenntnis und Beobachtung, wie viel im gegebenen Moment und bei gegebenem Kräftezustand von dem Kinde verlangt werden kann, ist seitens der Mutter notwendig. „Let it never be forgotten that the amount of vital energy, which the body at any moment possesses, is limited; and that, being limited, it is impossible to get from it more than a fixed quantity of results.“ (Spencer. Education.)

einer neuen und tieferen Weise absorbiert. Gebieterisch tritt eine andere Individualität in ihr Leben — die sorgende Aufmerksamkeit lässt sich kaum mehr auf bestimmte abgegrenzte Zeiten konzentrieren, sondern übermächtig, als stiller, steter Begleiter, ist der Gedanke an das in ursprünglicher Kraft — ihr eigen und doch ihr fremd — vor ihr aufblühende Leben zu jeder Stunde der Mutter gegenwärtig. Ein beständiges Zusammensein, ein Uebermass an erzieherischem Einfluss, das die Eigenart erstickt, steht uns hierbei durchaus nicht vor Augen. Aber welch sorgfältiges Erwägen erfordert es gerade, eine Einwirkung nur in gewissen Fällen auszuüben, während im ganzen eine möglichst freie Entfaltung der jungen Individualität angestrebt wird!

Auch der Eintritt in die Schule bedeutet nur teilweise eine Entlastung für die Mutter. So segensreich, ja notwendig für die geistige und moralische Entwicklung das Einreihen in eine Gemeinschaft, das Zusammenleben mit andern Kindern gleichen Alters ist, so muss doch als ergänzendes Element eine individualisierende Beschäftigung mit dem heranwachsenden Menschen hinzutreten. Diese Beachtung und Pflege der persönlichen Sonderheit ruht in der Hand der Mutter, die wie kein anderer in das Innerste, Geheimste der Eigenart ihres Kindes dringen kann. „Auch bleibt für jeden Mann, der über Kindererziehung spricht, ein grosses Mysterium bestehen: die Mutterliebe. Vor ihrem geheimnisvollen Wirken muss der Verstand der Verständigen sich beugen wie vor einem Wunder“[1]). Mit den feinsten Fühlfäden weiss sie zu erspüren, zu erfassen, was selbst der gerechteste Erzieher nicht vermöchte. Die Mutter — aber die erzogene Mutter, die in der Welt der Triebe und Leidenschaften, in der Welt der harten Thatsachen und der unendlich komplizierten Regungen Bescheid weiss — ist es daher auch, die der naturgemässe Behüter und Leiter des jungen Menschen in der Zeit des Eintritts der Geschlechtsreife mit ihrer grundlegenden Wandlung der ganzen Persönlichkeit sein soll. Gewiss nicht in letzter Linie des Jünglings. Dass die Frau gelernt haben muss, etwas anderes, als nur die „Mutter der kleinen Kinder“ zu sein, tritt uns hier greifbar entgegen, wie bei ihren ganzen ferneren Pflichten mit ihr als einer geistig entwickelten Persönlichkeit ge-

---

[1]) Güssfeldt: Die Erziehung der deutschen Jugend.

rechnet werden muss. Messbar und wägbar sind diese Pflichten den heranwachsenden Kindern gegenüber freilich nicht, es handelt sich hier tausendfach um Imponderabilien, die aber immerhin den Menschen innerlich, vielfach auch äusserlich, mit Beschlag belegen und oft gerade seine vornehmste Kraft erheischen.

Fügen wir zu dem bisher Gesagten hinzu, dass Krankheiten der Kinder, deren zeitweiliges Auftreten im jugendlichen Alter fast als Regel betrachtet werden muss, Fehler in der körperlichen oder geistigen Eigenart oder doch weniger normale Veranlagungen vorübergehend oder dauernd den Pflichtenkreis der Mutter ganz erheblich erweitern, so sehen wir, dass wir hier in der That einem Beruf gegenüberstehen, der Zeit und Kräfte der Frau gebieterisch einfordert.

Aber das Wesen dieses Berufs wird nur dann richtig beurteilt, die Schwierigkeit einer gerechten Ein- und Abschätzung nur dann voll gewürdigt werden, wenn man seinen ungleichmässigen Charakter scharf ins Auge fasst. Man vergegenwärtige sich, wie sprunghaft und verschiedenartig sich die mütterlichen Pflichten geltend machen. Auf der einen Seite verlangen sie zeitweise eine rastlosere Thätigkeit, eine bedingungslosere Hingabe, als irgend ein anderer Beruf; andererseits geben sie, wenigstens bei dem heranwachsenden Kinde, für ganze Strecken die Persönlichkeit der Mutter äusserlich frei.

Feste Grenzen, jenseits derer neben oder nach der mütterlichen Bethätigung noch Kraft und Zeit für eine andere Arbeitssphäre bleibt, sind also ungemein schwer zu bestimmen. Nur in den ersten Lebensjahren des Kindes ist die Mutter auch zeitlich als absolut gebunden zu erachten, ist sie physisch und psychisch gänzlich in Anspruch genommen, wenn sie ihrer Aufgabe gerecht wird. Allein auch nach dieser Lebensspanne ist diese Aufgabe als Beruf und zwar als Hauptberuf aufzufassen, wenn auch als ein in seinem materiellen wie ideellen Pflichtengehalt wechselnder.

Nur zwei Einwürfe scheinen uns Bedeutung genug zu besitzen, um gegen die Beurteilung der mütterlichen Thätigkeit als eines die Persönlichkeit einfordernden Berufes ins Feld geführt werden zu können.

Der Eine weist auf durchgreifende Ersatzkräfte hin, kann aber nur dann ernstlich zu Recht bestehen, wenn es sich um eine gesellschaftliche Ablösung der mütterlichen Arbeit handelt.

Der zweite beruht auf dem Zweifel an dem Wert jeder bewussten Erziehung. Dieser Auffassung erscheint es unmöglich, einerseits gegenüber der Gebundenheit der Entwicklung durch die eingeborene Beanlagung, andererseits gegenüber der Fülle ungewollter und unberechenbarer Einflüsse eine starke und wertvolle Einwirkung durch Erziehung ausüben zu können. Hier ist zunächst zu erinnern, dass natürlich die Erziehung nur mit den gegebenen Anlagen zu arbeiten, nicht aus dem Nichts zu schaffen vermag, dass es nur gilt, Keime zu entwickeln, zu stärken, oder bewusst auf deren Verkümmern oder Vernichtung hinzuarbeiten. Ferner nimmt gewiss neben all den zahllosen zufälligen Momenten, die das innere Werden heranwachsender Menschen bestimmen, der Einfluss durch bewusste Leitung nur einen begrenzten Raum ein und kann daher auch nur Begrenztes erreichen. Aber immerhin muss zugegeben werden, dass hier der Wahrscheinlichkeit nach mehr gewonnen wird, als dort, wo die junge Menschenpflanze lediglich allen Anstürmen der Aussenwelt preisgegeben ist.

Sieht man von jenen beiden Einwürfen ab, deren einer überhaupt den Wert der Erziehung leugnet, während der andere die Möglichkeit einer Ablösung der Mutter auf der Grundlage neuer Gemeinschaftsgefühle [1]) in Betracht zieht und räumt die Bedeutung

---

[1]) Nur eine solche Ablösung könnte bei einer ernsten Untersuchung erwogen werden; nicht aber Ersatz für die Mutter im Sinne der heutigen Einrichtungen. Soll der mütterliche Einfluss in Wahrheit durch einen andern ersetzt werden, so könnten nur durchgreifende neue Gefühlswerte und -Bande, in einer andern Gesellschaftsform erwachsen, hier als Grundlage genommen werden. Die besoldete Einzel-Erzieherin von heute wird in der Regel kein Aequivalent besitzen für die seelischen Momente, die bei der Hingabe und Kraft der mütterlichen Thätigkeit wirken. Es erscheint uns auch als eine durchaus unberechtigte Anforderung, von einem andern Menschen, abgesehen von Ausnahmefällen, (die wir aber vor Allem finden, wenn die Mutter nicht mehr lebt und die ganze Konstellation also eine durchaus andere, wie die hier von uns ins Auge gefasste, ist) jenes restlose Vertiefen zu erwarten, welches, wenn die Mutter wirklich „ersetzt" werden sollte, erforderlich wäre. Aeltere Personen sind schon mit Rücksicht auf die Notwendigkeit körperlicher Bewegungen und Uebungen hier wenig am Platze und besitzen auch nur in seltenen Fällen die seelische Disposition, die Frische und Heiterkeit, die gerade

der mütterlichen Thätigkeit ein, so muss diese bei voller Erfüllung auch als ein die Persönlichkeit erheischender Beruf betrachtet werden. Schon die Thatsache, dass die mütterlichen Pflichten heute teilweise von besoldeten Kräften, seien es Kinderfrauen, Kinderpflegerinnen, Kindergärtnerinnen oder Gouvernannten berufsmässig geübt und entlohnt werden, weist darauf hin, dass die Thätigkeit der Mutter als Beruf erfasst und beurteilt werden muss.

Die junge Mutter tritt nun, wie wir schon betonten, heute durchgängig ohne genügende Vorbereitung, ohne Kenntnis der Vorbedingungen einer gesundheitsgemässen Erziehung an ihre Aufgabe heran. Oft ist sie auch unvertraut mit den elementarsten Grundsätzen der Pädagogik. Ruft man sich ins Gedächtnis, dass es als einfach selbstverständlich erachtet wird, dem Menschen zu jedem andern schwierigen und komplizierten Beruf eine gewisse Vorbereitung und Schulung zu geben, so erkennen wir erst den seltsamen Widerspruch, dass nur für diese eine Thätigkeitsart, die doch dem vornehmsten Gut der Menschheit gilt, jegliche Vorbildung unterbleibt oder vielmehr dem Zufall überlassen ist. Wie hoch immer wir die Rolle der Mutterliebe werten, wie viel wir in dem

---

für diese Thätigkeit wichtig ist. Von einem jüngeren Menschen kann man aber schwerlich ein solches Zurückdrängen der eigenen Persönlichkeit und des eigenen Schicksals erwarten, wie es notwendig wäre, wenn er wie eine Mutter gänzlich in und mit den Kindern lebte. Hier tritt uns der einschneidende Unterschied zwischen mehr mechanischen Berufsarten oder solchen, die nur einen Teil der Persönlichkeit erheischen, und der mütterlichen Aufgabe mit ihrer völligen Absorbtion des ganzen Menschen entgegen. Man kann gerechter Weise von einem jungen Mädchen, das noch seinen eigenen Anteil am Gastmahl des Lebens zu verlangen hat, dessen Denken und Empfinden von eigenen Wünschen bewegt ist, nicht jene Hingabe fordern, die von der Mutter nur die natürliche Gegenleistung für den Preis des höchsten Erdenglückes ist.

Von dieser Auffassung der Unersetzlichkeit der Mutter durch die heutigen Pflegerinnen, Erzieherinnen u. s. w. ausgehend, haben wir mit einer Entlastung durch dieselben bei unserer Studie durchgängig nur soweit gerechnet als es sich um r e i n mechanische Arbeiten handelt. Für diese kommen die gleichen Gesichtspunkte wie für die hauswirtschaftlichen Obliegenheiten in Betracht: fallen sie der Mutter zu, so bedeutet dies gewiss eine Erschwerung, aber selbst wo sie von Hilfskräften übernommen werden, ist die mütterliche Thätigkeit als Beruf zu betrachten.

intuitiven Erfassen der Kinderseele sehen — auch die Macht des glücklichen Instinktes hat ihre Grenzen. Gewisse Dinge — denken wir nur an hygienische Vorschriften, die von dem jeweiligen Stande der Wissenschaft abhängen — muss der Mensch kennen, um sie befolgen zu können. Und er kann sie nur kennen, wenn ihm hier, wie auf so vielen untergeordneten Gebieten, Belehrung zu teil ward.

Die mütterliche Thätigkeit muss also nicht nur als ein Zeit und Kräfte fordernder Beruf anerkannt werden, sondern auch die Notwendigkeit einer geeigneten Vorbereitung für sie tritt — gerade je mehr die Frau zur Persönlichkeit erwacht und die ihr gegebene Aufgabe selbstthätig zu beherrschen strebt — greifbar zu Tage. Der oft gehörte Einwurf, dass gewisse Mütter sich gar nicht zur Erziehung der Kinder eignen, dass die letzteren in diesem Falle weit besser bei Pflegerinnen u. s. w. aufgehoben seien, hat nur so lange Berechtigung, als eben der Heranbildung der Mutter keine Beachtung geschenkt wird. Sicherlich giebt es hier, wie auf fast jedem andern Gebiet, mehr oder weniger glücklich beanlagte und geeignete Naturen, aber gänzliche Unfähigkeit zur Pflege und Erziehung des eigenen Kindes werden wir doch nur dort finden, wo der Frau die Anleitung zur Erfüllung der eingeborenen Pflichten versagt blieb.

Das Erwachen der Frau zur Persönlichkeit, eine veränderte Auffassung über das Weib in seelischer wie geistiger Hinsicht, musste aber naturgemäss, wenn auch zunächst nur langsam, noch in anderer Weise zu einer neuen und tieferen Erfassung der Mutterpflichten führen. „The world has long dwelt fondly upon the thought of the mother in the home. The present age has discovered that motherhood demands more of the woman than home life. It has learned that true mothering necessitates a knowledge of all outside conditions that influence the home and a direct interest requires in the welfare of all children[1].“ In diesen Worten, mit denen der „National Congress of mothers“ die Begründung, weshalb er ins Leben trat, einleitet, spiegelt sich das Erwachen einer neuen Auffassung des Mutterberufs, für die schon die Bildung jenes „Congresses der Mütter“ in Amerika symptomatisch ist.

[1]) Paidology. The science of the child.

Diese neue Auffassung hat erkannt, dass der Pflichtenkreis der Mutter sich weit über das eigene Heim hin erstreckt, dass diese nicht ausgeschlossen sein darf von der Einwirkung auf alle jene Institutionen, die das Kind zum Menschen heranbilden, sondern dass Rat und Einfluss auf jenen Gebieten ebenso sehr zu ihren Aufgaben gehört, wie die gewissenhafte Pflege des kleinen Kindes.

Dass der Mutter in allen öffentlichen Erziehungs- und Schulangelegenheiten eine Stimme gegeben werden muss, diese Forderung erwächst organisch aus der erweiterten Auffassung des Mutterberufs. Aber diese letztere verlangt von der Frau überhaupt eine ernstere Beschäftigung mit allgemeinen und öffentlichen Interessen, ein Hinauswachsen über die Begrenztheit der eigenen Häuslichkeit, indem sie deren Zusammenhang mit den gesamten gesellschaftlichen Verhältnissen begreifen lernt. Wie also der Mutter für ihre Aufgabe im engeren Sinne Schulung und Vorbereitung notthut, so bedarf sie andrerseits einer breiteren und tieferen Vorbildung für ihre weitergehenden Pflichten, die gerade das erstarkte Persönlichkeitsbewusstsein der modernen Frau energisch betonen muss.

Wir werden auf diese Gedankengänge an andrer Stelle zurückkommen. Hier muss nur zusammenfassend bemerkt werden, dass schon heute, wo jene Erziehung der Frau und mit ihr die vollste Erfüllung der Mutteraufgabe nur eine vereinzelte Erscheinung ist, dennoch schon mit der mütterlichen Thätigkeit, wenn immer sie gewissenhaft geübt wird, als einem Zeit und Kräfte heischenden Beruf gerechnet werden muss.

3. Die geistige Arbeit der Frau.

Von der Prüfung der Frau in ihrer Eigenschaft als Geschlechtswesen und ihren Mutterpflichten, wenden wir uns nun ihrer geistigen Bethätigung zu. Diese fällt indessen nur insoweit in den Rahmen unserer auf das Verhältnis der höheren geistigen Arbeit zur Mutterschaft gerichteten Untersuchung, als ihr der Charakter der bestimmten geistigen Arbeit von selbständigem Wert eigen ist.

Dieser Charakter fehlt dem Wirken der Frau, wo sie uns nur als geniale Anregerin, als geistige und ästhetische Eigenart entgegentritt. Hier handelt es sich lediglich um die Persönlichkeit, die ihre Wesenheit in fesselnder Mannigfaltigkeit ausstrahlt — nicht um Leistungen, hinter welchen der Urheber mehr oder minder zurücktritt. Als vollkommenste Vertreterin dieses Frauentypus darf vielleicht die Rahel gelten, die von sich selbst sagen konnte: „Ich bin so einzig als die grösste Erscheinung dieser Erde. Der grösste Künstler, Philosoph oder Dichter ist nicht über mir, wir sind vom selben Element, im selben Range und gehören zusammen. — — Mir aber ward das Leben angewiesen."

Frauen dieser Art haben vielleicht zu allen Zeiten zu den geistreichsten ihres Geschlechts gehört, ja, weite geistige Kreise haben unter dem Zauber ihrer Einwirkung gestanden. Wir erinnern an Aspasia, welche die ersten Staatsmänner, Künstler, Philosophen um sich sammelte, und eine Reihe anderer Erscheinungen in Griechenland, deren Stärke und Verdienst nicht in der selbständigen Leistung, sondern in der Anregung und Anteilnahme an den Ideen der Zeit lag[1]).

Einem ähnlichen Bilde begegnen wir Jahrhunderte später zur Zeit der Renaissance. Unzweifelhaft stand damals die Bildung der Frau in den höheren Gesellschaftskreisen auf einer sehr hohen Stufe. Das Ideal, das ihr bei ihren geistigen Bestrebungen vorschwebte, lässt sich, wie es scheint, nicht mit Sicherheit feststellen. Wenigstens herrscht über dies Ideal in den Ansichten der berufensten Geschichtsschreiber der Renaissance keine Einheit[2]). In jedem Fall

---

1) Allerdings mussten wir bei der Behandlung der Frauen in der Wissenschaft, um ein Bild weiblichen Wissenstriebes und des geschichtlichen Hintergrundes seiner Bethätigung zu geben, einige dieser Frauen streifen, soweit sie sich an bestimmte Schulen und Disciplinen anlehnen. Aber im Wesentlichen gilt unsere Forschung nicht solchen Erscheinungen.

2) „Das Ruhmvollste, was damals von den grossen Italienerinnen gesagt wird, ist, dass sie einen männlichen Geist, ein männliches Gemüt hätten. Man braucht nur die völlig männliche Haltung der meisten Weiber in den Heldengedichten, zumal bei Bojardo und Ariosto zu beachten, um zu wissen, dass es sich hier um ein bestimmtes Ideal handelt." (Burckhardt: Kultur der Renaissance in Italien. 6. Aufl., Bd. 2, Leipzig 1898.) „Die Frau jener Zeit hat das gelöst, was die moderne nicht zu lösen vermag: Tiefe und Vielseitigkeit

ist die virago, wie die Bezeichnung für die geistvollsten und gebildetsten Frauen lautete, nicht in unserm heutigen Sinn als Mannweib zu fassen. Vielmehr dürfen wir wohl, wenn wir die verschiedenen Urteile der Geschichtsforscher in Betracht ziehen und einige der schönsten Frauenpoesien jener Zeit als Ausdruck des allgemeinen weiblichen Empfindens auffassen, zu dem Schluss gelangen, dass die erlesenen Gestalten der Renaissance vom höchsten Zauber der Weiblichkeit umflossen waren. Und obwohl wir einige von ihnen in der Folge noch als Schaffende zu berücksichtigen haben, begegnen wir gerade hier einer Fülle jener genialen Anregerinnen, deren Bedeutung, obwohl sie nicht in ihren Leistungen, sondern in ihrer Persönlichkeit wurzelt, nicht hoch genug zu schätzen ist.

Den klassischen Ausdruck findet indessen jener Frauentypus später in Frankreich. Man denke an die sprühenden Französinnen, welche die für die Geschichte Frankreichs so wichtigen Salons schufen, deren glänzenden Mittelpunkt bildeten und die vornehmsten Geister der Nation beeinflussten. „Kann man die Schriftsteller dieses Zeitalters mit parlamentarischen Parteiführern vergleichen, so sind diese Salons die Parteiversammlungen. Alles wird angeregt und

---

gelehrter Bildung, Klugheit und Unerschrockenkeit im Handeln, ausschliesslich weiblicher Anmut und Würde dienstbar zu machen — — Sie hat die weibliche Natur in höchster Entwicklung, doch völliger Unversehrtheit als wirkende Macht in das gesellschaftliche Leben gestellt." (Janitschek: Die Gesellschaft der Renaissance in Italien und die Kunst. Stuttgart 1879.) Vergl. auch Gregorovius (Lucretia Borgia Bd. I, Stuttgart 1874), Minghetti (Die italienischen Frauen in den schönen Künsten im 16. u. 17. Jahrhundert), Reumont (Vittoria Colonna) und Maulde de la Clavière (Les femmes de la Renaissance). „Denn die gelehrte oder klassische Bildung war bei den Italienern nicht die Feindin der weiblichen Grazie, vielmehr sie erhöhte dieselbe. Jacob von Bergamo hebt es von dieser oder jener Frau ganz besonders hervor, dass so oft sie als Dichterin oder als Rednerin sich öffentlich vernehmen liess, es gerade „die unglaubliche Schamhaftigkeit und Züchtigkeit" ihres Wesens war, was die Zuhörer bezauberte. So rühmt er das von Cassandra Fedele, und so preist er an Ginevta Sforza die Eleganz der Form, die ausserordentliche Grazie in jeder körperlichen Bewegung, die gelassene königliche Art, und die sittliche Schönheit überhaupt. Dasselbe rühmt er von Hippolyta Sforza, der Gemahlin Alfonso's von Aragon, welche die feinste Bildung, die ausgezeichnetste Beredsamkeit, eine seltene Schönheit und die höchste Schamhaftigkeit des Weibes in sich vereinigte. Was man damals Schamhaftigkeit (pudor) nannte, war wohl

vorbereitet, durchdacht und durchgesprochen." [1]) Auch hier liegt die Stärke des Weibes nicht in der selbstschöpferischen Thätigkeit. Und derselben Erscheinung begegnen wir bei den reizvollen Gestalten der romantischen Schule und des jungen Deutschland. Selbst die Bedeutung einer Dorothea Schlegel wurzelt nicht in ihren litterarischen Leistungen, mag man auch ihren unvollendeten Roman, „Florentin" höher schätzen als alle Dramen und Romane Schlegels. [2])

Auch abseits von den berührten Gruppen und Kreisen finden wir fast zu allen Zeiten Frauen, vor allem hochstehende Fürstinnen, die durch verständnisvolle Förderung von Kunst und Wissenschaft einen tiefgreifenden Einfluss ausübten.

Oft ist es auch bei den hier in Betracht kommenden Frauen nicht die persönliche Beanlagung, sondern die Richtung der Zeit, Lebensschicksale und Stellung, welche sie von geistiger Bethätigung im Sinne bestimmter Arbeit von selbständigem Werte fern halten. Da die Leistung einer solchen Arbeit aber der Massstab für die Einbeziehung in den Kreis unserer Untersuchung ist, so kommen alle jene Erscheinungen, gleichviel welche Ursachen sie an geschlossenem Schaffen hinderten, für unser Problem nicht in Betracht.

Vergegenwärtigen wir uns aber, wie sehr sie indirekt die kulturelle Entwicklung bestimmten, so wird die oft geäusserte Ansicht verständlich, welche das tiefste geistige Wirken der Frau nicht in einem von ihr losgelösten Schaffen sieht, sondern in dem Einfluss ihrer Persönlichkeit und in ihren persönlichen Lebensäusserungen, gleichviel ob diese uns in Wort oder Schrift entgegentreten. Unzweifelhaft besitzt nun die weibliche Mémoiren- und Brief-Litteratur einen intimen Reiz. Man erinnere sich an den bezaubernden Ausdruck, den Mme. de Sévigné's Mutterliebe in ihren

---

die Kultur der natürlichen Anmut eines hochbegabten Weibes durch die Erziehung, die durchgebildete Grazie". (Gregorovius.) „Zu jener Zeit wurde die Frau für fähig gehalten, gleich den Männern das höchste Mass der Bildung zu erreichen. . . . . . Sie glaubten, dass die Leitung der Familie kein Hindernis wäre für ihre Beschäftigung mit den Wissenschaften, noch für die Teilnahme am öffentlichen Leben". (Minghetti.)

[1]) Hettner. Geschichte der französischen Literatur im 18. Jahrhundert, Braunschweig 1881.

[2]) Vergl. Carl Hillebrand: La Société de Berlin, Revue des deux Mondes. Paris 1870.

Briefen fand, an Karoline Schlegels tief philosophische Korrespondenz, in der wir die Entwicklung einer Weltanschauung verfolgen, an die Mémoiren einer Mme. d'Epinay, die ein Stück Zeitgeschichte wiederspiegeln. Und gewiss tritt der Charakter eines Zeitalters oft am unmittelbarsten in solchen zwanglosen Erinnerungen und Briefen hervor, denen die Geschlossenheit und der objektive Charakter des Künstwerks im eigentlichen Sinne fehlt [1]). Allein wie hoch wir auch die Bedeutung solcher ganz persönlichen Dokumente werten, so darf ihre Bewunderung doch nicht zu einer Unterschätzung der über das persönliche Leben hinausgreifenden geistigen Arbeit der Frau verleiten.

Es gilt nun, nachdem wir jenes rein persönliche Wirken von der für unser Problem allein in Betracht kommenden geistigen Arbeit abgesondert haben, einen Ueberblick über die Leistungen der Frau auf diesem letzteren Gebiet, das wir später im Verhältnis zur Mutterschaft prüfen werden, zu gewinnen. Allerdings beschränken wir uns zunächst nur auf eine Skizzierung, da wir in den folgenden Kapiteln — bei Erörterung der Möglichkeit und Art der Vereinigung mit der Mutterschaft — die geistige Arbeit des Weibes eingehend behandeln müssen.

Wir waren nun durch den Gegenstand unserer Untersuchung gezwungen, ein Feld höherer geistiger Arbeit, auf dem vielleicht die hervorragendsten Frauenleistungen liegen: die Thätigkeit als

---

[1]) „Wo mehr empfunden und weniger geschaffen wird, wo die Gestaltungsgabe zu schwach ist, um das Geschaffene von der Persönlichkeit gänzlich loszulösen, doch aber grosse Ursprünglichkeit vorhanden ist, da eröffnet sich dem Forscher am leichtesten der Weg zu den verborgenen Quellen eines Zeitalters. Der Brief einer reichbegabten Frau gestattet zumeist unmittelbarer einen Blick in den lebendigen Menschen, in seine wahre Gefühlsweise zu thun, als eine politische Rede oder ein Trauerspiel". Georg Brandes: Die Literatur des neunzehnten Jahrhunderts in ihren Hauptströmungen. Bd. VI das junge Deutschland, S. 309, Leipzig 1891. Der hier berührte Unterschied zwischen der Mémoiren- und Briefliteratur und der politischen Bethätigung ist auch der Grund, der uns die Frau als politische und soziale Agitatorin scharf absondern liess von den oben geschilderten Erscheinungen. Die agitatorische Leistung ist ein von der Persönlichkeit losgelöstes Schaffen.

Regentin, aus dem Kreis unserer Erörterung auszuscheiden. Denn bei den ungewöhnlichen Lebensverhältnissen, mit denen hier stets zu rechnen ist, erschien es unmöglich, zu zeigen, wie sich die lediglich durch die Regentschaft erforderte Arbeit mit der mütterlichen Aufgabe vereinen liess.

Sieht man ganz von den bekannten Erscheinungen der Geschichte ab, so zeigt auch die Gegenwart, welche Ansprüche an die Willenskraft der Fürstinnen gestellt werden. Ein interessantes Bild giebt hiervon folgende uns zugegangene Aeusserung Carmen Sylvas, der Königin Elisabeth von Rumänien, die wir in ihrer Eigenschaft als Dichterin bei unserer Erhebung einbezogen: „Jede gewissenhafte „Königin kann ich mir nicht anders als fast beständig überarbeitet „denken und weiss doch von vielen, die ihre Kinder dabei genährt und „vortrefflich erzogen haben. Die Königin von Italien, die Fürstin „von Bulgarien, die Deutsche Kaiserin kenne ich nur überarbeitet, „von den Regentinnen von Spanien und Holland nicht zu reden, „wie von der Königin von England, die mit ihrer grossen Kinder„schar sich nie gelegt hat, so lange noch ein Papier auf ihrem „Tische lag, und wenn es zwei Uhr morgens war. Die Kaiserin „Augusta kannte kein Ausruhen. Von sechs Uhr früh bis spät in „die Nacht war sie von rastlosem Fleisse und immer leidend. Die „Königin von Schweden nahm stets einen Teil der Arbeiten ihres „Gemahls auf sich, obgleich sie so krank war, dass sie fast immer „liegen musste[1]."

Bei unserer Betrachtung leitet uns nun der Gesichtspunkt einer vergleichenden Abschätzung zwischen den Leistungen auf den verschiedenen Gebieten geistiger Arbeit, die ein sehr ungleichartiges Bild weiblichen Könnens zeigen. Einem nahezu vollständigen Versagen der Schaffensfähigkeit begegnen wir in der dramatischen Dichtung, der musikalischen Komposition und der Architektur. Als Zufall darf diese Erscheinung, aus der die Erfahrung von Jahrtausenden spricht, nicht betrachtet werden. Vielmehr zeigt sie ein

---

[1]) „Unter dem Nebenberufe der Frau," fährt Carmen Sylva fort, „dürfen „vor allem die Kinder nicht leiden, weder körperlich noch geistig. Wenn es „sich nicht vereinigen lässt, ist es einfach, unverheiratet zu bleiben. Warum „sollte aber die Frau nicht arbeiten, da jede tüchtige Frau, und wäre es nur „in Haushalt und Kinderpflege, ungeheuer fleissig sein muss."

Unvermögen für die strenge Geschlossenheit der Komposition. Ob dies Unvermögen aber wirklich in einem psychischen Gesetz wurzelt oder nicht vielmehr in dem Mangel logischer Durchbildung und systematischer Schulung, wird so lange unentschieden bleiben, als diese dem weiblichen Geschlechte als Allgemeingut versagt sind. Als Allgemeingut. Denn nur in diesem Falle würde es nicht erst eines unendlich glücklichen Zufalls bedürfen, um der genialen Beanlagung auch die strengere geistige Erziehung zu sichern, zu der z. B. die rein fachliche Ausbildung in der musikalischen Kompositionslehre, die den Frauen schon früh freigegeben war, nicht genügt.

Grössere Denkmale weiblichen Schaffensvermögens fehlen ferner in der Skulptur, aber die mythische Gestalt einer Sabina, die durch reiche Beanlagung fesselnde Erscheinung einer Propertia de Rossi mahnen immerhin zur Vorsicht im Urteil. Eine ausgedehnte Beteiligung des weiblichen Geschlechts an mehreren Zweigen der bildenden Kunst hat fast zu allen Zeiten stattgefunden. Vor allen Dingen treffen wir eine überraschend grosse Anzahl von Malerinnen, allerdings mit wenig glänzenden Resultaten. Was bedeuten selbst die Werke Mme. Le Brun's oder Rosa Bonheur's, wenn wir den Massstab höchster Schöpferkraft anlegen! Hier zeigt indessen die jüngste Gegenwart nicht nur starke Talente, sondern die Künstlerinnen bieten in der Art ihres Strebens und ihrer Auffassung eine gewisse Gewähr künftigen kraftvolleren Schaffens.

Wenden wir uns von der bildenden Kunst zur Wissenschaft, so suchen wir gleichfalls vergebens nach grossen originalen Leistungen. Doch haben Frauen hier zu allen Zeiten Befähigung zu ernster geistiger Arbeit bewiesen, ja, eine Lezardières, in der Gegenwart eine Beatrice Webb zeigen in ihren Werken ein ausgesprochen schöpferisches Element. Vor allem auch als Dozentinnen haben die Frauen vielfach — so im Altertum und besonders in Italien während der Renaissance — eine beachtenswerte Rolle gespielt. Aber vielleicht nur ein einziges Mal hat in der Vergangenheit eine Frau durch praktische Bethätigung sich ein bleibendes Verdienst für die Fortbildung einer wissenschaftlichen Disziplin erworben. Der Name von Justine Sigismundin ist für die Geschichte der Geburtshilfe von dauernder Bedeutung. Eine einfache Hebamme hat diese Frau, lediglich gestützt auf ihre Intelligenz und ihre Erfahrung, ihren Namen begründet. Und auch im allgemeinen muss man bei den ganzen wissenschaftlichen Bestrebungen der Frauen bis tief in unsere Zeit hinein im Auge behalten, dass selbst die günstigsten Ergebnisse von Autodidakten herrühren. Mary Somerville, Sophie Germain, die Talvy haben sich ihre Kenntnisse fern von den Bildungsmitteln der Zeit, ganz auf sich selbst angewiesen, unter tausend Hindernissen erkämpfen müssen.

Während die wissenschaftlichen Leistungen des weiblichen Geschlechts im ganzen eine wohlwollende Beurteilung finden, wird unseres Erachtens die Bedeutung der Frau für die epische Dichtung unterschätzt. In etwa sogar für die Lyrik. Wohl wird Sappho, Vittoria Colonna allgemein gewürdigt, Annette von Droste wenigstens von der litterarischen Kritik. Aber diese Wertschätzung kommt in Gesamturteilen über die Rolle der Frauen in der lyrischen Dichtung nicht genügend zum Ausdruck. Hierbei mag vielleicht als Erklärung in Betracht gezogen werden, dass das bedeutendste lyrische Talent unter den in die Jetztzeit hineinragenden Frauen, Annette von Droste, leider selbst für die Gebildeten, um mit Richard M. Meyer zu sprechen, zu den „grossen Unbekannten“ gehört.

Weit mehr noch drängt sich das Gefühl ungenügender Würdigung der Frauenarbeit in der Dichtung auf, wenn wir an ihre Leistungen auf dem Gebiete des Romans und der Novelle denken. Die Geringschätzung dieser Dichtungsarten hält gegenüber Schöpfungen wie Leiden des jungen Werthers, die Wahlverwandschaften u. s. w. nicht stand. Räumt man aber dem Kunstzweig als solchem die gebührende Stellung ein, so muss auch die Bedeutung der Frauen für die Dichtung anerkannt werden. Namen wie Mme. de la Fayette, George Sand, George Eliot, Fernan Caballero, Marie von Ebner, Amalie Skram, Magdalene Thoresen, Ricarda Huch sprechen eine beredte Sprache. Eben diese hervorragende Bedeutung der Frau auf epischem Gebiet hat uns veranlasst, die dichterischen Leistungen des weiblichen Geschlechts an anderer Stelle besonders eingehend zu erörtern.

Auf dem weiten Gebiet des geistigen Lebens ausserhalb der wissenschaftlichen Disziplinen und der Kunst begegnen uns die Frauen als bewegende Kräfte. Frau von Staëls grosse Gestalt tritt uns in ihrer fast unerreichten Macht der Rede, in ihrer Geistesfülle entgegen. Wir sehen geniale Naturen wie Mme. Roland, Mary Wollstonecraft, eine fortreissende Wirkung ausüben.

Unbestritten und unbestreitbar sind die künstlerischen Leistungen der Frau als Schauspielerin und Sängerin. Hier ist ihre Rolle eine glanzvolle. Und zwar nicht etwa, wie so oft behauptet wird, durch den reproduktiven Charakter dieser Kunstthätigkeit, sondern durch die Unersetzlichkeit der Weib-Persönlichkeit und des weiblichen Stimmmaterials, ob auch der Frau die Bühne nicht zu allen Zeiten freigegeben war. Eine Vorstellung, was Frauen in der Schauspielkunst vermocht haben, giebt der Ausspruch, zu dem Charlotte Leffler durch die geniale Kunst Adelaide Ristoris veranlasst wurde: sie habe den klaren Einblick bekommen, dass eines grossen Schauspielers Interpretierung eines echten Dichterwerkes ein grösseres und mächtiger ergreifendes Kunstwerk bilde, als irgend eine andere der schönen Künste zustande bringen könne, ja, grösser und unvergesslicher sei, als die Venus von Milo oder Raphaels Madonnen.

Die Unersetzlichkeit der Frau als Bühnenkünstlerin bedeutet in der Musik noch mehr als in der Schauspielkunst, weil die Interpretation bei jener eine entscheidendere Rolle spielt. „Nicht passive Dienerin der Komposition ist die Virtuosität, denn von ihrem Hauche hängt Leben und Tod des ihr anvertrauten geschriebenen Kunstwerkes ab; sie kann es im Glanz seiner Schönheit, Frische, Begeisterung wiedergeben oder es verdrehen, verunschönen, entstellen.“ (Liszt.)

Auf diesen wie auf die wesentlichen anderen, hier in kurzem Ueberblick gestreiften Gesichtspunkte möchten wir an dieser Stelle nicht näher eingehen, da wir sie bei der Prüfung des Verhältnisses der Frau als Geschlechtswesen und der Mutterschaft zu den verschiedenen Arten geistiger Arbeit wieder aufnehmen und nach ihrer Tragweite für unser Problem ausführlich erörtern werden. In diesem Abschnitt galt es nur — unter Ausscheidung derjenigen Frauen, die lediglich als Persönlichkeit oder in rein persönlichen Dokumenten wirkten — die geistigen und künstlerischen Leistungen des Weibes nach ihrer kulturellen Bedeutung zu würdigen.

II. Teil.

Das Verhältnis der Mutterschaft zu den verschiedenen Arten geistiger Arbeit.

Das Verhältnis der Mutterschaft zu den verschiedenen Arten geistiger Arbeit.

Einführung.

Nachdem wir die Frau als Geschlechtswesen, ihre hiermit verbundenen natürlichen Pflichten betrachteten, sodann ihre geistige Bethätigung ins Auge fassten, haben wir jetzt zu prüfen, wie sich beide Lebenssphären vereinigen.

Das Material, das wir aus der geschichtlichen Betrachtung und der Erhebung unter den Frauen der Gegenwart schöpften, ergab hierüber ein unendlich mannigfaltiges Bild. Ehe wir dies Bild mit den Wandlungen, denen es durch die geschichtliche Entwicklung unterworfen ist, zeigen, möchten wir auf nachfolgende wesentliche Gesichtspunkte kurz hinweisen.

Grundlegend für die Möglichkeit und Art der Vereinigung sind immer und überall die ökonomischen Verhältnisse.

Ferner fanden wir in der Fülle der Einzelerscheinungen bestimmte allgemeine Linien: das Verhältnis von Mutterschaft und geistiger Arbeit stellte sich verschieden dar, das Bild war ein anderes, je nach der Sonderheit der Berufe. Ihre Anforderungen bestimmten die Möglichkeit der Vereinigung beider Lebenssphären und verliehen ihr das charakteristische Gepräge. Hieraus ergab sich eine Gliederung des Stoffes nach sechs verschiedenen Gruppen geistiger Thätigkeit. Wir beginnen mit der Betrachtung des Verhältnisses von Mutterschaft und geistiger Arbeit in den reproduktiven Künsten. Und zwar zunächst in der Schauspielkunst. Denn in der Musik, der wir uns dann zuwenden, spielt neben der reproduktiven Künstlerin die Komponistin eine wenn auch verschwindende Rolle und leitet zu der produktiven künstlerischen Thätigkeit der Frau in der bildenden Kunst und Dichtung über. Hieran schliesst sich die Prüfung des Problems innerhalb der wissenschaftlichen Disziplinen und endlich in den Gebieten geistiger Thätigkeit die jenseits künstlerischer und wissenschaftlicher Arbeit im engeren Sinne liegen: Agitation, Essai und Journalismus, wo sich bereits Ausblicke allgemeiner Natur eröffnen[1]).

Was den Einfluss der Berufe zu einem entscheidenden gestaltete, waren nicht nur ihre augenfällig divergierenden äusseren Ansprüche, sondern auch die Ungleichheit der inneren Anforderungen verschiedener Arten geistiger Arbeit.

Innerhalb dieser bestimmten, wenn auch dehnbaren Grenzen macht sich der ganze Einfluss der Persönlichkeit geltend, der nur vereinzelt typische Züge zeigt. Weitaus die grösste Einwirkung der Persönlichkeit — der Kraft des körperlichen und geistigen Könnens, des Temperaments, der Elastizität u. s. w. — lässt sich so wenig in allgemeine Linien fassen, wie die individuellen Verhältnisse, die für den Einzelnen in Betracht kommen.

Betreffs der ökonomischen Verhältnisse ist noch zu bemerken, dass sie nicht nur durchweg grundlegend für die Möglichkeit und Art der Vereinigung sind, sondern dass sie in gewissen Fällen das alleinige Motiv der geistigen Bethätigung der Mutter darstellen. Diese Art Erscheinungen, die sich in allen Berufen finden, sind, psychologisch und soziologisch betrachtet, von jenen unterschieden, in denen bei der geistigen Produktion ein eingeborener Schöpfertrieb mitwirkt. Denn, wo es sich um eine Verwertung der geistigen Beanlagung lediglich zur Erhaltung der Kinder handelt, kann von einem Zurückdrängen der Mutterpflichten zu Gunsten eigener geistiger Bedürfnisse nicht die Rede sein. Diese Fälle, in denen die Arbeit einzig durch Erwerbszwecke bedingt ist, wurzeln in bestimmten wirtschaftlichen Verhältnissen und würden bei einer andern Gesellschaftsordnung verschwinden können. Setzen wir den Fall, dass in einer solchen die Erfüllung des Mutterberufs als eine soziale Leistung betrachtet und wie andere soziale Thätigkeiten ökonomisch gewertet wird, so bestände für diese Mütter keine Notwendigkeit mehr, sich ihren Kindern durch geistige Thätigkeit zu entziehen.

In all den andern Fällen, wo ein eingeborener Schaffenstrieb in Frage kommt, könnte jene Wertung des Mutterberufs allerdings die Möglichkeit und Art der Vereinigung beider Lebenssphären

[1]) Frauen, die auf mehreren Arbeitsgebieten thätig waren, sind dort behandelt, wo die Stärke ihrer Leistung liegt.

bedeutend beeinflussen, aber den Kern unserer Studie, die Frage, wie sich die Frau als Geschlechtswesen zur geistigen Thätigkeit stellt, nicht aus der Welt schaffen.

Bei unserer Untersuchung haben wir natürlich mit den Erscheinungen, wie sie aus den gegebenen ökonomischen Verhältnissen in Vergangenheit und Gegenwart erwuchsen, zu rechnen und das Verhältnis von Mutterschaft und geistiger Arbeit, unbeschadet etwaiger Zukunftsausblicke, darzustellen, wie es sich in der Geschichte und in der Jetztzeit in den verschiedenen Berufen zeigte.

---

1. Schauspielkunst.

In der Schauspielkunst bedarf es, wie wir schon berührten, nicht mehr des Beweises, dass die Frau Kulturwerthe schaffen kann. Hier ist sie nicht mehr Bahnbrecher, nicht mehr Kämpfer für eine neue Sphäre weiblicher Wirkungskraft — nein, hier fusst, was sie zu geben vermag, auf dem festgegründeten Boden erfolgreicher Thätigkeit. Es ist, wie Schlenther in seiner anregenden Schrift[1]) über den Frauenberuf im Theater betont, „längst erwiesene Thatsache, dass die Kunst der Bühne ohne Frauenarbeit nicht mehr denkbar wäre".

Und nicht nur dies. Gleichwertig stehen ihre Leistungen neben denen des Mannes. Nicht jener niederdrückende Maassstab relativer Bedeutung — dass der Arbeit eben als Arbeit einer F r a u Anerkennung gezollt werden müsste — wird an die Gebilde der Bühnenkünstlerin angelegt, sondern jener höchste und einzige, der allein die schaffende Persönlichkeit nicht erniedrigt: der des absoluten Werthes. Und so gewogen werden die weiblichen Schöpfungen in der Schauspielkunst nicht zu leicht befunden.

Hand in Hand mit ihrer Bedeutung geht die Empfindung unanzweifelbarer Berechtigung, die man der Bühnenthätigkeit der Frau gegenüber hegt. Wie hartnäckig die Thore anderer geistiger Arbeitsgebiete verschlossen werden, wie umstritten dort die Frage der Zulassung der Frau ist — die Domäne der Schauspielkunst wird dem weiblichen Schaffen widerspruchslos zuerkannt.

Und doch ist die Frau selbst hier einst ein Eroberer gewesen, ist selbst hier nur langsam und nach vielen Kämpfen eingedrungen,

[1]) Schlenther. Der Frauenberuf im Theater. Berlin 1895.

mag sie heute auch mit der ruhevollen Sicherheit des Besitzes dies Gebiet beherrschen. Gerade unserem modernen Bewusstsein gegenüber, dem die Bühnenthätigkeit des Weibes als ein Nothwendiges, ein Unerlässliches, ein Ewiges erscheint, ist es wichtig, auf die Geschichte hinzuweisen und zu erinnern, dass die Schauspielerin erst eine Erscheinung der letzten Jahrhunderte ist.

Es ist bekannt, dass es im Alterthume keine Schauspielerinnen gab; nur im Mimus der Römer traten Frauen auf[1]). Wenn auch einzelne dieser weiblichen Mimen z. B. die Virtuosin Arbuscula, die selbst Cicero Bewunderung abnöthigte, wahrhafte Künstlerinnen gewesen su sein scheinen, so dürfte doch im Ganzen ihre Wirkung mehr auf anderem Gebiet gelegen haben[2]).

Auf der mittelalterlichen Mysterienbühne wurden Frauenrollen von Knaben verkörpert. Kirchliche Spiele wurden zwar in Nonnenklöstern aufgeführt, aber bei den eigentlich liturgischen Darstellungen wirkten dann Geistliche mit[3]).

Nach Devrient[4]) sind zuerst auf dem spanischen Theater Frauen erschienen. Schon 1534 in einer Verordnung Karls V. gegen den Kostümaufwand werden Schauspielerinnen erwähnt. Philipp II. verbot zwar ihr Erscheinen, doch musste ihnen noch unter seiner Regierung 1580 die Bühne wieder freigegeben werden.

In Italien dürfte übrigens das erste Auftreten von Frauen kaum in eine spätere Zeitspanne fallen als in Spanien: Schon zur Zeit des Francesco Cherea, also in den ersten Jahrzehnten des

---

[1]) In China gab es zur Blütezeit des chinesischen Dramas Schauspielerinnen, doch später ward dem weiblichen Geschlecht das Betreten der Bühne untersagt (vgl. Hart, Geschichte der Weltliteratur und des Theaters aller Zeiten und Völker. Berlin 1894).

[2]) Man vergleiche z. B. was Grysar über die Verführungskünste der Cytheris berichtet, was auch „zur Geschichte der Mimen gehöre“. Hier scheint es sich nicht um Begleiterscheinungen zu handeln; vielmehr wird offenbar der ganze Charakter der weiblichen Mimen hierdurch beleuchtet. S. Grysar. Der römische Mimus. (Sitzungsberichte der Kaiserlichen Akademie der Wissenschaften. Wien 1854).

[3]) Vergl. Prölss. Geschichte des neueren Dramas 1. Bd. 1. Hälfte. (Leipzig 1880).

[4]) Devrient. Geschichte der deutschen Schauspielkunst. Leipzig 1848. Bd. I.

16. Jahrhunderts, soll in Venedig eine Schauspielerin Polonia geglänzt haben[1]). Und bereits in der zweiten Hälfte dieses Jahrhunderts begegnen wir in Italien der berühmten Isabella Andreini (1562 bis 1604), die mit 16 Jahren in Florenz zum erstenmale auftrat und unbestritten als erste Schauspielerin ihrer Zeit galt. Isabella Andreini ist nicht lediglich als Bühnenkünstlerin bekannt. Eine Persönlichkeit von seltener Vielseitigkeit, war sie zugleich mit dem Studium der Philosophie vertraut und Mitglied der Akademia dell'Intini, als Dichterin aber so bedeutend, dass ihre Sonette denen ihrer Bewunderer, z. B. des Torquato Tasso, ebenbürtig geschätzt wurden. Die Reinheit ihrer Sitten, ihre innige Mütterlichkeit wird neben der Genialität ihres künstlerischen Könnens besonders betont. Ihr Tod, den eine verfrühte Entbindung verschuldete, rief allgemeine Trauer hervor. „Die edelsten Frauen der Stadt waren an ihrem Krankenbett hilfreich und thätig gewesen. Die Schöppen schickten zu ihrer Leichenfeier ihre Banner und Stabträger, die Kaufmannschaft folgte mit brennenden Fackeln dem Sarge“ [2]).

Die weitere, so besondere Bedeutung der Frau für die italienische Schauspielkunst ist bekannt. Der Ruhm der Carolina Internari (geb. 1793) und Charlotta Marchionni (geb. 1797) tönt noch bis in unsere Zeit, Augenzeugen schildern uns die Leistungen Adelaide Ristori's als ein Wunder [3]), und die Schöpfungen Eleonore Duse's sind der gegenwärtigen Generation Offenbarungen des Genies.

In Frankreich, dem „Land der geborenen Schauspieler“, sollen ebenfalls Frauen bereits in der zweiten Hälfte des 16. Jahrhunderts allgemeiner aufgetreten sein. (In einem Mysterium zu Metz, das damals freilich noch deutsch war, sind sogar schon 1547 drei von der Chronik namhaft gemachte Frauen in den Rollen der Marien auf dem Theater erschienen.) Marie Vernier ist eine der ersten Schauspielerinnen, deren Namen uns überliefert wird, während gewisse

---

[1]) Prölss. Geschichte des Dramas I. Bd. 2. Hälfte 1881. Das neuere Drama der Italiener. Klein (Geschichte des Dramas IV. Das italienische Drama Leipzig 1866) erwähnt, dass nach einer Notiz des Pietro Maria Cechini weibliche Rollen von Frauen zuerst um 1560 gegeben wurden.

[2]) Vgl. Pröss. a. a. O.

[3]) Kurnik. Ein Menschenalter Theatererinnerungen. Berlin 1882. s. auch ob. S. 40 I. Teil 3.

besonders kecke und freche Frauenrollen gleichzeitig noch von Männern gespielt wurden. Unter den Frauen der Molièreschen Truppe, die 1658 ihre Vorstellung in Petit Bourbon eröffnete, wird besonders Madelaine Béjart's als einer echten Theaternatur Erwähnung gethan. In die ersten Decennien des 18. Jahrhunderts fällt die Wirksamkeit Adrienne Lecouvreurs, der dann Mlle. Gausin und jene Marie Françoise Dusmenil folgte, die 1803 in tiefem Elend starb, obwohl ihr eminente Kunst einst Garrick zu dem Ausspruch brachte: „Das ist keine Schauspielerin mehr — es ist Agrippina, Semiramis, Athalie selbst, die man sieht!" Auch Mlle. Clairon und Louise Contat mahnen uns an die überaus glänzende Rolle der Frau in der französischen Schauspielkunst — ebenso Marie Dorval, deren ursprüngliches Können besonders gerühmt wird[1]). Ueber alle andern aber ragt die Rachel hervor, von der man behauptet, sie habe eine neue Epoche des Dramas ins Leben gerufen.

Später als bei den romanischen Nationen begegnen wir in England Frauen auf der Bühne. Bekannte Schauspieler, wie der spätere Heldenspieler Hart, zeichneten sich als Darsteller weiblicher Rollen aus. Schauspielerinnen einer französischen Truppe wurden 1629 noch vom Publikum verunglimpft. 1635 wurden zuerst durch französische und spanische Schauspieler eingeführte Frauen geduldet und erst 1656 soll die erste Engländerin aufgetreten sein.

Shakespeare's anmutsreiche Gebilde, seine Ophelia und Julia mit ihrem Blütenstaub zartester Weiblichkeit, scheinen ihm nur von Männern dargestellt vor Augen getreten zu sein. Dies muss umsomehr hervorgehoben werden, da zwar im Altertume den griechischen Dichtern betreffs ihrer weiblichen Gestalten kein besseres Loos beschieden gewesen war, aber in Spanien Shakespeare's Zeitgenosse, Lope de Vega, seine Frauen bereits von Frauen verkörpert erblickte[2]). Wenn der grösste Dramatiker seine rührendsten Gestalten auch schuf, ohne ihre Darstellung anders denn in unvollkommener Form erwarten zu dürfen, so bleibt deshalb doch der Bühnenkunst das Verdienst, den dichterischen Schöpfungen erst echtes Leben zu verleihen.

[1]) Vergl. Royer, Historie de l'art dramatique, Bd. 6.

[2]) So hören wir aus der Zeit Lope de Vegas vor allem von einer unter dem Namen „Amaryllis" von den Dichtern verherrlichten Schauspielerin, ferner von Antonia Granada, die den Beinamen der „göttlichen Antandra" erhielt.

Und was die Mitwirkung der Frauen hierfür bedeutet, zeigt uns, nachdem sie erst einmal auf dem Plan erschienen sind, bald auch die weitere Entwicklung in England.

In den 60er Jahren des 17. Jahrhunderts findet sich in dem Killegrew und Davenant gegebenen Patent die Verpflichtung vermerkt, dass Frauenrollen fortan von Frauen gespielt werden sollen[1]). Hatte das Schauspiel auch schon vorher dem leichtfertigen und unsittlichen Hang der Zeit gehuldigt, so war doch gerade dies erste Auftreten der Frauen zunächst von zahllosen Missbräuchen begleitet. Man gewinnt hierin Einblick, wenn man hört, dass in einem so obscönen Stück, wie dem Killegrewschen Lustspiel „The parson's wedding", nicht nur die weiblichen, sondern auch die männlichen Rollen von Frauen gespielt wurden[2]). Bald aber wird die Schauspielerin eine ernste künstlerische Macht. Bereits 1673 hören wir von der wahrhaft bedeutenden Elisabeth Barry[3]), die schon im Alter von 15 Jahren ihre Laufbahn eröffnete, etwas früher noch von der nachmals mit Betterton verheirateten Mrs. Saunderson und um die Jahrhundertwende von den Triumphen Mrs. Oldfield's, deren Leben sich zwar nicht nach den Gesetzen der Konvenienz, wohl aber nach einer freieren und tieferen Sittlichkeit geregelt zu haben scheint[4]).

Mrs. Oldfield's Leiche — sie liegt in Westminster begraben — ward im Jerusalemzimmer des königlichen Schlosses ausgestellt, Persönlichkeiten wie Lord Harvey und Delaware trugen das Leichen-

[1]) Prölss. Geschichte des neueren Dramas, II. Bd., 2. Hälfte. Leipzig 1882. Das neuere Drama der Engländer.

[2]) Boaden (Memoirs of Mrs. Siddons London 1893) nennt es ein Glück, dass die berühmte Mrs. Siddons-Kemble, die von 1755 bis 1831 lebte, nicht früher geboren ward, da sonst diese bedeutende Frau bei ihren moralischen Anschauungen vielleicht niemals die Bühnenlaufbahn ergriffen hätte.

[3]) Vgl. Betterton. The History of the English Stage. London.

[4]) Obschon Mrs. Oldfield zuerst ein Verhältnis mit Mr. Maynwaring und nach dessen Tode mit dem General Churchill unterhielt, wurde sie doch in den vertrauten Umgang der Damen der höchsten Gesellschaft gezogen. Man wusste, dass diese Verhältnisse aus aufrichtiger selbstloser Neigung entsprungen waren und dass sie den glänzenden Anerbietungen eines Herzogs von Bedford wiederholt mit Verachtung begegnet war. Prölss a. a. O., II. Bd., 2. Hälfte. Das neuere Drama der Engländer.

tuch. Und nach Mrs. Oldfield [1]) erschienen andere glänzende Frauengestalten auf der Bühne: Mrs. Pritchard und Susanna Cibber, bei deren Tode Garrick ausgerufen haben soll, mit ihr sterbe in einem gewissen Sinne die Tragödie („Then tragedy is dead on one side"), Margaret Woffington, die ebenso ernst in der Kunst wie leichtfertig im Leben war, und ihre Nebenbuhlerin Mrs. Anne Bellamy — endlich in den späteren Decennien des Jahrhunderts die berühmte Sarah Siddons-Kemble, Mrs. Jordan und Mrs. Brunton, und im 19. Jahrhundert neue bedeutende Erscheinungen.

Wir sehen: eine späte, aber reiche Entwicklung der Bühnenkunst der Frau. Aehnliches finden wir in Deutschland. Zur Zeit unserer grossen nationalen Dichter beherrschen längst Frauen wie Corona Schröter, Christiane Louise Neumann, von Goethe als „Euphrosyne" besungen, die Unzelmann und andere die Bühne, aber das erste Erscheinen von Schauspielerinnen ist nicht vor der zweiten Hälfte des 17. Jahrhunderts zu finden. Noch vor den Frauen der Velten'schen Truppe wird 1654 eine Komödiantin Isabella Barbarolla [2]) namhaft gemacht. Im Ganzen war es die Oper, die der deutschen Bühne die Schauspielerin zuführte.

Und in der Persönlichkeit Karoline Neuber's [3]) (1692 bis 1760) treffen wir bald eine Frau, die nicht nur als ausübende Künstlerin, sondern auch in prinzipieller Hinsicht durch ihre Einwirkung auf die Schauspielkunst sich bleibende Verdienste erworben hat. Die grosse Bedeutung ihres Vorgehens gegen den Hanswurst, d. h. gegen die extemporierte, rohe Komödie, ist nicht genug zu schätzen [4]), selbst wenn Lessing in der That weiter gesehen hat, als er das „Hänschen" nicht gänzlich entbehren wollte. Devrient rühmt den reformatorischen Charakter der Neuberin, der sie dem Publikum keine Konzessionen machen liess. „Gottsched und die Neuber haben die Kluft geschlossen, welche so lange zwischen der Dicht- und Schau-

---

[1]) Es sind hier natürlich die hervorragendsten englischen Schauspielerinnen jener Zeit nicht erschöpft. Vgl. Campbell. Life of Mrs. Siddons. London 1834. 3. Kapitel.

[2]) Vgl. Prölss a. a. O., 3. Bd. Das neuere Drama der Deutschen bis Lessing.

[3]) Vgl. Reden-Esbeck. Karoline Neuber und ihre Zeitgenossen. Ein Beitrag zur deutschen Kultur- und Theatergeschichte. Leipzig 1881.

[4]) Vgl. Laube. Das norddeutsche Theater. Leipzig 1872.

spielkunst, zwischen der höheren Bildung und dem volkstümlichen Theater lag. Es war also der Neuber klar bewusste Intention, ihr Glück und Leben an den Fortschritt der deutschen Kunst zu setzen, und sie hat es mit einem Opfermute durchgesetzt, der noch keine Nachahmer gefunden hat“ [1]).

Es ist kein heiteres Erdenloos, das dieser mutigen, unbeugsamen Kämpferin beschieden war, kein frohes Alter lohnte ihr thatkräftiges Leben. Trüb und verstimmend klingt die Inschrift des Grabsteins, den einige ihrer Verehrer ihr 1776 setzten: „Dem verdienten Andenken einer Frau voll männlichen Geistes, der berühmtesten Schauspielerin ihrer Zeit, der Urheberin des guten Geschmacks auf der deutschen Bühne, Caroline Friederike Neuberin, welche, nachdem sie 30 Jahre hindurch sich und Deutschland Ehre gemacht, endlich zum Lohn ihrer Arbeiten 10 ganze Jahre lang alle Beschwerlichkeiten des Alters und der Armut mit christlicher Grossmut gelassen ertragen hatte, aus dem durch Bomben eingeäscherten Dresden mit schon krankem Leibe flüchtend, in Laubegast elend starb und in Leuben armselig begraben wurde, widmeten diesen Stein einige Kenner ihrer Verdienste und Liebhaber der Kunst in Dresden.“

Eine Reihe bedeutender Schauspielerinnen erstehen nun in dem kurzen Zeitraum, während dessen die deutsche Bühne Frauen duldet. Der Tod der achtzehnjährigen Schauspielerin Charlotte Ackermann versetzte 1775 ganz Hamburg in die grösste Erregung; am Tage ihrer Beerdigung hat man in der Stadt den Eindruck einer Landestrauer [2]). Und die Bedeutung ihrer künstlerischen Leistungen erscheint nicht gemindert, wenn wir hören, dass für ihr Denkmal von dem Senat kein Platz zu erlangen war; diese Weigerung zeigt nur den Bann, der über dem Stande als solchem lag.

In den letzten Jahrzehnten des vorigen Jahrhunderts sind Frau Hendel-Schütz, die Stich-Krelinger und die oft als Deutsch-

---

[1]) Vgl. Devrient. Geschichte der deutschen Schauspielkunst. Leipzig 1848, 2. Bd. S. 11.

[2]) „Als die Nachricht ihres Todes an die Börse kam, entstand unter dem grossen Gewühl eine Totenstille; bewegt, sprachlos schlichen alle nach Hause. Die Bühne war am nächsten Spieltag schwarz behangen, und schwarz gekleidet ging das Publikum ins Theater“. Uhde. Denkwürdigkeiten Friedrich Ludwig Schmidt's. I. Bd. Hamburg 1897.

lands erste Tragödin bezeichnete Sophie Schröder geboren, 1829 Marie Seebach, 1834 Charlotte Wolter und 1844 Klara Ziegler — Namen, deren Zauber bis in unsere Tage dringt, ohne dass mit ihnen die hervorragendsten der deutschen Schauspielerinnen auch nur annähernd genannt wären.

Fassen wir die vorstehenden Daten zusammen, so ergiebt sich im ganzen überall das gleiche Bild: ein spätes mühsam erkämpftes Auftreten der Frauen, eine kurze, 200-, günstigsten Falles 300jährige Zeitspanne, in der sie wirken, und doch überall Persönlichkeiten voll Schaffenskraft und Bedeutung, deren Ruhm Generationen überdauert.

Die Wirksamkeit der Frau auf der Bühne ist, wie wir anfangs betonten, ein Kulturfaktor geworden, mit dem man rechnet, den man nicht mehr entbehren kann — ein Selbstverständliches. Es erhebt sich nicht mehr der Zweifel, ob dieses Schaffensgebiet der Natur der Frau entspreche — es ertönt nicht der Einwurf, ob diese Art Thätigkeit sich mit den natürlichen Pflichten ihres Geschlechts vereinen lasse. Vor der Macht des Gewordenen, vor dem Wirklichen mit der aus ihm erwachsenen Kunstbereicherung schweigt die Erörterung der Möglichkeit. Man nimmt diese Wirklichkeit in gewissem Sinne als ein Unabänderliches hin, über dessen notwendigen Begleiterscheinungen zu brüten, fruchtlos, widersinnig erschiene.

Und doch haben wir gesehen, dass die Schauspielerin in der Geschichte nicht seit Ewigkeiten zu finden ist, und es ist daher angesichts ihrer nicht mehr bestrittenen Daseinsberechtigung doppelt interessant, zu prüfen, wie der Beruf sich mit der Natur des Weibes und den aus ihr erwachsenden Anforderungen vereint. Zeigt sich uns vielleicht ein so harmonisches Bild, dass dies etwa dazu beitrug, gerade hier die Gegner höherer weiblicher Berufsthätigkeit schweigen zu lassen? Im Gegenteil. Nicht einmal die Vulgär-Auffassung glaubt hieran, wie das landläufige Schlagwort „Schauspielerwirtschaft“ beweist.

Löst man sich aber auch gänzlich von kleinlichen und philiströsen Vorurteilen und beurteilt den Stand aus den höchsten Gesichtspunkten, so ergiebt doch gerade diese ernsthafte Prüfung, dass kaum ein anderes von Frauen erstrebtes oder erreichtes

Schaffensgebiet so schwere Konflikte mit den natürlichen Aufgaben der Frau erzeugt.

Fassen wir zunächst die Mutterschaft im physiologischen Sinne ins Auge und die an die Schauspielerin herantretenden Ansprüche, so sehen wir die Forderungen grundverschiedener Lebenssphären, die das gleiche Objekt erheischen.

„Die darstellende Kunst“, sagt Laube[1]), „hat wie jede einzelne Kunst ihre eigenen, ganz bestimmten Gesetze. Sie will darstellen. Das Gesetz der Erscheinung ist ihr Hauptgesetz.“ Fügen wir hinzu: Und sie hat auch dementsprechend ihre eigenen, ganz bestimmten Anforderungen. Nicht allein, dass ihre Schöpfungen unlöslich an ihren Schöpfer gebunden sind, sondern die eigene Person ist hier das Material, aus und an dem der Künstler schafft. Und es handelt sich nicht nur um ein einzelnes besonders begnadetes Organ, dessen Fähigkeit wirkt — nein, der ganze Körper ist der Stoff der künstlerischen Leistung und wird ihren Forderungen dienstbar, wird weicher Thon in ihrer souverainen Hand — dieser gleiche Körper, den nach ewigen ehernen Gesetzen die Mutterschaft für ihre so anderen Zwecke fordert, in dessen schützendem Schosse das junge Leben erwächst, gleichfalls die besten, die stärksten Kräfte in seiner Weise für sein Werden heischend, gleichfalls souverain, „ein Despot auf seinem Thron[2])“.

„Eine Malerin, Bildhauerin, Schriftstellerin kann ihre Mutter-„pflichten, ohne ihren Beruf zu schädigen, ausüben, — eine Schau-„spielerin aus leicht begreiflichen Gründen nicht. Der Reiz ihrer „Persönlichkeit ist immer gefährdet. Ich bin der festen Ueber-„zeugung, dass es mehr gute und mehr glückliche Schauspielerinnen „geben würde, wenn sie sich entschliessen könnten, erst in reiferen „Jahren eine Ehe einzugehen.“ Diese Aeusserung Clara Ziegler's[3])

---

[1]) Vgl. Laube. Das Burgtheater. Leipzig 1891.

[2]) Barnes. The British Medical Journal March. 2. 1889. An addres on the analogies of menstruation and pregnancy and labour in some of their physiological and pathological relations. S. 456.

[3]) Bemerkenswert ist auch die weitere Äusserung Clara Ziegler's zu unserem Problem: „Durch meine Beobachtungen bin ich zu dem Ergebnis gekommen, dass „Schauspieler und Schauspielerinnen grösstenteils die liebevollsten Eltern sind, aber „durch die Verhältnisse oft, streng genommen, keine guten Eltern sein können“.

beleuchtet unser Wort, dass die körperliche Persönlichkeit der Schauspielerin, die zugleich Mutter ist, als Mittel zu verschiedensten Zwecken, als Material zu heterogensten Schöpfungen eingefordert wird.

Aber nicht allein diese doppelten und heterogenen Forderungen an den Körper rufen einen Konflikt hervor — es treten zu ihnen, wenn wir nun den Mutterberuf im weiteren Sinne in Betracht ziehen, ebenso heterogene seelische Ansprüche der schauspielerischen und andererseits der erzieherischen Thätigkeit, welche Gleichmass, Ruhe und Sammlung bedingt. Gubitz[1]) erwähnt einmal, dass ihm an der originellen und reizvollen Natur der Friedrike Bethmann so recht begreiflich geworden, wie Personen, denen bei ihrer Berufsthätigkeit geistige und gemütliche Erregungen ebenso notwendig als unvermeidlich seien, zuweilen ganz unzurechnungsfähig sein können. Und ganz allgemein betont Laube[2]), dass der Stand immer eine Ausnahmestellung einnehmen müsse u. a. schon deshalb, weil er berufsmässig ein tägliches Exercitium der Leidenschaften vornehmen müsse. Diese Berufsvoraussetzungen und Wirkungen muss man als unabänderliche Notwendigkeit bei Beurteilung der Schauspielerin als Mutter vor Augen haben.

Hierzu gesellen sich in dritter Linie äussere Umstände, welche die Ausübung der Mutterpflichten der Bühnenkünstlerin erschweren — die Abwesenheit vom Hause bei Vorstellung und Probe, ferner mit dem Berufe verknüpfte Reisen und hierdurch bedingte längere Trennungen von der Familie, die nur durch ein bedenkliches Nomadenleben der Kinder vermieden werden können.

Prüfen wir die beregten Gesichtspunkte, die in dreifacher Hinsicht auf Schwierigkeiten hinweisen, nun an der Hand der aus Vergangenheit und Gegenwart vorliegenden Erfahrungen, und sehen wir, wie sich das Empfinden der Frau selbst zu der Vereinigung stellt.

---

[1]) Gubitz. Erlebnisse, I. Bd., Berlin 1868. Dass Gubitz der Eigenart der F. Bethmann dennoch gerecht ward, beweist die Thatsache, dass er sie trotz alledem eine „edle Natur", eine „sorgsame Mutter" nennt.

[2]) Laube. Das norddeutsche Theater. 1872.

Zunächst zeigt sich uns, dass der Versuch, beiden Lebensphären gerecht zu werden, rein körperlich betrachtet nicht nur anstrengend, sondern entschieden gefahrvoll ist. Erschreckend oft begegnet man Krankheiten infolge zu frühen Berufseintritts nach dem Wochenbett. Goethe's Liebling, die anmutige, aber offenbar sehr sensible[1]) Christiane Louise Neumann, ist nicht das einzige Opfer, das eine durch Bühnenthätigkeit und Wochenbette erzeugte Ueberanstrengung gefordert hat. Natürlich sieht der Bühnenkontrakt gewisse durch Schwangerschaft und Entbindungen verursachte Unterbrechungen vor, aber bei der jungen, erst aufstrebenden Schauspielerin ist die Not, bei der bekannten Künstlerin der Ehrgeiz ein mächtiger Hebel, die Rücksicht auf die Mutterschaft auf das Unerlässliche, ja oft unter dieses hinabzuschrauben[2]). Wie traurig beredt ist das Lebensbild einer unserer Experten, die, in jüngeren Jahren als Schauspielerin bekannt, später auf anderem Gebiete ein noch stärkeres Talent entfaltete und uns in folgenden Worten Erfahrungen schildert, welche sie als siebzehnjährige junge Frau in ihrer Bühnenthätigkeit gemacht hat: „Ich war schwanger „ehe ich das Engagement angenommen hatte, ohne es zu wissen.

„Als die Anzeichen sichtbar wurden, musste ich mich in ein „Mieder schnüren, was mir unsägliche Pein verursachte, da ich nie „vorher eines getragen und mein Körper sich fessellos entwickelt „hatte.

„Dieser Zwang übte einen nachteiligen Einfluss auf meinen „ganzen Organismus, und es bedurfte all meiner Willenskraft, um „auszuharren.

„Ich wollte das Engagement nicht lösen. Wir brauchten die Gage.

„Ich war beliebt und die Direktion wollte meine Gage bedeu„tend erhöhen. Es musste durchgemacht werden. Man erzählte „mir damals Geschichten von Schauspielerinnen, die abends gespielt, in „der Nacht entbunden und nach zehn Tagen wieder aufgetreten waren.

---

[1]) Siehe Pasqué. Goethe's Theaterleitung, wo Christiane Neumann's Erregung beim Tode ihres Vaters besprochen wird. Vgl. auch Hosaeus. Euphrosyne. Dessau 1871.

[2]) Selbst bei einem Genie wie Adelaide Ristori, deren Aussagen wir weiterhin anführen, hören wir, dass, als sie, jung verheiratet, in Hoffnung kam, die Direktoren unerbittlich blieben und die Künstlerin trotz ihres Zustandes auftreten musste, vergl. Adelaide Ristori. Rom 1899.

„Ich glaubte, ich würde es auch so machen können.

„Die Direktion machte endlich diesem Martyrium ein Ende: „sie gab mir meine Entlassung ohne Kündigung.

„Sechs Wochen später gebar ich etwas vorzeitig meinen Sohn.

„Es war ein schwächliches Kindchen. Ich nährte ihn selbst.

„Drei Monate später erhielt ich durch Agenten einen Antrag „an das .... Theater in .... an Stelle der ausgeschiedenen ....[1])

„Meine schauspielerische Carrière wäre damit unendlich ge„fördert worden, aber ich schwankte, ihn anzunehmen. Sollte ich „mich von meinem Kinde trennen oder es der Gefahr einer langen „Reise in strenger Winterkälte aussetzen? Der Arzt fand dies bei „seiner schwächlichen Konstitution bedenklich, und so wies ich den „Antrag zurück.

„Eine abermalige Schwangerschaft hinderte meine künstlerische „Entwicklung."

Nun ist freilich unzweifelhaft gerade betreffs der physischen Aufgaben der Mutterschaft die Individualität der Schauspielerin von grösster Wichtigkeit. Sophie Schröder, die grosse Tragödin, soll nach der Aussage ihres Schwiegersohnes Schmidt 5 Kinder selbst genährt haben[2]). Und Legouvé[3]) erzählt, dass Adelaide Ristori in den Pausen ihrer Vorstellung — noch dazu bei der Darstellung von Myrrha[4]) — ihrem Kindchen die Brust gegeben habe und dass dies weder die Kunst noch die Milch schädigte, eine Angabe, welche die eigenen Mitteilungen der genialen Künstlerin an uns bestätigen: „Il est parfaitement exacte que j'ai „nourri l'un de mes Bebés pendant mes représentations. Le berceau „etait porté dans mon loge vu, entre une scène et l'autre, je pou„vais accomplir une partie de ma mission de mère, et l'expérience

---

[1]) Folgt der Name einer unserer ersten Bühnenkünstlerinnen.

[2]) Schmidt. Sophie Schröder. Wien 1869.

[3]) Ernest Legouvé. Marie Malibran. Paris.

[4]) Erinnern wir uns hier, wie sehr nach Adelaide Ristori's eigener Beschreibung ihr Spiel ihren Körper in Mitleidenschaft zog: „Dermassen identifizierte ich mich in dieser Situation (des Nachtwandelns als Lady Macbeth) mit meiner Rolle, dass während der ganzen Dauer der Scene meine Pupille unbeweglich im Augapfel blieb, so, dass die Augen thränten. Ich verdanke sogar dieser forcierten Unbeweglichkeit den Anfang meiner Sehschwäche.' Adelaide Ristori. Ricordi e studi artistici Turin 1887. Seite 56.

„m'a prouvé, Dieu merci, qu'il n'eut pas à souffrir de ce système „ni alors, ni en suite." Wir müssen die ungewöhnlich kräftige Natur Adelaide Ristori's bewundern, die das scheinbar Unmögliche möglich machte und — gleich gewissenhaft als Mutter, wie gross als Künstlerin — beiden Anforderungen voll zu genügen wusste. Aber vergessen wir nicht, dass wir in ihr eine Frau von seltener Körperkraft vor uns haben, mit der wir nur als einer erfreuenden Ausnahme rechnen dürfen.

Von den Bühnenkünstlerinnen, über deren Mitteilungen wir verfügen, hat mit Ausnahme von Adelaide Ristori und der oben citierten Expertin[1]) eine einzige zwei Monate[2]), die übrigen gar nicht gesäugt. Dieser Thatsache darf allerdings kein zu grosses Gewicht beigelegt werden, da eine Statistik über den Prozentsatz selbstnährender Mütter fehlt. Es wäre daher voreilig, aus unserem begrenzten Material hier eine Sonderheit des Schauspielerinnenstandes zu konstatieren.

Das Eine aber glauben wir aus Vergangenheit und Gegenwart ableiten zu können, dass der vor allem in der Schwangerschaft notwendigerweise erwachsene Zwiespalt von der Bühnenkünstlerin durchgängig nicht als quälend empfunden wird. Das Bewusstsein, Werdestätte eines anderen Geschöpfes zu sein, macht sich mit seinem Pflichtengehalt nicht so machtvoll geltend, weil die Anforderungen des Berufes zu sehr als nicht zu erörternde Notwendigkeit betrachtet werden. Ein einziges Mal — bei Marie Seebach — sehen wir den Konflikt sich zu einem bewussten gestalten, der echte Tragik zeitigt. Am 31. Mai 1859 war die gefeierte Künstlerin, nach der es für viele kein „Gretchen" mehr gab, in der Schlosskirche zu Hannover Albert Niemann angetraut worden. Wir lesen in ihren Mémoiren[3]), wie sie in den folgenden Monaten in

[1]) Bei der Statistik in ihrem späteren Berufszweig mitgezählt.

[2]) Bei der Statistik sind als nährende Mütter nur diejenigen, welche über 2 Monate nährten, angeführt.

[3]) Gensichen. Marie Seebach-Mémoiren, Charlottenburg. Max Simson. Vgl. auch über Marie Seebach: Max Grube. Marie Seebach's Totenfeier. Houben (Bühne und Welt I. Jahrgang, Nr. 15 Maiheft 1) bemerkt, die mündliche Tradition bewahre „ein ganz anderes Bild von jener Frau" als uns aus ihren Mémoiren entgegentrete. Betreffs Marie Seebach's Mutterempfinden ist uns auch aus der mündlichen Tradition von berufenster Seite nur Uebereinstimmendes mit dem in ihren Aufzeichnungen wehenden Geist entgegengetreten.

Pest, Leipzig und Hannover auftrat, bis Mitte Dezember sich ein Unfall ereignet, der sie um die Erfüllung ihrer süssesten Hoffnungen bringt und sie gänzlich niederdrückt. Viele Monate später (Juli 1860) löst sich die dumpfe Qual ihrer von Vorwürfen zerrissenen Seele in den gewiss nicht formvollendeten, aber tief ins Herz greifenden Worten:

Es rauscht im Laub der Bäume
Unheimlich heut der Wind
Und weckt mich aus den Träumen
An mein erstorbenes Kind.

Erstorben mir zum Leide —
Es straft mich das Geschick,
Weil Ehrgeiz mein Geleite
Und nicht das Mutterglück!

Das Aug voll Reuethränen
Sieht nun die Wiege leer,
Es stillt sich nicht mein Sehnen
Mein Hoffen nimmermehr!

Und nimmer wird gesunden
Mein armer kranker Sinn,
Bis ich es wieder gefunden
Das Glück, dass ich Mutter bin!

Später erbittet Marie Seebach Urlaub, um ihren Gatten nach Paris zu begleiten. Und der König von Hannover bewilligt ihn unter der ausdrücklichen Bedingung, dass sie während dieser Zeit nicht gastiere, sondern sich in „Ruhe“ schone, damit eine etwaige Hoffnung auf Mutterglück nicht wieder frühzeitig vereitelt werde. Im Mai 1861 wird sie dann von einem gesunden Knaben entbunden: Oscar Niemann, der ihr einziges Kind blieb und dessen Tod im besten Mannesalter (1892) der letzte furchtbarste Schlag für die gequälte Frau war. Marie Seebach erscheint als eine jener

---

Im Uebrigen dürfen wir wohl betreffs Marie Seebachs ein Wort Oscar Wagner's wiederholen (Marie Seebach. Aus ihrem Wanderleben. Miterlebt und mitgeteilt von Oscar Wagner. Bühne und Welt. I. Jahrgang, Nr. 19. Juliheft 1): „Hätten ihre Berufsgenossen, berühmte und unberühmte, ahnen können, welch' herrlichen Gebrauch sie dermaleinst von einem grossen Teil ihres Vermögens machen würde, wie viele Anedoten und Spötteleien, ihren Geiz betreffend, wären unterblieben.“

seltenen Naturen, welche trotz ihrer so starken künstlerischen Beanlagung Eigenschaften besitzen, die sie auch zum Mutterberuf in seelischer Hinsicht befähigen, während wir fast immer unter grossen Bühnenkünstlerinnen das Entgegengesetzte finden.

Und diese letztere Erscheinung erklärt sich leicht — ohne dass wir deshalb an einem impulsiv warmen Mutterempfinden zu zweifeln brauchen — aus der früher erwähnten seelischen Disposition, die mit der schauspielerischen Veranlagung, im schwächeren Masse mit jeder künstlerischen Veranlagung, meist zusammenhängt und zu der planvollen Geduld erzieherischer Thätigkeit nicht prädestiniert. Die gesteigerte Erregbarkeit — Nährboden und zugleich Folge des künstlerischen Schaffens — ferner ein gewisses leidenschaftliches Unabhängigkeitsgefühl, das nur Philister moralischer Zügellosigkeit gleichstellen, wirken hier hemmend.

Eine unserer Experten aus der Bühnenwelt, deren einziges Kind gestorben ist, gesteht mit rückhaltloser Offenheit, sie wünsche durchaus kein Kind mehr zu besitzen. „Es ist unmöglich, zugleich „gute Mutter und ein für seine Handlungen fast unverantwort-„liches, nach seiner Phantasie lebendes Wesen zu sein. Ich spreche „von einer wahren Künstlerin, nicht von einem Handwerker („ou-„vrière“) in der Kunst, der kalt und methodisch arbeiten und Nerven „und Temperament einzwängen kann. — Schmerzen, die man be-„schreibt, Schmerzen, die man spielt, muss man erleben — man „muss sie erlitten haben, um Lebendiges schaffen zu können.“ — —

Wie nahe berührt sich diese temperamentvolle Aussage mit Sophie Schröder's Wort: „Wir sollen Euch die Leidenschaften in ihrer ganzen Wahrheit auf der Bühne darstellen — was scheltet Ihr uns, wenn wir sie selbst empfinden!“ Ist aber Sophie Schröder in der That als „bedenklicher Charakter“, wie Richard Wagner[1]) sie bezeichnet, aufzufassen? Costenoble[2]), der sie jahrelang in nächster Nähe beobachtet hat und ihre „Tollheiten“, ihre Schulden, ihr schiefes Urteil in praktischen Lebensfragen, die Unordnung ihres Haushalts wahrlich nicht umschleiert, nennt sie die „treueste und zuverlässigste unter den Personen des Hoftheaters“, und Schlenther[3])

[1]) Richard Wagner. Gesammelte Schriften. Bd. 9. Ueber Schauspieler und Sänger. Leipzig 1873.

[2]) Costenoble. Aus dem Burgtheater. Tagebuchblätter 1818—1837.

[3]) Allgemeine deutsche Biographie. Bd. 32. 1891.

betont die Vornehmheit ihrer Gesinnung, die Zartheit ihres Gefühls. Eine grossherzige Güte spricht aus ihrem aufrichtigen Mitgefühl mit dem früheren Theaterleiter Schreyvogel. Und wie reizvoll ist ihr Mangel an jeglicher Pose! Gegenüber einer so wahrhaftigen Natur im Kleinen wie im Grossen muss man bei der Beurteilung als Leitmotiv Costenoble's Wort nehmen: „Freilich ist Sophie's Wandel nicht zu loben und auch nicht zu entschuldigen. Aber andere haben auch nicht mehr Moral, nur wissen sie ihr Thun besser zu bemänteln. Ausserdem sind diese anderen keine Künstlerinnen, sondern nur — angenehme Schauspielerinnen." Mag man sich aber auch noch so sehr bemühen, hier eine tiefere Gerechtigkeit zu üben, mag man noch so sehr anerkennen, was innerlich meist untrennbar mit einem bestimmten Beruf zusammenhängt und Persönlichkeiten nicht versagt werden darf, die in ihm Grosses und Bleibendes leisten sollen — Ideale der Mütterlichkeit sind Naturen wie Sophie Schröder nun einmal nicht. Wenn Schmidt auch meint, die hohe Stufe, welche Wilhelmine Schröder-Devrient erreichte, habe in dem andächtig aufgenommenen, grossartigen Vorbilde ihren Ursprung gehabt, so erinnere man sich andererseits, was Wilhelmine Schröder-Devrient selbst aus ihrer Jugend, z. B. über ihre Teilnahme an dem Wiener Kinderballet aussagt. „Die Rückerinnerung krampft mir heute noch das Herz zusammen. Wir waren der rohesten Behandlung ausgesetzt, von den schlechtesten Beispielen umgeben und lernten nichts als tanzen und dumme Streiche machen[1])."

Es ist freilich unzweifelhaft, dass sich hier kein apodiktisches Urteil fällen lässt, dass auch im Schauspielerinnenstande sich Individualitäten finden, welche den verschiedenartigen Anforderungen ihrer Kunst und des Mutterberufs genügen. So schreibt uns Adelaide Ristori: „Je „n'ai jamais trouvé que l'amour pour mon art ait en rien diminué ma „profonde tendresse maternelle — — — — J'ai adoré mon art, j'ai „adoré mes enfants. Une artiste peut bien avoir le cœur assez large „pour ces deux sentiments et pour d'autres encore." Alle Aussagen über Adelaide Ristori decken sich mit diesen Worten der Künstlerin. Aber wie auf physischem Gebiet, so darf sie auch auf seelischem nur als eine durchaus individuelle Erscheinung beurteilt werden, und es ist festzuhalten, dass Naturen, welche zu jenen beiden diver-

[1]) Citiert bei Schlenther. Allgem. deutsche Biographie.

gierenden Aufgaben geeignet sind, sich nur als verschwindende Ausnahmen finden.

Sicherlich hängt auch die Frage, ob sich beide Lebenssphären vereinen lassen, mit anderen tieferen Fragen zusammen, welche die Wurzeln und die Entwicklung des Schauspielerstandes berühren. Devrient schildert uns in seiner verdienstvollen Geschichte der deutschen Schauspielkunst, auf die wir mehrfach zurückgriffen, bei Besprechung des ersten deutschen Nationaltheaters den Segen der Stabilität für den Schauspielerstand, die sittlichen Nachteile, die, seit Frauen bei den Truppen heimisch wurden, mit dem Wanderleben verknüpft gewesen seien. Wenn ein solches in der damaligen Form nun auch heute nicht mehr in Frage kommt, so liegt der ganzen Devrient'schen Darlegung auch in den weiteren Kapiteln doch eine Gesamtanschauung zu Grunde, die die bürgerliche Respektabilität des Schauspielerstandes erstrebt. Und eben die Frage, wie man sich zu dieser vielfach und auch von hervorragender Steite heftig bekämpften Gesamtanschauung stellt, hängt aufs Engste mit unserm Problem zusammen. Wer Schlegel's Ansicht, „der Schauspieler solle sich möglichst von allen Familiensorgen frei halten [1])", einfach mit Devrient's Entgegnung, „dass man die Unsittlichkeit für gedeihlichen Dünger des Flors der Schauspielkunst halte", abthun kann, wird auch in dem Mutterberuf der Schauspielerin keinen Ewigkeitskonflikt empfinden. Uns scheint aber vielmehr in einem Wort Friederike Gossmann's, „seit die Schauspieler aufgehört hätten, Vagabunden zu sein, hätten sie aufgehört, Künstler zu sein [2])", auf ein Etwas hingewiesen, das unableugbar mit dem tiefsten Wesen des Schauspielers zusammenhängt.

Eine andere in technischer Hinsicht wichtige Erwägung: ob das Verbleiben im festen Rahmen eines Theaters, die harmonische Einarbeitung in ein dauerndes Zusammenspiel in der That das wahre Heil für die künstlerische Entwickelung bedeute [3]), führt uns zu den äusserlichen Schwierigkeiten, die für die mütterliche Thätigkeit der Schauspielerin in Betracht kommen. Ist schon die Bühnen-

---

[1]) Citiert bei Devrient.

[2]) Citiert bei Schlenther. Der Frauenberuf im Theater.

[3]) Man vergleiche hierzu Nathanson's (Schauspieler und Theater im heutigen Italien. Berlin 1893) Bemerkungen über den Wert des Umherziehens ganzer Truppen.

kunst an sich ein Beruf, der die Frau am Tage und am Abend viele Stunden von ihren Kinder fernhält, so treibt, wie die Dinge heute liegen, nicht nur materielle Not die Anfängerin bald hier bald dorthin, sondern auch bei bedeutenden Kräften sind zum mindesten Gastspielreisen häufige Begleiterscheinungen — von ersten Künstlerinnen ganz zu schweigen, deren Triumphzüge nicht nur einen Erdteil berühren.

Und wie stellen sich hierzu die Ansprüche der Familie? Sie treten durchschnittlich notwendigerweise an zweite Stelle, ohne dass dies, soweit unsere Erfahrung reicht, anders denn als selbstverständliche und berechtigte Thatsache empfunden wird. Marie Seebach, deren inniges Mutterempfinden wir oben berührten und die als die „glücklichste, aber ängstlichste Mutter“ gezeichnet wird, ist im zweiten Lebensjahr des Kindes grösstenteils auf Gastspielreisen. Und als sie später ihren zehnjährigen Sohn auf ihrer Amerikareise mit sich nimmt, bleibt er in einem Institut in New-York, während sie in den grösseren Städten der Vereinigten Staaten gastiert. Die Rachel, jüdischer Abstammung und offenbar mit starkem Familiengefühl beanlagt, verlässt das ältere ihrer beiden unehelichen aber von ihr anerkannten Kinder, das 1844 geboren war, Alexander Antoine Walewski[1]), um 1845 in England und Schweden aufzutreten, ohne dass diese Trennung als etwas Ungewöhnliches betont wird.

Diesen Erfahrungen reihen sich zahlreiche andere an. Eine unserer Experten, eine bedeutende deutsche Bühnenkünstlerin, schreibt uns als allgemeine Erfahrung, dass sie unter Schauspielerinnen die „besten, sorglichsten Mütter kennen gelernt und dass sie aus „eigener Erfahrung wisse, wie eine Frau bei Selbstzucht und genauer „Einteilung ihrer Zeit sehr wohl ihrem Berufe voll und ganz nach„gehen und doch im vollen Umfange ihre Mutterpflichten erfüllen „könne“. Unsere Einzelfragen aber beantwortete sie dahin, sie habe infolge einer langen Amerikareise das Kind nach den ersten sechs Monaten bis zum dritten Jahre verlassen müssen. Diese letztere Thatsache war in keiner Weise kommentiert oder als Ausnahme dargestellt: die vorerwähnte „Erfüllung der Mutterpflichten im

---

[1]). Vgl. Georges Heylli. Rachel. D'après sa correspondance. Paris 1882. Alexander Antoine Walewski war der Sohn des ehemaligen Ministers Napoleons III.

vollen Umfange" war also offenbar nur im Rahmen der Ansprüche des Berufs gedacht.

Dass diese letzteren Ansprüche unantastbar an erster Stelle stehen, ist die Erscheinung, der wir durchgehend bei irgendwie bedeutenden Schauspielerinnen begegnen. Und hüten wir uns, die Stärke dieser Ansprüche zu gering anzuschlagen. Nur die Naivetät des Laien, die immer geneigt ist, künstlerische Schöpfungen als mühelos reifende Früchte zu betrachten und die selbst für das grösste Genie gültige Bedeutung des Fleisses zu missachten — nur diese Naivetät vermag zu verkennen, welch angespanntes Studium, welche Summe von Mühe und Arbeit, welchen Verbrauch an Lebenskraft die schauspielerische Thätigkeit erfordert. Es ist eben ein Beruf, der die ganze Persönlichkeit erfasst, und ein Beruf, der mit Leidenschaft ergriffen, mit Leidenschaft ausgeübt wird. Mémoiren und Biographien grosser Schauspielerinnen zeigen uns die Hindernisse, die sich oft ihrem Eintreten in die Bühnenlaufbahn entgegenstellen.[1])

Und andererseits weisen unzählige Aeusserungen darauf hin, wie gerade dieser Beruf den Menschen, der ihn einmal mit Erfolg ausgeübt hat, nicht mehr lässt. Wie unfasslich erscheint es der Rachel, dass bei Mlle. Plessy irgend eine andere Passion mit der für die Bühne in Wettstreit treten kann![2]) Spricht vielleicht auch bei ihrem Urteil ihre Gewinnsucht mit, die uns ständig verletzt — z. B. wenn zu ihrer unglücklichen Amerikareise zum Teil die materiellen Erfolge Jenny Lind's mitwirken — so ist wesentliches Motiv doch auch bei der Rachel vor allem jene dunkle, dämonisch wirkende Mischung aus künstlerischem Trieb und leidenschaftlicher Ruhmsucht. Und wenn auf irgend einem Gebiet, so ist es hier, wo Schöpfer und Schöpfung eins sind[3]) und in der

[1]) Ein anschauliches Beispiel giebt hierfür die berühmte Mlle. Clairon, die der härtesten Behandlung von ihrer Mutter ausgesetzt war, ehe sie in ihren Beruf eintreten durfte. Goncourt. Mlle. Clairon 1890 Paris. Les actrices du XVIII ième siècle. Vgl. auch Clairon, Betrachtungen über sich selbst und die dramatische Kunst. Zürich 1798.

[2]) Vgl. Rachel et Samson. Souvenirs de théatre par la veuve de Samson. Paris 1898.

[3]) In diesem Zusammenfallen von Schöpfer und Schöpfung liegt auch der Grund, warum Laube's an sich gewiss berechtigter Wunsch, man möge die Leistungen des Schauspielers ebenso von seinem bürgerlichen Leben

Persönlichkeit selbst sich die bewunderte Leistung darstellt, sicherlich begreiflich, dass der Beifall, die erregte Begeisterung überwältigend wirken und, einmal gekostet, nicht mehr entbehrt werden können. Adelaide Ristori zeigt uns in ihren Memoiren [1]), wie trotz des wiederholten Wunsches, sich von der Bühne in die Ruhe des häuslichen Lebens zurückzuziehen — teilweise unter der Macht des mütterlichen Empfindens — immer wieder die leidenschaftliche Liebe für die Kunst siegt [2]). Und bei den meisten grossen Schauspielerinnen, die vorzeitig die Bühnenlaufbahn verliessen, z. B. bei Charlotte von Hagen [3]), beobachten wir eine immer wache Sehnsucht nach dem Schauplatz ihres besten Könnens und ihrer berauschenden Triumphe.

Als Gustav zu Putlitz [4]) den frühen Bühnenabgang Friederike Gossmanns bespricht, wirft er die Frage auf, „ob ein so unzweifelhaftes und von Gott begnadetes Talent, das nicht sich selbst allein, sondern Tausenden zu gehören scheine, berechtigt sei, sich seinem Schaffen und seiner Entwicklung zu entziehen.“

Ist es berechtigt?

In dieser Fragestellung scheint uns der Kern unseres Problems berührt, scheint uns der Punkt gestreift, der bei der Beurteilung der Frau in der Bühnenkunst ins Auge gefasst werden muss. In der Thätigkeit der Schauspielerin, die ihren eigensten individuellen Trieben entstammt, haben wir eine kulturelle Leistung vor uns. Höchste Kunstwerte werden hier geschaffen. Nur rückständige Gesinnung und Verständnislosigkeit für die besten Güter der Menschheit könnte auf den Gedanken kommen, ein Schaffen, das solche Blüten zeitigt, zu unterbinden. Aber man sei sich klar, dass wahrlich

---

trennen, wie die des Malers und Bildhauers, kaum je erfüllt werden wird. Vgl. Laube. Das norddeutsche Theater. (Leipzig 1872), wo er die sicherlich unberechtigten Angriffe bespricht, denen die Stich-Krelinger nach dem Tode ihres Gatten bei ihrem ersten Auftreten auf der Bühne ausgesetzt war.

[1]) Adelaide Ristori. Ricordi e studi artistici. Turin 1887.

[2]) Charlotte Wolter bietet ein Beispiel der Förderung der Kunstthätigkeit durch die Ehe, da ihr Gatte, Graf O'Sullivan, den wohlthätigsten Einfluss auf sie übte. Doch kommt hier die Hemmung durch die Mutterschaft nicht in Frage. Vgl. Jahrbuch d. Grillparzer Gesellschaft. 8. Jahrgang. Charlotte Wolter.

[3]) Vgl. Gustav zu Putlitz, Theatererinnerungen. Berlin 1875; s. auch Gleich: Aus der Bühnenwelt. Leipzig 1866, 2. Bd.

[4]) Vgl. Putlitz a. a. O.

nicht reine Harmonie mit den Pflichten der Mutter dem Beruf der Schauspielerin seine Berechtigung sichert, dass wir hier vielmehr dem tiefsten, wenn auch meist persönlich nicht empfundenen Konflikt begegnen. Was uns hier, wie überall, leiten soll, ist der Gesichtspunkt, dass unersetzbare Kulturwerte nicht um der mütterlichen Thätigkeit willen hingeopfert werden dürfen, dass hier Wert gegen Wert steht, Leistung gegen Leistung abgewogen werden muss.

---

2. Musik.

Die musikalische Komposition erfordert die Ueberwindung grosser theoretischer Schwierigkeiten, die Beherrschung logischer und mathematischer Elemente. Zugleich ist sie die emotionellste aller Künste. „Um Gefühle systematisch zu behandeln“ — sagt Havelock Ellis — „wie mathematische Probleme, um sie zu messen und zu fesseln, sie in die strengen Formen der Harmonie-Lehre und des Kontrapunktes zu zwingen, dazu gehört eine Kaltblütigkeit, deren nur die festere und harte Natur des Mannes fähig ist.“

Wir haben indess schon an anderer Stelle[1]) die Frage aufgeworfen, ob es sich hier in der That um ein psychisches Gesetz oder nicht vielmehr um eine unzureichende allgemeine Schulung handele. Was immer die Zukunft hierüber aussagen wird — sicher ist, dass alles, was in der Geschichte der Komposition eine tiefgreifende Rolle spielt, vom Manne geschaffen worden ist.

Allein, wie schon betont wurde, giebt es zweifellos keine schöpferische Thätigkeit, die so abhängig von einer sie ergänzenden Kunst ist, wie die des Komponisten. Mit der versagenden Wirkung auf der Bühne oder im Konzertsaal sind Oper oder Chor- und Orchesterwerk in ihrer Beziehung zum Publikum gerichtet. Die Partitur ist in der Hauptsache nur den Fachkennern zugängig; dem grossen Teil der Kunstfreunde offenbart sie nicht einmal den Ideengehalt eines Musikstückes. Auch der kleinen Zahl verständnisvoller Partiturenleser fehlt mit der Tonfülle und dem Tonwechsel das eigentliche Wesen der Musik, das im Sinnenreiz des Klanges

---

[1]) S. oben Teil I. 3.

wurzelt. „Es ist fast ein Axiom, dass es ohne Interpreten keine Komponisten geben würde.“ [1])

Auf diese Thatsache stützt sich unsere Annahme, dass, obwohl die Frau in der Komposition nichts Bahnbrechendes geleistet hat, ihr Einfluss auf deren Entwicklung dennoch von tiefgreifender Bedeutung sein kann. Denn unendlich viel von dem, was der Komposition zur lebendigen Darstellung verholfen hat, ist vom Weibe gethan worden.

Als Interpretin der Bühnen- und Konzertwerke hat sie Gipfel erklommen wie auf keinem andern Gebiete. Hier ist das Genie vergleichsweise keine Seltenheit, das starke Talent eine häufige Erscheinung. Und abgesehen von der Zeit des Kastratentums hat es mehr berühmte Sängerinnen als Sänger gegeben.

Leisteten die Primadonnen vielfach dem Streben nach Wirkungen des Augenblicks, dem Haschen nach Erfolg Vorschub, so haben sie doch auch der höchsten Kunst die Bahn geebnet und Ewigkeitsspuren hinterlassen. Eine eigenartige Zwischenstellung nimmt die berühmte Faustina ein, deren Einfluss sowohl Hemmung als Schutz für die Entwicklung der Musik bedeutet hat. „Ihr Gatte Hasse schrieb mehr als hundert Opern in steter Berechnung auf die möglichst höchste Entfaltung ihres stimmlichen Glanzes in der italienischen Manier des bel canto, mit Hintenansetzung der Forderungen einer neueren ernsteren Kunst. Wurde hierdurch einerseits der Durchbruch der deutschen Dramatik in der Oper um ein Jahrzehnt verzögert, so hielt andererseits Hasse's Regel-Despotismus die drohende Verwilderung des dramatischen Gesanges nieder und liess so für Gluck die Bahn der wahren Bühnen-Reform offen.“ [2])

Wilhelmine Schröder-Devrient legte den Grund zur Popularität des Fidelio. Was sie Wagner war, zeigen seine eigenen Worte: „Sie verstand es, den Komponisten dazu anzuleiten, wie er zu komponieren habe, wenn es der Mühe wert sein soll, von einem solchen Weibe gesungen zu werden.“ — „Das hat sie durch das Beispiel gethan, was sie, die Mimin, dem Dramatiker gegeben hat.“ — „Aber nicht nur dieses Beispiel, sondern alle meine Kenntnisse

---

[1]) G. P. Upton. Woman in Music Chicago 1899.

[2]) W. H. Riehl. Musikalische Charakterköpfe. Dritte Auflage. Stuttgart 1861.

von der Natur des mimischen Wesens verdanke ich dieser grossen Frau.“ [1])

Man könnte nun aus der sieghaften Macht des Weibes als Sängerin schliessen, dass es der reproduktive Charakter dieser Thätigkeit sei, in dem ihr künstlerisches Vermögen wurzele. Demgegenüber ist, wie schon an anderer Stelle berührt wurde, zu betonen, dass es keineswegs alle Zweige der Reproduktion sind, in denen die Frau bisher die gleichen Lorbeern errungen hat wie der Mann. So spricht ihr Rubinstein als Instrumentalistin sowohl das technische Können wie das schöpferische Element vollständig ab, allein er nimmt ausdrücklich den Gesang aus, als das Feld, auf welchem sie seit jeher Bedeutendes geleistet habe.

Auf diesem Gebiete ist es das Weib in seiner Eigenschaft als solches, dessen die Musik in bestimmten Grenzen zur Verwirklichung eines künstlerischen Ideals nicht entbehren kann. Hier handelt es sich nicht nur um eine unersetzliche individuelle Leistung, sondern um eine Unersetzlichkeit dem Geschlechte nach[2]). „Wie rasch die Opernsängerinnen wechseln mögen, ihr Einfluss wurzelt in unabänderlichen Verhältnissen und wird seine Macht ausüben, so lange es eine Oper geben wird“ [3]).

Worauf beruht diese unabänderliche Macht?

Sind auch Tenor und Bassist in ihrer Art unentbehrlich, so verfügt doch die Frauenstimme über einen weiteren Umfang, grössere Beweglichkeit, ungetrübteren Wohllaut und umfasst die für den Vortrag der Melodie günstigste Tonlage. Diese Macht beruht also zunächst auf dem eingeborenen Material, dem Charakter der Stimme.

Ihre Vorzüge führten im 17. Jahrhundert dazu, durch Vergewaltigung der Natur dem männlichen Organismus die Stimme der Frau aufzunötigen. Stimmlich also ist die Konkurrenz des Mannes durch einen operativen Eingriff in die Natur zu ermöglichen. Allein die Vernichtung seines geschlechtlichen Charakters, die ihn in den Besitz der Weiberstimme setzt, macht ihn trotzdem nicht zum Weibe. Unsere Auffassung hat sich von jener des 17. und 18. Jahrhunderts, in denen man die Kastraten neben den Sängerinnen in

---

[1]) Wagner. Ueber Schauspieler und Sänger Leipzig 1872.
[2]) Vgl. Dr. Karl Krebs. Die Frauen in der Musik. Berlin 1895.
[3]) Otto Gumprecht. Neue musikalische Charakterbilder, Leipzig 1876.

Frauenrollen bewunderte, weltweit geschieden und unserm modernen sittlichen und ästhetischen Empfinden widersteht dieses Zwitterwesen selbst dann, wenn es über allen Zauber des vielgerühmten Kastratengesanges verfügt.

In der Unbestrittenheit ihres Rechts, das aus ihrer Unersetzlichkeit auf einem gewissen Höhepunkt der Kultur erwächst, wurzelt also die Grösse und der Einfluss der Frau als Sängerin. Hier schwindet allmählich jedes Bedenken. Die Frage, wie sich der Bühnen- und Künstlerinnenberuf mit der körperlichen Natur der Frau und den Aufgaben der Mutter vertrage, wird vor der gebieterischen Forderung der Kunst überhaupt nicht mehr aufgeworfen. Das Weib als Sängerin — das ist das Weib an einer Stelle, auf der ihr bei natürlichem Verlauf der Dinge eine Konkurrenz des Mannes nicht erwachsen kann.

Nicht allein, dass sich der Musikschülerin überhaupt alle Lehranstalten öffnen, die Hochschulen, die seit der Entwicklung der modernen Musik Pflanzstätten des Kunstgesanges sind, machen sich das Auffinden und Ausbilden stimmlich und schauspielerisch beanlagter Frauen geradezu zur Aufgabe. Stärker als die Vorurteile der Jahrhunderte, als die Mahnung des Christentums, die Frau von der Oeffentlichkeit auszuschliessen, als die gefährliche Konkurrenz der Kastraten, erwies sich mit dem Aufkommen der dramatischen Musik die stimmliche und persönliche Sonderart des Weibes auf diesem Gebiete. Hier konnte die Frau mit unzersplitterten Kräften künstlerische Vollkommenheit anstreben, hier galt es keinen Kampf mehr gegen die öffentliche Meinung[1]). Von ihr emporgetragen, als ihr verhätschelter, mit Ruhm und Reichtum wie kein anderer überhäufter Liebling, tritt die Sängerin aus der Stille des Hauses unmittelbar in die exponierteste aller Lebensstellungen, auf die Bühne.

Auf keinem zweiten Felde lässt sich ein so scharf markierter Wendepunkt in der Geschichte des Weibes, ein so plötzliches Emporsteigen aus tiefster Niedrigkeit zu höchstem Ruhmesglanz nachweisen, wie auf dem der Musik bei Anbruch ihrer neuzeitlichen Entwicklung um 1600. Dies erklärt zum Teil die Sittengeschichte der Völker. Allein entscheidender als sie war die ungemeine

---

[1]) Wenigstens nicht mehr, als diese überhaupt in ihrem Verhältnis zur Bühne nach Ort und Zeit schwankte.

Wandelbarkeit des Charakters und der Anforderungen der Musik nach Zeit und Ländern, welche die verschiedenen Epochen ihrer Entwicklung trennt.

Mit den Wandlungen der Kunst wechselt auch die Bedeutung der Frau für sie. In den langen Perioden vor der Herrschaft des Kirchengesanges, der das Weib schweigen hiess, bis die Renaissance es jubelnd auf den Thron erhob, hat dieses die verschiedensten Stadien der Geltung und Wirksamkeit durchlaufen.

Wenden wir uns der Betrachtung dieser Stadien zu, so ist vorauszuschicken, dass sie unmittelbare Beziehungen zu unserm Problem nicht zu Tage fördert. Denn vor 1600 handelt es sich keineswegs um eine eigentliche berufliche musikalische Thätigkeit. Der primitive Charakter der Musik, soweit das Weib an derselben beteiligt bleibt, stellt keine schwerwiegenden materiellen und ideellen Ansprüche, kann also auch nicht in krassen Widerspruch mit anderen Forderungen treten. Allein der geschichtliche Rückblick scheint uns aus soziologischen Gesichtspunkten erforderlich.

Werfen wir einen Blick in das Musikleben der alten Völker und des Orients, so scheint die Frau im wesentlichen dort gleichzeitig mit dem ausübenden auch das noch naiv schöpferische Element repräsentiert zu haben. Ueberall, wo die Musik der Befriedigung unkomplizierter sinnlicher Bedürfnisse diente und Komposition und Ausführung zusammenfielen, war die Frau auch Improvisatorin.

Aus Griechenland werden neben Ibikus von Rhegium und Leonidas von Tarent Theano und Nosside als selbstschöpferische Musikerinnen genannt, die man ihres „ausgezeichneten Talentes" halber mit den Musen verglich [1]). — — Aus der Zeit des Mahomed und der vier folgenden Kalifen sind Fragmente von 46 Gesangsimprovisatorinnen erhalten.

Reichlicher als die Kunde von Improvisatorinnen fliesst die von Sängerinnen, Flöten- und Harfenspielerinnen. Vor allen Dingen muss der Sologesang seit undenklichen Zeiten der Erhöhung der weiblichen Reize gedient haben. Allein ausser den Sängerinnen,

[1]) Siehe F. J. Fétis. Histoire Générale de la Musique. Paris 1869.

welche die Könige sich hielten und die Salomon „die Wonne der Menschen“ nannte, gab es besonders bei den Arabern auch vornehme Frauen, die sich unter den Kalifen in Spiel und Gesang auszeichneten und selbst wieder Schüler bildeten. In späteren Zeiten hören wir von Orchestern, bei denen durchgehend „Frauenzimmer als Spielerinnen und Sängerinnen mitwirkten“.

In Phönikien, Griechenland und noch zur römischen Kaiserzeit war die Harfe vorzüglich das Instrument der Buhldirnen. Auch bei den Hebräern dienten die Musikerinnen zum Teil sehr weltlichen Freuden, aber soweit bei ihnen die Musik geheiligte Kunst wird, tritt hier zuerst der Ausschluss der Frauen ein.

In Griechenland entgleitet die Musik ihren Händen, als sie den Charakter einer auf mathematischen Spezialisierungen beruhenden Kunst annimmt. Mit dem Anbruch der klassischen Periode wird der Musikunterricht ein Element der allgemeinen, allein den Männern zustehenden Ausbildung, und zwar besonders sofern sie in den Dienst des Kultus gestellt wird[1]). Ausgezeichnete musikalische Leistungen werden seither nur noch bei den Hetären gefunden.

Eine zweifellos noch tiefere Stellung nehmen die Musikerinnen bei den Römern ein, deren Ergötzen bei Gastmahlen „die sittenlosen Chöre der Sängerinnen und Flötenspielerinnen bildeten“.

Schon diese Entwicklung mag es dem Christentum nahegelegt haben, sich den Musikerinnen gegenüber kritisch zu verhalten. Trotzdem wurden, wie eine Stelle der Psalmenerklärung des heiligen Ambrosius zeigt, in der ersten Zeit auch Frauen zum Kirchengesang zugelassen. „Freilich,“ heisst es dort, „befiehlt der Apostel, dass Weiber in der Kirche schweigen sollen, aber Psalmen singen sie sehr gut. Die süssen Stimmen der Jünglinge und Mädchen klingen lieblich zusammen, ohne dass es Gefahr bringt.“ [2])

Jedenfalls wurden die Frauen von vorn herein vom kirchlichen Kunstgesang ausgeschlossen, schon weil die Sänger dem geistlichen

---

[1]) Eine Ausnahme macht Lesbos, wo die Frauen überhaupt grosse Bewegungsfreiheit geniessen. So wissen wir, dass Sappho's Haus, das eine Art musischer Hochschule bildete, von vornehmen Mädchen aus verschiedenen Teilen Griechenlands zum Studium von Poesie und Musik aufgesucht wurde.

[2]) Andere Bischöfe und Kirchenvorsteher legten indes das Wort Paulus' „Eure Weiber lasset schweigen in der Gemeinde“ dahin aus, dass auch das Mitsingen der Weiber beim Gottesdienst darunter zu begreifen sei.

Stande angehörten. Und wenn das Christentum, nachdem die Kirchenmusik ein streng geregelter Teil des Ritus geworden war, nun auch den lieblichen Zusammenklang der süssen Jünglings- und Mädchenstimmen beseitigte, so trat es damit nur in die Bahnen Israels und der Griechen. Dies bedeutete aber Ausschluss der Frau von der Kunstmusik überhaupt, weil diese bis um 1600 im wesentlichen der Kirche verblieb. Man ersetzte sie durch die sogenannten Putti (Singknaben) und Falsettisten. „Allein die Falsettsoprane klangen am Ende doch gequetscht und gewaltsam, und die krystallharten Knabenstimmen ermangelten der Feinheit der Seele.“ [1]) Die Verbannung der Frau hatte deshalb auf die Vocalwerke bis Ende des 16. Jahrhunderts einen ganz bestimmten Einfluss, der ihren Wert für die Musik sehr deutlich illustriert. „Die Komponisten hüteten sich, den Sopran in die Höhe empor zu führen, wo er seinen grössten Glanz entwickelt.“ [2])

Damit sind wir bei einer Stufe der Kunstgestaltung angelangt, auf der sich die zeitweilige Verdrängung der Interpretin als Beeinträchtigung der schöpferischen Freiheit und Vollkommenheit geltend machte, die der Komposition unverkennbare Spuren aufgeprägt hat. Die tiefe Lage der Vocalwerke jener Epoche ist für alle Zeiten beredter Zeuge einer sozialen Fessel, welche die Komponisten zwang, ihre Ideen einem unzureichenden Stimmmaterial anzupassen. Diese Fessel wäre für die Fortbildung der Musik verhängnisvoll geworden, hätte der neue Stil, wie er seit Anfang des 17. Jahrhunderts einsetzt, sie nicht mit sieghafter Macht abgestreift. Er bewirkte für die Tonkunst, was die Renaissance auf allen andern Gebieten schon erfolgreich durchgeführt hatte: Emancipation des Individuums von den korporativen Gesetzen des Mittelalters, welche die Frau meist in die Familie ein- und von aller öffentlichen Bethätigung ausschlossen.

Mit dem Anbruch der modernen Musikgeschichte in Italien, welche den Sänger losgelöst vom Chor als Solist in den Vordergrund stellt, tritt ein endgiltiger Umschwung ein. Der Sologesang wird individuelle Gefühlssprache und bedingt eine individualisie-

---

[1]) A. W. Ambros. Geschichte der Musik. Breslau 1862—68.

[2]) Ambros a. a. O.

rende Wiedergabe. Der bel canto bringt ein neues System, bei dem man die Frauenstimme nicht entbehren kann. „Den charakteristischen Klang der verschiedenen Stimmengattungen begann man vom dramatischen Standpunkt aus zu würdigen. Besonders wichtig erwies sich das Heranziehen von Sängerinnen.“ — „Jetzt tritt Sängerin nach Sängerin auf den Plan.“ — „Der Sängerinnen-Enthusiasmus steigert sich fast zum Wahnsinn[1].“

Allmählich werden aus dem hinsichtlich seiner musikalischen Stellung weltberühmten Italien Künstlerinnen an fremde Höfe gezogen. Die zeitgenössischen Schriftsteller reden mit Entzücken von ihrem Zauber[2]. Auch die Kirche widersteht nicht länger. Sie beginnt der Konzertsaal für Gesangesgrössen zu werden. „Sogar die Nonnen zu Rom fingen an, mit Primadonnen eine sehr bedenkliche Aehnlichkeit zu haben[3]“.

Bald sollten indes die Vittoria Archilei, die Leonora Baroni, die Lolla und die Cechinas Konkurrenten bekommen, mit denen sie die Gunst des Publikums teilen mussten, ja, deren Stimmen die eigentlichen musikalischen Feinschmecker dem natürlichen Sopran vorzogen.

Nach Dommer[4]) soll es Kastraten für musikalische Zwecke in München schon 1564 gegeben haben. Allein erst seit 1600 hat man bestimmte Kunde von ihrem Auftreten. Im Jahre 1601 wurde der erste Kastrat in die päpstliche Singkapelle aufgenommen. Schon Mitte des Jahrhunderts war ein grosser Ueberfluss an Kastraten, die sowohl neben den Sängerinnen, als an Stelle derselben auftraten. Man rühmt die Stärke, die Beweglichkeit, die Reinheit und die Dauerhaftigkeit ihrer Stimme[5]. Infolge der Begeisterung,

---

1) Ambros a. a. O.

2) Der Kardinal Vincenza Costanti nennt 1634 den Gesang der Leonora Baroni fast göttlich. „Noch giebt es“, ruft ein italienischer Musikschriftsteller aus, „Sirenen, aber wohlthätige, von Tugend und Schönheit gleich geschmückte Sirenen, nicht arge und todbringende, wie die Antike gewesen.“

3) Ambros a. a. O.

4) Handbuch der Musikgeschichte 1878.

5) „Es sind rechte Nachtigalstimmen und -Töne. Athem, darin man sich verliert und Luft zu schöpfen vergisset. Aber der allergrösste Vorteil, welchen die Italiener durch ihre Kastratenstimmen vor den Franzosen haben, ist doch dieser, dass sothane Stimmen 30—40 Jahre lang währen, dahingegen die Stimmen unserer Frauenzimmer in Frankreich kaum 10 oder 12

welche sie erregten, verlor das Publikum so sehr den Geschmack an Männerstimmen, dass diese lange Zeit gänzlich aus der Oper verschwanden. So weit ging die Unnatur, dass Altistinnen die Männerrollen übernahmen, während die Kastraten die weiblichen Sopranrollen sangen. Zur Zeit des Papstes Innocenz XI.[1]) und Clemens XII. wurde den Frauen das Auftreten im Theater überhaupt untersagt. Man war zeitweise nahe daran, sie ein zweites Mal gänzlich aus Oper und Kirche zu verdrängen[2]).

Allein diesmal erwiesen sich die Macht der eingeborenen Begabung und die Natur stärker als die päpstlichen Verbote, stärker selbst als die vielgerühmten Vorzüge der Kastraten. Abgesehen davon, dass es auch während ihrer höchsten Blüte nie an ebenbürtigen Sängerinnen gefehlt hat, machten sich von vorn herein Stimmen gegen die Kastraten geltend. In Frankreich liess man sie überhaupt nicht auftreten. Auch in einzelnen Teilen Deutschlands waren sie dem gesunden Volkssinn zuwider[3]) und allmählich

Jahre ihre Schönheit behalten". Angeführt bei Mattheson. Critica Musica. Hamburg 1722.

[1]) Siehe Langhans. Geschichte der Musik des 17., 18. und 19. Jahrhunderts. Leipzig 1882—86.

[2]) „Als vollends Clemens XII.", heisst es bei Ambros, „das Auftreten von Frauenspersonen auf dem Theater in Rom verbietet, fallen dort die Frauenrollen sämtlich den Sängern „generis neutrius" zu, nachdem das genus femininum von den Brettern verbannt ist".

[3]) In Hamburg protestierte Mattheson gegen das Verbot der Zulassung von Frauen zur Kirchenmusik „als skrupulös und heuchlerisch" und zog Sängerinnen zu den von ihm geleiteten Musikwerken heran. Siehe Mattheson: Das neu eröffnete Orchester. S. 206, Hamburg 1713. Indes scheint die Zulassung der Frauen sich nur langsam eingeführt zu haben, denn 1725 heisst es in seiner „Critica Musica": „Ich bleibe noch wie vor 12 Jahren bei den Worten stehen, dass wir die Gaben Gottes mit Füssen treten, wenn wir unter nichtigem heuchlerischen Vorwande kein Frauenzimmer zur Kirchenmusik lassen und den Gottesdienst also seines besten Schmuckes berauben. „Und noch 1773 konstatiert Carl Burney (Tagebuch einer musikalischen Reise, Bd. I Hamburg 1773), dass er in Brüssel in der Kirche St. Gudula ein paar Frauenstimmen fand, „welche zwar nicht gut sungen, aber deren Dortseyn mir doch bewies, dass man, ohne selbst der zu weit getriebenen Andacht ein sündliches Aergernis zu geben, weibliche Stimmen bei Kirchenmusiken zulassen könne. Würde die Gewohnheit allgemein, in den Kirchen die hohen Stimmen mit Weiblichem zu besetzen: so wäre es in Italien, der Menschheit einen

wurde die Sängerin wieder unbeschränkte Herrscherin auf ihren ureigensten Gebieten [1]).

* *
*

Wir sind nunmehr bei dem Zeitpunkt angelangt, in dem die Musik ein ernster, die ganze Persönlichkeit einfordernder Beruf, auch für die Frau, geworden war. Ihre Thätigkeit seit 1600 muss deshalb unter dem Gesichtspunkt ihrer Vereinbarkeit mit der Eigenart des Weibes und dem Mutterberuf geprüft werden, wobei wir uns zunächst der Komponistin zuwenden.

Der Erfolg der Sängerinnen hatte im Laufe des 17. Jahrhunderts der Frau jede Gelegenheit auch der theoretisch musikalischen Ausbildung eröffnet. Unzulängliche Vorbildung kann also in der Komposition als Grund für die minderwertige weibliche Leistung nicht gelten, will man nicht, wie schon bemerkt wurde, den allgemeinen Entwicklungsstand der Frauenbildung in Anschlag bringen [2]).

Immerhin begegnen wir Komponistinnen [3]) an der Schwelle der neuen Musik bis auf unsere Zeit. Es scheint sogar, als hätten die älteren Tondichterinnen an Eigenart und Kraft ihre Nachfolgerinnen weit übertroffen. So wird eine „aus Demut ungenannt gebliebene Nonne“ als ein ganz ausserordentliches Talent geschildert. Bis zum höchst Dramatischen, aber auch bis zum höchst Bedenklichen steigere sich in ihren Kompositionen die Leidenschaft. „Welch' trübe Flamme,“ sagt Ambros, „lodert aus diesem unaufhörlichen, heiss sehnsüchtigen „veni veni“, aus diesem aufstöhnenden Oh-Rufen.“ In einer der Hymnen [4]) nennt er die Steigerung des Affektes von Takt zu Takt höchst merkwürdig. „Es ist wie eine zunehmende Feuersbrunst; desto schlimmer. Die göttliche Liebe ist hier Maske einer sehr ungöttlichen, der himmlische Affekt Prätext, einem sehr irdischen Luft zu machen.“ — —

Dienst geleistet und in dem übrigen Europa würde die Kirchenmusik dadurch angenehmer und vollkommener werden.“

[1]) Nur in den Kirchen Roms wurden Kastraten weiter verwandt.

[2]) Vgl. oben Teil I, 3. S. 38.

[3]) Im nachfolgenden sind hier wie bei den ausübenden Künstlerinnen nur die wichtigsten und diejenigen, deren Leben irgend welche Beziehung zu unserm Problem ergiebt, erwähnt.

[4]) Erschienen um 1688.

Man sieht, die Musik bringt hier ein Problem zum Ausdruck, das wir gewohnt sind, als ein sehr modernes zu betrachten.

Die Opernkomponistin Francesca Caccini (geb. in Florenz um 1590), Tochter und Schülerin des berühmten Komponisten Guilio Caccini, war nach Ambros sogar ein Genie[1]). Ausser ihrer 1625 aufgeführten Balletoper „La liberatione di Ruggiero de l'isola d'Alcina" hat sie 1618 ein Buch Gesänge herausgegeben. Hat nun Francesca einerseits mit ihrer Komposition „ihrem ganz ungewöhnlichen Talent ein wahrhaft glänzendes Denkmal gesetzt[2])," so ist es andererseits auffällig, wie wenig sie geschaffen hat. Allerdings war sie nicht nur Komponistin, sondern auch eine gefeierte Sängerin und Dichterin in toskanischer und lateinischer Sprache. Möglicherweise war ihr musikalisches Schaffen durch diese Vielseitigkeit beeinträchtigt. Vielleicht mag auch für Francesca das Wort einer deutschen Komponistin und Pianistin, Ingeborg von Bronsart[3]), gelten, die als Künstlerin wie als Erzieherin ihrer Kinder gerühmt wird. „Ich kann sagen, dass ich jeden Takt mit Lust und Liebe geschrieben habe. Ich wäre ja auch längst fertig, wenn mein Leben nicht ein so vielseitiges sein müsste und ich

---

[1]) „Francesca war ein Genie; sie hatte unverkennbar mehr Musik in sich, als selbst ihr berühmter Vater". In keiner andern Musikgeschichte haben wir die Caccini auch nur erwähnt gefunden. Aber keinem Andern sind auch alle Tonwerke und alle zeitgenössischen Musikschriften so im weitesten Umfange zugänglich gewesen, wie Ambros. „Um sein Urteil auch im Einzelnen näher prüfen zu können", sagt Dommer im „Handbuch der Musik", müsste man freilich alle ihm im weitesten Umfange zugänglich gewesenen Tonwerke selbst vor sich haben. Mag als weissem Raben in der Komposition dem Weibe auch etwas von dieser Bewunderung, die Ambros der Caccini zollt, gelten, so muss man doch erwägen, dass es sich hier nicht um Verherrlichung in einem der zahllosen Frauenbücher handelt, sondern um eine ganz objektive, ausführliche Besprechung in einem ernsthaften Geschichtswerke. Siehe auch Lexikon der Tonkünstler, B. I; ferner Fétis. Biographie Universelle des Musiciens, Paris 1861.

[2]) Ambros a. a. O.

[3]) Ingeborg von Bronsart's Oper „Jery und Bätely" ist fast auf allen deutschen Bühnen, auch in Berlin, mit Erfolg aufgeführt worden. Andere Lieder- und Klavierkompositionen, speziell der grosse Triumphmarsch Wilhelm I. der bei der dem Einzug der siegreichen Truppen im königlichen Opernhause gespielt wurde, werden als „glänzende Bethätigung" ihres schönen Talentes gerühmt.

nicht nur die Zeit der Musik widmete, die mir meine anderen Pflichten, welche für mich obenan stehen, übrig lassen [1]).“

„Nach meiner Ueberzeugung,“ schreibt uns Ingeborg von Bronsart zu unserem Problem, „dürfte im allgemeinen eine ernstlich „strebende, talentvolle, schaffende Künstlerin im Interesse ihrer „Kunst nicht heiraten, da in den meisten Fällen die Pflichten der „Hausfrau und Mutter einer künstlerischen Entwicklung schwer zu „übersteigende Hindernisse in den Weg legen. Dennoch darf auch „andrerseits anerkannt werden, dass im Gefühlsleben der Gattin „und ‚Mutter‘ Saiten erklingen, die für das Schaffen von hoher „Bedeutung sein können.

„Bei einer Ehe würde aber hauptsächlich in Betracht „kommen, ob der Mann Verständnis und liebevolles Interesse für „die Kunst seiner Frau hegt und im stande ist, für die Pflege „und Ausbildung ihres Talentes durch Ersparnis ihrer Zeit und „Kraft zu sorgen. Dabei würden die pekuniären Verhältnisse sehr „mitsprechen. Eine wohlhabende Künstlerin kann selbst an der „Seite eines für ihre Kunst interesselosen Mannes, das Einverständnis „des letzteren voraussetzend, durch geeignete Vertretung in ihren „häuslichen und mütterlichen Pflichten diejenige Freiheit erlangen, „die zur Vervollkommnung in ihrer Kunst nötig ist. Immer aber „wird es in erster Linie darauf ankommen, ob die Künstlerin mit „der nötigen Beharrlichkeit, Elastizität des Geistes und nicht zum „geringsten mit derjenigen körperlichen Gesundheit ausgerüstet ist, „um trotz aller Hindernisse in ihrem Schaffen weiter streben zu „können. Nach diesen Ausführungen, die zu Gunsten einer Ehe „sprechen, kehre ich doch zu meiner ersten Behauptung zurück und „wende nach meiner innersten Ueberzeugung auf die schaffende „Künstlerin das Wort des Apostels Paulus an: „Heiraten ist gut, „Nichtheiraten ist besser.“

Bemerkenswert ist die Angabe einer ausländischen Künstlerin, die nach ihrer Verheiratung den Sängerinnenberuf mit der Komposition vertauscht hatte. Nach einer Fehlgeburt gab sie während ihrer zweiten Schwangerschaft jede produktive Thätigkeit auf. „While I carried my child before its birth, I made a point of

---

[1]) Angeführt bei La Mara. Musikalische Studienköpfe Bd. 6.

„ceasing to tax my brain with creative work altogether — never „doing anything that would require a strain of brain power.

Einige andere Komponistinnen, die uns Mitteilungen machten, sind unverheiratet. Sie komponierten schon in der Kindheit, traten sehr früh an die Oeffentlichkeit und waren ununterbrochen thätig.

Am unermüdlichsten hat wohl die bekannte französische Komponistin Cécile Chaminade geschaffen, wie der Katalog ihrer zahlreichen zum Teil sehr geschätzten Klavier- und Gesangwerke zeigt: „Il prouve que je suis une travailleuse et que rien n'a jamais con„trarié la marche de mes travaux." (Cécile Chaminade.)

* * *

In anderer Färbung erscheint unser Problem bei Betrachtung der reproduktiven Thätigkeit. Soweit der uns hier vorerst beschäftigende Bühnengesang in Frage kommt, zeigt sich ein der Schauspielkunst sehr verwandtes Bild.

Wir wenden uns zunächst zwei Sängerinnen zu, die im 18. Jahrhundert Gipfelpunkte des dramatischen Gesanges erklommen haben: der schon erwähnten Faustina Bordoni Hasse und Francesca Cuzzoni. — Faustina (geb. um 1700) war im ganzen eine massvolle und geregelte Natur mit ausgeprägtem Sinn für ein wohlgeordnetes Familienleben. Sie scheint mit dem Komponisten Hasse in glücklicher Ehe gelebt zu haben[1]). Zeitgenossen rühmen ihre „kunstverschönte, elegante Häuslichkeit und die vorzüglich feine Erziehung ihrer beiden Töchter[2])."

Dagegen war ihre Rivalin Francesca Cuzzoni (geb. in Parma 1693) von zügelloser Wildheit. Sie soll ihren Gatten nach einem Leben voll Unfrieden, ebbend und flutend in Mangel und Ueberfluss, ermordet haben[4]). Während Faustina in glänzenden Verhältnissen blieb[4]), geriet die Cuzzoni in die dürftigste Lage und musste als Greisin ihr Leben mit Verfertigen von Knöpfen fristen.

---

[1]) Die üble Nachrede über ihr sittliches Verhalten, die sich durch viele Bücher schleppt, ist zuverlässig widerlegt worden.

[2]) A. Niggli. Faustina Bordoni. Vergl. auch Burney. Tagebuch einer musikalischen Reise Bd. I.

[3]) Crysander. Händel Bd. II.

[4]) Von der Stellung, die Faustina und Hasse in Dresden einnahmen, giebt folgender Bericht ein gutes Bild. Im Anschluss an Hasse's viermal hintereinander aufgeführten Oper „Cleofide", in der Faustina die Titelrolle

Fast zwei Jahrhunderte lang haben die italienischen Sängerinnen auch die Bühnen der ausländischen Höfe beherrscht. Noch um 1760 erklärte Friedrich der Grosse, er wolle sich lieber von einem Pferde eine Arie vorwiehern lassen, als eine Deutsche als Primadonna in seiner Oper haben. Es war der Nachfolgerin der Astrua, der Gertrud Elisabeth Schmähling-Mara (geb. 1749), einer der berühmtesten deutschen Sängerinnen, vorbehalten, ihn eines Besseren zu überzeugen.

Ihr Tagebuch[1]) zeigt, wie sie vom frühen Morgen oft bis tief in die Nacht rastlos thätig war[2]). Nach ihrer Anstellung in Berlin heiratete sie trotz aller Warnungen[3]) den schönen, talentvollen, aber trunksüchtigen, ausschweifenden und brutalen Cellisten Mara. Auf der Höhe ihres Ruhms musste sie, mit einem Kinde unter dem Herzen vom Bette auf die Oper gezerrt, ihren leidenden Körper in die Theatertracht zwängen, ihre müde, vor allem durch ihr trauriges Eheleben gemarterte Seele der Bühnenstimmung anpassen.

Unter unsäglichen Schmerzen gebar sie bald darauf ein totes Kind. Eine zweite, mit schwerer Krankheit verbundene Niederkunft endete ebenso unglücklich. Sie erholte sich nur langsam und ist danach nicht mehr Mutter geworden. „Ich bin nicht geschaffen wie andere Frauen, in der Liebe und Ehe glücklich zu werden — ich hätte nie heiraten sollen," sagte sie einem Freunde[4]).

---

sang, heisst es, dass die Dresdner Oper „durch die unvergleichliche Stimme und Aktion der in ganz Welschland und Engelland berühmtesten und grössten Sängerin itziger Zeit vor den grössten Virtuosen in der Musik von ganz Europa passieren, indem der berühmte Herr Hasse in der Composition, die unvergleichliche Mme. Faustina im Singen und der Aktion ihres gleichen nirgends haben."

[1]) Siehe Riesemann. Eine Selbstbiographie der Sängerin G. E. Mara, Allgem. musikal. Zeitung, 1875, Nr. 32. Arnold Niggli. G. E. Mara, Samml. musikal. Vorträge Nr. 30. Friedrich Rochlitz. Für Freunde der Tonkunst. Grosheim. G. E. Mara.

[2]) Mit 17 Jahren war sie bereits in Leipzig als Konzertsängerin für 600 Rthlr. jährlich engagiert. Gellert erhielt 1751 als ausserordentl. Professor an der Universität 100 Rthlr. (Arnold Niggli, G. E. Mara, Samml. musik. Vorträge Nr. 30.)

[3]) „Ein Weib, das sich einem Manne ganz hingegeben hat" — sagt Friedrich II. über sie, „ist nun einmal wie ein Jagdhund: je öfter mit Füssen getreten, desto anhänglicher."

[4]) A. v. Sternberg. Berühmte deutsche Frauen im 18. Jahrhundert. I. Teil, 1848. Siehe auch Niggli.

Dagegen stieg ihr Stern als Sängerin um so höher. In London verdiente sie in zwei Wochen 15000 Thaler. Allein trotz ihrer eigenen Bedürfnislosigkeit war sie immer verschuldet, weil sie auch nach der Trennung von ihrem Manne ihre Beziehungen unglücklich wählte und mit ihrer Persönlichkeit auch ihr Vermögen hingab [1]). Dennoch war sie nicht nur eine grosse Künstlerin, sondern auch eine Frau von seltener Willensstärke und Arbeitskraft, die durch ein naiv grossmütiges Temperament nur an ihrem Glück, niemals an ihrer Kunst Schaden gelitten hat. Hätte sie einen würdigeren Gatten gefunden, so wäre wohl auch ihr Frauenleben in glücklicheren Bahnen verlaufen.

Die ebenfalls geschätzte Berliner Opernsängerin Luise Hamel-Schick [2]) hat wahrscheinlich, was sie an Glück vor der Mara voraus hatte, mit einer Beeinträchtigung ihres künstlerischen Vermögens, sicher des äusseren Glanzes erkauft. „Die sorgsamste Erziehung ihrer vier Kinder machte einen grossen Teil ihres Lebensschicksals aus."

Als Künstlerin, Sängerin und Gattin wird die Catalani [3]) gerühmt. Auf der Höhe ihrer Erfolge soll sie sich mit Hingabe der Erziehung ihrer drei Kinder gewidmet haben.

Dagegen hat der Konflikt zwischen Mutter und Künstlerin das Leben ihrer beiden grossen Nachfolgerinnen, der Maria Malibran und der Wilhelmine Schröder-Devrient, scharf gezeichnet.

Ueber die Malibran liegen ziemlich genaue Mitteilungen vor [4]), wohl infolge der Teilnahme, die dieses so früh auf dem Gipfel des

---

[1]) Rochlitz rechnet sie den Frauen zu, die ihm „als die begabtesten der Männer und wohl mehr, als die schwächsten der Frauen und wohl weniger" erscheinen. „Noch im 53. Lebensjahre", erzählt Rochlitz, „hatte sie einen wohlansehnlichen Freund und Begleiter von etwa 24 Jahren um sich. Von seinen Verdiensten war anderen Leuten durchaus nichts bemerkbar, ausser, dass er kaum mittelmässig die Flöte spielte."

[2]) Levetzow, Leben und Kunst der Frau Hamel-Schick, Berlin 1809.

[3]) Die Catalani wurde 1783 geboren; mit 7 Jahren sang sie im Kloster. In England verdiente sie mit Benefiz-Konzerten bis zu $^1/_2$ Mill. St. 1805, 22 Jahre alt, heiratete sie und 1815 eröffnete sie in Paris ein eigenes Theater. Siehe Sievers. Ueber Mme. Calatani als Sängerin, Schauspielerin und mimische Darstellerin.

[4]) Siehe Ernest Legouvé. Maria Malibran; John Nathan. Mme. Malibran, Biographische Skizze, 1836. Treskow. Mme. Malibran 1837. Merlin. Mme. Malibran. Brüssel 1838.

Ruhmes beschlossene Leben in allen Kulturstaaten erregt hat. Mehr das Opfer ihres Temperaments als ihres Berufes hat dieser trotzdem schwer in ihr Frauenleben eingegriffen. Obwohl keineswegs bürgerlich in ihrem Empfinden, hatte sie mit der künstlerischen Genialität der Garcia deren vornehme Gesinnung und neben einer tieferen Sittlichkeit die traditionellen Ideen einer stolzen Familie über die Forderungen an die sittliche Haltung des Weibes ererbt [1].

Die Gattin eines alten Mannes, der nach dem Verlust seines Vermögens von ihr getrennt lebt, tritt sie während ihrer Anstellung an der Pariser Oper in Beziehungen zu dem von ihr leidenschaftlich geliebten Violinisten Bériot, die nicht ohne Folgen bleiben. Als sie wegen häufiger Indispositionen ihren Kontrakt lösen will, wird sie mit allen zu Gebote stehenden Mitteln daran verhindert. Ihr andauerndes Unwohlsein, Verstimmung und Reizbarkeit schreibt man ihren Launen zu, während sie furchtbar unter dem erzwungenen Auftreten leidet. Ihr krankhafter Zustand, das Gefühl der Schande, der Zwang, beides zu überwinden, und Neugierde und Bosheit des Publikums durch ihr Auftreten zu betrügen, macht sie unglücklich und verleidet ihr fast ihre Kunst. Erst am 8. Januar, kurz vor Saisonschluss, verlässt sie die Bühne und kommt zwei Monate darauf nieder. Unmittelbar nach ihrer Entbindung reist sie zu Bériot. Sechs Monate später gastiert sie in Italien. Obwohl aufs Neue in Hoffnung, nimmt sie nicht die mindeste Rücksicht auf ihren Zustand. Noch im Oktober erzielt sie in Bologna die glänzendsten Erfolge und hat zum 12. December ein Engagement in Mailand angenommen. Ihre Schwangerschaft ist indes so weit vorgeschritten, dass sie kontraktbrüchig, unter den allerschwierigsten Reiseverhältnissen, nach Brüssel flüchtet, wo sie schon im Dezember ihr zweites Kind gebiert. Kurz darauf („à peine relevée de ses couches“) folgt sie einem Ruf nach London ans Drury Lane-Theater und geht von da aus nach Italien.

Unmittelbar nach ihrer Scheidung heiratet sie Bériot. An ihrem Hochzeitstage bittet man sie, zu singen. Sie beginnt, aber sie unterbricht sich plötzlich mit den Worten: „Mon Dieu, mon

---

[1] Legouvé schildert ihr Wesen als die Antithese eines einfachen zärtlichen Herzens und des unbändigen Zwiegespanns einer flammenden Phantasie und eines bis zur Abenteuerlichkeit kühnen Charakters.

Dieu, je ne puis pas faire comme je veux. . . il me faudrait mes enfants, mon perfide Romain là autour de moi, enfin toute ma famille, pourque je fusse parfaitement naturelle dans mon jeu.“ [1])

Bald darauf, im August 1836, stürzt sie bei einem wilden Ritt vom Pferde, „vielleicht, weil sie infolge ihrer beginnenden Schwangerschaft unsicher war“.

Obwohl sie seither schwer leidet, vollendet sie noch einen Band Romanzen und begiebt sich am 10. September zum Musikfest nach Manchester. Kann sie auch am ersten Tage nach einer überstürzten Reise wegen Unwohlseins bei der Probe nicht erscheinen, so singt sie doch in den folgenden Aufführungen morgens und abends hinreissend, trotzdem sie sichtlich krank ist. Schliesslich muss man die schwer Fiebernde aus dem Konzertsaal tragen: man fürchtet eine zu frühe Entbindung.

Es ist möglich, dass sie, wie die Einen sagen, bei dem Sturz vom Pferde eine innere Verletzung erhalten hatte, nach anderer Darstellung starb sie infolge übermässiger Anstrengung. Man darf ruhig hinzufügen: Maria Malibran musste ihr junges, schönes, glanzvolles Leben mit 28 Jahren beschliessen, weil sie der Stimme der Natur niemals ihr Recht gegönnt hatte, sich in einem Zustand, der bei ihr mit heftigem Unbehagen verknüpft war, nicht im mindesten schonte, weil bei aller Weichheit ihres Gemüts der Künstlerdrang das ungeborene Wesen um sein Recht brachte.

Hat der Widerspruch zwischen Mutterschaft und rastloser öffentlicher Bethätigung sich so an der Malibran körperlich schwer gerächt, so hat Wilhelmine Schröder-Devrient die ganze Tragik des seelischen Konfliktes zwischen Mutter und Künstlerin durchlitten. Beide Frauen sind Künstlerinnen im Sinne gebieterischer Veranlagung und im Bewusstsein eines grossen Könnens. Allein während das Schicksal der Malibran etwas Fatalistisches hat und bei ihr äussere Zufälle, die allerdings mit ihrer kecken Unbesonnenheit eng verwoben sind, das Bild verwirren können, tritt bei der Schröder-Devrient [2]) ein langes Leben hindurch der Zwiespalt zwischen ihrer Künstlerlaufbahn, ihrem Künstlertemperament und ihrem tiefen Frauenempfinden plastisch hervor. In

---

[1]) Siehe E. Legouvé a. a. O.

[2]) Vergl. A. v. Wolzogen. W. Schröder-Devrient. Wagner. Ueber Schauspieler und Sänger, Costenoble: Aus dem Burgtheater.

beiden Frauen ist die Kunst das siegende Element. Es trägt die Devrient hoch durch ein vollgelebtes Menschenleben. Aber ihre lange Ruhmeslaufbahn durchklingt bis ans Ende die zitternde Klage ihrer zertretenen Mütterlichkeit. „Sie fand den Mann nicht," — sagt Wagner von ihr — „welcher der Beglückung durch sie ganz wert gewesen wäre, und doch sehnte sie sich nach einem stillbeglückten, häuslichen Leben, welches sie andrerseits durch die vollendetste Begabung als Wirtin und Hausfrau so heimisch und sicher als anmutig zu machen wusste"[1]). Allein, obwohl sie schon in früher Jugend unter dem wandernden Schauspielerleben und unter der Zigeunernatur ihrer Mutter gelitten hat, scheint es fraglich, ob irgend ein Mann im Stande gewesen wäre, das machtvolle Temperament, die flammende Leidenschaftlichkeit der Tochter Sophie Schröder's dauernd in die Fesseln der Einehe zu bannen. Es hätte nicht nur ein ihr ebenbürtiger Genius, sondern auch eine unendliche Weisheit dazu gehört, diese Frau vor den Gefahren in der eigenen Brust zu schützen. In den sechs Jahren ihrer Ehe wurde sie Mutter von vier Kindern. Gleichzeitig stieg ihr Stern als Künstlerin höher und höher. Wir wissen aus ihren eigenen Aussprüchen, wie sehr sie unter den doppelten Anforderungen gelitten hat. Waren ihre Kinder kaum ein paar Monate alt, so musste sie dieselben fremden Händen anvertrauen und ihren Gatten auf Kunstreisen begleiten. „Wie oft habe ich damals mit mühsam verhaltenen Thränen gesungen," hat sie zu Claire von Glümer geäussert[2]). Ihre jüngste Tochter starb in frühester Kindheit infolge eines Sturzes vom Arm der Wärterin, während die Mutter auf der Bühne war. Lange Zeit hat sie dieses Unglück nicht zu verwinden vermocht und noch nach Jahren trauerte sie um das „für ihre Kunst gemordete Kind".

Dieser Ausspruch der Devrient ist kein Zufall — sie sah in der That, wie Claire von Glümer uns mitteilt, den „Fluch ihres Standes in der Unmöglichkeit, zu gleicher Zeit ganz Mutter und ganz Künstlerin sein zu können." Trotz ihrer Berufspflichten that sie indess mehr für ihre Familie, als tausend andere. Ihre Freunde

---

[1]) Wagner, Ueber Schauspieler und Sänger.

[2]) „Nach so langen Jahren noch wurden ihr bei der Erinnerung daran die Augen nass." Claire von Glümer. Erinnerungen an W. Schröder-Devrient, Leipzig, 1862.

sprechen mit warmer Bewunderung von ihrem unermüdlichen Fleiss, ihren häuslichen Talenten, ihrer zärtlichen Sorgfalt für die Kinder [1]). Und dennoch unterlag die Mutter. „Ich musste mich frei machen, um nicht als Weib wie als Künstlerin zu Grunde zu gehen.“ Auf Vorwürfe über ihre excentrische Lebensweise hat sie erwidert: „Lasst mich doch, wie ich nun einmal bin! Wär' ich besonnen, hiess ich nicht der Tell! Von Prüden mag ich nicht gerichtet sein!“ Allein so stark war andrerseits die Mutter in ihr, dass sie sich über den Verlust ihrer im Scheidungsprozesse Devrient zugesprochenen Kinder nie getröstet hat [2]). Bis zur Todesstunde hat diese Erinnerung als dunkle Qual auf ihr gelastet.

Hat bei Maria Malibran und Wilhelmine Schröder-Devrient die Kunst die Mutter, bei der Schick die Mutter die Kunst beeinträchtigt, so fehlen alle Voraussetzungen der Mütterlichkeit bei einer Sophie Arnould und Rose Lefèvre Dugazon.

Die geniale Arnould (geb. 1740), welche die Goncourts eine der grössten Courtisanen aller Zeiten nennen, verliess nach vierjährigem Verhältnis ihren Geliebten, einen verheirateten Mann, während er auf einer Reise war. „Aussitôt Sophie de mettre dans un carosse les bijoux reçus de M. de Lauraguais, les deux enfants dont il l'avait honorée, et fouette, cocher! carosse, bijoux et enfants rendus à l'hôtel Lauraguais — Sophie respire delivrée.“ [3])

Von Rose Lefèvre Dugazon (1753—1821), welcher die ältere Opéra comique ihre grössten Erfolge verdankt — nach der noch heute die von ihr creirten Rollen in der französischen Theaterwelt „Jeunes Dugazon und Mères Dugazon“ genannt werden — heisst

---

[1]) vergl. C. v. Glümer a. a. O.

[2]) Wenige Jahre darauf schickte sie von London nach einem sehr ergiebigen Gastspiel 7000 Thaler für die Erziehung derselben.

[3]) „Lauraguais pesta, jura, éclata en malédictions, et finit par une vengeance de gentilhomme: l'envoi à Sophie d'un contract de deux mille écus de rente viagère, dans lequel Mme. de Lauraguais — c'est bien peu probable — avait eu la générosité d'entrer, au nom de son admiration pour le talent de la chanteuse. Sophie était passée des tourments de l'amour au calme d'une liaison d'intérêt, des violences de Lauraguais aux tendresses tranquilles d'un homme d'argent fort honnête et fort sensible.“ Edmond et Jules de Goncourt. Sophie Arnould Paris 1885. Les actrices du XVIII. siecle.

es, dass die über sie geführte üble Nachrede ungewöhnlich berechtigt war. („singulièrement légitime.)“[1])

Haben wir bisher bei der Schwierigkeit der Vereinigung von Kunst und Mutterberuf verweilt, so zeigt sich bei Sängerinnen, die den Standpunkt der bürgerlichen Moral innehalten, dass die Unterdrückung der Natur, die einseitige Hingabe an einen Beruf, der „ein beständiges Exercitium der Leidenschaft“[2]) erheischt, sie als Mensch und Künstler gefährdet. Es ist eine häufig beobachtete Erfahrung, dass bei keuschen Bühnenkünstlerinnen sehr oft frühe Abnahme der stimmlichen Mittel eintritt. Riesemann und das Schillersche Ehepaar berichten von dem verhältnismässig frühen Altern der Corona Schröter, die „in ihrem Benehmen die Durchschnittsmoral der besseren Stände ihrer Tage offenbarte. Sie wurde pensioniert, während die Mara, die noch in späten Jahren mit einem jungen Manne herumzog, ein Jahrzehnt und länger danach in alter Kraft in verschiedenen Ländern Europas sang“.[3])

„Es ist empörend,“ äussert sich die Sängerin Agnese Schebest, die nachmalige Gattin von David Friedrich Strauss, „wenn man weiblichen Mitgliedern den Ehestand kontraktlich zu erschweren sucht und ihnen droht, denselben umzustossen und ihre Gage zu vermindern, wenn sie sich dergleichen einfallen lassen. Solche Zumutungen passen für gemütlose, überspannte oder solche Frauenzimmer, an denen nichts mehr zu verderben ist, nicht aber für körperlich gesunde und gemütreiche Geschöpfe[4]).“

Neben dem Genie, das über die Schranken des bürgerlichen Lebens hinwegstürmt, der genialen Cocotte, die jenseits desselben steht und neben dem durch bürgerliche Anschauungen in physiologischer Hinsicht und hierdurch auch als Künstlerin gefährdeten

---

[1]) Abgesehen von ihrer Unmoral wird ihr Charakter, der Höhe ihrer Künstlerschaft entsprechend als gut, aufopfernd und grossmütig geschildert. Nach dem Rücktritt von der Bühne mit 49 Jahren soll sie sich ausschliesslich ihrem leidenschaftlich geliebten Sohne, dem damals 23jährigen Komponisten Gustave Dugazon und seinen Erfolgen gewidmet haben. Siehe Arthur Pougin. Figures de l'Opéra Comique, Paris 1875. Mme. Dugazon.

[2]) S. Schauspielkunst S. 54.

[3]) Allgem. Musikalische Zeitung 1875.

[4]) Agnese Schebest. Aus dem Leben einer Künstlerin: Meinen geliebten Kindern Georgine und Moritz Strauss, 1857.

Weibe drängt sich eine vierte Erscheinung in den Vordergrund der Betrachtung: Frauen, die wie eine Jenny Lind, mit allen Fasern ihres seelischen Wesens im Weiblichen und Häuslichen wurzeln, deren künstlerische Begabung in offenbarem Widerspruch zu ihrem Frauendasein, gleichsam als etwas äusserlich ihnen Anhaftendes, steht. Auf der Höhe ihrer Triumphe, während die Welt von ihrem Ruhme widerhallt, verzehrt sich Jenny Lind in quälender Sehnsucht nach der Stille und Geborgenheit häuslichen Lebens und der Innerlichkeit des Mutterglückes. „Ach, wie ich Sie beneide,“ ruft der leidenschaftlich gefeierte Liebling zweier Erdteile einer jungen Mutter zu. „Sie haben etwas, wofür Sie leben können“[1]). Und schon vor ihrer Verheiratung zieht sie sich von der Bühne zurück.

Sehr viel häufiger begegnen wir dieser bei Opernsängerinnen vereinzelten Erscheinung bei Konzertvirtuosinnen. Dabei ist in Betracht zu ziehen, dass der ungeheure Apparat der Oper kein Analogon im Familienleben hat, während für die Liedersängerin und Instrumentalistin auch im Rahmen der Häuslichkeit hohe Kunstentfaltung möglich ist. Allein der Bühnengesang scheint in seiner Verwandtschaft mit dem schauspielerischen Beruf auch am ausschliesslichsten von der Natur der Künstlerin Besitz zu nehmen, am wenigsten Götter neben sich zu dulden. „Il est extrèmement difficile d'être bonne artiste et une parfaite mère de famille en même temps“ lautet die uns geäusserte Ansicht der Petersburger Hofopernsängerin Marie Gorlenko Dolina.

Handelt es sich doch um eine Bethätigung der ganzen Person, um die Gleichzeitigkeit von Gesang und Mimik. Und neben der bei der Schauspielkunst erörterten psychischen Disposition erfordert das Bühnenleben schon rein äusserlich die ununterbrochenste Thätigkeit. Denn die Oper gehört selbst in einer Provinzstadt zu den allabendlichen Begebenheiten, während Konzerte nur in grösseren Zwischenräumen stattfinden[2]). Manche Bühnensängerinnen er-

[1]) Siehe H. S. Holland und W. S. Rockstro. Jenny Lind.

[2]) „Nur in wenigen Fällen, bei ganz hervorragenden Anlagen sollte es den jungen Mädchen vergönnt sein, sich eine öffentliche Laufbahn zu erwählen. Die Ansprüche, welche man in Deutschland an eine Opernsängerin macht, sind unglaubliche. Ihre physischen und psychischen Kräfte werden durch die Mannigfaltigkeit und stete Abwechselung des Repertoirs so sehr in Anspruch genommen, dass sie künstlerischen Anforderungen nur höchst selten gerecht

scheinen daher nach ihrer Verheiratung nur noch im Konzertsaal, dessen Ansprüche weniger umfassend sind. So hat Amalie Joachim den Abschied von der Bühne, den sie bei ihrer Verheiratung für unerlässlich hielt, zwar schwer beklagt[1]), dann aber bekanntlich, obwohl sie Mutter von sechs Kindern wurde, als Konzertsängerin eine grosse und schöne künstlerische Mission erfüllt.

„Nur während der Wochenbette habe ich 3—4 Wochen aus„gesetzt, meine sieben Kinder habe ich selbst genährt und immer lustig „dabei gesungen," schreibt uns die seelenvolle Sängerin Schumann-Heink. „Man kann sehr wohl Mutter, Gattin, Hausfrau sein und „seinem Beruf richtig nachkommen. Ich habe meine schönsten und „schwersten Rollen im Kreise meiner geliebten Wilden gelernt, und wussten die Kinder meist die Rollen früher auswendig als ich."

Wie gross unter Umständen die Schwierigkeiten sind, die sich der Vereinigung der Künstlerschaft und der künstlerischen Lehrthätigkeit mit der Ausübung des Mutterberufs, besonders wenn der Erwerbszwang eine entscheidende Rolle spielt, entgegenstellen, hat Mathilde Marchesi in ergreifender Weise ausgesprochen. In ihrem Buch „Aus meinem Leben", auf das sie bei ihren Mitteilungen an uns ausdrücklich verwies, erklärt sie, ihr Beruf habe ihr zu ihrem schwerem Leidwesen die Erziehung ihrer Töchter im eigenen Hause unmöglich gemacht. „Es ist vielleicht das grösste Opfer, welches ich der Kunst gebracht, mich von meinen Kindern zu trennen, das grösste, weil niemand im Stande ist, eine Mutter für den Ausfall an Freuden zu entschädigen, die die fortgesetzte Beobachtung des Entwicklungsganges des Kindes mit sich bringt, noch irgend jemand den Mangel an Glück zu ersetzen vermag, welches die täglich fühlbare Kindesliebe gewährt."

Es muss zum Schluss scharf betont werden, dass das physio-

---

werden kann. Starkes Nervensystem, tüchtige Lungen, feste Stimmbänder und ein Riesengedächtnis, dies sind die Haupterfordernisse, um eine deutsche Opernsängerin zu werden." Siehe Mathilde Marchesi: „Aus meinem Leben." Aehnlich äussert sich Désirée Artôt, die niemals eine Stelle an einer Musikschule bekleiden wollte, um in der Auswahl ihrer Schülerinnen frei zu bleiben.

[1]) „Noch jahrelang kämpfte ich den schweren Kampf und selbst heute noch lebt der Wunsch in mir, noch einmal einem der herrlichen Gebilde, welche gerade die deutsche Oper besitzt, Leben zu verleihen. Aber des Weibes Leben ist Entsagung." (La Mara.)

logische Moment bei der Sängerin mehr als sonst in Betracht kommt. Sie benutzt nicht, wie die Klavier- oder Violinspielerin, ein Instrument ausserhalb ihrer selbst und schon der Einfluss der Menstruation[1]) wie das Kastratentum weisen auf einen nahen Zusammenhang zwischen Geschlechtsleben und Stimmmitteln. Die Ansicht, beruflich thätige Frauen sollten auf ein volles Ausleben verzichten, würde daher in ihrer Anwendung auf die Sängerin geradezu widersinnig wirken.

* * *

Der Gesichtspunkt einer unmittelbaren Verbindung von Werkzeug und Künstlerin fällt natürlich bei der Instrumentalistin fort. Gleichzeitig fehlt damit für sie die früher betonte, durch ihr Geschlecht bedingte Unersetzlichkeit, die bei der Sängerin jede naturgemässe männliche Konkurrenz ausschloss. Nicht wie Sopran und Alt ist die Istrumentalistin unentbehrlich zur Verwirklichung der ganzen Weite und Höhe des musikalischen Gedankens. Hier steht nicht die weibliche der männlichen Tonlage, sondern lediglich der Künstler dem Künstler gegenüber.

Damit war der Instrumentalistin die freudige Anerkennung, die man der Sängerin entgegenbrachte, versagt. Immerhin aber war die Rolle, die dieser seit dem 17. Jahrhundert zufiel, von grossem Einfluss auf die Teilnahme der Frau am Musikleben überhaupt. Wie der Komponistin, so ebnete die Sängerin auch der Instrumentalistin die Studienbahn. Und weit mehr als die Kompo-

---

[1]) Nur die wenigsten Sängerinnen und auch diese nur in jugendlichem Alter verfügen während dieser Zeit in vollem Masse über ihre Stimmen in voller Reinheit und Klangfülle. Wenigstens ist das die geltende Meinung, wie wir sie aus den uns gemachten mündlichen Mitteilungen von Sängerinnen entgegennahmen. „In der Mehrzahl der Fälle wird auf dem Kontinent bei Kontrakten mit Sängerinnen Dienstfreiheit während der Menstruation ausgemacht, während englische Impresarien sie nicht zugestehen, in der Praxis sie sich aber auch gefallen lassen müssen", sagt Havelock Ellis (Mann und Weib). Demgegenüber teilte uns ein bekannter Frauenarzt mit, dass speciell für erste Soubretten derartige kontraktliche oder ausserkontraktliche Unterbrechungen häufig ausgeschlossen seien und dass er in seiner Praxis Fälle der schonungslosesten Ueberanstrengung vor Augen gehabt habe. Es erübrigt sich darauf einzugehen, wie es sich mit der Lage von Künstlerinnen geringeren Ranges verhält.

nistin haben sich Klavier- und Violinspielerinnen, besonders in unserer Zeit, in hervorragender Weise bethätigt.

Indes selbst, wenn man Rubinsteins früher erwähntes Urteil [1]) somit nicht unbedingt anerkennt, ist zuzugeben, dass die Instrumentalistin, von wenigen glänzenden Ausnahmen abgesehen, im allgemeinen hinter dem Manne zurücksteht. Hier könnte in Betracht kommen, dass sie, bis in unsere Zeit hinein, gewisse Vorurteile zu überwinden hatte. So suchte man die Frau wenigstens zeitweise an bestimmte Instrumente, wie Harfe und Klavier, zu bannen. In manchen Kreisen galt die Violine als ein für Frauen unschickliches Instrument. Der Sängerin Mara, die als sechsjähriges Wunderkind am englischen Hofe mit ihrem Violinspiel die grösste Bewunderung fand, riet man dort, die Violine mit der Harfe zu vertauschen. Sie, oder vielmehr ihr Vater, willigte ein, ihr Lieblingsinstrument aufzugeben. Sie wurde infolge dessen im Singen ausgebildet. Diese Erscheinung darf immerhin als symptomatisch gelten.

Wie sehr indes auch hier die Tradition wechselt, beweist die Thatsache, dass zur Zeit der Troubadours musikalische Dilettantinnen häufig die Geige spielten. „Die Instrumente, welche die jungen Damen zu lernen hatten, waren Saiteninstrumente, sowohl solche, die geschlagen oder gestrichen wurden, wie die Leier, die Harfe, als auch solche, die man mit dem Bogen streicht. Die Fidel oder Geige wird häufig als das Instrument der Damen erwähnt“ [2]).

Die Vergangenheit ist, obwohl es auch dem vorigen und der ersten Hälfte unseres Jahrhunderts nicht an bekannten Instrumentalistinnen gefehlt hat, hinsichtlich unseres Problems sehr unergiebig. Von einer Gräfin Thun, deren „Anmut, Leichtigkeit, Delikatesse und unvergleichlichen Geschmack“ beim Spiel des Clavicimbles Carl Burney [3]) rühmt, teilt er nachfolgende Aeusserung mit: „Sie sagte mir, sie habe ehedem viel besser gespielt als itzt, und setzte sehr scherzhaft hinzu, dass sie sechs Kinder gehabt und ein jedes habe etwas von ihr mit weggenommen.“

---

[1]) s. oben S. 67.

[2]) Jacob Falke. Die litterarische Gesellschaft im Zeitalter des Frauen-Kultus, citiert bei Ambros.

[3]) Tagebuch einer musikalischen Reise, Bd. II. Hamburg 1773.

Erwähnt sei, dass Künstlerinnen von der Bedeutung der Pauline Fichtner-Erdmannsdörfer, nach Bülow eine der wenigen Pianistinnen, „die unter die Klavierspieler gehören, eine der weissen Räbinnen“, und Erika Lie Niessen — von Björnson eine der ersten Frauen ihres Landes genannt — alle Erfolge klaglos mit einem glücklichen Eheleben vertauschten.

Dagegen stellt Clara Schumann die denkbarst ideale Verkörperung von Künstlerin und Gattin dar. Es galt ihr als höchste Aufgabe, der Welt ihres Gatten Werke in vollendeter Ausführung zu vermitteln [1]).

Nur einer Natur von gleicher Kraft des Könnens und Wollens war es möglich, neben höchster Kunsterfüllung und hingebender Gattenliebe acht Kindern eine Mutter zu sein, deren Vorbild und Allgegenwart die häufige Abwesenheit vom Hause aufwog. Schon um ihre Familie zu ernähren, musste sie bald nach Robert Schumanns Tod ihre Thätigkeit wieder aufnehmen. „Eine vorwurfsfreie Vollendung,“ sagt Liszt, „charakterisiert jeden Ton dieser sanft leidenden Sybille, die, Himmelsluft atmend, mit der Erde nur noch durch ihre Thränen verbunden scheint. Von allen wird sie immer bewundert werden, da sie in jeder Hinsicht makellos und durch andauernde Sorgfalt, Energie des Willens und asketische Hingebung zu einer Meisterschaft gelangt ist, die sie gewissermassen als unfehlbar stempelt.“

Kommen wir zur Instrumentalistin der Gegenwart, so ergiebt sich aus der Erhebung, dass der physiologischen Gebundenheit der Sängerin hier andere Schwierigkeiten gegenüberstehen. Mehrere Klavierspielerinnen betonen die ausserordentlichen Ansprüche, welche das Erwerben und Behaupten der Technik an die Nervenkraft

---

[1]) Keine glücklichere, keine harmonischere Vereinigung war in der Kunstwelt denkbar, sagt Liszt, als die des erfindenden Gatten mit der ausführenden Gattin, des die Idee repräsentierenden Komponisten mit der ihre Verwirklichung vertretenden Virtuosin. Das tiefe Glücksgefühl, mit welchem ihn seine Ehe erfüllte, hatte eine mächtige Steigerung seines künstlerischen Vermögens unmittelbar zur Folge. Schumanns schönste Werke im grossen Stil fallen in die sechs ersten Ehejahre. 1841—47. S. Franz Liszt. R. Schumann. Ges. Schriften. Vgl. auch Clara Schumann daselbst. Den besten Einblick in Clara Schumann's Wesen als Gattin, Mutter und Künstlerin geben ihres Gatten Briefe. Siehe Hermann Erler. Robert Schumanns Leben aus seinen Briefen Bd. 2 1887.

stelle. „Nach meiner Erfahrung,“ schreibt uns die ausgezeichnete „Pianistin Laura Rappoldi Kahrer, „vereinigt sich ein künstlerischer „Beruf nicht mit Frauen- und Mutterpflichten; es gehört eine unge- „heure Willenskraft, Energie, körperliche Gesundheit etc. dazu, beides „zu vereinigen.“

Nach Marie Wittichs Ueberzeugung „lässt sich die vornehmste „Aufgabe der Frau als Mutter, die Erziehung ihrer Kinder, nur „dann völlig erfüllen, wenn die Frau hierfür ihre ganze Kraft ein- „setzt. Die Ausübung eines anderen Berufes macht die Lösung „unserer Aufgabe, wenn nicht unmöglich, so doch ausserordentlich „schwierig.“

„Kinder von Künstlern seien schwer zu erziehen,“ heisst es „bei einer andern Expertin, „die mit dem Beruf verbundene Ner- „vosität der Eltern überträgt sich schon von der Geburt an auf die „Kinder. Vielleicht ist es besser, wenn nur ein Teil der Eltern „künstlerisch thätig ist, oder, dass man die Kinder ausser dem „Hause erziehen lässt.“

Andere Berichte an uns lassen glauben, dass einer Vereinigung nichts im Wege stehe. Und zweifellos umschiffen in einer Reihe von Fällen kühl besonnene Naturen oder Persönlichkeiten von seltener Körperkraft, Elasticität, Heiterkeit und Gleichmass der Seele alle Fährlichkeiten.

So meint Ninette Wegmann, selbst Mutter zweier Kinder, „dass „jede körperlich gesunde Frau, welche nicht gewaltsam durch Ver- „hältnisse in ihr fern liegende Arbeit gezwungen, sondern nur dem „Verlangen ihrer eigenen Natur nachgiebt, und die ihr eigene Be- „anlagung auslebt, mindestens so harmonisch und gesund ist, als „die nur ihre Hausfrauenpflichten erfüllenden Frauen.“

Clara Umlaufs „bisherige Erfahrungen führen zu der Behauptung, „dass die geistig produktive Arbeit der Frau sie keineswegs hindern „kann, ihren Pflichten als Gattin und Mutter nachzukommen.“

Nach Frau Bloomsfield Zeislers Ansicht kann „bei vernünftiger „Behandlung des Gegenstandes eine Frau einen Beruf haben und „dabei die beste Gattin und Mutter sein“. „Man darf die Sache „nicht übertreiben, sondern es müssen von beiden Seiten Kon- „zessionen gemacht werden.“

Hierzu muss in Betracht gezogen werden, dass die Mittel zur Gewinnung von Ersatzkräften für die mütterliche Pflege und Aufsicht wohl keiner erwerbsthätigen Frau so reichlich zufliessen, als einer gefeierten Musikerin. Der Beeinträchtigung des Mutterberufs steht hier nicht nur die künstlerische Leistung gegenüber, sondern diese ist auch eine Quelle grosser Einkünfte zum Nutzen der Familie.

„Wenn eine Frau“, schreibt die Geigerin Irma Sänger-Sethe, „ihre Berusfthätigkeit plötzlich oder allmählich einstellt, so liegt „das nach meiner Beobachtung und Erfahrung nicht an besonderen „Schwierigkeiten, die aus dem Ehe- und Familienleben erwachsen, „sondern 1. an dem Mangel an kräftiger ursprünglicher Begabung „und des inneren Dranges, sie zu bethätigen, und 2. an dem Mangel „an Energie, die neuen Lebensumstände dem Beruf und den Beruf „den neuen Lebensumständen anzupassen.“

* * *

Aus der Fülle der so unendlich verschiedenen, individuell gefärbten Lebensbilder drängt sich hinsichtlich unseres Problems neben den nach Berufszweigen bedingten Abweichungen eine Unterscheidung allgemeiner Natur zwischen der grossen beseelten Kunst und dem grossen Virtuosentum auf.

Unter den berühmten Virtuosinnen, deren Genie Gewalt und Klangzauber der Stimme oder technisches Vermögen ist, sind wir keinem einzigen Beispiel begegnet, wo ein Konflikt zwischen widerstreitenden Pflichten auch nur die Schwelle des Bewusstseins gestreift hätte. Vielmehr sind es die grossen Seelenkünstlerinnen, welche den Widerspruch zwischen ihrem Künstler- und Mutterberuf am tiefsten zu empfinden scheinen, in vereinzelten Fällen aber neben dem Kampf auch die Seligkeit eines schweren aber vollerfüllten Künstler- und Frauendaseins auskosten.

Ueber individuelle, berufliche und typische Unterschiede hinweg gestaltet sich rein äusserlich die Sachlage naturgemäss am schwierigsten bei der gastierenden Künstlerin. „Such problems must „arise in all cases, where mothers have professions, which take them „from home. Who is wise enough to solve them always judiciously? „At best it is a choice between evils,“ schreibt uns die feinsinnige Konzertsängerin Lilian Henschel.

Allein vielleicht mehr noch als für die gastierende Konzertsängerin und Instrumentalistin gilt für die reisende Bühnenkünstlerin, dass ihr Beruf in weitaus den meisten Fällen die Erfüllung der Mutterpflichten in einem höheren Sinne ausschliesst. Es giebt wohl kaum eine zweite Lebensstellung[1]), die heftigere Erregungen, wildere Stürme, grössere Abhängigkeit von Gunst oder Ungunst des Augenblicks, jähere Wechsel von Wonnerausch und Verzweiflung in sich birgt. Der Begriff des Heims verblasst oft für Jahre zu dem einer gelegentlichen Ankerstelle im Ozean der Wanderungen. Ruhelos durchjagt die Künstlerin die Länder und Erdteile dem Ruhme und dem Gewinne nach[2]).

Aeussere und innere Bedingungen ihres Berufes werden es in der Regel unmöglich machen, dass sie das ganze Leben eines Kindes behütet, es körperlich und seelisch zum Kampf mit dem Dasein stärkt und es zu jeder bangen Stunde tröstet, „wie einen seine Mutter tröstet“[3]).

Sie setzt dagegen die Grösse ihrer Leistungen und deren Bedeutung für die Kulturentwicklung. Die Einschätzung dieser Mächte bestimmt die Wertung der Künstlerin als Weib und als Mensch.

---

[1]) Den verwandten Beruf der Schauspielerin ausgenommen. Siehe Schauspielkunst.

[2]) Die Sängerin Mara erzählt von der Todi: „Sie hatte für eine Reisende das Unglück gehabt, alle Jahre ein Kind zu bekommen, welches dann machte, dass sie in jedem Lande eins hinterliess.“ Siehe A. Niggli. E. G. Mara Samml. musik. Vorträge No. 30. Maria Francesca Todi, geb. 1748 in Portugal, starb 1792 mit Hinterlassung von acht Kindern und 400 000 Franken, sowie Schmuck für 100 000 Franken. Sie war in Paris, Berlin, dann wieder Paris, Petersburg und wieder in Berlin engagiert. — Désirée Artôt vertraute ihre Kinder während ihrer kolossalen Reisen einer deutschen Erzieherin an. Sehr anziehend berichtet sie selbst über eine Conzerttour im Kaukasus: „Es war eine schauerliche Fahrt; unser Leben hing an einem Faden. Ich hatte es dem Schutz des Höchsten empfohlen und dachte an meine armen Kinder in der Ferne.“ Siehe Désirée Artôt. Erinnerungen an meine Conzerttournée im Kaukasus. Gleich der Artôt soll auch ihre Lehrerin Frau Viardot Garcia, die jüngere Schwester der Malibran, eine treffliche Gattin und Mutter gewesen sein. „Ein Künstlerleben von solcher Reinheit, dass nie eine Verdächtigung an dasselbe hat rühren dürfen. Das Glück einer Häuslichkeit, dessen Stolz und Freude sie bildet.“ Siehe Fr. Liszt. P. Viardot Garcia, Gesammelte Schriften Bd. III.

[3]) „Ich will Euch trösten, wie einen seine Mutter tröstet“ Jesaia Kap. 66. V. 13. Brahms, Ein deutsches Requiem, für Soli, Chor und Orchester Op. 45.

3. Bildende Kunst.

Wenden wir uns, nachdem wir die hohe Bedeutung der Frau für Schauspielkunst und Musik betrachtet haben, zu der bildenden Kunst, so finden wir ein sehr andersartiges Bild.

Wir müssen für die Vergangenheit zugeben, dass man „die Künstlerinnen aus der Kunstgeschichte streichen könnte, ohne eine empfindliche Lücke im Entwicklungsgang zu erhalten“.[1]) Wenn Wessely[2]) demgegenüber tadelnd erwähnt, „die grosse Kunstgeschichte sei gegen Künstlerinnen vergangener Jahrhunderte gar nicht galant“, wenn er den Satz aufstellt, die einzige Aufgabe der Forschung wäre nicht, sich nur mit den höchsten Koryphäen der Kunst zu beschäftigen und alles andere vornehm bei Seite zu schieben, so ist dies ein sehr anzweifelbarer Einwurf, der über den Kern der Frage nicht hinweg hilft.

Nein, die grosse Kunstgeschichte ist „nicht galant“, sie nimmt den einzig richtigen Standpunkt objektiver Wertung ein. So erwähnen Woltmann und Woermann bei der Besprechung der van Eycks nicht einmal Margarethe van Eyck, die in jeder Monographie kunstübender Frauen besonders gerühmt wird. Crowe und Cavalcaselle erklären die ihr zugeschriebenen Tafelbilder mit Recht als „nicht beglaubigt“, auch keins „einer grösseren Aufmersamkeit wert“, als „fleissige, aber kalte und trockene Arbeiten“ und Margarethens Mitwirkung an den Miniaturen des berühmten Brevier des Herzogs von Bedford als „auf blosser Mutmassung beruhend“. Diesem einem Beispiel reihen sich zahllose ähnliche an. Prüft man die Kunstgeschichte auf alle die Namen, die in speziellen Darstellungen zum Lobe weiblicher Kunstthätigkeit aufgezählt werden[3]), so finden wir fast immer im besten Falle Nieten.

Einmal freilich werden wir im Altertum auf eine wahrhaft grosse künstlerische Leistung einer Frau hingeleitet, aber in diesem einen Falle stehen wir betreffs der Autorschaft keiner sicheren, unumstösslichen Thatsache gegenüber. Es handelt sich um das Ur-

---

[1]) W. Lübke. Kunsthistorische Studien. Stuttgart 1869. Die Frauen in der Kunstgeschichte, S. 147.

[2]) Wessely, Kunstübende Frauen. Leipzig, Bruno Lemme.

[3]) Guhl. Die Frauen in der Kunstgeschichte. Berlin 1858. S. auch Wessely a. a. O.

bild der berühmten Mosaikkopie der Alexanderschlacht, jenes Werkes, dessen Entdeckung nach Overbeck eine neue Periode in unserer Erkenntnis der alten Malerei eröffnet hat[1]). Mit- und Nachwelt, meint Goethe, würden nicht hinreichen, solches Wunder der Kunst richtig zu kommentieren, und wir würden genötigt sein, nach aufklärender Betrachtung und Untersuchung immer wieder zur einfachen, reinen Bewunderung zurückzukehren[2]). Jenes Urbild nun wird mit einer gewissen Wahrscheinlichkeit Helena, der Tochter des Timon in Aegypten zugeschrieben, deren künstlerischen Ruf eine „Schlacht bei Issos" begründet haben soll[3]). Overbeck glaubt in der Borde des Gemäldes eine Anspielung auf die Heimat der Künstlerin, Aegypten, zu erkennen, hebt aber selbst hervor, unser Gefühl sträube sich, einer Frau dies gewaltige Bild, diese Stärke in der Tiermalerei zuzutrauen[4]). „Wenn sie es geschaffen, so würde sie unter allen Malerinnen nicht weniger hervorleuchten, als die spartische Helena unter den Schönen."

In diesen Worten, in dem einmütigen Zweifel, ein solches Werk als Schöpfung einer Frau annehmen zu können, liegt schon das Urteil über die früheren weiblichen Leistungen in der bildenden Kunst.

Die Rolle der Frau im Kunstgewerbe näher zu beleuchten, ist nicht unsere Aufgabe. Immerhin berührt sich dies Gebiet so nahe mit unserm Gegenstand, dass wir erwähnen müssen, wie bei Naturvölkern die Herstellung von Abbildungen und Zeichnungen zur Verzierung von Gebrauchsgegenständen vor allem von Männern geübt wurde. Richard Andrée, der ein besonders schlagendes Beispiel bei den Papuas von Neu-Guinea anführt, wirft die Frage auf, ob dies nicht einem allgemeinen psychischen Gesetz entspränge,

---

[1]) Overbeck. Pompeji und seine Gebäude und Kunstwerke. s. auch Brunn, Geschichte der griechischen Künstler 2. Bd. S. 269. „Wenn auch Schlachtenbilder angeführt werden, würden wir doch ohne das uns erhaltene Mosaik der Alexanderschlacht durchaus nicht im Stande sein, von den Leistungen der Griechen auf diesem Gebiet uns einen auch nur annähernd richtigen Begriff zu machen."

[2]) Brief an Prof. Zahn, 10. März 1832, citiert bei Welcker, Bd. II Leipzig 1866.

[3]) Siehe Photius. Bibliotheca, S. 482 ed. Hoeschel.

[4]) Overbeck a. a. O.

das für die verschiedensten Rassen das nämliche sei[1]). Wenn aber Andrée meint, es läge kein sichtbarer Grund vor, dass die Weiber nicht eben so gut wie die Männer sich mit Zeichnungen befassen sollten, und auf die geringe künstlerische Anlage der ersteren folgert, so scheint es uns doch offene Frage, ob die Belastung der Frauen hier nicht hemmend mitwirkt[2]).

Zeigt die Frau — wenn wir uns zu der im strengeren Sinn künstlerischen Thätigkeit zurückwenden — in der bildenden Kunst keine wahrhaft geniale Schaffenskraft, so ist ihr immerhin

---

[1]) „Fast überall sind es die Männer, welche sich mit der Herstellung von derartigen Abbildungen befassen; das weibliche Geschlecht tritt dabei in den Hintergrund. Sollte das nicht einem allgemeinen psychischen Gesetz entspringen, das für die verschiedensten Rassen das nämliche ist? Ein sichtbarer Grund liegt nicht vor, dass die Weiber nicht ebenso gut wie die Männer sich mit Zeichnungen befassen sollten. Dieses führt unter Umständen zu eigentümlichen Erscheinungen. Der Sinn der Papuas in Neu-Guinea für sehr abwechselnde, schöne Ornamentation ist bekannt. Alle Geräte und Waffen aus Holz sind mit den verschiedensten Dekorationen in Schnitzwerk versehen, aber bei den Töpferwaren (in Kaiser Wilhelms-Land), die doch sonst zur Ornamentierung geradezu verlocken und auch solche in den ältesten prähistorischen Vorkommnissen Europas zeigen, fehlt jede Verzierung und zwar deshalb, weil dort die Töpferei est exclusivement confiée aux soins des femmes, dont la nature est généralement peu artistique." Richard Andrée, citiert bei Ploss, Bd. I, S. 37.

[2]) Hein hebt in seinen Ausführungen (Die bildenden Künste bei den Dayaks auf Borneo. Wien 1890.) hervor, dass bei den Dayaks die Herstellung der textilen Produkte vollkommen in den Händen des weiblichen Geschlechts läge und dass „an diesen Arbeiten die Ornamentation durch Schönheit, Stoffangemessenheit, Farbenharmonie und weise Verteilung einen durchaus gewinnenden und anziehenden Eindruck mache". Die Ruhe und Abgewogenheit, die edle Einfachheit und harmonische Anordnung der von Dayakfrauen „selbstständig geschaffenen Textilornamentik" verdiene „unsere volle, rückhaltlose Bewunderung". Ganz unabhängig hiervon und in anderen Zusammenhängen erwähnt Hein die geringe Fruchtbarkeit der Dayakfrauen, deren Majorität nicht mehr als 2, 3 oder 4 Kinder hat. Nun sind wir weit entfernt, hier einen bestimmten Kausalzusammenhang konstruieren zu wollen — immerhin aber stimmt die Mitteilung nachdenklich, und es ist bei der ungewöhnlichen kunstgewerblichen Leistung der Dayakfrauen die relativ geringe Belastung und der entsprechende Kräfteverbrauch durch die Funktionen der Mutterschaft in Betracht zu ziehen, während anderseits eben diese geringe Fruchtbarkeit auf schwere Feldarbeit u. s. w. zurückgeführt wird. (vergl. Ling-Roth. The Natives of Sarawak and British North Borneo Vol. I.)

eine Fülle von Lieblichkeit zu danken. Wir blicken sogar in eine besonders anziehende Welt, wenn wir ihre nicht vor dem höchsten Richtmass bestehenden, aber immerhin an Anmut reichen Schöpfungen in Verbindung mit ihren Schöpferinnen betrachten. Reizvolle Gestalten erstehen vor uns, Persönlichkeiten und Schicksale, die ein eigener, wundersamer Zauber umweht. Es ist, als ob ihre greifbar gewordenen Leistungen nur Teil eines ästhetischen Ganzen seien — wir treten in eine Atmosphäre von Schönheit, wenn wir uns ihren Kreisen nähern. Die Wertstufe des Geschaffenen muss aber um so mehr vor Augen behalten werden, als sie uns von Einfluss erscheint für die Art der Vereinigung ihres Frauenlebens und der künstlerischen Arbeit. Leistung und Leben muss unseres Erachtens auf diesem Gebiet weiblicher Wirkungskraft daher nicht gesondert, sondern in engem Zusammenhang betrachtet werden, wenn wir Aufschlüsse zu unserer Frage gewinnen wollen.

Für das Altertum bietet sich uns naturgemäss wenig: sind schon an sich nur dürftige Spuren namhafter Künstlerinnen auf uns gekommen, so ist ihre Geschichte vollends in Dunkelheit gehüllt. Treffliche Arbeiten scheint in Rom die Kyzikenerin Jaja, — nach Guhl übrigens griechischer Herkunft und Schule — geschaffen zu haben, von der ausdrücklich hervorgehoben wird, dass sie immer Jungfrau blieb. Sie malte und „grub mit dem Stichel in Elfenbein, vorzüglich Frauenbilder". „Die Hand keines Künstlers hat schneller gearbeitet, und dabei war sie so geschickt, dass sie weit mehr Bezahlung dafür erhielt, als irgend einer der gefeiertsten Ebenbildmaler ihrer Zeit, wie Sapolis und Dyonysius[1])."

Es ist oft behauptet worden, dass Frauen sich meist nur dann der Kunst widmeten, wenn die Thätigkeit ihrer Väter oder Brüder sie dazu angeregt habe. Die griechischen Künstlerinnen, deren Namen auf uns gekommen sind, bieten grossenteils Beispiele hierzu: wir hören von Anaxandra, als Tochter eines Malers Nealkes[2]), Eirene, Tochter und Schülerin des Malers Kratinos[3]),

---

[1]) Plinius. Naturgeschichte, übersetzt von Strack, 3. Teil, S. 472, Bremen 1851.

[2]) Overbeck. Antike Schriftquellen. S. 404, Nr. 2104.

[3]) Overbeck. a. a. O., S. 414, Nr. 2150.

und Aristarete, deren Vater Nearchos[1]) ebenfalls Maler war. Ererbte Anlagen („Künstlerblut"!) kommen hier wohl als Erklärung in Betracht — nicht lediglich der Mangel eines ursprünglichen, sich machtvoll durchsetzenden Kunsttriebes.

Wie sehr man geneigt ist, den Thatsachen Gewalt anzuthun, die Frauen nur in der Gefolgschaft des künstlerisch beanlagten Mannes zu sehen, zeigt der Fall der durch ihre Arbeiten am Strassburger Münster berühmten Sabina, einer der wenigen Frauen, die in der Skulptur Wesentliches geleistet haben sollen. Die in gewisser Hinsicht mythische Persönlichkeit Sabina's ist durch Jahrhunderte stets als Erwin von Steinbach's Tochter erklärt und als Beispiel für die Anlehnung an die Kunstthätigkeit eines grossen Vaters angeführt worden. Schneegans beleuchtet in seiner Schrift „La Statuaire Sabine[2])" den weitverbreiteten Irrtum. Nach dieser Darlegung war Sabina eine Zeitgenossin der Herrade von Landsberg. Höchstes Lob wird der wahren, intimen und tiefen Empfindung ihrer Schöpfung gezollt, die wie eine Erinnerung an die Antike erscheint. Aber sie arbeitete ein Menschenalter vor ihrem vermeintlichen Vater, und nichts als ihr Name — und höchstens die Schule, aus der sie hervorging — bleibt uns an Stelle der oft tendenziös benutzten, lieblichen Legende. Selbst Schneegans findet die Ueberlieferung, dass die Künstlerin ihrem Vater half, so rührend, dass er sich nur widerstrebend von ihr befreit und immer noch einen Werkmeister als ihren Vater vermutet[3]).

Wir werden in der Folge im Lebensgang mancher Künstlerinnen oft Erscheinungen begegnen, die uns nicht weniger schön, nicht

---

[1]) Overbeck a. a. O., S. 414, Nr. 2153.

[2]) Revue d'Alsace, Colmar 1850, vergl. auch Schnaase. Geschichte der bildenden Künste im Mittelalter. 2. Aufl., Bd. 3. Düsseldorf, 1872, S. 591, 592.

[3]) „Schneegans (Revue d'Als. 1850, 290) glaubt dann wenigstens als Kern derselben festhalten zu dürfen, dass sie die Tochter eines Werkmeisters gewesen, und möchte dann Hermanus Auriga (s. z. J. 1200, oben S. 355) für den Vater halten, ebenso Gerard, I, 116, natürlich ohne irgend welchen ernstlichen Beweis. So wenig das Auftreten einer weiblichen Bildhauerin zum 13. Jahrhundert stimmt, wird man doch vorläufig an der Existenz einer Sabina, welche wenigstens die eine Apostelfigur gebildet, festhalten, sie aber nimmer für Erwins Tochter ansehen können, dessen Thätigkeit gewiss ein Menschenalter, vielleicht ein halbes Jahrhundert später fällt." Franz Xaver Kraus. Kunst und Altertum im Unterelsass, Bd. I, 2. Hälfte, S. 462. (Strassburg 1876).

weniger ins Herz greifend dünken als die hier durch den Einblick in die nackte Wirklichkeit zerstörte Vorstellung: Frauen, die den heranwachsenden Kindern, welchen sie einst die körperliche Existenz gaben, nun ihr geistiges Leben, ihre Kunst durch persönlichen Unterricht und gemeinsame Arbeit zu übermitteln suchen. Und Müttern, die dem tiefinnigen Verhältnis zu ihren Kindern mit der besten Macht ihres Könnens durch den Pinsel künstlerischen Ausdruck und bleibendes Gedenken zu sichern suchen.

Margarethe van Eyck, die nach Carel van Mander unverheiratet blieb[1]), ist freilich wohl durch die weit stärker beanlagten Brüder angeregt worden und dürfte kaum als besonderes Talent betrachtet werden; aber in Italien sind schon früh zwei Frauen von Bedeutung zu nennen: Catharina dei Vigri (1413—1463) und Propertia de Rossi (1490—1525). Die grössere Zahl der in Italien wirkenden Künstlerinnen gehört der zweiten Hälfte des 16. oder dem 17. Jahrhundert an, was Hubert Janitschek damit erklärt, dass in einer nach Formen für den gährenden Ideengehalt der Zeit ringenden Periode die Kunst der robusten, geistigen und physischen Kraft des Mannes bedürfe, um Erfolge zu erzielen. In jedem Falle treten uns in Catharina dei Vigri und Propertia de Rossi Künstlerinnen von unbestrittener Leistungskraft entgegen.

Catharina, die eine sorgfältige Erziehung genoss, begann mit Miniaturmalereien und ging später zu Tafelbildern über. Ein Zug religiöser Inbrunst ging von Jugend an durch ihr Wesen, und sie trat später, klösterliche Einsamkeit ersehnend, in den Klarissenorden ein.

Propertia de Rossi's frühen Tod bezeichnet Canova als einen der schwersten Schläge für die italienische Kunst. Ihre vornehmste Kraft lag wohl in der Skulptur[2]), doch war sie offenbar von blendender Vielseitigkeit. Man rühmt ebenso sehr ihre sprühende Unterhaltung, ihren gesellschaftlichen Reiz, wie ihre musikalischen

---

[1]) Descamps (La vie des peintres flamands, allemands et hollandais Paris 1764, Bd. I) erwähnt, „um sich ganz der Kunst zu widmen“, doch ist dies wohl nur eine Vermutung.

[2]) „St. Petronio in Bologna besitzt noch von ihr ein Relief mit der Geschichte Josephs und der Potiphar und ein zweites, Salomon und die Königin von Saba. Die Pilaster und Bogendekorationen der Hauptaltarkapelle in St. Maria del Baraccania führte sie 1526 aus.“ Hubert Janitschek. Die Gesellschaft der Renaissance in Italien und die Kunst. Stuttgart 1879.

Fähigkeiten. Alles an ihr: ihre wunderbare Begabung, eine heisse, unglückliche Liebe, welche mit dem Gegenstand einer ihrer berühmten Skulpturen in Verbindung gebracht wird, weist auf eine Natur von seltener Lebensfülle. Wir ahnen — z. B. wenn wir von ihren launenhaften Spielereien, winzigen Pfirsichkernschnitzereien u. s. w., hören — in Propertia einen jener verschwenderisch reich beanlagten Geister, die mit capriciöser Sorglosigkeit Blüten ihres Könnens bald hier, bald dorthin wehen lassen.

Es scheint, dass Propertia de Rossi niemals Mutter geworden ist. Und auch von den später in Italien hervortretenden Künstlerinnen werfen nur wenige durch ihr persönliches Leben Licht auf unsere Frage. Irene di Spilimbergi, Tizian's Schülerin, starb schon mit 19 Jahren; dreissigjährig Tintorettos Tochter, die liebliche Marietta (1560—1590); Sofonisba Gentilesca Anguisciola, die Hofmalerin Philipps II., die im Alter erblindete und von der van Dyck nach seiner Aussage mehr Belehrung empfing, als von den besten Künstlern mit dem trefflichsten Augenlicht, scheint, obwohl zweimal verheiratet, kinderlos geblieben zu sein[1]).

Ebenso Lavinia Fontana (1552—1664,) deren Vortrefflichkeit in kleineren Bildnissen Kugler[2]) rühmt. Eine eigenartige, stark geprägte Persönlichkeit soll Lavinia die Heiratsanträge reicher und adeliger Männer ausgeschlagen haben, da sie nur einen Gatten wünschte, der ihr in der Ausübung ihrer Kunst volle Freiheit gewähre.[3]) Ihren Gatten, der ihr zu Liebe Maler geworden ist und die Kostüme ihrer Gestalten gemalt haben soll, hat sie scherzend als Modeschneider ihrer Portraits bezeichnet. Das scharfe, geistvolle Gesicht Lavinias, das uns seltsam anmutet, verbindet sich mit diesen Mitteilungen zu dem einheitlichen Gesamtbild einer Frau, deren Herzensleben in den Hintergrund gedrängt wird durch den geistigen Schöpfertrieb.

Von Artemisia Gentileschi (1590—1642), die in unglücklicher Ehe lebte, hören wir nur,[4]) dass sie den Commendatore Cassiano

---

[1]) Vergl. Revue de l'art ancien et moderne 1899.

[2]) Kugler, Bd. 2 S. 512.

[3]) Vergl. Minghetti. Die italienischen Frauen in den schönen Künsten im 16. u. 17. Jahrhundert. S. 512.

[4]) Vergl. Wessely a. a. O.

de Pozzo bittet, einige ihrer Bilder zu verkaufen, um der verlobten Tochter eine Aussteuer zu sichern; doch fehlen nähere Daten. Die berühmte Elisabeth Sirani,[1]) der Stolz der Bologneser Schule — der Titel der ihr gewidmeten Trauerrede „Il Penello lagrimato" zeigt schon, wie ihre Zeitgenossen sie einschätzten — starb als Jungfrau in blühendster Jugend.

In Giovanna Fratellini (1666—1731) und in der etwas früher lebenden englischen Malerin Marie Beale aber treten uns jene idealen Verhältnisse entgegen, auf die wir früher hinwiesen. Leider starb Giovanna Fratellini's Sohn, dem sie Lehrerin in der Kunst gewesen, im besten Mannesalter. Das Denkmal, das sie ihm setzte, ist gleichzeitig Denkmal der zwiefachen engen Verbindung zwischen ihnen: als sie für eine Kunstgallerie ihr eigenes Bildnis malen soll, stellt sie sich an der Staffelei dar, wie sie eben ein Portrait vollendet — ein Portrait, das des Verstorbenen Züge trägt. So hält die damals schon dreiundsechzigjährige Frau, die den Tod des Sohnes nicht lange zu überleben vermochte, in der gemeinsam geübten Kunst sein Andenken fest. Auch Charles Beale, der sich unter Leitung seiner Mutter (1632—1697) zum Portraitmaler heranbildet, ist mit ihr auf einem ihrer Bilder dargestellt.

Die als Geschichtsmalerin und Kupferstecherin bekannte Elisabeth Chéron, die, 1645 geboren, bereits 1672 Mitglied der Pariser Akademie geworden war, verheiratete sich erst mit sechzig Jahren.[2])

Kinderlos war anscheinend auch die berühmte Rosalba Carriera, die aus armer, arbeitsreicher Jugend zu höchsten Ehren emporstieg, nachdem sie sich der Pastellmalerei zugewendet hatte.[3]) Der von Vianelli citierte Ausspruch Rosalba Carriera's: „Je n'envie la condition des hommes que pour un seul point, c'est qu'ils peuvent voyager à leur gré"[4]), lässt auf einen gesunden Körper schliessen, auf eine von physischen Schwächen unbelastete und unverkümmerte Arbeitsfrische.

---

[1]) Vergl. Sirani. Tagebuch.

[2]) Vergl. Neues allgemeines Künstlerlexikon, Bd. 2. München 1835.

[3]) Sie war Mitglied der Akademien zu Paris, Bologna und Rom.

[4]) Journal de Rosalba Carriera pendant son séjour à Paris en 1720 et 1721, publié en Italie par Vianelli, traduit, annoté et augmenté d'une biographie et de documents inédits, sur les artistes et les amateurs du temps par Alfred Sensier, Paris.

Tüchtig als Miniaturmalerin war Susanna Hovenbout, Tochter des Miniaturmalers Gerard Hovenbout. Dürer schreibt von ihr in seinem Tagebuche der niederländischen Reise (21. Mai 1521): „Item Meister Gerard, Illuminist, hat ein Töchterlein bei achtzehn Jahren alt, die heisst Susanna, die hat ein Blättlein illuminiert, ein Salvator, dafür hab ich ihr gegeben 1 fl. Ist ein gross Wunder, dass ein Weibsbild also viel machen soll.“ [1])

Einer kraftvollen Natur begegnen wir auch in Marie Sybilla Merian, die zugleich und vielleicht in noch höherem Grade als Naturforscherin bekannt ward. Marie Merian's Talent hat sich durchaus nicht in Anlehnung an ihre Umgebung, sondern vielmehr in entschiedenem Gegensatz zu ihr entwickelt. Schon in der Jugend neigte sie mehr zum Malen, als zu weiblichen Beschäftigungen. [2]) Um den Vorwürfen ihrer Mutter zu entgehen, malte sie im Geheimen, bis ihr Stiefvater ihr mehr Freiheit verschaffte. Achtzehnjährig heiratete sie den Maler Graff — nach Fontenai nur deshalb, „um in Gesellschaft ihres Gatten mit Anstand nach dem Nackten zeichnen zu können.“ [3]) Dieser seltsamen Annahme — Marie Merian war Blumen- und Insektenmalerin — ist wohl nur symptomatische Bedeutung zuzuschreiben: offenbar war ihr Kunstdrang das treibende Motiv in ihrer Lebensgestaltung. Die Ehe ward keine glückliche; Marie verliess nach längerem Zusammenleben ihren Gatten. Nachdem sie früher schon ein grosses Werk [4]) herausgegeben hatte, dessen zarte und liebliche Zeichnung wir heute noch bewundern, brachte sie im Auftrage des Staates zwei Jahre in Surinam mit Malen und Beobachten der dortigen Insekten, sowie der Pflanzen, Blumen und Früchte, von denen sie sich nähren, zu. [5]) Ihre Tochter Dorothea begleitete sie und unterstützte sie bei ihrer Arbeit.

---

[1]) Lange und Fuchse. Dürer's schriftlicher Nachlass. Halle 1893, S. 166.

[2]) Arnold Houbraken. Grosse Schauburgh der niederländischen Maler und Malerinnen. Uebersetzt. Bd. I Wien 1880.

[3]) Vergl. Neues allgemeines Künstlerlexikon, bearbeitet von Dr. G. C. Stengler, München 1850, Bd. 9 S. 145/146.

[4]) „Der Raupen wunderbare Verwandlung und sonderbare Blumennahrung (nach dem Leben abgemalt, in Kupfer gestochen und selbst verlagt).“

[5]) Supplément à l'Abrégé de la vie des plus fameux peintres par M .... des Sociétés Royales des Sciences de Londres et de Montpellier. Partie III. Paris. Vergl. auch Guide des Amateurs de Tableaux pour les Ecoles Allemande, Flammande et Hollandoise par P. M. Gault de M. Germain. Paris.

In der Vorrede ihres wertvollen Buches[1]) über diese Studien in Surinam erwähnt Marie Merian, dass sie das „curieux Cabinet de Mr. Frederich Ruisch, Professor en Anatomie“ gesehen habe. Möglich, dass sie dort auch mit der Tochter des bekannten Anatomen, der nachmals so berühmten Blumenmalerin, in Berührung kam und auf diese Einfluss gewann.

Rachel Ruisch's (1664—1750) Begabung ist früh hervorgetreten. Mit 31 Jahren heiratete sie den Maler Pool und ward mit ihm im Jahre 1701 in die akademische Gilde zu Haag aufgenommen.[2]) Aus ihrer Ehe gingen zehn Kinder hervor, und doch wird überall betont, dass die Sorgen der Häuslichkeit sie niemals in ihren Studien gestört haben.[3]) Indes ist es uns nicht gelungen, irgend einen näheren Einblick in Rachel Ruisch's intimeres persönliches Leben zu gewinnen. Wir sehen nur die Thatsache einer starken doppelten Produktivität, denn die Blumenstücke der Künstlerin, denen Kugler „äusserste Feinheit und Eleganz“ zuerkennt, dürfen als echte Kunstwerke gelten.

Auch Angelika Kaufmann's[4]) (1741—1807) wenig heiteres Liebesleben bietet keine Aufschlüsse zu unserer Frage[5]). Ihre hoch-

---

[1]) Dissertation sur la génération et les transformations des Insectes de Surinam. A la Haye 1726.

[2]) Der Kurfürst von der Pfalz berief sie an seinen Hof, und sie soll bis an seinen Tod für ihn allein gearbeitet haben. So erklärt sich, dass ihre Bilder zum grossen Teil in Deutschland verstreut wurden. Eines ihrer Blumenstücke bewahrt die Gemäldegalerie des Berliner Museums.

[3]) Vergl. Descamps: a. a. O. Vergl. auch: A Catalogue raisonné of the works of the most eminent Dutch, Flemisch and French Painters, in which is included a short biographical Notice of the Artists. London 1835. Rachel Ruisch's Kinderreichtum erinnert an die Malerin Marie Mengs, die sieben Mal Mutter ward.

[4]) „Ihre beiden Frauenbilder in der Dresdener Galerie, mehr solche, als das was sie darstellen sollen, als Sibyllen, halten an jener Stätte als Lieblinge der Menge, als achtenswerte Leistungen selbst den Vergleich mit vielen Grossen aus. In England gefeiert, wusste Angelika selbst neben Reynolds sich zu behaupten. Ihr Goethe, ihr Winckelmann gehören zum eisernen Bestand in der bildlichen Darstellung der grossen Zeit unseres Schrifttums.“ Gurlitt. Die deutsche Kunst des IXX. Jahrhunderts. Berlin 1899.

[5]) Angelika Kaufmann's erste Ehe ward schon bald geschieden, nachdem ihr Gatte als Hochstapler entlarvt wurde. Mit 40 Jahren vermählte sie sich zum zweiten Mal mit dem Maler Zucchi, doch scheint auch diese Ehe ihr kein volles Glück gegeben zu haben.

geschätzte Zeitgenossin, die französische Malerin Mme. Vincent (1749—1803), scheint ebenfalls in ihren beiden Ehen kinderlos geblieben zu sein und nur die Fürsorge für ihre Schülerinnen wird gerühmt. Offenbar war Adelaide Vincent, deren strenge Studien in Anatomie und Perspektive hervorgehoben werden, ein besonderes Talent[1]) und die Zerstörung eines ihrer besten Bilder in der Revolutionszeit, die sie selbst so tief kränkte, ist nicht genug zu beklagen. Erst bei Mme. Vigée Le Brun, jener berühmten Malerin, die gleichzeitig mit Mme. Vincent um die Zulassung zur Akademie kämpfte, gewinnen wir zum ersten Male einen tieferen Einblick in das Verhältnis der Künstlerin zu den Forderungen des persönlichen Lebens, zu dem Glück und den Pflichten der Mutterschaft.

Elisabeth Vigée Le Brun ist 1755 geboren. Schon als zehnjähriges Kind werden die Blätter ihrer Schulbücher mit kleinen Köpfen bemalt — ersten Proben einer grossen Begabung. „Tu seras peintre, mon enfant, ou il n'en sera jamais,“ ruft ihr Vater, ein mittelmässiger Maler, entzückt aus. In der Künstlerwelt aufgewachsen, begabt mit einem bei Frauen bisher seltenen Talent, reizvoll und anziehend als Weib, wird sie früh bekannt und berühmt und tritt in Beziehung zu den ersten Kreisen.

Während die im Alter von 21 Jahren anscheinend ohne Liebe geschlossene Ehe keine tiefere seelische Einwirkung auf sie geübt zu haben scheint, tritt uns in ihrem Tagebuch und in vielen ihrer Aussprüchen ein inniges Mutterempfinden entgegen. „Die Freuden geschmeichelter Eitelkeit“[2]), heisst es in einem Brief an die Prinzessin Kourakin, „können nicht entfernt jenen Wonnen verglichen werden, die ich empfand, als ich nach Verlauf einer

[1]) „Des études sérieuses prirent la place des plaisirs de société et remplirent tous ses moments. Elle savait que les peintres négligent ordinairement des parties de sciences qui rebutent par leur abstraction, leur séchéresse, telle que l'anatomie et la perspective; elle se les appropria à un dégré auquel peu d'entre eux peuvent se féliciter d'être parvenus.“ Lebreton: Nécrologe notice sur Mme. Vincent, née Labille.

[2]) Es handelt sich hier sowohl um der Künstlerin, wie der Frau gezollte Huldigungen. Wir führen nur die Verherrlichung durch La Harpe an: „Le Brun, de la beauté le peintre et le modèle, Moderne Rosalba, mais plus brillante d'elle, joint la voix de Favart au souris de Vénus . . .“. Les Artistes célèbres, Mme. Vigée Le Brun par Charles Pillet. Paris, Librairie de l'art.

zweijährigen Ehe mich Mutter fühlte.“ Es ist für unsere weiteren Gedankengänge wichtig, sich zu vergegenwärtigen, dass Mme. Le Brun's Ruhm zu jener Zeit bereits festgegründet war, dass auch sie selbst an ihrem künstlerischen Vermögen nicht mehr zweifeln konnte, während sie sich längere Zeit vergeblich nach Kindern gesehnt hatte.

Dieser Hinweis soll natürlich nicht die Stärke ihres Muttergefühls in Frage stellen. Im Gegenteil: dies Gefühl behauptete sich während eines langen Lebens in stets gleicher Kraft. Noch in späteren Jahren eilt Mme. Le Brun zur Pflege der an den Pocken erkrankten Tochter, obwohl deren unerwünschte Heirat[1]) eine gewisse Entfremdung hervorgerufen hatte, sie stehen in innigem Briefwechsel, und der frühe Tod dieses ihres einzigen Kindes bildet einen der wenigen dunklen Punkte in dem sonst so begünstigten Leben der Künstlerin.

Doppelt interessant ist es nun, zu beobachten, wie sich die Anforderungen des Berufs zu den Pflichten der Mutter bei Mme. Le Brun gestellt haben. Man könnte aus der Seligkeit die sie empfindet, als sie sich Mutter fühlt, schliessen, ihre Arbeit sei zeitweilig in ihrem Empfinden und Denken, in ihrer Lebensführung an zweite Stelle getreten. Ihre Mémoiren, in denen sie sich eingehend hierüber ausspricht, lehren uns das Gegenteil: „... cet extrême amour de mon art me rendait imprévoyante sur les petits détails de la vie, car tout heureuse que je me sentais à l'idée de devenir mère, les neuf mois de ma grossesse s'étaient passés sans que j'eusse songé le moins du monde à préparer rien de ce qu'il faut pour une accouchée. Le jour de la naissance de ma fille, je n'ai point quitté mon atelier, et je travaillais à ma Vénus qui lie les ailes de l'amour dans les intervalles que me laissaient les douleurs. Mme. de Verdier, ma plus ancienne amie, vint me voir le matin. Elle pressentit, que j'accouche-

---

[1]) Es ist möglich, dass es zu dieser Heirat niemals gekommen wäre, hätte der Künstlerberuf Mme Le Brun nicht so sehr in Anspruch genommen. Da sie morgens selten ihr Atelier verlassen konnte, musste sie die Tochter den Czernicheffs anvertrauen, die offenbar in die Intrigue des Mme Le Brun verhassten Heiratsprojektes verwickelt waren. (Vergl. Souvenirs, Bd. 2, Cap. 23, SW 48.) Wer möchte aber hier behaupten, dass andere als Berufsangelegenheiten nicht auch zeitweilig eine Mutter in intensiver Weise fesseln können?

rais dans la journée, et comme elle connaissait mon étourderie, elle me demanda, si j'étais pourvue de tout ce qui me serait nécessaire, à quoi je lui répondis d'un air étonné que je ne savais pas ce qui m'était nécessaire — — „Vous voilà bien," reprit-elle, „vous êtes un vrai garçon. Je vous avertis, moi, que vous accoucherez ce soir." „Non, non," dis-je, „j'ai demain séance, je ne veux pas accoucher aujourd'hui [1])."

Das junge Geschöpf, das dem Licht entgegenstrebt, nimmt indessen auf dies Programm nicht die mindeste Rücksicht, und wenige Stunden später hört Mme. Le Brun mit jubelndem Entzücken den ersten Schrei des kleinen Störenfriedes.

Nirgends — auch nicht in der Werdezeit des zweiten Kindes, das schon früh starb — sehen wir die Frage geminderter Künstlerkraft während jener neun Monate aufgeworfen, noch jene andere berührt, ob etwa die andauernde und angespannte Beschäftigung dem kleinen Wesen schaden könne. Der körperlich schwächende Einfluss der Schwangerschaft in vorgeschrittenem Stadium wird nur gestreift, als Mme. Le Brun eine Sitzung bei Marie Antoinette nicht einhalten kann. Am folgenden Morgen will sie das Versäumte wieder gut machen und begiebt sich zu der Königin. Verlegen und unsicher, wie sie sich fühlt, entgleiten ihr die Pinsel. „Laissez, laissez!" ruft ihr Marie Antoinette freundlich zu, „vous êtes trop avancée dans votre grossesse pour vous baisser." „Aber nicht um zu malen," fügen wir hinzu.

Fassen wir zusammen: es ist nicht die Mutter, die in seligen Schauern vor dem Mysterium in ihrem Schooss ihr tiefstes Denken auf dieses und nur dieses richtet, die mit sehnsüchtig sorgender Hand alles für den kleinen verwundbaren Ankömmling bereit hält, um sein Nest weich, seine Umwelt wohnlich zu gestalten — es ist die Künstlerin, die ununterbrochen schafft, deren Beruf sie zu sehr absorbiert, um die Idee der Schonung des Körpers für ihr Kind trotz aller heissen Liebe aufsteigen zu lassen. Auf keiner Seite ihres Tagebuchs finden wir eine Bemerkung, die annehmen lässt, dass Mme. Le Brun hier einen Zwiespalt empfand. Nur die Thatsachen sehen wir an uns vorübergleiten. Sie be-

[1]) Souvenirs de Mme. Le Brun. Tome I, Lettre 4. S. 39.

gegnen sich in gewisser Hinsicht mit den Mitteilungen der Malerinnen der Gegenwart. Auch diese arbeiteten durchgängig während eines Teils der Schwangerschaft, die Frage einer Schädigung des Kindes oder der Qualität der Arbeit wird fast niemals aufgeworfen und ein schwerer Konflikt zwischen beiden Lebenssphären nur in verschwindenden Ausnahmefällen empfunden. In jedem Fall aber tritt uns in Mme. Le Brun sowohl der künstlerische wie der mütterliche Trieb mit zwingender Macht entgegen. Wir sehen in ihr nicht nur eine zärtliche, sondern hilfsbereite Mutter. Die Bilder, die sie mit ihrem Kinde vereint zeigen, gehören zu ihren schönsten Schöpfungen „et l'on sent que la mère a inspiré l'artiste[1]).“

Das Bild der anmutigen Künstlerin, an die sich die kleine Tochter schmiegt, scheint wie eine Illustration zu der Ansicht der hochbegabten französischen Malerin Virginie Demont Breton: „Plus la femme se trouvera dans les conditions d'existence voulues pour pénétrer les sentiments humains qui la charment le plus fortement, plus son œuvre sera intéressante et forte, et plus elle continuera à apporter un élément particulier de nature à compléter et à enrichir l'art de son pays[2]).“ Nach dieser Auffassung lässt nur ein vollgelebtes Frauendasein die grosse Künstlerin werden, und das Cölibat schwächt das Weib als Schaffende.

Entspricht Mme. Le Bruns Leben schon in vieler Hinsicht dem, was uns das aus der Gegenwart geschöpfte Material zeigt, so müssen wir doch, ehe wir uns den Mitteilungen unserer Experten zuwenden, zunächst noch zweier Künstlerinnen gedenken, deren Leistungen wie Persönlichkeiten besondere Beachtung verdienen: Marie Baschkirtscheff und Rosa Bonheur.

Marie Baschkirtscheff's kurzes, fesselndes Mädchenleben ist leider tendenziös ausgenutzt worden. Uns scheint aber aus den Blättern des vielbesprochenen Tagebuchs wahrlich nicht nur das heisse Glückssehnen des jungen Weibes, sondern in mindestens gleicher Stärke Kunsttrieb und Ehrgeiz entgegen zu lodern.

Auch betreffs Rosa Bonheur's waren wir lediglich auf gedruckte

---

[1]) Les artistes célèbres. Mme. Vigée Le Brun, par Charles Pillet. Paris. Librairie de l'Art.

[2]) Virginie Demont-Breton. La femme dans l'art. Journal des Artistes (Quinzième année No. 28.)

Mitteilungen angewiesen, die wenig zu unserm Problem ergaben[1]). Das ursprüngliche Talent der Künstlerin, wie ihre heftige Abneigung gegen weibliche Beschäftigungen, zeigt sich schon früh, als sie gezwungen werden sollte, sich durch Handarbeiten zu ernähren[2]).

Neunzehnjährig stellte sie zum ersten Mal aus. Richard Muther nennt ihre Leistung, soweit Frauen in Betracht kommen, einzig dastehend in der Kunstgeschichte[3]). Und offenbar waren die Anforderungen ihrer Kunst vornehmstes Gesetz ihrer Lebensgestaltung.

Nur hieraus, nicht mit dem billigen Schlagwort der „Excentrität" ist zu erklären, dass sie zu ihrem „Pferdemarkt" anderthalb Jahre Studien in Pariser Manegen in Männerkleidern machte. Jedenfalls beleuchtet diese Thatsache die Schwierigkeiten, die sich dem künstlerischen Schaffen des weiblichen Geschlechts entgegen stellten[4]).

---

[1]) Wenige Tage, nachdem wir unsere Anfrage versandt hatten, hörten wir die Todesnachricht Rosa Bonheur's.

[2]) Siehe René Peyrol. Rosa Bonheur. Her Life aud Work. London. S. 2.

[3]) Siehe Muther. Geschichte der Malerei im 19. Jahrhundert, Bd. 2, München 1893.

[4]) „The success of the „Labourage" had inspired in her the idea of producing a picture which should be more important still. She was then in the full flush of her power, and her brave spirit did not shrink before enterprises which might well alarm painters even of the stronger sex. This new canvas which she projected was the „Horse Fair" (Marché aux Chevaux) of Paris, and for this work she made a great number of studies of horses, which were placed at her disposal by her friends. But to paint this picture with success it was necessary the artist should visit the market itself and study there the various kinds, as also the different habits of the horses as they appeared when exposed for sale. To an artist so conscientious and with so great a respect for truth, this visit appeared a duty she owed to Art. But, unfortunately, her experience at the abattoirs had given her a dread of the inconvenience and unpleasantness to which her costume as a lady would subject her, if she dared to expose herself in the midst of the dealers and the crowd of ill-mannered men always to be met with at a horse-market. In order therefore that she might be unrestrained and be able to make studies without attracting special notice she resolved to dress herself in man's clothes. The masculine vigour of her character, as also her hair, which she was in the habit of wearing short, contributed to perfect her disguise. This plan answered so well that the dealers at the market, in the midst of whom she made her sketches, took her for a young painter curious to study the habits of horses. They regarded it as a compliment when they saw her drawing their finest steeds, and willingly allowed them to pose before her. She was

Wenden wir uns den Frauen der Gegenwart zu, so müssen wir vorausschicken, dass wir bei unserer Darlegung gänzlich auf dem Material unserer Erhebung fussen.[1]) Wir ziehen nur diejenigen Zweige der bildenden Kunst heran, in denen Experten thätig waren: Landschafts-, Genre-, Portrait-, Stillleben- und Blumenmalerei[2]).

Prüfen wir nun zunächst den Einfluss der körperlichen Natur der Frau auf die künstlerische Thätigkeit, so scheint durchgängig die Periode eine ein- oder zweitägige Hemmung zu bedeuten. „Die körperliche Natur der Frau," schreibt eine unserer ersten Malerinnen, die über ausgedehnte Erfahrungen verfügt, „bedingt einen regelmässigen Zeitverlust." Doch ist dieser Zeitverlust bei dem freien Beruf der Malerei als keine Berufshinderung zu betrachten. Erwähnenswert ist, dass in den meisten Fällen stehend gemalt wird.

Dieser Punkt ist ebenfalls wesentlich für die Arbeiten in der Entstehungszeit des Kindes. Während dieser wird durchgängig die künstlerische Thätigkeit, selbst wo materielle Gründe nicht hierzu zwingen, fortgesetzt. Nur grössere oder kleinere Pausen, besonders im letzten Drittel der Schwangerschaft, werden in Einzelfällen er-

---

thus enabled to quietly pursue her work of making the sketches and studies for her great picture.

It will thus be seen why Mademoiselle Bonheur first took to dressing herself in man's attire. It was not, as some have uncharitably remarked, from a mere desire to affect eccentricity. Her life, which has been spent apart from the busy world in the peaceful loneliness which she so much loves is a sufficient refutation of this ungenerous calumny, and proves beyond doubt that no one could have less desire than Rosa Bonheur to make herself remarkable by a capricious singularity. She has never exposed herself to public view through a morbid desire for notoriety. But it is true, that finding man's attire very convenient, especially when obliged to use a ladder, as in the case of executing works of large dimensions, she was induced to continue the habit, and has never since abandoned it. But she never appears in public otherwise, than in lady's attire." — René Peyrol a. a. O.

[1]) Auch die Höhe der Leistungen, die als Grundlage unserer Ausführungen dient, zeigt das Register der Experten.

[2]) Von einigen Bildhauerinnen, Radiererinnen und Kupferstecherinnen und mehreren mit Illustrationen für Zeitschriften beschäftigten Frauen aus England und Amerika liegen ebenfalls Aussagen vor.

wähnt. Die Frage, ob die Beschäftigung den Nachkommen schaden könne, wird überhaupt kaum aufgeworfen. Nur eine einzige unserer Experten, eine bedeutende ausländische Künstlerin, teilt mit, dass sie auf Rat des Arztes — nachdem sie im Anfang der Ehe einen Abort gehabt und dann viele Jahre vergeblich gehofft hatte, Mutter zu werden — während der zweiten Schwangerschaft gänzlich, bei der dritten vom fünften Monat ab pausiert habe, da sie sehr grosse Bilder male. Eine amerikanische Portraitmalerin schreibt uns: „I do not hesitate to say that while my daughters „have talent to a high order both for painting and music and „enjoy uniform good health, I have always felt that they lacked „the power of endurance if they will have to suffer pain and „hardship that they should have possessed by inheritance from both „sides had I not suffered myself to beburdened by to much brain-„work in those seasons before their birth.“

Von 23 verheirateten Experten berichten fünf von Fehlgeburten.

Fall A. 38 Jahre alt, Eheschliessung mit 26 Jahren. Erste Ausstellung von Bildern mit 27 Jahren. Zahl der Kinder: 4. Zahl der Fehlgeburten: 4. Daten fehlen gänzlich.

Fall B. 41 Jahre alt, Eheschliessung mit 21 Jahren. Erste Ausstellung von Bildern mit 21 Jahren. Zahl der Kinder: 2 (Geburten mit 27 und 29 Jahren). Zahl der Fehlgeburten: 1 (in den ersten Ehejahren).

Fall C.[1]) 38 Jahre alt, Eheschliessung mit 34 Jahren. Berufseintritt mit 14 Jahren. Kinder: Keine. Zahl der Fehlgeburten: 1 (Datum fehlt).

Fall D. 57 Jahre alt, Eheschliessung mit 18 Jahren. Berufseintritt mit 23 Jahren. Zahl der Kinder: 5 (Geburten mit 19, 20, 21, 22, 32 Jahren). Zahl der Fehlgeburten: 1 (mit 20 Jahren).

Fall E. 36 Jahre alt, Eheschliessung mit 28 Jahren. Berufseintritt mit 20 Jahren. Zahl der Kinder: 3 (Geburten mit 29, 33 und 35 Jahren). Zahl der Fehlgeburten: 2 (mit 30 und 31 Jahren).

Bei den vielfältigen Ursachen, die zum Abort führen können[2]),

---

[1]) Dieser Fall findet sich in der Statistik unter „Kinderlose Frauen“.

[2]) „Durch anhaltendes Zubettliegen, durch Aufgeben der gewohnten Beschäftigung und Lebensweise, durch ängstliche Vermeidung aller äusseren

möchten wir uns mit der Aufstellung der Thatsachen begnügen und müssen es der Fachwissenschaft anheimgeben, ob sich aus dem begrenzten Material irgend welche Schlüsse ziehen lassen.

Wie häufig die Malerinnen selbst nähren, bezeugen folgende Zahlen: unter 45 Experten waren 23 verheiratet, 5 dieser letzteren kinderlos; von den übrigen 18 haben 11 über 2 Monate selbst genährt und zwar 9 mehrere Kinder.

Für den Mutterberuf in weiterem Sinne ist in Betracht zu ziehen, dass räumliche Trennung von den Kindern, die bei Schauspielerinnen solch grosse Rolle spielen, in etwa auch für die Malerin in Betracht kommen. Selbst wenn das Atelier im Hause ist, sind doch Blumenmalerinnen zur Blütezeit gewisser Blumen und Landschaftsmalerinnen zur zeitweiligen Entfernung von ihrem Heim gezwungen, die Portraitmalerin aber wird durch auswärtige Bestellungen zu Reisen veranlasst, wie sie überhaupt aus materiellen Gründen mit dem Publikum in Berührung bleiben muss.[1]) „Meine „Abwesenheit von Wien dauert immer 6—7 Monate, da ich alle „meine Bilder im Freien male," schreibt eine erste Wiener Blumenmalerin. Immerhin sind längere Reisen offenbar Ausnahmen und nur für bestimmte Kunstzweige erforderlich.

In den meisten Fällen war bei unsern Experten das eigentliche Studium vor der Heirat abgeschlossen. „Auch wo die ma„terielle Frage nicht mitspricht," schreibt uns Sabine Lepsius — und ihre Worte geben die allgemein herrschende Ansicht wieder — „ist „es für eine Frau und Mutter nicht möglich, so viel Zeit zu er„übrigen, wie eine Lernende braucht — nämlich den ganzen Tag."

Schädlichkeiten wird der Abort bei vorhandener Disposition nur in den seltensten Fällen aufgehalten. Seine wirklichen Ursachen sind eben nur ausnahmsweise von Aussen einwirkende, weitaus am häufigsten wurzeln sie in Abnormitäten der inneren Generationsorgane und in manchen Allgemeinkrankheiten, besonders der Syphilis." E. Schwarz: Zur Behandlung der Fehlgeburten. Sammlung klinischer Vorträge, herausgegeben von Richard Volkmann. I. Heft der 9. Serie, Leipzig 1884, S. 1716.

[1]) Die Möglichkeit zeitweiliger Ersatzinstitutionen (Erzieherinnen u. s. w.) die wir schon in dem vorigen Kapitel berührten, ist auch für die begabte Künstlerin gegeben. Eine unserer Experten, die quantitativ wenig leistet, weil Gattin- und Mutterpflichten sie stark absorbieren, nannte als ihre durchschnittliche Jahreseinnahme 5000 M. und fügte hinzu, dass dies für Malerinnen ihrer Qualität ein sehr geringes Einkommen bedeute.

Hierbei ist zu beachten, dass die meisten Künstlerinnen im frühen Alter ihr Studium begonnen haben — so Tina Blau, Elise Hedinger, Fanny v. Geiger-Weisshaupt, Charlotte Besnard, Therese Schwartze; Virginie Demont Breton und Hanna Pauli stellten mit 21 aus, Olga von Boznanska erhielt mit 26 Jahren bereits die goldene Medaille u. s. w. Vollendung des Studiums vor der Ehe schiebt diese also in keine zu späte Lebenszeit.

Der Abschluss des Lehrganges vor der Verheiratung ist auch Voraussetzung bei dem Standpunkt, den die Künstlerinnen selbst zu der Vereinigung beider Berufssphären einnehmen. Und gerade diese innere Stellung müssen wir eingehend betrachten: sie wirft neues Licht auf unser Problem, sie lehrt es in seiner schillernden Vielfältigkeit schärfer erfassen. Wenn wir später zahlreiche auf so andern Ton gestimmte Mitteilungen von Dichterinnen und Novellistinnen überschauen, wird es doppelt überraschen, dass ein innerlicher Zwiespalt zwischen den Forderungen der künstlerischen und mütterlichen Thätigkeit von den Malerinnen nirgends hervorgehoben wird.[1]) Teilweise wird dies durch die Fortführung der Arbeit während der Schwangerschaft erklärt, da auch die in dieser Zeitspanne geschaffenen Leistungen meist nicht als qualitativ ge-

[1]) Wir sprechen hier vor Allem von denjenigen, die selbst Mütter geworden sind. Mehreren bedeutenden, unverheirateten Künstlerinnen erscheint die Vereinigung schwer denkbar. So schreibt uns Dora Hitz: „Alle Ausnahmen „selbstverständlich zugegeben, doch stets nur als solche betrachtet, bin ich der „festen Ueberzeugung, dass die Ausübung eines Berufs, und zwar einer geistig „*produktiven* Thätigkeit, den Menschen ganz und voll verlangt, körperlich „sowohl als geistig, jede Teilung somit ausschliesst. Ich lege besonderen Nachdruck auf — geistig produktiv — gegenüber reproduktiv . . . . .

„Ein Versuch des Bezwingens beider Aufgaben wird auf der einen oder „der andern Seite zum Bankerott führen, oder viel schlimmer, zur halben Er„füllung der Ansprüche auf jeder Seite, wo doch jede einen ganzen Menschen „fordert."

Und Kamilla Friedländer meint: „Ist eine Frau, die eine bildende Kunst „übt in günstigen materiellen Verhältnissen, die ihr gestatten, wenigstens den „Haushalt durch fremde Kräfte besorgen zu lassen, nämlich nicht nur die Ar„beit, sondern auch die Ueberwachung, dann mag die Vereinigung angehen. „Will sie aber wahrhaft gute Mutter sein, so wird sie, so lange ihre Kinder „klein sind, trotzdem die Kunst in den Hintergrund treten lassen müssen. — „— — Ich meine, dass es nur ein Uebel — manchmal ein notwendiges — „ist, wenn eine Frau und Mutter nebst dem häuslichen noch einen Beruf hat."

ringer empfunden werden. Vor allem aber scheint bei unumgänglichen Pausen das Bewusstsein der als feste Grundlage erworbenen Technik eine gewisse Ruhe zu verleihen, scheint Störungen nicht so marternd empfinden zu lassen wie auf andern Gebieten produktiver Kunstthätigkeit — z. B. der dichterischen — bei denen bestimmte Studienjahre nicht bestehen. Die nicht gleichartige Bedeutung der Technik für die verschiedenen Kunstgebiete macht sich hier fühlbar — mehr aber noch der getrennte Weg, der auf jedem von ihnen zur Gewinnung der technischen Mittel eingeschlagen werden muss. Die Sonderheiten der Berufsanforderungen treten hier in ihren tiefgreifenden Wirkungen hervor.

Und auch in anderer Weise macht sich der Einfluss dieser Sonderheiten geltend, denn über die physische Aufgabe des Mutterberufs hinaus wird die Vereinigung ebenfalls nicht als quälend bezeichnet. Sie scheint nach den übereinstimmenden Mitteilungen Schwierigkeiten zu erzeugen — nicht aber jenen ernsten Zwiespalt, wie er so oft von Dichterinnen hervorgehoben wird. So schreibt uns die schon citierte Künstlerin Virginie Demont-Breton: „Je souhaite que le résultat de votre enquête soit de prouver que „l'art n'est généralement pas incompatible avec la vie de famille. „Je crois pour ma part qu'au contraire il y apporte un charme „de plus.

„Je trouve moi, que plus une femme est intelligente (que ce „soit en peinture ou en tout autre branche) plus il est désirable „qu'elle ait des enfants, puisqu'elle sera à même de donner naissance „à des êtres intelligents et de les élever intelligément. De plus je „n'admets pas que l'art nous prive des plus grandes joies et des „devoirs les plus sacrés de la vie. La maternité doit être le principal but de la femme. L'art est avant tout l'expression de nos „sentiments; or pour comprendre et surtout pour exprimer de manière à la communiquer aux autres une sensation il faut d'abord „l'avoir éprouvée. La femme qui resterait en dehors des émotions „de la vie ne pourrait pas produire d'œuvres émouvantes.“

Sabine Lepsius berücksichtigt vor allem die Macht der Hingabe für eine Idee und den Wert der bedeutenden Mutter für das Kind:

„Es ist mir schwer, über dieses mich lebhaft interessierende

„Problem eine Meinung zu äussern, weil ich eine definitive that-„sächlich noch nicht erlangen konnte.

„Aus der Fülle der Versuche, Ansätze und Hoffnungen um mich „her scheint nur ein Einziges mir klar hervorzugehen, nämlich: dass „es eine Reihe von Frauen giebt, in denen kein physiologisches Er-„eignis der Welt die elementare Gewalt ihrer Hingabe an eine Idee „unterdrücken kann.

„Sie gehen ihrem Berufe nach, weil sie nicht anders können, „ohne sich zu fragen, ob es gute oder üble Folgen haben wird.

„Das Amt objektiver Beobachtung wird es sein, zu erfahren, „ob über Durchschnitt begabte Frauen, wenn sie ihre Gaben ent-„wickeln, im Allgemeinen unbegabtere Kinder haben werden, als „diejenigen, welche, ihre gesamte Kraft in den Dienst der nächsten „Generation stellend, ihre Hausfrauen-Tugenden so weit treiben, „dass sie sogar ihre eigenen Kräfte nicht zu gebrauchen wagen, für „die sie nur der Durchgangspunkt, eine Art Reservoir, sind.

„Mir will es scheinen, dass das eminent Produktive, das in der „Idee der Mutterschaft liegt, einen solchen Ueberreichtum an Kräften „in sich schliesst, dass auch die geistigsten Fähigkeiten eine Steigerung „erfahren, die die Produktion zu einer elementaren Notwendigkeit „werden lässt.

„Doch ehe man über diesen Punkt die Gutachten von Frauen-„ärzten nicht prinzipiell ausschliesst, wird man kein normales Be-„obachtungsmaterial erhalten. (Es ist so, als ob man einen Blinden-„erzieher über das Sehen der Kinder befragt.) Man exemplificiere „an gesunden Frauen.

„Was Mütter zu leisten im Stande sind, zeigen uns in be-„schämendem Maasse die Frauen aus dem Volke.

„So aber braucht auch die geistige Thätigkeit gebildeter Frauen „nicht einzuschlafen, weil sie Kinder haben.

„Was jedoch die Erziehung dieser Kinder betrifft und die Zeit, „die man ihnen entzieht durch einen Beruf, so ist es meine fest-„stehende Ueberzeugung, dass der unwillkürliche Einfluss einer „Mutter, die für eine Idee lebt, ein unendlich intensiverer und „nachhaltigerer ist, als der gewollte einer Mutter, deren Bestrebungen „nicht über das Persönliche hinausreichen. Diese wird uns bald „nur mehr eine liebliche Kindheitserinnerung, jene bestimmt unser „Leben.

„Wer hieran zweifelt, kennt nicht die Bekenntnisse des Au-„gustinus und weiss nicht, was ihm der Name seiner Mutter be-„deutete, der heiligen Mutter Monica.“

Eine volle Erklärung für die Thatsache, dass die Künstlerinnen nicht den schweren Konflikt betonen, der uns bei den meisten Dichterinnen entgegentritt, finden wir nicht. Der Schaffenstrieb ist auch bei den Malerinnen der Gegenwart von elementarer Kraft.[1]) Nur ein einziges Mal erschien die ökonomische Notlage als treibendes Motiv. „Nach meinen Erfahrungen,“ schreibt eine unserer ersten Malerinnen, „sind es immer pekuniäre Verhältnisse, welche „die Frau (ich meine die verheiratete Frau, nicht das Weib oder „die Ledige) zu einem Beruf bringen. Bei mir war es so.“ Und sie legt eingehend dar, wie sie in frühester Jugend den Zeichenunterricht „wegen Talentlosigkeit“ aufgegeben habe und erst Jahrzehnte später aus materiellen Gründen zur Malerei zurückgekehrt sei, die in der Zwischenzeit nur rein dilletantisch von ihr betrieben ward. Der äussere Zwang bewirkte dann die Entfaltung einer eminenten Beanlagung. Aber diese Natur, die sich offenbar in einem erfüllten Frauenleben harmonisch, ohne nagenden Schmerz über die unvollkommene Bethätigung ihres künstlerischen Vermögens hätte ausleben können und trotzdem fähig war, wertvolle Kunstwerke zu schaffen, ist wohl den sich gebieterisch durchsetzenden Talenten gegenüber als Ausnahme zu betrachten.[2])

Vielleicht wird man für die berührte verschiedene Erscheinung bei Dichterinnen und Künstlerinnen als Erklärung die geringere Schaffenshöhe der letzteren anführen. A b e r b e i e n t s p r e c h e n d s t a r k e n L e i s t u n g e n in der einen und der anderen Kunstgattung haben dort unsere Experten in der Mehrzahl der Fälle einen

---

[1]) Nicht nur bei den Malerinnen der G e g e n w a r t. Rosa Bonheur's Leben ist noch in frischer Erinnerung, aber man kann noch in weit frühere Zeiten zurückgehen. Lavinia Fontana's und Sybille Merian's Lebensgestaltung wird bestimmt durch den künstlerischen Trieb, und die Ansprüche der Erotik treten an zweite Stelle.

[2]) In 10 Fällen von 23 waren die Männer unserer Experten ebenfalls Künstler. Ihre Thätigkeit hat aber nicht etwa erst die der Frau angeregt, da der Berufsantritt der letzteren ihrer Eheschliessung (ausser einem einzigen Falle) vorausging.

ernsten Konflikt mit den seelischen Pflichten der Mutter, hier eine nicht mühelose, aber immerhin in keiner Weise peinigende Vereinigung dargelegt. Es scheint also die Thätigkeit der Malerin eine andersartige Absorbtion mit sich zu bringen, die mit den tiefinneren Ansprüchen der Mutterschaft in weniger scharfem Widerspruch steht. „Als meine Kinder klein waren, spielten sie in meinem „Atelier", schreibt eine der ersten Malerinnen der Gegenwart, von der das Musée nationale du Luxembourg ein Werk bewahrt — und gleiche Mitteilungen hören wir von verschiedenen anderen Künstlerinnen, während fast alle bedeutenden Dichterinnen und Novellistinnen sich in gegenteiliger Weise äusern.[1])

In gewisser Hinsicht wird bei der Stellung der Künstlerinnen zu unserm Problem natürlich auch die Höhe ihrer Leistungen in Betracht zu ziehen sein, die in etwa durch die ausgeübten Kunstzweige bestimmt wird. In der Vergangenheit sahen wir jene anmutvollen Gestalten, bei denen uns vornehmste Weiblichkeit und Berufsthätigkeit vereint entgegentrat, keine wahrhaft bedeutenden Werke schaffen. Die Gegenwart bietet starke Leistungen — aber höchste, gewaltigste würden wohl auch in der bildenden Kunst den Konflikt zwischen den Forderungen des Genies und der ernsten Gebundenheit der Mutter erzeugen. Und wenn die Entwickelung der ganzen Persönlichkeit von eingreifender Bedeutung für eine grössere und reichere Produktion ist, so dürfen wir diese für die Zukunft eher von der Frau erwarten.[2]) Denn sicherlich wird die neue Auffassung über das Weib, das Emporwachsen des jetzt im Werden begriffenen Frauengeschlechtes hier von Einfluss sein. Schon als Mensch und Frau aber wird die Künstlerin weder auf das sinnliche Sichausleben, noch auf die Freuden der Mutterschaft verzichten wollen, selbst wenn diese inneren Erlebnisse nicht von befruchtender Wirkung für ihr Schaffen wären. Und es fragt sich also, ob etwaige spätere Schöpfungen von gewaltigerer Schaffens-

[1]) „Wenn ich schreibe, ist die Kleine nicht bei mir im Zimmer; ich „halte es für ganz ausgeschlossen, dass irgend Jemand konzentrirt geistig ar-„beiten kann, wenn Kinder im Zimmer spielen, ohne in kurzer Zeit ernsten „Schaden an seinen Nerven zu nehmen." (Gabriele Reuter.) s. über Gabriele Reuter's Gesamtanschauung Seite 189.

[2]) Auch die Erkämpfung besserer Zugänglichkeit des Studiums muss auf die künstlerischen Arbeiten der Frau einwirken.

kraft, wie wir sie erhoffen dürfen, einen tieferen Zwiespalt mit den mütterlichen Pflichten ergeben würden. Alsdann müsste unseres Erachtens der gleiche Standpunkt eingenommen werden, den wir bei der Schauspielkunst schärf betonten, den wir überall vertreten, wo es sich um unersetzbare Kulturwerte handelt.

Zur Zeit aber haben wir mit der Gegenwart zu rechnen, die uns in den Mitteilungen der Künstlerinnen ein relativ harmonisches Zusammenklingen der beiden verschiedenen Lebenssphären zeigt.

---

4. Dichtung.

Die Dichtung — in weiterem Sinn genommen, so dass wir Roman und Novelle einbegreifen — ist ein für unsere Studie besonders wichtiges Gebiet. Hier hat die Frau — wie wir schon bei dem allgemeinen Ueberblick betonten — von jeher Wertvolles geschaffen und ihre Schöpfungen sind nicht, wie in der bildenden Kunst, zu streichen, „ohne eine empfindliche Lücke im Entwicklungsgang zu erhalten“.[1]) Als produktive Kunstthätigkeit aber beansprucht das Schaffen der Dichterin eine höhere Wertung, als die früher berührten Leistungen der Schauspielerinnen und Sängerinnen.

Die Bedeutung, die wir dem Schaffen der Frau in der Dichtung — wenn auch vor allem in der epischen und lyrischen — zuschreiben, bedingt eine andere Art der Behandlung des Stoffes als bei der bildenden Kunst. Es erscheint uns notwendig, zunächst ein mit keiner Nebenbetrachtung persönlicher Schicksale gemischtes Bild der dichterischen Leistungen der Frauen zu geben. Erst wenn wir die wichtige Rolle, die das Weib in der litterarischen Entwicklung der verschiedenen Nationen spielte, gewürdigt haben, wenden wir uns dem Frauenleben der Dichterinnen zu. Denn auch hier ist eine besonders eingehende und einheitliche Behandlung geboten: es sind die hervorragendsten Mitglieder des weiblichen Geschlechts, die uns begegnen und wertvolle Ausblicke für unser Problem eröffnen.

Der Charakter der Dichtung bringt es nun mit sich, dass sie am unmittelbarsten — mehr als andere Arten geistiger Produktion — ein Spiegelbild der Persönlichkeit giebt. Schon deshalb müssen

---

[1]) Vergl. Bildende Kunst S. 93.

wir bei der Betrachtung des Frauenlebens gelegentlich auf die Leistungen zurückgreifen, da wir mehrfach aus ihnen Aufschlüsse über ihre Schöpferinnen als Ergänzung des biographischen Materials gewinnen. Aber auch abgesehen hiervon bedingt die oben dargelegte Behandlung des Stoffes, dass die gleichen Gestalten im Laufe unserer Darstellung zwiefach in den Kreis der Betrachtung gezogen werden: zunächst gewürdigt in ihrem Können, in ihrer dichterischen Wirksamkeit — an späterer Stelle mit Rücksicht auf die psychologischen Lehren ihres Lebens. Nur durch diese Sonderung schien es uns möglich, der Verwirrung wesentlicher Gesichtspunkte vorzubeugen.

* * *

Beginnen wir den Ueberblick über die bemerkenswerten Leistungen der Frauen in der Geschichte der Dichtung der verschiedenen Völker, so treffen wir auf eines der ältesten Denkmäler der hebräischen Litteratur, das Siegeslied der Deborah (1300 v. Chr.). Die Verfasserin dieser kraftvollen, poetischen Schöpfung steht mit ihrer Begabung nicht vereinzelt unter den Jüdinnen.

In Griechenland gab Sappho, diese „feinste Frau des äolischen Stammes“, zuerst „dem Seelenleben des Weibes“ in der Litteratur einen Platz.[1]) Ueber die Jahrtausende hinweg wird ihrer eminenten Begabung gehuldigt. Und die Klage über den frühen Tod einer andern äolischen Dichterin, der jungen Erinna, klingt durch das ganze Altertum. Wie hoch man die bekanntesten Dichterinnen stellte, zeigt folgendes Epigramm des Antipatros von Tessalonike:

„Frauen von göttlichem Mund zog Helikon auf mit Gesängen,
Und im pierischen Land der makedonische Fels.
Diese: Praxilla, und Myro, und Anyte, Weib wie Homeros,
Sappho ferner, den Schmuck lockiger, lesbischer Frau'n,
Und Telesilla voll Ruhm, und Erinna, und dich, o Korinna,
Welche den stürmenden Schild der Athenäa besang,
Nossis mit schmeichelndem Mund und die lieblich tönende Myrtis,
Arbeiterinnen im Werk dauernder Blätter sie all',
Neun sind Musen, gezeugt von Uranos; diese die Neun, sind's,
Welche die Erde der Welt ewig zur Freude gebar.“[2])

[1]) Bernhardi. Grundriss der griechischen Litteraturgeschichte Halle. 1876.
[2]) Citirt bei Poestion. Griechische Dichterinnen. Wien, Pest, Leipzig 1876.

Findet sich auch in der Litteratur des Mittelalters und der Neuzeit keine Frau, der ein gleich hohes poetisches Können wie Sappho zuerkannt wird, so hat doch jede der Nationen, die in den letzten fünf Jahrhunderten die geistige Führerrolle in Europa zeitweilig übernahmen, bedeutende, oft sogar in den Gang der litterarischen Entwicklung eingreifende Frauendichtungen zu verzeichnen.

In der spanischen Litteratur[1]) lassen sich die Erzeugnisse der Portugiesin Bernanda Ferreira de la Ceda bei Seite schieben, vielleicht selbst diejenigen einer Inez de la Cruz. Aber es muss anerkannt werden, dass der realistische Roman hier erst durch Fernan Caballero (Cäcilie Böhl de Faber) eingeführt wurde und dass diese Frau „Spaniens nationalster Dichter“ genannt wird.[2])

Italien hat bis in die Neuzeit, in der uns aus den Liedern Alinda Brunamontis ein „Abglanz der ewig heiteren Ruhe“ der umbrischen Landschaft entgegenleuchtet,[3]) Dichterinnen voll poetischer Kraft besessen. Wir erinnern an die Frauen der Renaissance, eine Vittoria Colonna, eine Veronica Gambara, eine Gaspara Stampa. Jene Schöpfungen, die das wunderbare Verhältnis zwischen Vittoria und Michel Angelo zeitigte, hat man als Höhepunkt reinster, dichterischer Empfindung, den das 16. Jahrhundert in Italien aufweist, bezeichnet und sie in einen Rang mit denen Dante's und Petrarca's gewiesen.[4])

Margaretha von Navarra ist der Marchesa von Pescara nicht ebenbürtig als Dichterin — immerhin aber gehört sie zu den ersten litterarischen Erscheinungen des 16. Jahrhunderts in Frankreich.[5]) Und Frauen, wie Louise Labé, Mme. Deshoulières u. A., vor Allem aber Marceline Desbordes-Valmore, die treffend als Dichterin „jusque dans le moindre signe, jusque dans le moindre soin“ charakterisiert wird,[6]) haben in französischer Sprache beachtens-

---

[1]) Vergl. Mätzner. Die Schriftstellerinnen der europäischen National-Litteratur. Jahresberichte der 1. städtischen höheren Töchterschule (jetzt Louisenschule) 1846 ff.

[2]) Vergl. Unsere Zeit. Keiter. Fernan Caballero. 1876.

[3]) Xaver Krauss. Essays. Umbrische Lyrik. 1892.

[4]) Vergl. Xaver Kraus a. a. O. Vittoria Colonna. 1896.

[5]) Vergl. Carton. Histoire S. 41.

[6]) Poésies de Mme. Desbordes-Valmore. Genève 1873. Vergl. S. XVII. einen von St. Beuve angeführten Brief.

werte Poesien geschaffen. Können wir auch Lamartine's Urteil, der das Talent der früh berühmten Delphine Girardin demjenigen der Vittoria Colonna vergleicht, nicht zustimmen, so hat Frankreich doch auf dem Gebiet des Romans zwei Dichterinnen hervorgebracht, die jede in ihrer Weise — obwohl in ihrer Schaffenskraft durchaus unvergleichbar — den Anspruch auf Unsterblichkeit besitzen: die eine, Mme. La Fayette, durch ein winziges Buch, eine „ideale Schöpfung",[1]) die in ihrer Kürze, Feinheit und Natürlichkeit als Ausgangspunkt des modernen Sittenromans zu betrachten ist — die andere, George Sand als „ein weiblicher Genius so bedeutend, so umfassend, dass nie vorher ein Weib im Besitze einer so reichen Schöpfungskraft war".[2])

Selbst wenn man Mlle. de Scudéry als Vorgängerin Mme. La Fayette's und den psychologischen Situationsroman als Frucht einer lang zurückliegenden, langsamen Entwicklung betrachtet,[3]) so ist deshalb das kleine Werk Mme. La Fayette's nicht minder epochemachend. Eine tiefe Wesensgemeinschaft verbindet die besten der modernen novellistischen Erzeugnisse und die noch heute fesselnde „Princesse de Clève" mit ihrer wenig bewegten Handlung, ihrer feinen psychologischen Motivierung. Wir wissen die Knappheit dieses kleinen Meisterwerks zu würdigen, das uns in jeder Wendung an den Ausspruch Mme. La Fayette's mahnt: „Une période retranchée d'un ouvrage vaut un louisd'or et un mot vingt sols.[4])"

Wenden wir uns von Mme. La Fayette zu dem, was George Sand geschaffen hat, so ist es, als hörten wir das Rauschen eines mächtigen Stroms. Aber in der Stärke der Bewegung welches Gleichmass, in der Fülle welche ruhevolle Sicherheit! Es ist die

---

[1]) „Une idéale production." Vergl. St. Beuve. Causeries du lundi.

[2]) Vergl. Brandes. Die Hauptströmungen der Litteratur des 19. Jahrhunderts Bd. 5 S 97. Musset u. George Sand.

[3]) Vergl. Körting. Geschichte des französischen Romans im 17. Jahrhundert. Oppeln, Leipzig 1885.

[4]) Ueber die Frage, ob die Autorschaft Mme. La Fayette's betreffs der Princesse de Clève anzweifelbar, vergl. Arvède Barine. Mme. de La Fayette d'après des documents nouveaux. (Revue des Deux Mondes 1880) und die darin enthaltenen litterarischen Hinweise.

Kraft des unbekümmert, nachtwandlerisch,[1]) aus einem nie versiegenden inneren Reichtum schaffenden Genies, die uns in George Sand entgegentritt. Vieles in ihren Werken ist bereits veraltet. Allein der Reiz ihres Styls bannt noch jetzt mit unlöslichem Zauber das erhabene Pathos, die flammende Begeisterung, die aus diesen Büchern redet, reisst noch heute mit fort und das tiefe, wunderbare Naturgefühl dieses eines der liebsten Kinder der Natur, das mit ihr in einem andern Sinne als die Masse der Menschen verwandt erscheint, wird ins Herz greifen und erschüttern „so lange es eine französische Sprache giebt.“ [2]) „Ich kann den Reiz dieser

[1]) „Elle s'abandonuait à une sorte de hasard d'inspiration qui amenait les grandes luttes, mais qu'elle gouvernait bien peu, disait -elle, au point d'ignorer d'avance comment ces batailles de la vie se termineraint et comment le roman se dénouerait. C'était véritablement le triomphe de ce qu'on a nommé plus tard l'inconscient dans le talent vu dans le génie. Je ne puis, en effet, mieux exprimer ce singulier phénomène dont elle donnait le spectacle étonnant dans sa methode de travail, qu'en disant que c'était un phénomène d'inconscience superbe, mais bien peu sûre dans le resultat. Rien de calculé en apparence, rien de prémédité; pas même les grandes lignes arrêtées; tout procédait dans son art comme dans la vie. Quand une rencontre dramatique a lieu, quand une grande aventure commence, qui peu dire, dans le train de l'existence, ce qui devra arriver le lendemain? Il en était de même dans le domaine de son imagination. Elle ne savait pas la veille ce qui arriverait de ses héros ou à ses héros. Elle les livrait à la fatalité de son art, comme la vie les livre à la fatalité des événements.“ (Caro. George Sand Paris 1887.) Caro erwähnt auch die oft von George Sand berichtete Thatsache, dass sie fast alle ihre Werke vergessen hatte „— — — ce n'était pas une affectation, c'était une des formes ou l'un des signes de ce génie naturel qui travaillait en elle presque sans un effort de volonté.“ Caro a. a. O. S. 166.

[2]) Wir erinnern z. B. an Brief II in den Lettres d'un voyageur, wo George Sand einen stets bei ihr wiederkehrenden Traum schildert; oder an folgende Stelle, die die rührende Innigkeit ihres Naturempfindens zeigt: „En portant mes mains à mon visage je respirais l'odeur d'une sauge dont j'avais touché les feuilles quelques heures auparavant. Cette petite plante fleurissait maintenant sur sa montagne à plusieurs lieues de moi. Je l'avais respectée; je n'avais emporté d'elle que son exquise senteur. D'ou vient, qu'elle me l'avait laissé? Quelle chose précieuse est donc le parfum qui, sans rien faire perdre à la plante, dont il émane, s'attache aux mains d'un ami et le suit en voyage pour le charmer et lui rappeler longtemps la beauté de la fleur qu'il aime!“ Lettres d'un voyageur S. 46.

Sätze nicht beschreiben — sie kommen mir vor, wie ländliches Glockengeläüte, das süss und traurig ins Ohr fällt und eine Art träumerischer Meditation hervorruft.“ (Thackeray.)

Fraglos gehört Georg Sand zu den führenden Geistern ihrer Nation. Und sie hat gegeben, was kein Mann — und sei er der grösste — zu geben vermöchte. Denn neben allem andern, was ihr die Kulturwelt zu danken hat, findet sich eine Note in fast allen ihren Schöpfungen, die sie mit untrüglicher Gewissheit als Werke einer Frau stempelt: wir meinen die tiefe Mütterlichkeit, die ein Grundzug von George Sand's Wesen ist. Die Mutterschaft ist ihr das grosse Heiligtum, le „second bâptème“ für die junge Frau — das Endziel des weiblichen Seins. Als Schöpfungen eines machtvollen Frauengenies sind ihre Werke aufzufassen. Keine Dichterin der Litteratur aller Völker ist mehr als George Sand zugleich Mensch und zugleich Weib gewesen.

Von den übrigen französischen Dichterinnen hat keine einen ähnlichen Einfluss ausgeübt. Nur George Eliot ist ihr in England zur Seite zu stellen. Allein eine Reihe anerkannter Schriftstellerinnen sind hier auf epischem Gebiet schon früher — neben Felicita Hemans, Christina Rosetti und vor Allem Elizabeth Barret-Browning in der eigentlichen Dichtung — zu nennen. Es ist das Reich des Romans, in dem englische Frauen von Francis Burney (Mme. d'Arblay) und Jane Austen bis zu Miss Gaskell und Charlotte Bronté — von den vielen weniger starken Talenten ganz zu schweigen — Wertvolles geschaffen haben.

Was George Eliot unter ihnen ihre besondere Bedeutung verleiht, sind nicht lediglich ihre künstlerischen Fähigkeiten. Man muss neben ihren Werken das Urteil der ersten englischen Zeitgenossen über diese grosse Frau studieren, um sich über die Breite und Tiefe der Einwirkung dieser „merkwürdigen Intelligenz“ klar zu werden. „Es hat kein Sterbebett gegeben,“ sagt Lord Acton[1]) in einer Würdigung George Eliot's, auf das die letzten Worte Faust's mehr passten als auf dieses: Es kann die Spur von meinen Erdentagen nicht in Aeonen untergehn.“ „No preacher of our day, we believe,“ heisst es in einem Artikel der Contemporary Review von

[1]) Lord Acton. George Eliot. Eine biographische Skizze. Deutsch Berlin 1886.

‚One who knew her', „has done so much to mould the moral inspirations of her contemporaries as she has, for none other had both the opportunity and the power." Und Harrison, der sie „the most philosophic artist or the most artistic philosopher in recent literature" nennt und die schwierige Frage, ob sie die doppelte Rolle vollendet ausführen könnte, nicht unbedingt bejahend beantwortet,[1]) endet doch mit den Worten: „George Eliot, by no means the first amongst the founders of modern romance, yet stands apart from all by a deeper quality of her own. And, by virtue of her spiritual conception of her art, she points the way to a type far greater than she reached herself, even greater than any which has gone before." „Männer von sehr verschiedener Denkweise — die beiden Scherer, Montague, Mr. Spencer und Mr. Hutton, Professor Tyndal und Mr. Myers — haben es mit merkwürdiger Einmütigkeit ausgesprochen, dass sie eine Vereinigung von Eigenschaften besass, welche, wenn überhaupt, nur selten von Männern übertroffen sei und schwerlich jemals wieder auf Erden erscheinen werde, dass ihre Werke den Höhepunkt weiblichen Könnens bezeichnen, dass sie unter den Frauen, von denen die Geschichte weiss, so gewiss der grösste Genius war, wie Shakespeare unter den Männern"[2]).

Wir führen diese Aeusserungen an, weil aus ihnen am unmittelbarsten die Schätzung, die George Eliot zu Teil ward, hervorleuchtet. „Ein prophetischer Blick in das Innere der Menschen hinein, dass man zuweilen erschrickt," war Mary Ann Evans gegeben, eine bewunderungswürdige Kunst der Darstellung.[3]) Aber neben oder besser in dem Künstler bewundern wir den Denker und jene einzige Persönlichkeit, die wie die Verkörperung einer höheren, reineren Menschlichkeit wirkt. „What I look to, is a time when the impulse to help our fellows shall be as immediate and as irresistible as that which I feel to grasp something firm if I am falling."[4]) Dies sehnsüchtige Wort George Eliot's zeigt den

[1]) — — — — „the canvas of laborious culture is too often visible through the colouring of the picture." Harrison. The Life of George Eliot. Fortnightly Review. London 1885.

[2]) Lord Acton. S. 47 a. a. O.

[3]) Scherer. George Eliot und ihr neuster Roman. (Deutsche Rundschau Bd. 10).

[4]) One who knew her. The moral influence of George Eliot. (Contemporary Review, 1881.)

tiefen Born an Liebe und Güte, der sie wie mit weichen Mutterarmen jedes Elend, jede Bedürftigkeit umfassen und trösten lässt. Noch heute empfinden wir mit ihren Freunden eine dumpfe Traurigkeit über ihren Verlust. Die Erde muss um viele Grade kälter geworden sein, als dies grosse Herz seinen Schlag aussetzte.

Unter Deutschlands dichtenden Frauen gewann in früherer Zeit nur die Nonne Hroswitha Bedeutung, welche die „verehrende Nachahmung der klassischen Litteratur bis zur Erweckung des Dramas" brachte und der klassischen Form den „christlichen Gehalt" verlieh.[1]) Erst im letzten Drittel des 18. Jahrhunderts beginnt die Frau in Deutschland wieder an der Dichtung teilzunehmen. Die Ernte ist zunächst eine dürftige, wenn wir einen hohen Massstab anlegen. Sophie La Roche's „Geschichte des Fräulein von Sternheim", die nach Scherer's Ansicht keine unausfüllbare Kluft von dem Werther trennt, sind wir heute vielleicht geneigt, zu sehr zu unterschätzen. Goethe's einstige Aeusserung über die Rezensenten des ‚Fräulein von Sternheim': „Alle die Herren irren sich, wenn sie glauben, sie beurteilen ein Buch, es ist eine Menschenseele", enthält auch für uns eine berechtigte Mahnung. Umsomehr, als Sophie La Roche schon als Stammmutter eines reich beanlagten Geschlechts besondere Beachtung beanspruchen kann.

Nicht nur das „stärkste Dichtertalent unter Deutschlands schriftstellernden Frauen", sondern auch ohne jede Einschränkung des Urteils betreffs Nationalität und Geschlecht ein bedeutendes künstlerisches Vermögen von seltener Eigenart bewundern wir in Annette von Droste-Hülshoff. Eine durchaus originale Erscheinung, modern in ihrem liebevollen Naturempfinden, das geheime Welten den geweckten Sinnen erschliesst. Sie lässt uns horchen, spüren, spähen — mit geschärftem Auge, hellhörig geworden, lauschen, schauen wir. Als „Dichterin des unendlich Kleinen" charakterisiert Richard M. Meyer[2]) sie treffend in einer Studie voll künstlerischen Nachempfindens, die Annetten's Sonderheit — und teilweise auch ihre Weltanschauung — tiefgründig aus ihrer Körperlichkeit, ihrem krankhaft scharfen Auge, ihrer Ueberempfindlichkeit erklärt. „Es glänzen Viele in der Welt, sie wissen von allem zu sagen

---

[1]) Vergl. Scherer. Geschichte der deutschen Litteratur. Berlin 1885.
[2]) Richard M. Meyer. Deutsche Charaktere.

— —.“ Neben der stillen Gestalt Annetten's sinkt unendlich viel Buntes, Schillerndes, das mit Pauken und Trompeten seinen Einzug verkündete, in sein Schaum-Nichts zusammen. Annetten's Können besteht vor dem strengsten Richterstuhl. Und sie durfte das stolze Wort aussprechen: „So hört denn, hört, weil Ihr gefragt: Bei der Geburt bin ich geladen, mein Recht, so weit der Himmel tagt, und meine Macht von Gottes Gnaden.“ [1])

Wenn auch Louise Hensel und gewiss die poetische, von Scherer als grösste deutsche Dichterin bewunderte Marianne von Willemer Erwähnung verdienen, so liegen doch die stärksten Leistungen der deutschen Dichterinnen seit Annette von Droste im Reiche des Romans und der Novelle. Louise von François' „Letzte Reckenburgerin“ nennt einer der feinsten kritischen Geister, Carl Hillebrand, „ein in unserer Litteratur fast einzig dastehendes Werk“. Und ob auch die Gedichte der siebzehnjährigen Comtesse Marie von Ebner bereits Grillparzer eine Anlage verrieten, „deren Kultivierung zu unterlassen wohl kaum in der eigenen Willkür der Besitzerin stehen dürfte,“ [2]) so liegt Marie von Ebner's Meisterschaft doch auf epischem Gebiet.

Neben dem künstlerischen Wert der Schöpfungen Ricarda Huch's, des „Rangierbahnhof“ von Helene Böhlau begrüssen wir verheissungsvolle Ansätze in dem Frauenroman der Gegenwart — „erste Wurzeln“, die „aus frühlingsweichem Grunde quellen“, Wurzeln, aus denen wir jenen Stamm, reich an Blüten und Früchten, erwachsen zu sehen hoffen, jenen Stamm spezifisch weiblichen Kunstkönnens, der erst dann erstarken kann, wenn das Weib sich selbst endeckt hat. Sich selbst mit seinem Allerheiligsten: der Mutterschaft mit ihrer Fülle und ihrer Bürde, zu der dem Manne jegliche Analogie fehlt und die er niemals dichterisch erschliessen kann. „Ziehe deine Schuhe aus von deinen Füssen, denn der Ort, da du aufstehest, ist ein heiliges Land“ — — Nur sie, welche getragen und geboren hat — nur sie hat erahnend das grosse Mysterium des werdenden Lebens in ihrem Schooss empfunden, den heissen Konflikt durch die Hingabe der eigenen selbstsicheren Persönlichkeit an ein Anderes, für ein

---

[1]) Annette von Droste. Mein Beruf.

[2]) Jahrbuch der Grillparzer-Gesellschaft. Wien 1898.

Anderes. Nur sie weiss auch ganz, dass es das Grösste ist, für das sie so oft das Grösste in sich opfert, und dass es nicht Schwäche des Intellekts, sondern lautloses Entsagen und Aufopferung der Kräfte für ein junges Leben ist, was dem Weibe auf der Bühne der Welt die zweite Rolle zuweist. Wann wird der Frau in diesem Sinn die frohe Botschaft verkündet werden?

George Eliot hat einst die grössere Wirksamkeit der französischen vor den englischen Schriftstellerinnen betont und damit begründet, dass jene den Mut ihres Geschlechts gehabt, dass sie als Frauen gedacht und gefühlt und ihre Anregungen aus ihren eigenen Lebenserfahrungen geschöpft hätten. Das habe ihren Schriften den besonderen, ja einzigen Wert gegeben[1]). Auch wir hoffen, dass die Frauen in der Dichtung den „Mut ihres Geschlechts", aber in einem noch tieferen Sinne gewinnen werden.

Neben Deutschland und Oesterreich sehen wir hierzu vor Allem in den nordischen Ländern die ersten Anfänge — nur dass es bisher mehr die Frau, denn die Mutter ist, der wir im Spiegel der weiblichen Dichtung begegnen.

In der skandinavischen Litteratur treffen wir schon in der ersten Hälfte des Jahrhunderts eine Reihe angesehener Dichterinnen[2]), so Christine Gyllenburg, Heiberg's Mutter, die erst im 53. Lebensjahre vor die Oeffentlichkeit trat, und Camilla Collet, eine der originellsten Schriftstellerinnen des Nordens. In Schweden war Anna Maria Lengreen, die wegen der Lebendigkeit und Wahrheit ihrer Charakterzeichnungen oft neben Belmann gestellt wird, eine der bedeutendsten Erscheinungen, später finden wir ausser Friederike Bremer vor allem Margarethe von Knorring und Emilie Flygare-Carlén, in der zweiten Hälfte des Jahrhunderts Charlotte Edgren-Leffler.

Gerade die Gegenwart zeigt in Dänemark wie Skandinavien ungewöhnlich starke Talente: wir nennen nur neben Magdalene Thoresen Amalie Skram und Selma Lagerlöf als wahrhaft geniale Beanlagungen.

---

[1]) Schon Mathilde Blind. (George Eliot, London 1883) weist auf den Gegensatz zwischen dieser Ansicht der Dichterin und Mme. de Staël's Wort, „Le génie n'a pas de sexe" hin.

[2]) Vergl. Horn. Geschichte des skandinavischen Nordens. Leipzig 1880. Siehe auch Schweitzer. Geschichte der skandinavischen Litteratur. Leipzig 1884.

Epochemachend hat in der niederländischen Litteratur die dichterische Thätigkeit zweier Frauen gewirkt. Wird schon im 16. Jahrhundert Anna Byns, als „glänzende Sterne am Kunsthimmel des 17. Jahrhunderts" die Töchter Römer Fischer's Anna und Maria Tesselschade, später Lucretia van Merken und Anfang des 19. Jahrhunderts Wilhelm Bilderdyk's zweite Gattin Katharine Wilhelmine gerühmt[1]), so wird einstimmig anerkannt, dass Elisabeth Becker-Wolff und Agathe Decken die Schöpferinnen des niederländischen Originalromans waren. „Die Historie von Majuffrouw Sara Burgerhart" stand in ihrer Einfachheit und psychologischen Motivierung, in dem Streben nach leichter, natürlicher Sprache im vollsten Gegensatz zu den bisherigen Leistungen. Hier hat also wie in Frankreich eine Frau bahnbrechend in die Entwicklung des Romans eingegriffen.

Und das Werk einer amerikanischen Schriftstellerin — der vielen tüchtigen weiblichen Romanciers und Novellisten in Amerika, wie J. Sedgwick, „des weiblichen Cooper's", gar nicht zu denken[2]) — „Onkel Toms Hütte" war bestimmt, einen Einfluss auszuüben, wie nie vorher und bisher niemals nachher ein Tendenzroman. „Its success was without a parallel up to that time, in the litterature of any age. Near half a million copies were sold in this country, and a considerable larger number in England. It was translated into every language of Europe, and into Arabic and American. It was dramatized and acted in nearly every theatre in the world[3])." Es ist wahr, dass Harriet Beecher Stowe's Buch keine künstlerische Leistung ist. Aber die Grösse seiner Wirkung liess es zu einer That werden — und als That, hervorgegangen aus einer reinen, starken, sittlichen Entrüstung, ist Onkel Toms Hütte zu würdigen.

Unzweifelhaft giebt es Litteraturen, wie z. B. die ungarische, in denen der Einfluss der Frauen in der Dichtung wenig merkbar

---

[1]) Vergl. Jonckbloet. Geschichte der niederländischen Litteratur. Leipzig 1872. Bd. II, S. 33.

[2]) Siehe Knortz. Geschichte der nordamerikanischen Litteratur. Berlin 1891. Wir erinnern auch an die jungen, früh durch den Tod dahingerafften Dichterinnen Margaretha und Lucretia Maria Davidsohn. Siehe Sedgwick. Leben der Lucretia Maria Davidsohn. Leipzig 1848.

[3]) Frances H. Underwood. The Builders of American Litterature. Boston. 1893.

ist. Aber so weit man den Roman einschliesst, kann dies nicht als Regel betrachtet werden. In der polnischen und russischen Litteratur finden sich treffliche Frauenarbeiten [1]). Wir erinnern vor allem an die Werke Frau Kohanewskayas, die kleinrussische Schriftstellerin Markewic (Turgenjew übersetzte ihre Erzählungen ins Grossrussische) und Frau Hwosociaskaya (Krestowsky) [2]).

* * *

Fassen wir die Resultate unseres kurzen Ueberblicks zusammen, so erhärten sie unser Urteil, dass die Frau in der Dichtung von jeher Wertvolles schuf, mehrfach sogar für die litterarische Entwicklung eine eingreifende Bedeutung gewann. Diese Ansicht wäre nur dann widerlegbar, wenn man den Roman und die Novelle als untergeordnete Arten bei Seite schöbe. Und selbst in diesem Fall würde schon Annette von Droste's fesselnde Sonderart zeigen, dass die Stimmen der Frauen in dem grossen Chor der Dichter aller Zeiten nicht fehlen dürfen, ohne eine empfindliche Einbusse an Kunstwerten. Eben diese Erkenntnis lässt eine besonders eingehende Prüfung des persönlichen Lebens der Dichterinnen notwendig erscheinen.

„Jede dieser Frauen," heisst es in einer in der Deutschen Rundschau erschienenen Betrachtung [3]) über jene Schriftstellerinnen, die sich über die Mittelmässigkeit erhoben (Sappho, Droste u. s. w.), „denkt man sich schwer als Mutter, an jeder von ihnen fesselt mehr ihr „Können", als ihr „Sein". Wir möchten das Gegenteil behaupten: gleichviel, ob Annette von Droste, Louise von François unverheiratet waren, einige der grössten, wie Vittoria Colonna, George Eliot, Marie von Ebner kinderlos blieben — in allen diesen Frauen, wenn immer sie Bedeutendes leisteten, lebte in ganzer Kraft der tiefste Grundtrieb der Weibnatur. Sie alle besassen jene

[1]) Vergl. Reinhold. Geschichte der russischen Litteratur. Leipzig 1886. Siehe auch Haller. Geschicht der russischen Litteratur. Riga und Dorpat 1882.

[2]) Zeugnis eines starken Talentes unter der jüngeren weiblichen Schriftstellerinnengeneration brachte vor einiger Zeit die „Romanwelt" mit der Uebersetzung des vorzüglichen Romans „Der Sohn", von Marie Krestowskaja, den wir in vieler Hinsicht zu den besten Romanen der Jetztzeit rechnen.

[3]) Wilh. Goldbaum. Wilhelmine von Hillern, Deutsche Rundschau Bd. XXIII.

tiefe Mütterlichkeit, ohne die wir unserer besten Heimstätte beraubt wären und unsere blühende Erde unwirtlich und rauh erschiene — sie alle atmen jene einzige Mutterwärme aus, die im Weibe das grosse, lebenspendende Prinzip schon in seiner Empfindungsweise ahnen lässt. Und wo dieser Mütterlichkeit versagt bleibt, sich in natürlichen Bahnen auszuströmen, sehen wir die Menschheit des ungeborenen Lieblings Erbe werden.

„Je mehr ich unter meinen Erfahrungen Umschau halte, desto klarer wird es mir, dass fast alle bedeutenden und produktiven Frauen, denen ich begegnet bin, sehr mütterlich veranlagte Naturen waren oder sind[1].“ Dies Wort Gabriele Reuter's klingt wie ein Leitmotiv zu dem, was unsere Forschung unter den Dichterinnen der Vergangenheit und Gegenwart ergiebt. Nur dass unsere Jetztzeit — aus später näher zu erörternden Gründen — ein widerspruchsvolleres und komplizierteres, in gewissem Sinne auch ein interessanteres Bild zeigt, als die Vergangenheit, und schon deshalb gesondert betrachtet werden muss. Aber auch in der Vergangenheit fesselt uns, eben weil fast überall in der Dichterin zugleich das Weib und vor allem die Mutter in voller Kraft lebt, nirgends deren „Können“, wie hoch immer wir dies werten mögen, stärker als ihr „Sein“ in der von Schöpferdrang und Frauenempfinden bewegten Mannigfaltigkeit. Ja, der Einblick in dieses durch den tiefen Liebestrieb erdgebundene, beschwerte Sein lässt erst dem Können jener Frauen letzte Gerechtigkeit widerfahren.

Da der kulturgeschichtliche Hintergrund den Lebensschicksalen seine Färbung leiht, so erscheint es uns geboten, bei unserer Betrachtung von den ältesten Zeiten, so weit uns die zu unserer Frage immer dürftige Ueberlieferung nicht ganz im Stich lässt, zu der Gegenwart hinaufzusteigen.

Eine unergiebige Sonderstellung nehmen die meisten im Rahmen des klösterlichen Lebens uns begegnenden Dichterinnen, wie Hroswitha, Inez de la Cruz, die Nonne Raskai ein, wenn auch hier z. B. der umstrittene Lebenswandel Anna Bijns Hinweise für uns enthält[2]. Denn mögen wir mit den Einen annehmen, dass ihre

[1]) Gabriele Reuter fährt fort: „Nur geistreichen oder gescheuten, oder gelehrten Mädchen und Frauen fehlte oft der Mutterinstinkt.“

[2]) Auch die heilige Catharina von Siena, die „Schriftstellerin des italienischen Mittelalters“, liefert für unsere speziellen Zwecke keine neuen Gesichtspunkte.

Klage: „Das Leben verleitet, das Fleisch verlockt, die Welt umschmeichelt mich“ wörtlich zu nehmen ist und sie als eine Art Maria Magdalena aufzufassen sei, oder mögen wir nur glauben, dass sie „bei plötzlicher Einkehr in sich selbst, ihr Sündenregister mit poetischem Vergrösserungsglase gesehen hätte [1])“ — sicher ist in jedem Falle, dass vor ihrer Klosterexistenz die Erotik in ihrem Leben eine bedeutende Rolle spielte.

Wenden wir uns von den Poesien, die aus Klostermauern drangen, zurück zu Sappho, deren Seelenleben in ihren Dichtungen lebendigen Ausdruck findet. Die Wärme, ja Glut ihres Frauenempfindens bricht selbst aus den spärlich erhaltenen Ueberresten hervor [2]). Nach Poestion [3]) war Sappho mit einem Kaufmann aus Mytilene verheiratet. Während dieses Gatten in den von ihr erhaltenen Gedichten keine Erwähnung geschieht, finden wir in einem Fragment den Ausfluss stolzer Mutterliebe zu der aus der Ehe entsprossenen Tochter Kleis:

„Eine schöne Tochter hab ich, goldenen Blumen
Gleichet in Gestalt sie, meine liebe Kleis,
Nicht ganz Lydien wär mir soviel wert und nicht das
Liebe Lesbos“ — —

Nach dem früh erfolgten Tod des Gatten soll Sappho keine zweite Ehe eingegangen sein, „um ganz unbeirrt von häuslichen und Familiensorgen der Dichtkunst und ihren Schülerinnen leben zu können [4]).“ Hier tritt uns also eine Absorption durch die Kunst, wie wir sie in vergangenen Jahrhunderten nur selten finden, entgegen — sicherlich aber nicht ein Mangel an Liebesfähigkeit und weiblichem Empfinden.

Und gewiss erst recht nicht bei den vornehmsten Dichterinnen der Renaissance. Wir haben schon früher [5]) ausgeführt,

---

[1]) Vergl. Hellwald u. Schneider. Geschichte der niederländischen Litteratur, Leipzig 1887.

[2]) Diese Glut hat wohl teilweise die haltlose Verdächtigung Sapphos bewirkt. Auch mag hier die Verwechselung mit einer andern Sappho mitgesprochen haben. Vergl. Welcker. Kleine Schriften zur griechischen Litteraturgeschichte. Bonn 1843. Siehe auch Richter. Sappho und Erinna. Quedlinburg u. Leipzig 1833. S. 18, 19.

[3]) Vergl. Poestion. Griechische Dichterinnen.

[4]) s. Poestion a. a. O.

[5]) s. oben Teil I 3. S. 33 und 34.

dass die Ansicht, eine männliche Haltung sei das Ideal der Frauen der Renaissance gewesen, nicht allgemein geteilt wird und dass die virago jedenfalls nicht im heutigen Sinne als Mannweib zu fassen ist. Und ganz unverständlich ist, wie betreffs Vittoria Colonna's der Vorwurf erhoben werden kann, sie habe nicht vermocht, die Kluft zwischen dem Weibe als Geschlechtswesen und dem Weibe als Künstlerin und Gelehrte zu überbrücken. Denn wenn ein enger Zusammenhang mit den machtvollen historischen Ereignissen in der Marchesa von Pescara die natürliche Grösse der Auffassung entwickelte, so wusste sie sich doch neben aller geistigen Bedeutung den Schmelz der Weiblichkeit zu wahren.

Ein ganzes Glück scheint Vittoria nicht oder nur kurze Zeit gekannt zu haben. „Ueber dem Verhältnis Pescara's zu ihr", sagt Alfred von Reumont, „liegt ein Schleier, ihr Stolz hat ihn nicht gelüftet, aber die Wahrheit schimmert durch". Das tiefe Gefühl, das sie dem Gatten entgegenbrachte, und von dem ihre Dichtungen noch nach seinem Tode wieder und wieder beredtes Zeugnis ablegen, fand kein volles Echo bei dem Marchese. Gleichwohl trifft sein früher Verlust sie so schwer, dass sie sich ohne Dazwischentreten des Papstes wohl mit ihrem Schmerz in klösterliche Einsamkeit vergraben hätte. Sie ging keine zweite Ehe ein; es war mehr denn Form, dass sie sich nie anders als in Wittwenkleidern zeigte. Eine unendliche Hingabe verrät das Leben dieser Frau, deren hinreissenden Zauber Fortunato Martinengo, ein Edelmann aus angesehener Familie, mit den Worten schildert, „dass aus ihrem Munde Ketten hervorzugehen scheinen, mit denen sie die Zuhörer fesselt[1]).

Was Michel Angelo ihr zu danken hatte und welchen Wert er der Beziehung zu ihr beilegte, sagen uns seine Sonette[2]).

„Hat erst die Kunst, die gottgebor'ne, reine,
Ein Menschenbild erfasst, so formt gemach
In niederm Thon sie den Gedanken nach,
Dass ihre Erstgeburt dem Aug' erscheine.

---

[1]) Citirt bei Reumont. Vittoria Colonna. Freiburg 1881.

[2]) Sie selbst hat in ihm offenbar ebenso sehr den grossen Menschen, wie den Künstler geschätzt: „Pour moi, certes, je ne vous considère pas moins digne d'éloges pour la manière dont vous savez vous isoler, fuir nos inutiles conservations et refuser de peindre pour tous les princes qui vous

Doch in der zweiten erst, im harten Steine,
Erfüllt der Hammer das, was er versprach,
Verklärt und neugeboren kennt hernach

Begrenzung seines Ruhms das Kunstwerk keine.
So kam ich als Entwurf von mir zur Erde,
Bestimmt, dass ich durch Euch, o Frau voll Hoheit
Als ein vollkommnes Werk geboren werde.

Es braucht die Feile, es ergänzt die Lücken
Eu'r Mitleid. Doch verscherzt' ich das in Roheit,
So wendete mir alles Heil den Rücken."

„Vittoria war die Einzige gewesen, die ihm jemals die Seele ganz aufgeschlossen"[1]). Wenn nichts anderes, so würde schon dies Verhältnis für ihre Geisteshöhe bürgen[2]).

Kinder hat Vittoria nie besessen, sie scheint der Hoffnung auf Mutterglück früh entsagt zu haben. Mit Hinblick auf den Marchese del Vasto, dessen Erziehung sie leitete, pflegte sie zu sagen, man könne sie nicht unfruchtbar nennen — denn sie habe ihn aus ihrem Geiste gezeuget. In jedem Fall hat sie also die Bedeutung der Mutterschaft voll gewürdigt, und ihre Treue übers Grab hinaus zeigt die tiefe Innigkeit ihres Empfindens.

Leidenschaftlicher äussert sich das weibliche Fühlen in Gaspara Stampa, deren heisse Mädchensehnsucht eines ihrer Gedichte charakterisiert:

„O mein Geliebter, lass das ew'ge Mühen
Um hohle Ehr' und eitlen Ruhmesflimmer,
Was Du erstrebst, ach! es beglückt uns nimmer,
Derweil für uns der Jugend Rosen blühen.

---

le demandent, que pour n'avoir produit qu'un seul ouvrage en toute votre vie comme vous avez fait . . . ." Vergl. Les Arts en Portugal par le Comte A. Raczynski, Paris 1846. Wenn auch die Unterhaltungen zwischen Vittoria Colonna und Michel Angelo, die uns der Miniaturmaler Francesco d'Ollanda geschildert hat, und die Graf Raczynski teilweise in seinem Buch über Portugal abdruckte, nicht wortgetreu wiedergegeben sein können, so dürfen wir doch immerhin darauf rechnen, dem Sinne nach hier Vittoria Colonna's Auffassung zu hören.

[1]) Grimm. Michel Angelo, Berlin 1879.

[2]) „Ehrerbietung umschlingt dicht die Liebe und lässt die Stimme der letzteren nicht allzu laut werden. Der hohe Geist der Geliebten erscheint als die stärkste Fessel — —" (Michelangelo's Dichtungen und Liebe.) Springer. Raffael und Michelangelo. Leipzig 1883.

Siehst Du im grünen Laub die Früchte glühen?
Sie laden zum Genuss! Ein goldner Schimmer
Umwebt die Welt für uns, so lang noch immer
Aus unsern Blicken Lebensflammen sprühen.

Wozu Dein Streben nach erträumten Ehren,
Die mit dem Tod in leeres Nichts zerfliessen
Und nur des Lebens Last für uns vermehren!

Ist's besser nicht, wir lauschen hier dem süssen
Gesang der Vöglein in den Blütenzweigen
Und stimmen fröhlich ein in ihren Reigen?" [1])

Wie Vittoria Colonna bewahrte Veronica Gambara (1485—1550), die als junge Wittwe zurückblieb, ihrem Gatten durch ein langes Leben ein unvermindert starkes Gefühl [2]). Zugleich wird sie als Erzieherin ihrer beiden Söhne gerühmt. An dem jüngeren Girolamo hing sie mit besonderer Zärtlichkeit. So heisst es in einem Brief von ihr an Ludovico Rossi, dass sie ihm Girolamo nicht allein als ihren Sohn empfehle, sondern wie ein Stück von sich — „was sage ich, ein Stück, er ist ja alles, ich empfehle ihn Ihnen also wie mich selbst, denn er ist Veronica selbst" [3]).

Als einer der besten Menschen ihrer Zeit wird uns Margarethe von Navarra (1492—1549) geschildert. „Sie war tolerant in einem Zeitalter allseitiger Intoleranz. Selbst fromm, achtete sie auch die Ueberzeugungen anderer, auch wenn ihr diese irrig erschienen. Aus dem Hause Valois stammend und Königin, war sie doch die Vorkämpferin der geistigen Freiheit [4])". Margarethe verband hohe Bildung mit einer seltenen Reinheit. Obgleich ihre beiden Ehen nicht glücklich waren, blieb Margarethen's Ruf untadelhaft. Es wäre gänzlich verfehlt, aus dem freien Ton des „Heptameron"

---

[1]) Uebersetzt von K. M. Sauer.

[2]) „1518 am 26. August starb Giberto, aber niemals verminderte sich ihre Liebe zu ihm. Sie wollte sein Gedächtnis dadurch ehren, dass sie trotz ihrer Jugend Wittwe blieb, obgleich sich verschiedene vorteilhafte Partien für sie boten. Sie kleidete sich beinahe immer schwarz, ihre Zimmer waren schwarz ausgeschlagen, ihre Pferde schwarz." Rime e Lettere di Veronica Gambara. Brescia MDCCLIX.

[3]) a. a. S. 171.

[4]) Lotheisen. Margarethe von Navarra. Berlin 1856; siehe auch Arndt: Geschichte der französischen Nationallitteratur von der Renaissance bis zur Revolution. Bd. I S. 31, Berlin 1885.

irgend welche Rückschlüsse auf das persönliche Leben der Verfasserin zu ziehen, statt ihn aus den Sitten der Zeit zu erklären. Uns interessiert vor allem bei Margarethe die Innigkeit ihres Frauenempfindens[1]), die, neben der opferfrohen Liebe für den vergötterten Bruder, am stärksten in dem Gefühl für ihre Tochter Johanna, der einzigen, die ihr das Schicksal von vier Kindern gelassen, zu Tage trat.

Um die Mitte des 16. Jahrhunderts begegnen wir Louise Labé (1526—1566), deren Lebenswandel mit Unrecht verdächtigt zu sein scheint, da schon die Freundschaft mit Clémence de Bourges für sie spricht[2]), und etwa ein Jahrhundert später Mme. Deshoulières, (1638—1694). Wie sehr diese von ihrer Tochter geliebt und bewundert ward, lesen wir in der von Mlle. Deshoulières herausgegebenen Gedichtsammlung der Mutter.[3]) In fast die gleiche Zeitspanne fällt die Wirksamkeit Mlle. de Scudéry's (1608—1701), deren Leben nie eine tiefere Liebesleidenschaft gezeichnet haben soll.[4])

---

[1]) „Mais le trait le plus original de sa nature, c'est la place qu'elle donne aux sentiments. Le cœur en elle mène l'intelligence, elle ne vit que pour aimer et se dévouer.“ Lanson. Histoire de la littérature française, S. 233.

[2]) „Clémence gehörte einer der ersten Familien Lyons an und galt als Muster der Tugend.“ Laur. L. Labé, Strassburg 1873. An Cl. de Bourges ist auch jene Widmung gerichtet, in der Louise Labé die Frau zur geistigen Thätigkeit anzuregen sucht: „Etant le temps venu, mademoiselle, que les sévères lois des hommes n'empêchent plus les femmes de s'appliquer aux sciences et disciplines, il me semble que celles qui ont la commodité, doivent employer cette honneste liberté que notre sexe a autrefois tant désirée à icelles apprendre, et montrer aux hommes le tort qu'ils nous faisaient, en nous privant du bien de l'honneur qui nous en pourait revenir.“ Siehe Discours sur la personne et les ouvrages de L. Labé Lyonaise par M. de Ruolz, Lyon 1750 S. 26; vergl. auch Feugère. Les Femmes poêtes au 16 siècle. Paris 1860. S. 5.

[3]) „Charmée de la beauté de ses ouvrages et pleine d'admiration pour les rares qualités de son âme, je trouverais, en lui rendant justice, la seule consolation qui peut adoucir ma douleur.“ — — — — „pénétrée des grands exemples qu'elle m'a donnés pendant tout le cours de sa vie, d'une solide piété et d'une attachement inviolable à tous ses devoirs“. Poésies de Mme. et Mllc. Deshoulières, Bd. II, Brüssel 1740. Vergl. auch St. Beuve. Portrait de Femmes, Paris 1876. Mme. Deshoulières, S. 372. Vergl. auch Bornhak. Geschichte der französischen Litteratur von den ältesten Zeiten bis zum Ende des zweiten Kaiserreichs. Berlin 1881.

[4]) Unschön in der äusseren Erscheinung, soll Mlle. de Scudéry eine grosse Sittenreinheit, nicht die geringste Koketterie und eine illusionsfreie

Die Nachfolgerin Mlle. Scudéry's, Mme. de La Fayette, (1634 bis 1693) darf als eine der fesselndsten Erscheinungen unter den französischen Dichterinnen bezeichnet werden. Es ist keine Berufsschriftstellerin, die wir in dieser feinen, verschwiegenen Gestalt kennen lernen. Das Schreiben war für Mme. La Fayette nichts als eine höhere Ausspannung, eine edlere Art des Zeitvertreibes. Sie arbeitete langsam, „un peu comme on cause“ [1]).

Ihre beste Schöpfung scheint mit ihrem Frauenleben in nahem Zusammenhang zu stehen. Bereits mit 21 Jahren hatte sich Mme. La Fayette verheiratet. „Le comte de La Fayette était ni bien ni mal, ni spirituel, ni sot, c'était un mari [2])“. Man irrt wohl nicht, wenn man annimmt, dass die Gefühle, mit denen die Princesse de Clève ihren Gatten heiratet („avec moins de répugnance qu'un autre, mais qu'elle n'avait aucune inclination particulière pour sa persone [3]),“ in etwa ihr eigenes Empfinden für den Comte de La Fayette zeigt. Jedenfalls bleibt dieser in der reichen Litteratur, die über Mme. La Fayette Aufschluss giebt, so gänzlich unerwähnt, dass man bis vor kurzem annahm, er sei früh gestorben [4]). Nach Houssonville fällt sein Tod aber erst in das Jahr 1680 — der Graf lebte also noch während der Zeit der weltberühmten Freundschaft seiner Frau mit Rochefoucauld, einer Freundschaft, die nie der Hauch einer Verdächtigung berührt hat und die gleichwohl mehr denn irgend eine andere Beziehung das Frauenleben Mme. de La Fayette's stempelte.

Die Thatsache, dass sie zur Zeit dieses Verhältnisses offenbar noch nicht Wittwe war, wirft neues Licht auf die Frage, wie weit wir in der „Princesse de Clève“ den Wiederhall persönlicher Lebenserfahrungen und Kämpfe annehmen dürfen. Mme. de La Fayette selbst hat ihr Verhältnis zu dem Verfasser der „Maximes“ mit

---

Einsicht in die eigene Hässlichkeit besessen haben. Als der Maler Nauteuil ein allzu vorteilhaftes Bild von ihr machte, schreibt sie: „Nauteuil, en faisant mon image, a de son art divin signalé le pouvoir, je hais mes yeux dans mon miroir, je les aime dans son onvrage.“

[1]) Houssonville. Mme. de La Fayette. Paris 1891.

[2]) Albert. La littérature française au 17 siècle. Paris 1882. S. 340.

[3]) Mme La Fayette. La Princesse de Clève.

[4]) Körting. (Geschichte des französischen Romans im 17. Jahrhundert) erwähnt, dass die Ehe „ziemlich bald durch den Tod des Gatten gelöst wurde“.

den Worten bezeichnet: „M. de La Rochefoucauld m'a donné de l'esprit, mais j'ai réformé son cœur". Und Mme. de Sevigné, die nahe Freundin Mme. de La Fayette's, urteilt, „que nulle passion ne peut surpasser la force d'une telle liaison". Dies alles aber giebt von jener ernsten und über den Rahmen persönlicher Glücksempfindungen eingreifenden Beziehung zweier hervorragender Geister nur ein unbestimmtes Bild, sodass wir im Grunde von dem Roman in Mme. de La Fayette's Leben „eigentlich nur den Titel" wissen [1]). Man hat mehrfach angeführt, dass zur Zeit ihrer Freundschaft Rochefoucauld bereits über fünfzig und seine Freundin mehr denn dreissig Jahre zählte. Ob diese Thatsache für den Charakter der Beziehung wirklich beweisend ist? Man erinnere sich der feinen Frauenbemerkung Mme. La Fayette's über die Relativität unserer Begriffe von Alter und Jugend [2]). Noch einmal: wir kennen nur den Titel von dem Roman Mme. de La Fayette's — aber wenn irgend ein Werk, so verdanken wir die ergreifende Geschichte der tiefen, niedergezwungenen Leidenschaft der Princesse de Clève einem persönlichen Frauenerlebnis, mögen auch die feinen Fäden zwischen Geschaffenem und Erlebtem nicht offen vor uns liegen.

„C'est assez que d'être". Als eine müde, traumhafte Gestalt, „mit der Erde fast nur noch durch ihre Thränen verbunden" — auf diesen Ton gestimmt ward uns lange das Bild Mme. de La Fayette's gezeigt. Wir würden sie heute nicht mehr in Aquarellfarben malen. Allerdings lässt die Thatsache, dass Mme. de La Fayette als politische Agentin im Dienste Savoyens thätig war — wie Briefe, die A. D. Perrero in den Staatsarchiven von Turin entdeckte, zeigen — sich durch persönliche Freundschaft erklären und braucht keinen Flecken auf ihren Charakter zu werfen. Aber zuzugeben ist, dass jene Veröffentlichung immerhin ein neues

---

[1]) „Il y a bien un roman dans la vie de Mme de la Fayette, mais on n'en connait pour ainsi dire que le titre, c'est la liaison avec La Rochefoucauld. On a beau mettre enquête d'indiscrétion contemporaines; il y a comme une conspiration du silence et du respect pour envelopper et protéger l'union des deux amis!" Albert a. a. O. S. 340.

[2]) „Mme de Clève, qui était dans cet âge, où l'on ne croit pas qu'une femme puisse être aimée quand elle a passé vingt-cinq ans, regardait avec un extrême étonnement l'attachement que le Roy avait pour cette Duchesse qui était grand'mère" — — Princesse de Clève.

Licht auf das Wesen der Dichterin fallen lässt[1]). Wir sehen statt der weltfernen, poetischen Erscheinung[2]) eine mit festen Füssen auf dieser wohlgegründeten, sichern Erde stehende Frau, die geeignet erscheint, die wirren Fäden verwickelter Staatsgeschäfte mit leiser, gewandter Hand zu entwirren. Immerhin: die Fähigkeit der Intrigue zugegeben — eine im tieferen Sinne wahrhaftige Natur glauben wir trotzdem in Mme. La Fayette sehen zu dürfen, die Rochefoucauld mit dem Wort „vous êtes vraie“ charakterisiert hat und die in ihrem eigenen Meisterwerk die Heldin mit einer restlosen Aufrichtigkeit begabt erscheinen lässt.

Wir haben schon hervorgehoben, dass Mme. de La Fayette keine Berufsschriftstellerin war. „Elle avait en effet d'autres affaires. La principale était, de veiller a l'établissement de ses fils[3])“. Uebereinstimmend wird sie als treffliche Mutter geschildert. Aber was dem Leben der Freundin Mme. de Sévigné's dauerndes Interesse giebt und ihren Anspruch auf Unsterblichkeit begründet, ist nicht, wie bei dieser, das mütterliche Empfinden und dessen Ausdruck, sondern die Beziehung zu Rochefoucauld und jenes kleine Buch, das — Bild und Zeuge eines starken, vornehmen Frauenempfindens, eines stillen Lebenskampfes — bahnbrechend in die Geschichte des Romans eingriff.

Bleiben wir im Rahmen der historischen Entwicklung, die wir als Leitfaden für die Betrachtung der Frauenschicksale der Vergangenheit nahmen, so treffen wir etwas früher noch als Mme. de La Fayette in Frankreich die erste amerikanische Dichterin, Anna Bradstreet (geb. 1612), die acht Kindern das Leben gab. Diese wird mehr wegen ihres Gedankenreichtums denn als poetische Natur geschätzt.

---

1) Vergl. den geistvollen Artikel Arvède Barine's Mme de La Fayette d'après des documents nouveaux (Revue des Deux Mondes, Paris 1880) und Houssonville's in vieler Hinsicht entgegenstehende Ansicht. Houssonville. Mme. de La Fayette, Paris 1891. S. 100 ff.

2) „suspendue entre le ciel et la terre,“ selon l'expression de Mme de Sevigné, à peine retenue vers la terre par un corps souffreteux et réduit à rien, n'ayant de force ni de volonté pour aucune sorte d'activité, se réglant en toutes circonstances sur un mot qu'elle aimait à répéter: C'est assez que d'être.“ Arvède Barine a. a. O. S. 386.

3) Houssonville. Mme. de La Fayette S. 91. Siehe auch St. Beuve. Portraits de Femmes, Paris 1876. Mme. de La Fayette S. 255.

Etwas später begegnen wir in England der bekannten und berüchtigten Aphra Behn (1642—1689), aber erst im 18. Jahrhundert hören wir in Deutschland Frauennamen von einiger Bedeutung für die Dichtung.

Ist Anna Maria Karschin[1]) (1722—1791) nur als gewandte Reimerin zu beurteilen, so kann Frau Gottsched (1713—1762) litterarisches Verdienst nicht abgesprochen werden.[2]) Und in ihr erkennen wir eine durchaus mütterliche Natur, der durch Kinderlosigkeit die volle Bethätigung ihrer Persönlichkeit versagt blieb. „Welche Beschäftigung kommt dieser (Kindererziehung) gleich und welche belohnt so reichlich wie diese?" Und gegen die Baronin Kielmansegg spricht sie aus, wie sie ihrem ganzen gelehrten Dasein entsagen würde, wenn sie ein Kind hätte, „denn auf dieses würde ich meine ganze Zeit verwenden"[3]).

Mütterlichkeit war auch ein wesentlicher Zug der ersten Frau, die als Romanschriftstellerin in Deutschland sich einen Ruf erwarb, ja, Mütterlichkeit hat deren bekannteste Schöpfung inspiriert. Als Sophie La Roche (1731—1807) sich von ihren beiden Töchtern trennen musste, da diese in Strassburg erzogen werden sollten, geriet sie in tiefe Schwermut und schrieb auf Rat eines Freundes die Empfindungen ihres schmerzlich erregten Gemütes nieder. Sie „wollte sich ein papiernes Mädchen erziehen, weil sie ihre eigenen nicht mehr bei sich hatte".[4]) So entstand „die Geschichte des Fräulein von Sternheim", der erste deutsche nach englischem Muster geformte Frauenroman[5]).

---

[1]) Uebrigens soll Anna Marie Karschin nach Kohut keine warmherzige Mutter gewesen sein. „Leider muss hier gesagt werden, dass Anna Louise gleich ihrer eignen Mutter eine ziemlich hartherzige Mutter war. Als ihr nach zweijähriger Ehe ein Kind geboren wurde, hasste sie das unschuldige Wesen, weil es die Gestalt des Vaters hatte, und nie konnte sie den Widerwillen überwinden, den diese Aehnlichkeit in ihr erregte." Kohut. Anna Louise Karschin. Dresden u. Leipzig 1888.

[2]) Vergl. Adalbert von Hanstein. Die Frauen in der Geschichte des deutschen Geisteslebens des 18. und 19. Jahrhunderts. Leipzig 1899.

[3]) Cit. bei Schlenther. Frau Gottsched und die bürgerliche Comödie. Berlin 1896.

[4]) L. Assing. Sophie von La Roche, Berlin 1859.

[5]) Vergl. Lachmansky. Die deutschen Frauenzeitschriften des 18. Jahrhunderts. Berlin 1900.

Wie Sophie's litterarische Produktion durch ihr Muttergefühl angeregt ward, so schildert Goethe, dass ihr, der sich sonst stets Gleichen, die „alles auf gleiche Weise erwiderte", nur der Anblick ihrer beiden Söhne oft einen andern Ausdruck ablockte. Und als sie einst ihren alten Freund Wieland in Biberach besuchte und er voll Aerger, dass seine kleine Tochter ihn beim Vorlesen stört, das Kind heftig hinauswirft, gerät sie in hellen Zorn: „Ewig will ich von Ihrem „Idris" nichts mehr hören noch sehen! Ich danke dem Himmel, dass er mir Sie nicht zum Gatten gegeben hat! — Mein Wagen soll vorfahren. — — Wem seine Verse mehr sind als seine Kinder, wer mehr Dichtereitelkeit als Vaterliebe bezeigt, der ist mein Mann nicht"[1]).

Es ist schwer mit dem Bilde, welches uns von Sophie La Roche als Mutter entworfen wird, zu vereinen, dass sie ihre Töchter an so wenig geeignete Männer verheiratete. „Könnte Dr. Wolff den Tochtermann sehen, dem die Verfasserin der Sternheim ihre zweite Tochter aufhängen will", schreibt Frau Rat Goethe entrüstet an die Herzogin Amalie, „so würde er nach seiner sonst löblichen Gewohnheit mit den Zähnen knirschen und ganz gottlos fluchen. Gestern stellte sie mir das Ungeheuer vor — grosser Gott! wenn mich der zur Königin der Erden (Amerika mit eingeschlossen) machen wollte, so — ja so — gäbe ich ihm einen Korb. — Eine Frau wie die La Roche, von einem gewiss nicht gemeinen Verstand, von ziemlichen Glücksgütern, von Ansehn, Rang u. s. w., die es recht drauf anfängt, ihre Töchter unglücklich zu machen — und doch Sternheime und Frauenzimmerbriefe schreibt!"[2]) Man könnte versucht sein, Sophie La Roche hiernach Phrasentum und Unwahrheit vorzuwerfen, aber mit Unrecht. Alle Berichte — selbst die wahrlich nicht von Wohlwollen gefärbte Schilderung in Francis Burney's Tagebuch — zeigen Sophie La Roche als eine durchaus aufrichtige Natur.

Wir sind heute schwerlich geneigt, ihrer Eigenart besonders zu huldigen und doch begreifen wir auch in unserer wenig empfindsamen Zeit noch den Zauber, der sie umschwebte, wenn wir Bettina's anmutige Schilderung lesen: „Ei, wie fein ist doch die Grossmutter, alle Menschen sehen gemein aus ihr gegenüber.

---

[1]) Citirt bei Assing a. a. O. S. 130.
[2]) Citiert bei Assing a. a. O., S. 196.

Wenn sie im Garten geht, da biegt sie alle Ranken, wo sie gern hinmöchten, sie kann keine Unordnung leiden, kein verdorbenes Blatt, ich muss ihr alle Tage die absterbenden Blumen ausschneiden“.

Besonderes Interesse besitzen die persönlichen Schicksale der drei schon erwähnten Zeitgenossinnen Sophie la Roche's, deren jede Anspruch auf litterarische Bedeutung erheben kann: Elisabeth Becker-Wolff (1738—1804), Anna Marie Lengreen (1754—1817) und Mme. d'Arblay (1752—1840).

Es ist eine sympathische Persönlichkeit, die uns in der warmherzigen und heiteren Bethchen Wolff begegnet. Sie hat nie den Hehler eigener Fehler gemacht. Offen scherzt sie über ihre schlechten Verse, „recht erbärmliche Reime“, wie über ihre Gefallsucht. Als junges Mädchen ist sie mit einem Fähnrich aus dem elterlichen Hause entwichen — vielleicht erklärt dies die später geschlossene Ehe mit dem 30 Jahre älteren Prediger Wolff, dem sie aufrichtig zugethan war, wenn sie neben ihm wohl auch noch andere, aber harmlose Neigungen empfunden zu haben scheint.

„Hätte ich ein Kind, ich wollte nichts anderes denken.“ Diese Sehnsucht fand nie Erfüllung, aber vor den Gefahren ihres Temperaments schützte sie später die mit intensiver Kraft erfasste litterarische Bethätigung. Jonckbloet hat eine hübsche Beschreibung ihrer Lebensweise, zum Teil mit ihren eigenen Worten, gegeben. Sowohl der Eifer in ihren häuslichen Pflichten, wie auch die Ruhe, deren sie für ihre Arbeiten bedurfte, wird aus dieser Schilderung ersichtlich. „Im Sommer schrieb sie vorzugsweise gern in ihrer grünen Laube. Im Winter war der Abend für litterarische Arbeit bestimmt. Wenn sie auch über Tag gern in ihrem Zimmer, bei ihren „Karten, Bildern, Büchern“ war, so versäumte sie doch nicht, „auch als Frau ihre Pflicht“ zu erfüllen und hielt es durchaus nicht unter ihrer Würde, an der Wäsche zu helfen; sie war der Meinung, dazu sei sie beim Eintritt ins Ehejoch angenommen worden. Wenn das Theegeschirr weggeräumt, das Licht angesteckt, das Feuer aufgeschürt war, ging jeder an seine Arbeit. Der grüne Lichtschirm und das Licht steh'n zwischen unsern Pulten aufgericht't, auf dem Tische manches Buch ich seh'; dann heisst's: „Ich grüss dich, Dominé!“ — „Und ich dich, mein Kind; bis um halb zehn!“ — Das Dienstmädchen, das abends nichts zu thun hatte, musste sich ruhig verhalten, denn die „Juffrouw“ wurde auch vom mindesten Geräusch gestört [1].“

Ob Bethchen in dem ersehnten „Haus voll Kinder“ nicht eine grosse Erschwerung ihrer für die Litteratur ihres Vaterlandes so wichtigen Thätigkeit gefunden hätte? Jedenfalls fällt der Teil ihrer Arbeiten, der von dauernder Bedeutung war: ihre Romane, erst in die Jahre, da sie Wittwe war und mit Agathe Decken zusammen lebte und arbeitete. 1777 war Adrian Wolff gestorben, und erst später erschien „Die Historie von Mejuffrouw Sara Burgerhart“, die „das Eis für die niederländische Romantik gebrochen“ hat. Eine völlige Gemeinsamkeit des äusseren und inneren Lebens verband Elisabeth Wolff und Agathe Decken bis zu dem Tode der ersteren, den die Freundin nur wenige Tage zu überleben vermochte. Schon dies ungewöhnliche Verhältnis bürgt für die Innigkeit von Bethchen Wolff's Gefühlsleben.

Kinderlos gleich ihr war auch Anna Marie Lengreen (1754 bis 1817), deren Furcht, „als gelehrtes Frauenzimmer zu gelten“, uns etwas übertrieben anmutet. Man kann das Wort: „Sieh dies Weib im engen Kreis nur seine Pflicht erfüllen wollen, sie ist zufrieden mit dem Preis, den wir der Frau und Mutter zollen [2])“, in dem man ihre Lebensweisheit zusammenfasste, anerkennen, ohne ihr Verbergen „der Leier unter dem Nähtisch“ besonders zu schätzen. Schon ihre eigne Gestaltungskraft und die Stärke ihres künstlerischen Triebes hätten ihr für die Berechtigung des dichterischen Schaffens der Frauen bürgen dürfen [3]).

Von den nordischen Schriftstellerinnen, deren Frauenleben wir streifen möchten, ehe wir uns zu der dritten grossen Zeitgenossin Sophie La Roche's, Mme. d'Arblay, wenden, ist Friederike Bremer unverheiratet geblieben. „Die Bestimmung des Weibes, Mutter

---

[1]) Jonckbloet. Geschichte der niederländischen Litteratur, Bd. II, S. 497 Leipzig 1872.

[2]) Siehe Schweitzer. Geschichte der skandinavischen Litteratur. Leipzig 1888. Teil II. Siehe auch über Anna Marie Lengreen, Marnier. Histoire de la Litérature en Danemark et en Suède. Paris 1839.

[3]) Warburg (Anna Marie Lengreen, Stockholm 1887) meint, die Thatsache, dass in den ersten 10—12 Jahren ihrer Ehe Gedichte von ihr anonym erschienen seien, erkläre sich dadurch, dass sie empfindlich war, „für die Nadelstiche, welche Missgunst und Vorurtheil ihr versetzt haben.“

und Lehrerin unseres Geschlechts zu werden, wusste keiner in ihrer vollen Bedeutung höher zu schätzen als Friederike, wie aus ihren früheren Schriften und ihrer Wirksamkeit im Leben bekannt ist; aber seit ihrer Zurückkunft von Amerika war sie vor allem andern darauf bedacht, den schwedischen Frauen Freiheit und Thätigkeit nach aussen zu verschaffen[1]."

In der späteren schwedischen Novellistin Charlotte Leffler (geb. 1849), der Herzogin von Cajanello, finden wir schon den Wesenscharakter der modernen Frau. Wenn sie auch in ihrer ersten Ehe kinderlos war, so hat doch die Belastung und Zersplitterung durch die Pflichten des Haushalts ihr manch tiefe Klage abgepresst. „Ich kann nicht darauf rechnen, auch nur eine einzige Stunde des Tages vollkommen ungestört zu sein. Ich möchte am liebsten gewisse Stunden eine noch so interesselose Arbeit verrichten, wenn ich nur in den übrigen Stunden ungestört sein könnte, als auf diese Art meine ganze Zeit zu zersplittern, ohne dass ich irgend etwas Nützliches damit ausrichte[2]." Des Glückes der zweiten Ehe und der Mutterschaft, die ihr nun zu Teil ward, hat sich Anna Charlotte nur kurze Zeit erfreuen dürfen. Aber wenn auch der Zwiespalt zwischen der Mutter und der Schaffenden noch nicht in ihren Schöpfungen zum Ausdruck kommt, so doch der Konflikt zwischen Weib und Künstlerin in „Eine Sommergeschichte".

Von den übrigen skandinavischen Schriftstellerinnen ist Frau Gyllenburg's Verhältnis zu ihrem Sohne aus erster Ehe, dem späteren Schriftsteller Heiberg, beachtenswert — ein Verhältnis, in dem zu der warmen Herzensbeziehung eine ernste geistige Gemeinschaft trat. Erst durch den Einfluss des Sohnes, in dessen Zeitschrift ihre erste Arbeit erschien, trat sie, bereits 54 Jahre alt, mit ihren Werken an die Oeffentlichkeit. Ihre Liebe zu Heiberg erstreckte sich auch auf dessen Gattin, die berühmte Schauspielerin Louise Heiberg, die uns erzählt, welch' „vortreffliche Lehrmeisterin" sie in der Mutter ihres Mannes fand[3].

---

[1]) S. Charlotte Quidding, geb. Bremer. Lebensschilderung, Briefe und nachgelassene Schriften Friederike Bremer's. Leipzig 1868.

[2]) Ellen Key. Anna Charlotte Leffler. Stockholm 1893, S. 36.

[3]) S. Johanne Louise Heiberg. Kopenhagen 1891, Bd. I, S. 249.

Wenden wir uns nun zu Mme. d'Arblay, so treffen wir bei ihr eine überraschende Nichtachtung dem eigenen Können gegenüber. Fünf Jahre hat Francis Burney aus ihrer schriftstellerischen Existenz streichen müssen, um als Königin Charlotte's Hofdame Gesundheit und Persönlichkeit zu opfern. Was es bedeutet, dass die 34jährige Verfasserin der „Evelina" freiwillig solch „fünfjähriges Sklaventum", um mit Macaulay zu reden, auf sich nahm — ein Sklaventum, das jeden Versuch einer Bethätigung ihrer eminenten Beanlagung erstickte — wird erst ersichtlich, wenn wir uns den ungeheuren Erfolg von Francis Burney's erstem Romane vergegenwärtigen. „Ihr Auftreten," urteilt Macaulay, „bezeichnet eine wichtige Epoche in der Geschichte unserer Litteratur[1]. ‚Evelina' war die erste von einer Frau geschriebene Erzählung, welche eine Schilderung von Leben und Sitten enthielt, wie sie wirklich bestanden und zu bestehen verdienten."

Und wir müssen andrerseits hinzufügen, dass Francis Burney, als sie ihre Wahl traf, sich über die litterarische Urteilsfähigkeit des Herrscherpaares, an dessen Hof sie gezogen ward, nicht im Zweifel befand. Sie selbst hat uns in ihrem Tagebuch solch verblüffende Proben dieser Urteilsfähigkeit gegeben, dass wir uns nicht versagen können, einen Teil einer Unterhaltung zwischen Francis Burney und dem König anzuführen, die dem Eintritt in die Stellung bei Hofe vorausging. Francis schreibt, wie der König im Gespräch auf Shakespeare kam. „Was there ever," cried he, „such stuff as great part of Shakespeare? Only one must not say so! But what think you? — What? Is there not sad stuff? What? — what?" — „Yes, indeed, I think so, Sir, though mixed with such excellences, that —" „Oh!" cried he, laughing good-humouredly, „I know it is not to be said but it's true. Only it's Shakespeare, and nobody dares abuse him[2]."

---

[1]) Macaulay. Mme. D'Arblay. (Deutsch bei Reclam.)

[2]) Die Unterhaltung mit der Königin ist ebenso lehrreich: „Do you like the „Sorrows of Werther?" — — „J have not read it, ma'am, only inpart." „No? Well, I don't know how it is translated but it is very finely written in German, and I can't bear it." „I am verry happy to hear that, for what I did look over made me determine never to read it. It seemed only written as a deliberate defence of suicide." „Yes, and what is worse, it is done by a bad man for revenge."

Fügen wir hinzu, dass keine ökonomische Notlage Francis Burney zu jenem Schritt zwang und dass der materielle Nutzen für sie — vor allem gegenüber der allerdings unvorhergesehenen Schädigung der Körperkräfte — gleich Null war.

Achtung vor der eigenen Geisteskraft und Verantwortlichkeitsgefühl gegenüber dem verliehenen Pfunde der Natur — diese Lehre der Frau endlich, endlich in Fleisch und Blut übergehen zu lassen, mahnt mit Flammenschrift die Geschichte von Francis Burney. Sie ist später glückliche Frau und Mutter geworden, aber die Werke aus jener Zeit, zum Teil infolge des langen Aufenthalts in Frankreich, haben geringen Wert. Was ihr persönliches Schicksal für die Geschichte der Frau zu einer ernsten Mahnung werden lässt, ruht auf jenem andern Gebiet.

Wir haben in Francis Burney die Erste in der langen Reihe tüchtiger Romanschriftstellerinnen englischer Sprache vor uns, von denen zunächst Miss Edgeworth Erwähnung verdient, mehr aber noch die ebenfalls unverheiratete Jane Austen.

Jane Austen (1775—1817), diese liebenswürdige Künstlernatur, die leider die Zeit ihrer vollen Würdigung nicht mehr erlebte, hatte zu Kindern ein ganz besonders herzliches und reizvolles Verhältnis. „Aunt Jane was the general favorite with children,“ berichtet eine ihrer Nichten[1]). Dieser Zug stimmt zu der heiteren sympathischen Erscheinung, als die uns Jane Austen in allem, was wir von ihr hören, entgegentritt. Ihr gab nicht, „was sie wusste, sondern was sie war,“ ihr fesselndes Sondergepräge[2]). „I think I may boast myself to be with all possible vanity the most unlearned and uninformed female who ever dared to be an authoress,“ schliesst sie einen ihrer reizenden Briefe[3]). Bescheiden, aber bestimmt auch in ihrer litterarischen Eigenart, antwortet sie auf

[1]) Und eine andere erzählt: „She was the one, to whom we always looked for help — As a very little girl I was always creeping up to aunt Jane, and following her, whenever I could, in the house and out of it. I might not have remembered this but for the recollection of my mother's telling me privately that I must not be troublesome to my aunt. Her first charm to children was great sweetness of manner. She seemed to love you, and you loved her in return.“ J. E. Austen Leigh. A memoir of Jane Austen. London 1871.

[2]) Austen Leigh a. a. O.

[3]) Vergl. Letters of Jane Austen Bd. II, London 1884.

einen ihr erteilten Rat, es wäre ihr unmöglich — es sei denn zum Zweck des Broterwerbs — einen „ernsthaften“ Roman zu schreiben.

Welch scharfer Gegensatz zwischen Jane Austen und der Frau, die ihr ausser George Eliot in England vielleicht in litterarischer Bedeutung auf dem Gebiet des Romans am nächsten kommt: Charlotte Bronté (Currer Bell). Die Geburt der Verfasserin von „Jane Eyre“ fällt schon in jene Zeitspanne, die uns eine Reihe bedeutender weiblicher Kräfte, sowohl auf epischem, wie auf lyrischem Gebiet geschenkt hat. Innerhalb der letzten zwei Jahrzehnte des 18. und der beiden ersten des 19. Jahrhunderts sind Marceline Desbordes-Valmore, Delphine Girardin, Felicita Hemans, Elizabeth Barret-Browning, Annette von Droste-Hülshoff, George Sand, George Eliot, Fernan Caballero, Charlotte Brontë, Fanny Lewald, Louise von François und Magdalene Thoresen geboren[1]).

Auch das Geburtsjahr von Miss Gaskell (1810—1865) und Harriet Beecher-Stowe (1812—1896) fällt in die ersten Jahrzehnte des 19. Jahrhunderts. Gemeinsam ist ihnen, dass es der soziale Untergrund war, der den Ruf ihrer bekanntesten Romane begründete — wenn auch Mrs. Gaskell durchaus nicht Tendenzdichterin war und ihr eine hohe Unparteilichkeit zugeschrieben wird.[2]) Und die Thätigkeit beider Frauen ist eingreifend beeinflusst worden durch den frühen Tod eines ihrer Kinder. Mrs. Gaskell hat erst der zerreissende Schmerz über den Verlust ihres einzigen Söhnchens die Feder in die Hand gedrückt:[3]) „The world has good reason to remember that little ten month's child whose short life brought about such great results,“ schreibt ihre Bio-

[1]) Etwas später — 1830 — ist Marie v. Ebner geboren und Christina Rosetti, die Edmund Gosse als „not one of the most powerful of course, nor one of the most epoch-making“ „but one of the most perfect poets of the age“ bezeichnet. Vergl. E. Gosse. Christina Rosetti. The Century Magazine. June 1893.

[2]) „Shakespeare himself was not more dramatically impartial in his presentation of caracter.“ W. Minto. Mrs. Gaskell's Novels. Fortnightly Review London 1878.

[3]) Es ist bemerkenswert, dass gleich diese erste Novelle „Mary Barton“ „at once established Mrs. Gaskell's reputation!“ Vergl. The Victorian Age of English Literature by Mrs. Oliphant and F. R. Oliphant. London 1892.

graphin Edna Lyall[1]). Mrs. Gaskell wird uns als eine nicht nur zärtliche, sondern überaus gewissenhafte Mutter geschildert. „Es war entzückend,“ urteilt ihre eigene Tochter, „wie ihre Schriftstellerei sich nie mit ihren sozialen und häuslichen Pflichten ins Gehege kam.“ Meist arbeitete sie in der Frühe des Morgens, zuweilen auch spät in der Nacht, „when the house was quiet.“

In die Vereinigung von Harriet Beecher-Stowe's mütterlicher und schriftstellerischer Thätigkeit gewinnen wir gleichfalls genauen Einblick. Was sie zuweilen vermisst, ist die Zeit zum Niederschreiben — während eine Störung der inneren Konzentration nie von ihr betont wird[2]). Ist Harriet Beecher-Stowe auch keine in Wahrheit dichterisch veranlagte Natur, so ist bei der Breite ihrer Wirksamkeit doch interessant, was sie über den Einfluss ihrer Leiden als Mutter auf „Onkel Toms Hütte“ berichtet. „It was at his dying bed and at his grave that I learned what a poor slave mother may feel when her child is torn away from her. — — I allude to this here because I have often felt that much that is in that book (Uncle Tom) had its root in the awful scenes and bitter sorrows of that summer.“

Harriet Beecher-Stowe hat vor allem der zum mindesten äusserst unvorsichtige Angriff auf Lord Byron, diese Versündigung an einem der grössten Genies aller Zeiten, viele Gegner geschaffen. Aber die Innigkeit ihres Empfindens, ihre Gemütswärme gewinnt uns stets wieder. Man lese nur in Harriet Beecher-Stowe's Lebensbeschreibung die Schilderung über die Einwirkung ihrer Mutter auf sie, über deren frühes Hinscheiden, und man versteht, dass selbst eine George Eliot der viel angefeindeten Frau ihre Freundschaft nicht versagte.

---

[1]) Women Novellists of Queen Victoria's Reign. Edna Lyall. Mrs. Gaskell. London 1897.

[2]) Eine ihrer Freundinnen berichtet eingehend von einer komischen Scene, als Harriet von ihr gezwungen wird, einen eiligen litterarischen Beitrag zu liefern und gleichzeitig die Oberaufsicht in der Küche geführt werden muss. Allerdings leitet sich diese Komödie damit ein, dass Frau Beecher-Stowe erklärt, der Herausgeber müsse warten „till I get house cleaning over and baby's teeth through,“ aber ihr Widerstand wird von der energischen Freundin unterdrückt. Siehe Life of Harriet Beecher-Stowe, compiled from her letters and journals by her son Ch. E. Stowe London. 1889. S. 94 ff.

So ist z. B. jene Beschreibung Harriet Beecher-Stowe's, wie ihr kleiner Bruder Henry in der Erde die tote Mutter suchen will, tief ins Herz greifend in ihrer kunstlosen Einfachheit. „They told us at one time that she had been laid in the ground, at another that she had gone to heaven, where upon Henry, putting the two things together, resolved to dig through the ground and go to heaven to find her; for beeing discovered under sister Catharine's window one morning digging with great zeal and earnestness, she called to him to know what he was doing, and lifting his curly head with great simplicity, he answered: ‚Why, I'm going to heaven to find ma'.“ [1]) Das Bild des kleinen Jungen, der in kindlicher Verzweiflung jener impulsiven Regung folgt, die uns alle beim Verluste der Mutter durchzuckt: die Erde aufzureissen, die unser Liebstes birgt — dieses Bild brennt sich ins Herz des Lesers von Harriet Beecher-Stowe's Jugendgeschichte und lehrt ihn, die Verfasserin von Onkel Toms Hütte lieben.

Wenden wir uns zu den Dichterinnen im engeren Sinne aus jener Zeitspanne, so treffen wir neben Mme. Girardin (1804—1855)[2]) in Marceline Desbordes-Valmore (1786—1859) und Elizabeth Barret-Browning (1808—1861) zwei Frauen, die uns als Mütter besonders interessant werden, während Annette von Droste in ihrer stillen Abgeschlossenheit ein fast einzigartiger Zauber umfliesst.

Marceline Desbordes-Valmore's schönste Dichtungen sind aus ihrem Frauen- und Muttergefühl erwachsen — fast möchten wir sagen: aus ihren Leiden als Frau und Mutter. Zunächst entlockt die Untreue des Geliebten, dann der Tod ihres diesem Verhältnis entsprossenen Kindes, „gâge adoré d'un amour qu'elle maudit sans pouvoir l'oublier,“ dieser zarten Seele die holdesten Klänge[3]). Später hat sie das Glück der Gattin und nochmals der Mutter kennen gelernt. Aber wieder ist es der Schmerz — das Zerreissen des

---

[1]) Life and Letters of Harriett Beecher-Stowe. Edited by Annie Fields. London 1897.

[2]) In ihrem Testament findet sich der Vermerk: „J'adopte pour mon fils, Alexandre, toute ma maison et ma famille m'ont vu donner des soins à cet enfant, qui a cinq ans aujourd'hui.“ Vergl. Imbert de St. Amand. Mme. Girardin. Paris 1888.

[3]) Vergl. Rivière. Correspondence intime de Marceline Desbordes-Valmore 1817—1840. Paris 1896.

engen Bandes, das sie mit ihren poetischen Töchtern verknüpfte [1]), — der ihr Klagen von höchster dichterischer Schönheit eingiebt [2]).

Man hat auf Marceline Desbordes-Valmore das Wort der Frau von Chastenay angewandt: „Elle avait l'air d'une âme qui avait rencontré par hasard un corps et qui s'en tirait comme elle pouvait.“ Es ist ein feines, anmutiges Frauenbild, ein durch tief weibliches Empfinden an Qual und Süsse reiches Leben, dem wir in Marceline Desbordes-Valmore begegnen. Wir begreifen, dass diese weiche, scheue Natur vor einer Begegnung mit George Sand zurückschreckte [3]). „J'aime avec effroi cette âme tourmentée qui brûle ses livres. — — Que n'a-t-elle pas souffert pour faire ainsi de l'encre avec ses larmes“! — —

Wie verschieden ist doch das Verhältnis der zeitgenössischen Dichterinnen zu George Sand und welch eigenartige Aufschlüsse giebt es zu ihren Individualitäten! Eine Welt trennt Annette von Droste's schroffe Gegnerschaft und Marceline Desbordes-Valmore's scheues Zurückweichen von der begeisterten Bewunderung George Eliot's [4]) und Elisabeth Browning's [5]). Und doch erkennen wir auch

---

1) „Des deux filles qu'elle perdit, l'une, l'aînée, personne d'un rare mérite, d'une sensibilité exquise jointe à une raison parfaite, était poète aussi la seconde fille de Mme. Desbordes-Valmore, poète également si l'on peut appeler de ce nom la sensibilité elle-même, avait plutôt en elle la faculté de souffrir de sa mère cette faculté isolée, développée encore et aiguisée à un dégré effrayant.“ Siehe St. Beuve. Causeries du Lundi Bd. 14. Poésies inédites de Mme. Desbordes-Valmore.

2) Vergl. Les deux mères (Poésies de Mme. Desbordes-Valmore Bd. I. Paris 1830).

3) Die Aufforderung George Sand's zu einem Zusammentreffen blieb unbeantwortet. Siehe Pougin. La jeunesse de Mme. Desbordes-Valmore, Paris 1898.

4) „It is sufficient for me, as a reason for bowing before her in eternal gratitude to that „great power of God manifested in her,“ that I cannot read six pages of hers without feeling that it is given to her to delineate human passion and its results and (I must say, in spite of your judgment) some of the moral instincts and their tendencies, with such truthfulness, such nicety of discrimination, such tragic power, and withal, such loving, gentle humour, that one might live a century with nothing but one's own dull faculties, and not know so much as those six pages will suggest.“ Brief an Miss Sara Hennel 9. Febr. 1849. George Eliot's Life Bd. I S. 182.

5) „If Madame Dudevant is not the first female genius of any country or age, I really do not know who is.“ Kenyon. Letters of E. Barret Brow-

aus der letzteren Schilderung des buntgemischten Kreises, in dem sie George Sand erblickt[1]), dass ihr eigenes Sein auf einen ganz anderen Ton gestimmt ist, als das der grossen Französin.

Elisabeth Barrett-Browning's Leben gehört zu dem Ergreifendsten, was uns in der Geschichte der Dichtung begegnet. Ein Unglücksfall hat sie früh zur Invalidin gemacht. Als Browning die nun schon berühmte vierzigjährige Dichterin kennen lernt, zweifelt er, ob er sie jemals aufrecht vor sich sehen wird. Dies hindert ihn nicht, sie mit jeder ihm zu Gebote stehenden Ueberredung zu bewegen, sein Weib zu werden. Es ist unmöglich, ihres Vaters Einwilligung zu erlangen; man versucht es nicht einmal, hat er doch bereits in fast krankhaftem Egoismus eine für Elisabeth's Gesundheit notwendige Reise verweigert, weil er jede Trennung seiner Kinder von ihm missbilligte. Heimlich wird der Bund zwischen Browning und Elisabeth geschlossen, und in der Luft des Südens kann sie sich noch eines vieljährigen Zusammenlebens mit Browning erfreuen.

Die Ehe dieser reich begabten Naturen war ein in Wahrheit fesselndes Verhältnis, ja, vielleicht „das vollendetste Beispiel ehelichen Glücks in der Geschichte der Litteratur". Elisabeth nennt ihren Gatten einmal scherzend „the prince of husbands".[2]) Etwas von dem wunderbaren Hauch, der über dieser Ehe lag, weht aus dem Briefe Robert Browning's, der das Hinscheiden der geliebten Frau schildert. „Then

---

ning. — — „Thou large-brained woman and large-hearted man" (To George Sand. A Desire) siehe auch: To George Sand. A Recognition. The Poetical Works of E. Barret-Browning Bd. III.

[1]) „She seems to live in the abomination of desolation, as far as regards society-crowds of ill-bred men who adore her à genoux bas, betwixt a puff of smoke and an ejection of saliva. Society of the raged Red diluted with the lower theatrical. She herself so different, so apart, as alone in her melancholy disdain! I was deeply interested in that poor woman. I felt a profound compassion for her. I did not mind much the Greek in Greek costume who tutoyed her and kissed her, I believe, so Robert said, or the other vulgar man of the theatre who went down on his knees and called her sublime. „Caprice d'amitié," said she, with her quiet, gentle scorn. A noble woman under the mud, be certain. I would kneel down to her, too, if she would leave it all, throw it off, and be herself as God made her. But she would not care for my kneeling; she does not care for me. Perhaps she does n't care for anybody by this time — who knows?" Siehe Kenyon a. a. O. S. 63.

[2]) Vergl. Kenyon a. a. O. Bd. II S. 63.

came what my heart will keep till I see her again and longer — the most perfect expression of her love to me within my whole knowledge of her. Always smilingly, happily and with a face like a girl's and in a few minutes she died in my arms, her head on my cheek. These incidents so sustain me that I tell them to her beloved ones as their right: there was no lingering, nor acute pain, nor consciousness of separation, but God took her to himself as you would lift a sleeping child from a dark uneasy bed into your arms and the light. Thank God! Annunziata thought, by her earnest ways with me, happy and smiling as they were, that she must have been aware of our parting's approach, but she was quite conscious, had words at command, and yet did not even speak of Peni[1]) who was in the next room. The last word was, when I asked: ‚How do you feel?' ‚Beautiful'." [2])

Wie kein Schatten dies fünfzehnjährige Mit- und Ineinanderleben trübte, so scheinen sich auch beide Naturen in der selbstlosen Liebe um das einzige Kind, das ihrer Ehe entspross, begegnet zu sein. Zahllose Aeusserungen in Elisabeth's Briefen zeigen sie als eine überglückliche und überaus sorgsame Mutter. „My child, you never would believe to be my child —" Stolz und entzückt wiederholt sie wieder und wieder, wie stramm und rosig der kleine Bursche sei. „But then Wiedeman is such a darling little creature — who could help loving the child? — Little darling!" u. s. w. Man hört solche Hymnen „aller Orten", aber aus der Feder der Verfasserin des „Schrei der Kinder" — dieses Gedichtes, das in seiner herzergreifenden Klage die englische Arbeiterschutzgesetzgebung beeinflusste — gewinnen sie einen neuen Reiz. Elisabeth Browning scheint eine jener seltenen Naturen gewesen zu sein, die selbst bei äusseren Störungen die poetische Stimmung nicht einbüssen. „Mrs. Browning was then writing Aurora Leigh, and her husband must have been more than ever impressed by her power of work, as displayed by her manner of working. To him, as to most creative writers, perfect quiet was indispensable to literary production. She wrote in pencil, on scraps of paper, as she lay on the sofa in her sitting-room, open to interruption from chance

---

[1]) Ihr Sohn.

[2]) Orr. Life and Letters of Robert Browning. London 1891.

visitors, or from her little omnipresent son; simply hiding the paper beside her if any one came in and taking it up again when she was free.“ [1]) Man muss sich hierbei erinnern, dass Elisabeth Browning „Aurora Leigh“ das reifste ihrer Werke nennt, in welchem sich ihre höchste Anschauungen über Leben und Kunst fänden [2]).

Wie anders mutet uns nach diesem zärtlichen Bilde die einsame Gestalt Annette von Droste's an! „Unter den Vorkiekern des Münsterlandes war sie geboren, unter den schweigsamen, blassblonden, träumerisch blickenden Niedersachsen, denen die Gabe des zweiten Gesichts beschieden ist.“ [3]) Man fühlt den Zauber Annette's schon in der Eigenart des Kindes, die uns „das erste Gedicht“ zeigt. Heimlich schleicht die Kleine die „verpönte“ Wendelstiege zu dem Turm des Stammhauses empor — im Sparren des Daches birgt sie, auf dass es dereinst die Enkel finden mögen, in Goldpapier geschlagen, ihr „allererst Gedicht“ (‚das Lied vom Hähnchen‘).

„Die bis zur Unkörperlichkeit zarte Gestalt“ Annetten's gab ihr schon äusserlich „etwas Fremdartiges, Elfenhaftes“ — fast „wie ein Gebilde aus einem Märchen“ [4]). „Sie ist klein,“ schildert sie Schücking in seinem Brief (März 1843) an seine Braut, die Freiin von Gall, „hat die allergrössten Augen, die ein Mensch gehabt, so lange die Welt steht, und sieht damit in der Nähe die Infusionstierchen in den Wassertropfen, fünf oder sechs Schritte weit aber fast nichts mehr. Sie kleidet sich wie ein bürgerliches Madämchen in ein schwarzes Merinokleid oder sitzt wie eine Türkin in höchster Saloppheit auf einem ungeheuren schwarzen Kanapee, und doch sieht man auf den ersten Augenblick, dass man eine durch Geist und Geburt hochgestellte Dame vor sich hat.“

Wir wissen, dass Annette unvermählt blieb. Im Grunde aber

---

[1]) Vergl. Orr a. a. O. S. 208.

[2]) Siehe Dedication to John Kenyon. E. Barret-Browning. Aurora Leigh.

[3]) Treitschke. Deutsche Geschichte im 19. Jahrhundert, Teil V.

[4]) Schücking. Annette von Droste, ein Lebensbild. Hannover 1862. Allerdings lernte Schücking Annette erst kennen, als ihre erste Jugend vorüber war, doch war sie von früh an kränklich und zart. „Im Verlaufe des Jahres (1815—1816) trat in ihrem Befinden eine Besserung ein, aber des Gefühls völliger Gesundheit hat sie sich wohl niemals wieder erfreut.“ Hüffer. Annette von Droste-Hülshoff. Gotha 1887.

auch nur dieses. Denn über die Regungen ihres Herzens, soweit die Erotik in Frage kommt, hat sie einen undurchdringlichen Schleier gezogen. Wie innig auch ihre Freundschaftsbeziehungen waren — nach den intimsten Erlebnissen ihrer Frauenseele durchforschen wir vergebens die Blätter ihres Lebensbuches. Was wir über eine Jugendliebe Annette's hören, sind mehr oder weniger unbestimmte Vermutungen. Und auch das Verhältnis zu Schücking [1]), das Hüffer treffend als „eigentümlich und nicht mit einem Worte zu bezeichnen" charakterisiert, liegt nicht klar vor uns.

Gerade weil Annetten's dichterische Eigenart eine durchaus moderne ist, berührt ihre scheue Verschlossenheit überraschend. Seltsam und fremdartig grüsst ihre verschwiegene Gestalt in unsere Zeit des rückhaltlosen Bekenntnisses hinein [2]). Der modernen Frau wird gerade das Intimste, das Eigenste Stoff in der gestaltenden Hand. Vielleicht weil ein sicherer Instinkt ihr sagt, dass eben dies Persönlichste, seiner Hüllen entkleidet, künstlerisch erschlossen werden muss, wenn sie der Dichtung der Jetztzeit eine wesentliche Bereicherung bringen soll. „Schreibe mit Blut: und du wirst erfahren, dass Blut Geist ist." [3]) Die moderne Dichterin ist so wenig unkeusch, wie Annette prüde war. Wir begreifen sie aus ihrer Zeit,

---

[1]) Man vergleiche das Gedicht an Schücking, das nach Hüffer entstanden ist, als Schücking mit seiner jungen Gattin Annette auf der Meersburg besuchte und ein Verständnis zwischen den beiden Frauen sich nicht anbahnte:

„Zum zweiten Male will ein Wort
Sich zwischen unsere Herzen drängen,
Den felsbewachten Erzeshort
Will eines Knaben Minne sprengen" —

und den Schluss:

Sieh her, nicht eine Hand dir nur,
Ich reiche beide dir entgegen
Zum Leiter auf verlorner Spur
Zum Liebespenden und zum Segen. —

— — — — — —

[2]) Gewiss hat auch Annetten's Schicksal, wie das jedes Schaffenden, ihre Schöpfungen gefärbt. Aber wie durchaus allgemeiner Natur sind die Schlüsse, die sich aus ihren Werken auf ihr Frauenleben ziehen lassen. Man vergleiche einige der modernen Frauenromane, aus denen ganz individuelle Erlebnisse klagen.

[3]) Nietzsche. Also sprach Zarathustra. Vom Lesen und Schreiben.

wie uns aus der unsrigen, und indem wir uns gerecht sind, werden wir es ihr.

Immer wenn wir Annetten's gedenken, steigt ein einsames Dünenbild vor uns auf — der weissgelbe Sand ist so einförmig, die Vegetation spärlich, ohne Farbenkraft — in weiter Ferne dehnt sich der endlose Meeresstrand. So still ist es, so reglos still! Und doch blickt uns eine Welt voll Grösse aus dieser stummen, glutlosen Landschaft entgegen — und eine Welt wird in uns aufgewühlt.

Wenn uns Annette auch nicht vergönnt hat, ihr persönliches Schicksal klar zu erkennen, so dringt doch die Innigkeit ihres Frauenempfindens wohlthuend und erwärmend aus ihren Dichtungen zu uns. Keiner hat die Bedeutung der Frau als Hüterin des jungen Geschlechts ernstlicher gewürdigt, als Annette von Droste:

„Vor allem aber pflegt das anvertraute
Das heil'ge Gut, gelegt in eure Hände,
Weckt der Natur geheimnisreichste Laute,
Kniet vor des Blütes gnadenvoller Spende" [1])

Und keiner hat das Einzige, Unersetzliche der Mutterliebe tiefer empfunden, als sie:

„Wer wird dann mein gedenken,
Wenn ich nun gestorben bin? — —
— — — — — —
— — — — — —
Ich hab, ich hab eine Mutter,
Der kehr ich im Traume bei Nacht,
Die kann das Auge nicht schliessen,
Bis mein sie betend gedacht;
Die sieht mich in jedem Grabe,
Die hört mich im Rauschen des Hains,
O, vergessen kann eine Mutter,
Von zwanzig Kindern nicht eins! [2])

Wie Annette von Droste, so sind auch Luise Hensel und Louise von François unverheiratet geblieben — letztere wohl grossenteils in Folge schlechter ökonomischer Verhältnisse, die zur Aufhebung ihrer Verlobung mit einem jungen Offizier führten. Die Schriften Louise François' entstanden unter dem Druck materieller Not. Sie schrieb am Krankenbette unter quälendsten Verhältnissen, um ihren

[1]) An die Schriftstellerinnen in Deutschland und Frankreich.

[2]) Sylvesterabend.

Eltern eine bessere Pflege zu ermöglichen. Und wie sie eine hingebende Tochter war, so ist auch der mütterliche Trieb in ihr unverkennbar: die tiefe Liebe zu ihrem Neffen Leo — dem Sohn ihres Halbbruders — legt hiervon beredtes Zeugnis ab.

Von den andern grossen Romanschriftstellerinnen[1]), deren Geburt in jene Jahrzehnte um die Jahrhundertwende fällt und von denen zwei zu den führenden Geistern ihrer Nation gehören, hat nur George Sand Kinder besessen.

Fanny Lewald, die zwar nicht als künstlerische Kraft, aber wegen des starken Einflusses, den sie ausübte, besondere Erwähnung verdient, ward niemals Mutter.

Charlotte Brontë starb, wenige Monate nach der Eheschliessung, während der Schwangerschaft. Sie wollte nicht glauben, dass sie von ihrem Gatten scheiden müsste, den sie „the tenderest nurse, the kindest support, the best earthly comfort, that ever woman had“, nannte: „I am not going to die, am I? He will not separate us, we have been so happy.“[2]) Mrs. Gaskell hat in einer wegen ihrer Rückhaltlosigkeit viel angefeindeten Biographie die unendlichen Qualen von Charlotte Brontë's früherer Existenz geschildert. Ihr Leben wird als eines der traurigsten betrachtet, die uns in der Geschichte der Litteratur begegnen. „She never knew her mother, her father was far more a trial than a comfort; all her life through she must have been full of dread for him as to what he might do or become, her only brother died a drunkard and disgraced; her sisters' lives were tortured by poverty and dependence, and they died young, joyless and disappointed. Nor did love ever smile upon her life; its agitations she knew and all its thwarting currents of desire, but never was she allowed to dwell in the

„Fair house of joy and bliss
Where truest pleasure is.“

For those who have led the lives of Charlotte, Emily and Anne Brontë rest is best“[3]).

---

[1]) Die Tochter der Gräfin Ida Hahn-Hahn (deren Briefe übrigens ihre Romane überragen) hat, obwohl körperlich gelähmt und geistig unentwickelt, stets in der Gräfin eine liebevolle Mutter gefunden.

[2]) Siehe Gaskell. The Life of Charlotte Brontë. Leipzig.

[3]) Augustine Birrel. Life of Charlotte Brontë. London 1887. Siehe auch Clement Shorter. Charlotte Brontë and her cèrcle London 1896.

Auch über Fernan Caballero's (Cäcilie Böhl de Faber) Frauenleben hat kein guter Stern gestanden. Sie ist dreimal verheiratet gewesen. Von den Qualen ihrer ersten kurzen Ehe mit dem schönen aber rohen Offizier Planells de Bardaxi finden wir ergreifende Spuren in ihrem Roman „Clemencia". In welchen Abgrund erlebter Leiden lässt die Beschreibung der blind wütenden Eifersucht des Ehemannes blicken, die selbst vor der niedrigsten Grausamkeit nicht zurückschreckt! Auch die zweite Ehe, an sich glücklich, aber ebenfalls kinderlos, ward schon nach dreizehn Jahren durch den Tod des Gatten gelöst. Als Cäcilie sich in reiferen Jahren nochmals verheiratete[1]), soll im Hintergrund ihres Fühlens die geheime Hoffnung mitgewirkt haben, vielleicht endlich noch das Glück der Mutterschaft kennen zu lernen[2]). Eine durch und durch weibliche Natur, hat Cäcilie Böhl de Faber während eines langen Lebens darunter gelitten, dass ihr Kinder versagt blieben.

In George Eliot und George Sand begegnen wir jenen beiden grossen Frauengestalten, die — an der Pforte der Gegenwart — eine eminente Wirkung nicht nur als Dichterinnen, sondern auch als Persönlichkeiten hatten. George Eliot's Leben ist eines der interessantesten und anregendsten, denen wir in der Geschichte der modernen Litteratur begegnen. Wenigstens wenn wir es in Zusammenhang betrachten mit dem Einfluss, den sie ausübte, und mit der Beurteilung, die sie gefunden hat.

Ein tiefes Liebesbedürfnis scheint von Jugend auf in Marie Ann Evans gelebt zu haben, zugleich eine Neigung, „jemandem alles zu sein". Diese Züge sind wichtig, da sie manches sonst schwer Verständliche in ihrem späteren Leben begreifen lassen. Trotz dieser tiefen Wärme ihrer Natur ward sie 37 Jahre alt, ehe sie eine intimere Verbindung mit einem Manne einging. Sie war nie hübsch gewesen, wenn auch der seelenvolle Ausdruck ihrer Augen gerühmt wird[3]). „Miss Evans", erzählt Anton Springer,

---

[1]) Ihr dritter Gatte musste sich infolge ungünstiger materieller Verhältnisse lange von ihr trennen und nahm sich endlich infolge eines neuen Schicksalsschlages in Verzweiflung das Leben.

[2]) Vergl. Bonneau-Avenant. Deux Nouvelles andalouses de Fernan Caballero précédés de sa vie et de ses œuvres. Paris 1882.

[3]) Aus diesem Mangel äusserer Vorzüge erklärt Lady Blennerhasset

der sie zu einer Zeit kennen lernte, da sie noch nicht berühmt war, und ihr offenbar kritisch gegenüberstand, „machte einen bedeutenden, aber keinen angenehmen Eindruck. Das einfach zurückgestrichene Haar liess die ohnehin hohe breite Stirn noch mächtiger erscheinen, ihre kalten, wenn mich die Erinnerung nicht täuscht, grauen Augen bohrten sich förmlich in die Seele des Zuhörers ein, die feinen zusammengepressten Lippen deuteten mühsam unterdrückte leidenschaftliche Empfindungen an. Ihre Bewegungen wie ihr Minenspiel waren scharf und bestimmt, es fehlte ihnen aber die anmutige weibliche Weichheit.“ [1])

Der Begegnung mit George Lewes ward für Mary Ann Evans von eingreifendster Bedeutung. Lewes war zwar verheiratet, lebte aber von seiner Frau, die sich seiner unwürdig erwiesen hatte, getrennt; ihm fehlte indessen die gesetzliche Handhabe, von ihr auch der Form nach geschieden zu werden [2]). Unter dem Zwange dieser äusseren Unmöglichkeit entschloss sich Mary Ann Evans, auch ohne die gesetzliche Sanktion ihr Leben mit dem Lewes' zu verknüpfen. Wie sie selbst über diesen Schritt dachte und dass sie ihre Verbindung als Ehe auffasste, zeigen folgende Stellen aus einem Briefe an ihre Freundin Miss Bray (Sept. 1855): „If there is any one action or relation of my life which is and always has been profoundly serious, it is my relation to Mr. Lewes“. — — „Light and easily broken ties are what I neither desire theoretically nor

---

scharfsichtig, dass George Eliot so schwer an eine ihr geschenkte Zuneigung glaubte. Siehe Lady Blennerhasset. George Eliot. Deutsche Rundschau 1885.

[1]) Vergl. Anton Springer. Aus meinem Leben. Siehe auch Druskowitz. Drei englische Dichterinnen. Berlin 1885. S. 195.

[2]) „In 1835 Marian Evans became the wife of George Henry Lewes. He had married at an early age a woman possessed of many charms of person. They went to live in a large house at Kensington with five other young couples keeping house on a co-operative arrangement, with many attractions of social entertainment therewith. One result was the desertion of her home by Mrs. Lewes in connection with one of the men into whose company she was constantly thrown by this manner of life. She soon repented, and Lewes forgave her, receiving her back to his home. A second time, however, she left him. His having condoned her fault made it impossible for him to secure a divorce according to the laws of England at that time. He seems to have done what he could to retain her faithful devotion to her marriage relations, so long as that seemed possible.“ George Willis Cooke. George Eliot. London 1883. S. 40.

could live for practically. Women who are satisfied with such ties do not act as I have done. That any unworldly, unsuperstitious person who is sufficiently acquainted with the realities of life can pronounce my relation to Mr. Lewes immoral, I can only understand by remembering how subtle and complex are the influences that mould opinion." — „We are working hard [1]) to provide for others better than we provide for ourselves, and to fulfil every responsibility that lies upon us." [2])

Was nun folgte, waren fünfundzwanzig Jahre engster geistiger und seelischer Gemeinschaft — Jahre, in denen George Eliot, die sich bis dahin überhaupt noch nicht auf dem Gebiet des Romans versucht hatte, ihr wunderbares Talent entdeckte. Und zwar unleugbar unter der Anregung und Ermutigung von Lewes, der mit „fast mütterlicher Zärtlichkeit" [3]) über ihr wachte und ihr jede quälende Erregung, so weit es in seiner Macht stand, fernhielt. Was ist Ehe, wenn nicht diese feste, innige Verbindung, die durch die Flucht der Jahre nur noch fester, nur noch inniger ward [4])? Und doch ist dies Verhältnis der Gegenstand ernstester Angriffe geworden. Die nächsten Freunde von Mary Ann Evans waren

---

[1]) Diese Stelle bezieht sich vor allem auf die Söhne von Mr. Lewes, für die es zu sorgen galt.

[2]) George Eliot's Life, edited by her husband I. W. Cross. Bd. I. S. 291, 292, 393. Siehe auch Westminster Review 1887. George Eliot's Life and Workings S. 162. „That union was from the first regarded by themselves as true marriage, as an alliance of a sacred kind, having a binding and permanent caracter. When the fact of the union was first made known to a few intimate friends, it was accompanied with the assurance that its permanence was already irrevocably decreed."

[3]) Vergl. Simcox. George Eliot. Nineteenth Century 1881.

[4]) Es ist von anderer Seite darauf hingewiesen worden, Lewes habe ein mehr als gewöhnliches Mass von Selbstsucht besessen. Die von Lady Blennerhasset (George Eliot, Deutsche Rundschau 1885) citierte Schrift: John Moreley The Life of George Eliot (Macmillan's Magazin 1885), die diese Behauptung enthalten soll, vermochten wir nicht einzusehen, da sie im Buchhandel vergriffen ist und sich in den uns zugänglichen Bibliotheken nicht fand. Nach genauer Durchsicht anderer einschlägigen Quellen konnten wir nur zu der Ueberzeugung gelangen, dass Lewes — sofern man nicht aus der Thatsache, dass er überhaupt mit George Eliot ein illegitimes Verhältnis einging, einen Vorwurf gegen ihn erheben will — in durchaus selbstloser Weise ihr gegenüber handelte.

mehr denn befremdet, dass sie, die die Heiligkeit der Ehe so hoch hielt, sich zu diesem Schritt entschlossen hatte. Es vergingen Jahre, in denen sie, wie Lady Blennerhasset bemerkt, „die Welt ausschliessen musste, um nicht von ihr ausgeschlossen zu werden“. Es empört und quält noch heute, wenn wir hören, dass George Eliot die ersten Frauen, die sich ihr später näherten, mit überströmender Dankbarkeit und Freude begrüsst haben soll. Das Verhältnis zu Lewes war ein so durchaus würdiges, so durchtränkt von echter Sittlichkeit, dass nur dogmatische Enge hier den Massstab individualisierender Gerechtigkeit verweigern und gegen George Eliot einen Vorwurf erheben konnte. „An ihren Früchten sollt Ihr sie erkennen“ — — George Eliot's Schöpfungskraft reifte erst in jener warmen Atmosphäre der Liebe, mit der ihr Gatte sie umgab. Und der ganze unendliche Segen, den ihr tiefsittlicher Einfluss für die Menschheit bedeutet, wäre nie geworden ohne jene angefochtene Grundlage ihres Frauenlebens, die erst ihre Persönlichkeit zur vollen, fruchtbaren Kraftentfaltung brachte [1]).

Schwerer ist es, die abermalige Verheiratung mit einem jüngeren Manne etwa ein Jahr nach Lewes Tod verstehen und gerecht beurteilen zu lernen. Dieser Schritt der 59jährigen Frau berührt zunächst fast empfindlicher, als die Lösung der vielen von George Sand nicht im Sinne einziger Beziehungen geknüpften Verhältnisse. Um so empfindlicher, da die ganze Gemütsstimmung George Eliot's nach Lewes' Hinscheiden der Anschauung, welche sie eigenem Leid und eigener Lust gegenüber theoretisch vertrat, so wenig entsprach. Das Aufgehen in dem grossen Gedanken der Natur, in den ewigen Gesetzen des Seins und Werdens, ist von ihr im Gegensatz zu dem selbstischen Anklammern an die eigene begrenzte Existenz mit ihren wechselnden Schicksalen früher als höchstes Ziel

[1]) Man hat jenen Schritt George Eliot's in Verbindung mit ihrer Weltanschauung gebracht, ihn dieser zur Last gelegt. „I very much doubt whether, if George Eliot had continued to believe in the spiritual judge of all men, she would have found it so easy to absolve herself from the provisions of the moral law of marriage as she did find it.“ R. H. Hutton. George Eliot. (Contemporary Review. London 1885.) Wenn Hutton mit dieser Auffassung wirklich Recht hätte, so müsste es als ein seltenes Glück betrachtet werden, dass George Eliot sich von jenem „believe in the spiritual judge of all men“ löste.

erkannt und betont worden. „I try to delight in the sunshine that will be when I shall never see it any more. And I think it is possible for this sort of impersonal life to attain great intensity, possible for us to gain much more independence than is usually believed of the small bundle of facts that make our own personality"[1]). Wie mancher gefesteten Natur half, wenn sie an der Wurzel getroffen ward, dies Leben in allgemeinen Ideen, der Gedanke an die Unzerstörbarkeit dessen, was das Leben mit dem verlornen und beweinten Gefährten in ihr gereift hat! „Und kein Gesetz und keine Macht zerstückelt Geprägte Form, die lebend sich entwickelt." — Als Wilhelm von Humboldt die über alles geliebte Gattin verliert, klammert er sich an das, worüber „kein Schicksal eine Macht hat." „Die Erinnerung an die Tote, das, was das Leben mit ihr in mir gereift hat, kann mir kein Schicksal, ohne mich selbst zu zerstören, entreissen[2])." George Eliot hingegen ist nach Lewes' Tode zunächst völlig gebrochen. In dem Tagebuch, das sie am Jahresschluss gewöhnlich mit irgend einer höheren Betrachtung schliesst, finden sich dies Mal am 1. Januar nichts als die Worte: „Here I and sorrow sit." Und sie fürchtete, wie sie später schrieb, ganz in Selbstvergessenheit und müde Trägheit zu versinken.

Was sie hiervor schützt, ist nicht das Bewusstsein unvergänglicher Werte, die ihr die Beziehung zu Lewes gegeben, nicht das Aufgehen in allgemeinen Ideen, sondern der neue Ehebund mit Walther Cross, dessen Gattin sie im Mai 1880 wird. Mit beredter Wärme schildert sie das Glück ihrer Vereinigung. „I mean, that I had been conscious of a certain drying-up of tenderness in me, and that now the spring seems to have risen again[3])." Schon im Dezember des Jahres setzt dann George Eliot's Tod dieser zweiten Ehe ein schnelles Ende.

---

[1]) George Eliot's Life. Edited by her husband I. W. Cross. (Bd. 4. S. 38.) Es ist schlechthin unverständlich, wie auch der befangenste Gegner hier etwas Künstliches oder Gezwungenes sehen kann. „Can any one concieve a more artificial strain than an endeavour to delight in the sunshine that will be after we are dead?" (Hutton a. a. O.) Uns scheint vielmehr dass keine höhere Stufe möglich, als die von George Eliot erstrebte Objektivität eigener Lust und eignem Leid gegenüber.

[2]) Wilhelm v. Humboldt. Briefe an eine Freundin.

[3]) George Eliot. Edited by her husband I. W. Cross. Bd. 4. S. 266.

Nicht das Bild der kühnen Denkerin, des grossen überschauenden Geistes müssen wir uns vor die Seele rufen, wenn wir George Eliot in dieser letzten Lebensspanne verstehend folgen wollen, sondern die Gestalt der alten Frau, mit dem brennenden Liebesbedürfnis seit den frühesten Jugendtagen, mit der Sehnsucht nach Wärme und Hingebung, die, ein Vierteljahrhundert weich geborgen in schützender Liebe, nun allein dasteht in der so kalt gewordenen Welt — einsam, aller Rauheit, aller Unbill des Lebens gegenüber. Das Sehnen nach Wärme und Zärtlichkeit wirkt in bestimmten Persönlichkeiten als eine so zwingende Macht, wie der geschlechtliche Trieb in andern. George Eliot hatte ein Schicksal, ein blindes, versagt, was gerade für diese Frau, die in jedem Atemzug Mütterlichkeit ausströmte, tiefstes Bedürfnis war. Alle Aussagen stimmen darin überein, dass sie „needed some one specially to love[1]).“ Wir können uns des traurigen Gedankens nicht erwehren, was es für sie bedeutet hätte, wenn kleine Hände sich ihr in jubelndem Erkennen engster Zusammengehörigkeit entgegengestreckt hätten, ein weicher Kinderarm sich in den ihren gestohlen hätte. Wohl ward sie den heranwachsenden Söhnen von Lewes eine sorgliche Beraterin, aber das intimste Wunder des Frauenlebens durfte sie nicht erleben, und das ganze impulsive Anklammern des jungen Kindes an die Mutter in seinem beseeligenden Glücksgehalt zu empfinden, ward ihr nicht vergönnt. Der Sonnenschein fehlte diesem Leben — jener erwärmende Strahl, den allein das Lächeln des Kindes im Herzen des Weibes — und sei es das grösste — entzündet und der für das Weib, wie George Eliot's grosse Schwester es nennt, „le second baptême“ bedeutet und einen neuen Menschen erstehen lässt.

Wir haben schon bei Besprechung von George Sand's Leistungen erwähnt, dass die Mütterlichkeit ein Grundzug ihres Wesens war. Sie selbst glaubt diese schon in den Empfindungen ihrer frühesten Jugend zu erkennen. „J'avais tant aimé et tant soigné mes pouppées que j'avais l'instinct prononcé de la maternité“ schreibt sie in der „Histoire de ma vie“, in der sie uns die Geschichte ihrer Kindheit

[1]) Vergl. M. Blind. George Eliot. London. Siehe auch Conrad. George Eliot. S. 392.

gezeichnet hat. Es erscheint fast unbegreiflich, dass man dies Werk gelegentlich „wortreich und unbedeutend“, „eine Art Orgie der von sich selbst berauschten Persönlichkeit[1])“ genannt hat. Denn wie immer man über den biographischen Wert einer Darlegung denken mag, die über vieles Wesentliche hinweggleitet — die „Histoire de ma vie“ giebt auch mit ihrem Verhüllten und Unausgesprochenen tiefe Einblicke in George Sand's Persönlichkeit, ja, trotz der gelegentlich ermüdenden Breite des Werkes gehören manche Stellen zu dem Schönsten, was je ihrer Feder entflossen ist.

Die sonderbare Mischung des Blutes Moritz von Sachsens mit dem der Delaborde's macht sich schon in dem früh entwickelten Mädchen bemerkbar[2]), der Zwiespalt zwischen Mutter und Grossmutter bereitet alles andere eher, als eine harmonische Entwicklung vor. Achtzehnjährig heiratet sie den Baron Dudevant, der übereinstimmend als eine ihr durchaus unadäquate Natur, roh und ohne irgend welche geistigen Interessen geschildert wird. „Elle se maria presque passivement, comme elle faisait tous les actes extérieurs de sa vie[3]).“

Ward George Sand's Ehe eine überaus unglückliche, so nahm die Mutterschaft in der nächsten Zeit in ausschliesslicher und beseligender Weise von ihrem Denken und Empfinden Besitz. Je höher wir die Dichterin einschätzen, um so wertvoller muss der Einblick erscheinen, den sie uns in diese Lebensspanne eröffnet: „Je passai à Nohant l'hiver de 1822—1823, assez malade, mais absorbée par le sentiment de l'amour maternel qui se révelait à moi à travers les plus vives aspirations. La transformation qui s'opère à ce moment dans la vie et dans les pensées de la femme est, en général, complète et soudaine. Elle le fut pour moi comme pour le grand nombre. Les besoins de l'intelligence, l'inquiétude des pensées, les curiosités de l'étude, comme celles de l'observation, tout disparut aussitôt que le doux fardeau se fit sentir et

---

[1]) Charles de Mazade. Revue des Deux Mondes 1857. Citiert bei Katscher. George Sand (Unsere Zeit) 1876.

[2]) „A treize ans, elle avait déjà atteint tout le développement de sa taille, et cette croissance précoce amenait d'irrésistibles besoins d'activité et de mouvements.“ Houssonville. George Sand. Paris 1879.

[3]) Caro. George Sand. 1887.

même avant que ses premiers tressaillements m'eussent manifesté son existence. La Providence veut que, dans cette phase d'attente et d'espoir, la vie physique et la vie de sentiment prédominent. Aussi les veilles, les lectures, les rêveries, la vie intellectuelle en un mot fut naturellement supprimée, et sans le moindre mérite ni le moindre regret[1])." Deutlicher, als es hier durch eine der genialsten Frauen aller Zeiten geschehen ist, kann die Wandlung, welche die physische Mutterschaft bedingt, die Absorbtion, welche sie mit sich führt, nicht dargelegt werden. Es ist wichtig, uns bei diesem Ausspruch zu erinnern, dass George Sand's Talent zu jener Zeit noch schlummerte. Ob sie, wenn ihre gewaltige Schöpferkraft schon damals erwacht gewesen wäre und nach Bethätigung verlangt hätte, auch „sans le moindre mérite, ni le moindre regret" das künstlerische Ausleben mit der friedlichen Ruhe der Mutterschaft vertauscht hätte?

„Ce fut le plus beau moment de ma vie que celui où, après une heure de profond sommeil qui succéda aux douleurs terribles de cette crise, je vis en m'éveillant ce petit être endormi sur mon oreiller. J'avais tant rêvé de lui d'avance et j'étais si faible que je n'étais pas sûre de ne pas rêver encore. Je craignais de remuer et de voir la vision s'envoler comme les autres jours." — „Je fus la nourrice de mon fils, comme plus tard je fus la nourrice de sa sœur. Je passai l'automne et l'hiver suivant à Nohant, tout occupée de Maurice[2]). — — J'étais très fatiguée d'avoir nourri mon fils je ne m'étais pas remise depuis ce temps-là[3])." Wir ersehen aus diesen Schilderungen, dass George Sand nicht nur als Mutter empfand, sondern auch die Pflichten der physischen Mutterschaft erfüllte.

In eine spätere Zeit erst fällt der Besuch Jules Sandeau's. Dieser Besuch regte das seltsame Uebereinkommen an, das George Sand mit ihrem Gatten traf: mit Bewilligung von 250 fr. monatlich die Hälfte des Jahres mit ihrem Töchterchen Solange in Paris zu verbringen. Der Versuch, die Mittel zur Bestreitung ihres Unter-

---

1) Histoire de ma vie. Teil III, S. 429.
2) Histoire de ma vie. Teil III, S. 436.
3) Histoire de ma vie- Teil III, S. 448.

haltes zu vergrössern[1]), führte zur Offenbarung ihrer genialen Beanlagung. Die Scheidung von ihrem Gatten, die im Jahre 1836, als George Sand schon eine litterarische Berühmtheit war, erfolgte, machte der äusseren Unruhe ihres Lebens, dem ewigen Wechsel des Aufenthaltes zwischen Nohant und Paris ein Ende. Der Gerichtshof von Bourges entschied zu ihren Gunsten, die Kinder kamen in den alleinigen Besitz der Mutter. Nicht nur George Sand's eigene Worte, sondern auch die Berichte aller Eingeweihten stimmen darin überein, dass das Verhältnis zwischen ihr und ihren Kindern dauernd ein wahrhaft ideales war, wie wir bei Besprechung ihrer reiferen Lebensjahre noch eingehender darlegen werden.

Anders lautet das Urteil über George Sand als Weib, als Geliebte. Der Zauber, den sie auf Männer ausübte, ist bekannt, mag auch die Ansicht der Zeitgenossen über ihre äusseren Reize sehr verschiedenartig lauten. Heine findet ihr Gesicht „eher schön als interessant", und Merimée nennt sie „maigre comme un clou et noire comme une tempe". „C'était une petite créole, pâle avec de grands yeur noirs" — urteilt Musset, in dessen Leben George Sand eine schicksalsschwere Bedeutung gewann.

Ueber diese Episode ist unendlich viel gesprochen, geschrieben worden. Es ist eine trübe und schmerzliche Geschichte, die uns Musset's einfache Worte ahnen lassen: „Ma maîtresse était brune, elle avait de grands yeux, je l'aimais, elle m'avait quitté; j'en avais souffert et pleuré pendant quatre mois, n'est-ce pas en dire assez?" [1]) Gedenkt man des Sturms von Wut und Erbitterung, der sich von hüben und drüben über dies Verhältnis und seine Lösung erhoben hat, so berührt es doppelt wohlthuend, wenn man Arvède Barine's Beurteilung in ihrem Buch über Musset liest. Ein heller Geist hat hier mit von Hass und Vorurteil ungetrübtem Blick, auf Grundlage näherer Einsicht in den Briefwechsel der Beteiligten die Natur jener unglückseligen Beziehung nach ihren Ursachen zu er-

---

[1]) Man sollte annehmen, ein so ursprüngliches Talent, wie George Sand, für das „schreiben so natürlich, wie für andere zu atmen", habe bei diesem Versuch zunächst zur Feder gegriffen. Sie kam indessen hierzu erst, als ihr Bemühen, zu porträtieren und zu malen, sich als wenig einträglich erwies.

[2]) Extrait d'un ouvrage inédit de Alfred de Musset: Le poète déchu, mitgetheilt in Paul de Musset's Biographie de Alfred de Musset. Paris 1877.

gründen versucht. „On y assiste aux efforts insensés et douloureux d'un homme et d'une femme de génie pour vivre les sentiments d'une litérature qui prenait ses héros en dehors de toute réalité et pour être autant dessus ou en dehors de la nature que les Hernani et les Lelia. On y voit la nature se venger durement de ceux qui l'ont offensée et les condamner à se torturer mutuellement“[1]). Aus diesen Gesichtspunkten erklärt Arvède Barine die Qualen und endlich den Bruch jener Verbindung, die spätere Gehässigkeit aus dem Dazwischentreten wohlwollender, aber übelstiftender Freunde. „Il y a tant de choses entre deux amants, dont eux seuls au monde peuvent être juges“, hat George Sand einmal mit voller Berechtigung einem dieser Indiskreten geantwortet.

Den ganzen Wahnsinn dieser Beziehung, welche die gesundesten Gefühle in ihr Gegenteil wandelte, erkennen wir aus den Worten, mit denen George Sand später in einem Brief an Musset ihre und seine Empfindungen in Venedig schildert: „Je l'aimais comme un père et tu étais notre enfant à tous deux“[3]). Und weiter: „Lorsque tu lui arrachas, à Vénise, l'aveu de son amour pour moi, et qu'il te jura de me rendre heureuse! Oh! cette nuit d'enthousiasme où, malgré nous, tu joignis nos mains en nous disant: „Vous vous aimez, et vous m'aimez, pourtant; vous m'avez sauvé âme et corps“[4]). Geistvoll bemerkt Arvède Barine, die George Sand und

[1]) Siehe Arvède Barine. Alfred de Musset. Paris 1893.

[2]) Vergl. Arvède Barine a. a. O.

[3]) Der in Betracht kommende Dritte ist der italienische Arzt Pagello, mit dem George Sand nach der Ansicht ihrer Gegner Musset in Venedig betrog und dessen Beziehung zu ihr jedenfalls Anlass zu der Lösung ihres Verhältnisses mit Musset ward.

[4]) Dass er thatsächlich seine körperliche Genesung Pagello und George Sand zu danken hat, lehrt auch die Biographie Paul de Musset's. „Il devait la vie aux soins dévoués de deux personnes qui n'avaient point quitté son chevet jusqu'au jour où la jeunesse et la nature avaient vaincu le mal. Pendant de longues heures, il était resté dans les bras de la mort; il en avait senti l'étreinte, plongé dans un étrange anéantissement. Il attribuait en partie sa guérison à une potion calmante que lui avait administré à propos un jeune médecin de Vénise, et dont il voulait conserver l'ordonnance. „C'est un puissant narcotique“, ajoutait-il, „elle est amère comme tout ce qui m'est venu de cet homme, comme la vie que je lui dois“. Cette ordonnance existe, en effet, dans les papiers d'Alfred de Musset. Elle est signé Pagello“ Paul de Musset. Biographie de Alfred de Musset. Paris 1877.

Musset als „malheureux victimes de l'amour romantique" beurteilt, dass es Dinge gäbe, die sich fast natürlich in der Gondel unter Dichtern ausnähmen, die aber die Reise nicht aushielten. Die Rückkehr des einsamen Musset hatte in Paris bereits verstimmt — Pagello's Ankunft entfesselte einen Sturm der Entrüstung gegen George Sand. Man hat sich gewöhnt, in ihr den männermordenden Vampyr zu erblicken[1]) — vergesse man nicht, dass die Briefe, die sie damals an ihre Freunde schrieb, wie das „Aufstöhnen eines verwundeten Tieres" klangen und dass die Eingeweihten den Bruch mit Musset den grausamsten Schmerz ihres Lebens nennen[2]).

Hier wie überall in ihren Liebesverhältnissen ist ihr Verhalten ausser den von Arvède Barine dargelegten Zusammenhängen daraus zu erklären, dass sie in erster Linie als Künstlerin empfand und handelte[3]). Dies wird selbst in dem hassäugigen Buch Paul de Musset's „Lui et elle" — der Entgegnung auf George Sand's „Elle et lui" — zugegeben[4]). Vor uns liegt ein Bild, dass George Sand in

---

[1]) „Si j'étais le seul que cette femme eut mis en cet état, on pourrait me citer comme une exception, un cas rare, mais regarde où en sont aujord'hui qu'elle a aimés. Tous ne sont-ils pas sortis de ses mains plus ou moins meurtris, défigurés, estropiés pour jamais? on en ferait une procession de fantômes." P. de Musset. Lui et elle. Paris 1895.

[2]) Vergl. Auguste Deraux. George Sand. Paris 1885.

[3]) George Sand lebte offenbar erst in ihrer Produktion auf. Im genauen Gegensatz zu Mme. de Staël, war sie nichts weniger denn ein Genie der Unterhaltung. Teils mag ihre Einsilbigkeit, wie Musset gegen Heine bemerkte, wohl darin begründet gewesen sein, dass sie die Rede der Andern in sich aufnahm, um sie in ihren Büchern zu verwenden, teils aber auch war ihr die Fähigkeit der Konservation überhaupt nicht gegeben. Caro erzählt eine reizende Geschichte, wie Theophile Gautier bei einem Besuch in Nohant, durch ihr Schweigen verletzt, wieder abreisen will und wie sie entsetzt dem begleitenden Freunde zuruft: „Vous ne lui avez donc pas dit, que j'étais une bête?"

[4]) „Si l'on y regardait bien, reprit Pierre, on trouverait peut-être dans les facultés et le talent du maestro l'excuse de la femme. William Caze obligée par son art a faire parler les passions, éprouve un ardent besoin de les connaître, d'en écouler le language, de les voir de près, d'observer dans le coeur des autres toutes celles qu'elle est incapable de sentir. De la cet appetit déréglé de complication, d'aventures, de changements, d'amours interrompues, reprises, abandonnées. Le calme et le bonheur, si doux qu'ils soient, ne lui enseignent plus rien après certain temps; de là le desir de rompre,

der Mitte der dreissiger Jahre zeigt. Das regelmässige, von dunklem Lockenhaar umrahmte Gesicht erscheint ernst, fast traurig — müde Schwermut spricht aus den bannenden Augen. Und doch, bei aller Weichheit, aller Sinnlichkeit um den Mund, etwas Rücksichtsloses, fast Grausames in diesen seltsamen Zügen — eine gleichgültige Kraft, der man zutraut, dass sie, einem Naturgesetz folgend, über so und so viel Männerexistenzen hinwegfegt. In all den Beziehungen, von denen wir hören, war sie stärker als ihre Freunde — stärker weil sie, was wir sonst meist nur bei dem andern Geschlecht finden, „den grossen Egoismus ihrer Kunst besass", die ihr — vielleicht ihr selbst unbewusst — die „intimste Passion" blieb. Beherrschender als das erotische Moment ist in ihr die Künstlerin. Fülle und Farbe leihen jene Erlebnisse ihren Schöpfungen — aber einem Manne, und sei er der genialste, sich dauernd in selbstvergessender Liebe hinzugeben, war sie offenbar nicht fähig.

Unter diesen Gesichtspunkten muss auch ihre Verbindung mit Chopin betrachtet werden, ein wundersam fesselndes Tongedicht, dessen erste Akkorde von seltenem Zauber sind und das mit einer grellen Dissonanz abbricht.

„Es hatte den ganzen Tag geregnet," erzählt Karasowski [1]), „Chopin, dessen reizbares Nervensystem unter dem Wechsel der Witterung sehr litt und Nässe gar nicht ertragen konnte, befand sich in trübster Stimmung. Keiner seiner Bekannten hatte ihn im Laufe des Tages besucht, kein neues Buch unterhalten und angeregt, kein melodischer Gedanke bei ihm angeklopft, eine Form fordernd."

Gegen 10 Uhr begiebt sich der Künstler zum jour fix der Gräfin C. Es ist ihm, als er die teppichbelegte Treppe hinaufsteigt, als verfolge ihn ein Schatten — ein Schatten, der „einen Veilchenduft ausströmt". Die Ahnung von etwas Seltsamem, Geheimnisvollem beschleicht ihn, er will umkehren — dann aber lacht er und tritt ein.

Später, tief in der Nacht, setzt er sich in dem Salon an den

---

de passer à autre chose. La femme aimerait encore volontiers; mais le compositeur s'impatiente et dit: „Assez d'amour; nous savons cela par coeur. Occupons-nous un peu de jalousie, de désespoir, de tromperie, d'infidélité". C'est ainsi qu'elle trompe et devient infidèle". Paul de Musset a. a. O. S. 232.

[1]) Moritz Karasowski. Friedrich Chopin, Bd. II.

Flügel und improvisiert. Als er geendet hatte, erhob er den Blick und bemerkte eine einfach gekleidete Dame, die, sich auf das Instrument lehnend, mit ihren dunklen, feurigen Augen in seiner Seele lesen zu wollen schien. Chopin fühlte, dass er unter den fascinierenden Blicken der Dame errötete; sie lächelte ein wenig, und als der Künstler sich von seinem Sitze erhob, um hinter einer Cameliengruppe sich der Gesellschaft zu entziehen, hörte er das eigentümliche Knistern eines seidenen Gewandes, aus welchem Veilchenduft quoll, und dieselbe Dame, welche ihn am Piano so forschend betrachtet hatte, näherte sich ihm in Begleitung Liszt's.

Mit tiefer wohllautender Stimme sprach sie zu ihm, sie sagte ihm einige Worte über sein Spiel und mehr noch über den Inhalt seiner Improvisation."

Dies war der Beginn der jahrelangen Beziehungen zwischen George Sand und Chopin, die Ereignis in seinem Leben ward und auch in das ihre tiefe Spuren zeichnete.

Selbst Karasowski, der in seinem Lebensbilde Chopin's George Sand nicht gerecht wird, muss einräumen, dass er in ihr nicht nur eine Geliebte besass, sondern „einen geistvollen, zuverlässigen Freund, in ihrem Herzen eine Heimat, aus welcher ihn kein Schicksalsschlag verbannen konnte", und dass sie ihm einst „eine Zeit voll märchenhaften Glücks bereitet hatte". Sie hat mehr gethan: „Pendant huit années la santé délicate de Chopin trouva dans George Sand une garde-malade dont le dévouement ne s'est pas laissé ignorer"[1]).

Es ist ihr vorgeworfen worden, dass sie ihn endlich schnöde verlassen, dass sie die Last, die seine Gegenwart für sie bedeutete, dem Schwerkranken in raffinierter Weise durch die Schilderungen des Prinzen Carl in Lucretia Florani zu verstehen gegeben habe. Nach den Darlegungen von beiden Seiten[2]) ist indessen leicht zu verstehen, dass bei der durch die Krankheit noch unendlich gesteigerten Reizbarkeit Chopin's, bei den Pflichten, die George Sand ihren Kindern gegenüber hatte, bei den Anforderungen, die ihr Schaffenstrieb an sie stellte[3]), diese Beziehung notwendig

[1]) Houssonville. George Sand. S. 398.

[2]) Siehe Karasowski und Histoire de ma vie.

[3]) Wie sehr George Sand die Anforderungen ihres Berufs empfand, sehen wir aus folgenden Worten in der Histoire de ma vie: „Les gens qui

mit einem Missklang enden **musste**, ohne dass deshalb auf die Dichterin ein Stein zu werfen ist. George Sand hat einmal den Unterschied zwischen Chopin und der Romanfigur, in der man ihn erkennen wollte, mit den Worten gezeichnet: „Prinz Carl ist kein Genie und hat dessen Rechte nicht". Sie selbst war ein Genie und hatte daher auch dessen Rechte. Unbillig und unehrlich wäre es, ihr Verhalten lediglich unter dem Gesichtspunkte von Chopin's Geliebten und Freundin zu beurteilen. Als eine Persönlichkeit von eigener Leuchtkraft und Bedeutung war sie berechtigt, sich das freie Ausleben ihres Selbst zu wahren.

Unzulänglich, unbeständig als Frau, als Geliebte, wenn auch jeder Hauch von Frivolität ihr fern lag[1]), ist George Sand unantastbar als Mutter. Wohl ist sie, wie die meisten echten Künstlernaturen, kein grosser Pädagoge. Ihre Lebensweise hindert sie auch bis zu ihrem dauernden Aufenthalt in Nohant lediglich der Erziehung der Kinder Rechnung zu tragen — aber das Verhältnis zwischen diesen und ihr ist trotzdem von tiefster Innigkeit durchtränkt. Es ist George Sand eine Art exaltierter Mütterlichkeit vorgeworfen worden, und ein Hauch hiervon spielt in fast alle ihre erotischen Beziehungen hinein — umsomehr als gerade jüngere und leidende Männer Anziehung auf sie ausübten[2]). Aber der Instinkt, der hier an falscher Stelle und fast widernatürlich erscheint, lebt

---

n'ont rien à faire et qui voient les artistes produire avec facilité, sont volontiers surpris du peu d'heures, du peu d'instants qu'ils peuvent se reserver à eux-mêmes. Ils ne savent pas que cette gymnastique de l'imagination quand elle n'altère pas la santé, laisse du moins une excitation des nerfs, une obsession d'images et une langueur de l'âme qui ne permettent pas de mener de front un autre genre de travail." George Sand. Histoire de ma vie Teil IV. S. 336.

[1]) Man hat ihr sogar moralische Heuchelei vorgeworfen. Mit entschiedenem Unrecht. „Personne n'a jamais joué plus franc qu'elle à ce jeu périlleux de la vie." (Ste. Beuve). George Sand war allerdings kein „fanfaron de vice", vielmehr offenbar eine Natur, die der Selbstachtung in hohem Grade bedurfte. In letztem Grunde aber war sie durchaus wahr. Und das ethische Pathos bei Beziehungen, die allgemein gangbaren Begriffen von Moral ins Gesicht schlagen, erklärt sich aus ihrem Bewusstsein, im Sinne eines inneren, ebenso hohen Moralgesetzes zu handeln. Sicherlich ist sie sich selbst stets treu geblieben, hat sich nie ohne wahres Gefühl hingegeben.

[2]) Vergl. Stefane Pol. Trois grandes figures. Paris 1898.

sich vor allem in der zweiten Hälfte ihres Lebens ihren Kindern und Enkeln gegenüber in den richtigen Bahnen aus. Fern von der Unruhe im Beginn ihrer litterarischen Laufbahn hat sie in Nohant Jahre und Jahrzehnte im Kreise ihrer Angehörigen in zärtlichem Zusammenleben, das von keinem Missklang getrübt war, verbracht, ja, sie ist fast der Sklave ihrer Kinder und Enkel geworden[1]). Besonders das innere Band zwischen ihr und ihrem Sohn Moritz war ein enges. „Nous n'avons pas, lui et moi, les mêmes idées sur tant de choses, mais nous avons ensemble de grandes ressemblances d'organisation, beaucoup des mêmes gouts et des mêmes besoins; en outre un lien d'affection naturelle si étroit qu'un désaccord quelconque entre nous ne peut durer un jour et ne peut tenir à un moment d'explication tête à tête. Si nous n'habitons pas le même enclos d'idées et de sentiments, il y a du moins une grande porte toujours ouverte au mur mitoyen, celle d'une affection immense et d'une confiance absolue." [2])

Noch im schrecklichsten Todeskampf ein zärtliches Liebeswort für ihre Enkelin auf den Lippen, hat George Sand ihre Seele ausgehaucht. „Je ne crois pas au mal, je ne crois qu'à l'ignorance." — Mit diesen Worten der grossen Frau wollen wir die Betrachtungen ihres Seelenlebens enden, das einen wichtigen Beitrag zur Psychologie des genialen Weibes bietet. Der Betonnng des mütterlichen Elementes mit einer gewissen Hintenansetzung

---

[1]) „C'est ce frèle lien, l'amour de ses enfants, qui l'a empêchée de s'eloigner à jamais du foyer de Nohant, et qui, si fortifiant avec les années, a fini par l'y enchaîner. Le spectacle d'une union heureuse se développant paisiblement sous ses yeux lui a fait sans doute comprendre la sainteté des lois contre lesquelles elle s'était autrefois elevée, en même temps que son cœur s'élargissait pour faire place à des êtres nouveaux qui venaient solliciter sa tendresse. Après avoir été une mère tendre, elle est devenue une grand'mère passionnée." Houssonville a. a. O. Siehe auch Caro. George Sand. „Quand l'instinct maternel fut a peu près dégagé de l'alliage et rendu à ses véritables objets il s'empara de cette vie en maître, presque en tyran. La vie de famille l'envahit. Elle est l'esclave de ses enfants et de ses petits-enfants; elle organise toute son existence pour les tenir en joie avec des jouets, avec des récits, pour les élever, plus tard pour leur gagner des dots et les bien marier."

[2]) Histoire de ma vie.

des Gatten, des Vaters[1]), werden wir bei den Dichterinnen der Gegenwart wieder begegnen und sie dort auf ihre allgemeine Bedeutung hin prüfen.

*   *

*

Fassen wir die gewonnenen Eindrücke aus der Betrachtung des Frauenlebens der Dichterinnen in der Vergangenheit zusammen, so ergiebt sich für unsere Frage ein in wesentlichen Zügen anderes Bild, als uns die Jetztzeit bieten wird. Wohl zeigt das Erdenwallen der an uns vorübergleitenden Gestalten, wie wir schon zu Beginn betonten, eine von Schaffensdrang und Frauenwärme bewegte Mannigfaltigkeit, wohl begegnen wir in ihnen allen dem tiefsten Grundtrieb der Frau — sei es, dass er sich ausleben durfte, sei es, dass er wehmutsvoll sehnende Mutterarme dem Ungewordenen, Ungeborenen entgegenstreckt. Aber zum Problem — wie in unserer Zeit — ist die Vereinigung ihres künstlerischen und ihres Mutterberufes nicht geworden.

Allerdings ist nur die kleinere Zahl von ihnen Mutter gewesen. Aber die eigentliche Erklärung liegt doch wohl darin, dass erst in der Gegenwart die Dichterin, wie überhaupt die Frau, ihre geistige Bethätigung als Beruf mit der eifersüchtigen Ausschliesslichkeit eines solchen fasst und übt — ob auch der schöpferische Drang zu allen Zeiten im wesentlichen aus gleichen Vorbedingungen erwachsen ist. Auch die Frage der zugleich erwerbenden Arbeit spielt heute eine grössere Rolle, wenn sie allein auch nicht das unterscheidende Merkmal zwischen der Art der Thätigkeit der meisten Schrift-

[1]) „Ces droits maternels, la société peut les annuler, et en thèse générale elle les fait primer par ceux du mari. La nature n'accepte pas de tels arrêts, et jamais on ne persuadera à une mère que ses enfants ne sont pas à elle plus qu'à leur père. Les enfants ne s'y trompent pas non plus.“ George Sand. Histoire de ma vie.

Von 112 Experten (darunter 20 aus Amerika) waren:

Unverheiratet	Verheiratet	Kinderlos	Mütter[1])
37	75 - (darunter 16 kinderlos)	(einschliesslich der Frauen, die nur Todgeburten verzeichnen) 49	63

Von 63 Experten, die Mütter waren, hatten:

mehr als ein lebensfähiges Kind geboren 42	Todgeburten verzeichnet 5	Todesfälle lebensfähig geborener Kinder verzeichnet 18 (davon 5 mehr als einmal)	selbst genährt 33 (davon 19 mehr als 1 Kind)

[1]) In 4 Fällen sind Geburten aus illegitimen Verbindungen verzeichnet.

stellerinnen der Gegenwart und z. B. der einer Mme. de La Fayette ist. Endlich sind auf der andern Seite die vergrösserten Ansprüche des Mutterberufs sicherlich einer der Gründe, weshalb uns erst in der Gegenwart, der wir uns nun zuwenden, das von uns behandelte Problem entgegentritt.

* *

*

Das Material, das die Erhebung zu der einen Seite der Frage, der Vereinigung des dichterischen Schaffens mit der physischen Mutterschaft, lieferte, war ein sehr begrenztes, denn nur in 22 Fällen fiel bei unseren Experten die Erstveröffentlichung vor die letzte Schwangerschaft. Aber auch innerhalb dieses engen Rahmens lauteten die Aussagen nicht völlig einheitlich. Wir möchten zunächst auf die Beispiele hinweisen, die ein günstiges Resultat zeigen. Hieran gliedern wir die Berichte, die zu Gunsten einer Verbindung des Mutterberufs im weiteren Sinn mit der dichterischen Thätigkeit Zeugnis ablegen. Erst dann betrachten wir jene durchaus überwiegenden Fälle, die schwierige Komplikationen ergaben, und fassen wiederum an erster Stelle die Mutterschaft in physischer Hinsicht[1]), in zweiter Linie ihre weitergehenden seelischen Anforderungen in's Auge.

„Während meiner Schwangerschaft schrieb ich den ersten Teil „meines Romans . . . . . . Ich habe ihn von . . . . . bis . . . . . „vollendet, also bald nach einem sehr schweren Wochenbett und „im ersten Lebensjahr meines Kindes. Dass dies möglich war, „hätte ich mir selbst früher nicht zugetraut und es scheint mir ein „sehr wichtiges Faktum.“ Die Frau, deren Aussage wir hier wiedergeben, gehört zu den ersten Schriftstellerinnen der Gegenwart,

[1]) Gegen die geistige Thätigkeit der Frau schlechthin äussert sich Anna v. Savornin Lohmann: „Ich habe die bestimmte Ueberzeugung, dass die Frau „körperlich nicht zu solchen geistigen Arbeiten veranlagt ist, als der Mann, und „schliesslich dabei zu Grunde geht“.

und der besprochene Roman ist, wenn auch kein Höhepunkt ihrer Kunst, nicht aus der Reihe ihrer Leistungen zu streichen. Auch in zwei andern Fällen sind tüchtige Arbeiten während jener Zeitspanne geschaffen worden. Immerhin darf dies als Ausnahme betrachtet werden.

Betreffs der Verbindung dichterischen Schaffens mit der mütterlichen Thätigkeit in weiterem Sinne haben wir einige erfreuende Beispiele. So äussert sich Alinda Brunamonti: „Durch eine ange-„messene Einteilung, die mich nie Zeit verlieren liess[1]) — durch „eine meinem Geiste eigene Geschmeidigkeit und durch meine robuste „Organisation gelingt es mir, allen Pflichten zu genügen, sowohl in „der Familie, als denen der Weiterbildung und Produktion."

Den besonderen Wert der bedeutenden Mutter für das Kind betont Gabriele Reuter. „Es giebt Frauen, die in einer Stunde „ihren Kindern mehr sein, mehr darreichen können, als andere, „die sich keine Sekunde von ihnen trennen, aber auch niemals „mit frischer Freude zu ihnen zurückkehren. Und doch wird sich „noch eher die Erstere zweifelnd fragen: erfülle ich auch meine „Mutterpflichten? als die zweite, der nie der Gedanke dämmert, es „könne noch andere Mutterpflichten geben, als die Kleinen zu „hüten, Steine zu verschlucken, und die Grossen anzuhalten, ihre „Kleider zu schonen und ihre Schularbeiten ordentlich zu be-„sorgen." [2])

[1]) Man muss sich der wissenschaftlichen Schulung der reichbeanlagten Dichterin bei dieser Mitteilung erinnern. Vergl. Wissenschaft. Mary Somerville.

[2]) Valesca Bethusy schreibt: „Ich meine, dass eine Frau, die gesund und „leistungsfähig ist, sehr gut einen Beruf ausüben und ihre Kinder dabei er-„ziehen kann, und dass die Frauen, die in ihrem Kinde eine Puppe sehen, „mit der sie den ganzen Tag spielen können, so dass ihnen keine Zeit zu An-„derem übrig bleibt, den Beruf der Mutter von einem höheren Standpunkt „schwerlich auffassen und in späteren Jahren, wo es sich für die Mutter we-„sentlich darum handelt, die Freundin ihrer Kinder zu werden, meist ver-„sagen werden.

„Natürlich gewinnt die Frage bedeutend an Schärfe, wo die Familie in „sehr engen, Nahrungssorgen nicht ausschliessenden Verhältnissen lebt. Ob „es dann für eine Frau möglich ist, ohne Vernachlässigung ihres „natürlichen „Berufs" einem Beruf nachzukommen, müssen die entscheiden, die es am eignen „Leibe erfuhren. Vielleicht giebt aber hier der Erwerb durch die Frau ein „Aequivalent, indem dadurch manche Ausgaben für Kinder und Haus ermög-„licht werden, die sonst nicht gemacht werden können."

Auch die Förderung, welche gelegentliche Unterbrechungen für die geistige Arbeit bedeuten können, wird hervorgehoben: „Etwa „zwei Jahre nach der Geburt jedes Kindes schreibe ich selten. „Nach meinen Erfahrungen wurde meine Arbeit als Schriftstellerin „besser nach solchen Unterbrechungen. Ich kehrte mit Eifer zurück, „und meine Empfindungen hatten Zeit, auszureifen.“ (Mary Hallock Foote.)[1])

Die Möglichkeit der Vereinigung behaupten Emma Gad, Hermione von Preuschen, ferner Elsbeth Meyer-Förster, Wilhelmine von Hillern und Adine Gemberg. Die beiden Letzteren betonen hingegen die verhängnisvolle Störung, welche sowohl für die Aufgabe der Mutter, als für den Beruf aus gesellschaftlichen Pflichten erwächst.

„All meine Lebenserfahrungen haben mich gelehrt, dass sich „ein geistiger Beruf sehr wohl mit dem Beruf der Gattin und „Mutter vereinigen lässt, wenn die Frau ihre Zeit einzuteilen ver-„steht und Herz und Verstand im richtigen Gleichgewichte sind. „Ganz gewiss entzieht keine wissenschaftliche oder künstlerische „Thätigkeit die Frauen ihren Kindern mehr, als das Zeit und „Gesundheit raubende Leben in der Gesellschaft mit seinen Sorgen „um Toilette und die nichtigsten Aeusserlichkeiten, um konven-„tionelle Pflichten, mit seinen Abenden in Theatern und Soiréen, „seinen Nächten in der erstickenden Atmosphäre des Ballsaals und „der darauf folgenden tagelangen Erschöpfung der jungen Mutter.“ (Wilhelmine von Hillern.)

„Ich finde, dass sich eine erwerbende Thätigkeit mit dem Be-„rufe der Hausfrau und Mutter vereinigen lässt, weil eine leistungs-„fähige und gesunde Frau sehr wohl im Stande ist, ihre Zeit so „einzuteilen, dass täglich eine Stunde oder mehr für den erwählten „Beruf übrig bleibt. Dagegen ist es nach meinen Erfahrungen

---

[1]) Das Für und Wider unterbrochener Arbeit erwägt Annie Douglas „Robinson: „I have been made very conscious that a literary life, to be suc-„cessful, requires ample time for unbroken thought. Still, on the other hand, „those women who adopt literature at their first pursuit, and give their days „to it, seldom fail, at times I think, to lose their freshness and to offer old „truisms instead of new thoughts. God gives us our lives, and we must „work the best of them and, sometimes, in the hardest experiences are found „the purest springs of thought.“

„nicht möglich, die gesellschaftlichen Verpflichtungen mit einer „beruflichen Thätigkeit in Einklang zu bringen. Eine derartige „Störung, Empfang oder Abstatten eines Besuches u. dergl. m. kann „man nicht nach der Uhr regeln, man wird dadurch im Gegenteil „häufig in der besten Arbeitszeit gestört. Ein grosses Kapital von „weiblicher Intelligenz und Leistungsfähigkeit wird vom gesell- „schaftlichen Leben absorbiert.“ (Adine Gemberg.) Wir finden diese letzte Klage bei fast allen Schriftstellerinnen, die durch den Beruf ihres Gatten oder ihre eigene soziale Stellung zu Repräsentationspflichten gezwungen sind.

„Nach meiner Erfahrung sollte eine verheiratete Frau, selbst „wenn sie Kinder besitzt, ihre unabhängige Beschäftigung nicht „aufgeben, wenn es nicht durchaus notwendig ist. Das Heim einer „verheirateten Frau, die selbst arbeitet, hat einen Hauch von „Schönheit und Eigenart, da es von einem, wie Sie in Deutschland „sagen, bedeutenden Menschen geschaffen ward, selbst wenn sie „nicht die Zeit finden kann, die vielen kleinen Pflichten des Haus- „halts zu erfüllen. Diese können ebenso gut von einer Anderen „gethan werden, und es scheint mir eine falsche Oekonomie, seine „Zeit damit zuzubringen, das Mittagessen zu bereiten, wenn man „Verstand genug hat, ein Werk zu schaffen, das höher bezahlt wird, „als mit dem Lohn einer Köchin.“

„Wenn ich eine Tochter hätte und sie einen Beruf ergreifen „liesse, so würde ich ihr sagen, wenn sie heiratete: „Gieb deinen „Beruf nicht auf, selbst wenn es schwer und ermüdend ist, dabe „eine gute Hausfrau zu sein. Nichts ist ein grösseres Glück und „giebt eine bessere Unabhängigkeit, als etwas durch eigene Kraft zu „verdienen, und nichts wird dir mehr Achtung im Laufe der Zeit „bei deinem Manne verschaffen. Was geistige Arbeit anbetrifft, so „lässt sie sich gewöhnlich am leichtesten mit den Mutterpflichten „verbinden, weil sie sich meist im Hause erfüllen lässt.“ (Emma Gad.)

„Beruf mit Mutterpflichten sehr gut zu vereinen. Ehe — muss „sich eben einleben. Lebenskampf wie jeder andere.“ (Elsbeth Meyer-Förster.)

Am entschiedensten von allen äussert sich Hermione von Preuschen:

„Eine Frau, die nicht den Beruf der Mutter, Gattin und Haus-

„frau mit dem einer grossen Künstlerin vereinigen kann, ist über-
„haupt nicht wert, genial genannt zu werden. Sollte das, was
„Tausende von kleinen Geistern fertig bringen, nicht spielend von
„ihr bewältigt werden?“

Aus persönlicher Erfahrung betont Frau Jenny Blicher-Clausen, dass geistig produktive Arbeit durchaus nicht unmöglich sei bei der Aufgabe der Frau als Gattin und Mutter.

Den Ansichten dieser Frauen, die sämtlich Mütter sind, ist noch der Ausspruch der vielseitig beanlagten österreischen Schriftstellerin Rosa Mayreder hinzuzufügen:

„Ich bin nicht der Ansicht, dass die Mutterschaft eine Hem-
„mung der Produktivität bei begabten Frauen mit sich bringt, zum
„mindesten keine dauernde, keine innerliche Hemmung. Eine
„grössere Familie wird allerdings vielfältige Ansprüche an die Zeit
„der Mutter stellen, doch scheint es mir, dass die Proportion dieser
„Ansprüche stark von der individuellen Fähigkeit, sich die Zeit
„einzuteilen und über äussere Umstände Herr zu bleiben, bestimmt
„wird. Ich kenne Frauen, die durch ein einziges Kind völlig ab-
„sorbiert und allen andern Lebensinteressen entzogen sind; ebenso
„kenne ich Frauen mit vier, fünf Kindern, die ohne Vernach-
„lässigung ihrer Mutterpflichten eine erstaunliche Leistungsfähigkeit
„nach andern Richtungen bethätigen. Am allerwenigsten aber kann
„ich jener ziemlich verbreiteten Auffassung beipflichten, nach
„welcher der Trieb zu geistigem Schaffen bei den Frauen nur als
„vicarierender für den unbefriedigten Mutterschaftstrieb zu betrachten
„wäre. Soweit meine Beobachtungen reichen — und in erster Linie
„die Beobachtungen an mir selbst — gehören diese beiden Triebe
„ganz verschiedenen Gebieten des Seelenlebens an und haben keine
„Wechselbeziehung zu einander. Dass die Triebe, die der Gattung
„dienen und die Triebe, auf denen die Persönlichkeit ruht, in
„ihrem Gegensatze bisweilen zu tiefen Seelenkonflikten führen, ist
„ja bekannt. Aber diese Konflikte sind durchaus nicht typisch
„weibliche Erlebnisse. Die Frage, ob Männer mit künstlerischen
„Berufen durch die Last einer Familie nicht notwendigerweise in
„ihrer Laufbahn gestört werden, ist oft genug aufgeworfen worden.
„Man wird sie je nach dem Standpunkt, den man dem Leben
„gegenüber einnimmt, beantworten müssen. Setzt man die mög-
„lichste Ausbeutung der geistigen Produktivität an die höchste

„Stelle, dann kann man die Familie wohl nur als einschränkenden „und hemmenden Faktor bezeichnen; räumt man hingegen diese „Stelle einer harmonischen und universellen Entfaltung des mensch- „lichen Wesens ein, dann wird die Zeit, welche die Interessen der „Familie konsumieren, keineswegs als Verlust zu betrachten sein. „Aber eine normative Bedeutung hat diese theoretische Bewertung „ebenso wenig für die Frau wie für den Mann; das Leben jeder „einzelnen gestaltet sich doch immer ganz nach den Impulsen, die „seiner individuellen Konstitution entspringen.“

Wir haben hiermit die wesentlichsten Aeusserungen, die ein günstiges Licht auf die Möglichkeit der Vereinigung werfen können, erschöpft und fügen noch einen Ausspruch, der besonderes Interesse verdient, hinzu: „Ich denke, wenn die Frau ernstlich etwas „leisten will, wird sie Mittel und Wege finden. Der Wille, der starke „Wille, ist grösser als jeder Widerstand und der schwache wird „von jedem Widerstand, sei es, was es sei, gebrochen.“ (Helene Böhlau.)

Die dichterische Kraft Helene Böhlau's leiht diesem Ausspruch ernste Bedeutung. Als Ausdruck einer reichen Künstlerindividualität fällt er, wenn man die Stimmen wägt und nicht zählt, schwer und verheissungsvoll in die Wagschale.

Und dennoch! wen und was muss der Wille, „der starke Wille“, zerbrechen, um nicht gebrochen zu werden?

Von allen dichterischen Dokumenten der Gegenwart legt keines so beredtes Zeugnis ab von dem Konflikt zwischen der Frau als Schaffenden und der Frau als Trägerin und Trächtigen der Zukunft, als die Beschreibung der dumpfen Qual der kleinen ruhm- und arbeitslechzenden Malerin Olly[1]), als sie sich Mutter fühlt: „Und da war etwas, das in Olly's Seele als unsägliche Bangigkeit aufstieg, das wie eine dunkle Furcht nachts über ihr lag, wie ein geheimnisvolles Grauen, das sie sich aus den Gedanken fortarbeitete am Tage, das sie im Gebet zu ihrem Gott trieb. Mein Gott! Nein — nein, noch nicht! Und heisse Thränen flossen deshalb, heisse versteckte Thränen. Niemand sollte fragen dürfen. Schweigen, schweigen. — — — —

Aber jetzt, da war nur ein Gedanke und der erdrückte ihre

---

[1]) Helene Böhlau. Rangirbahnhof.

Seele. Sie fürchtete — glaubte — ahnte und es wurde ihr mehr und mehr zur Gewissheit. — — — —

Wie sollte es werden? Sie fühlte sich so hilflos, so machtlos. Die schweren erdrückenden Worte am Traualtar brausten ihr wieder wie Orgeltöne durch den Kopf. Es überstieg alles ihre Kräfte. Jetzt schon! Das Leben drängte sich so übermächtig ein und trieb sie in die Enge, sie aus dem Paradies, aus der Luft, in der sie allein leben konnte. Sie sah nur Unglück und Trostlosigkeit, Kampf und Qual. — — — Sie dachte das alles in einer unsinnigen Erregung. Und diese selbe Nacht erkrankte sie schwer. — — —

Die Seele des Geschöpfchens, das sich dem irdischen Jammerthale hatte zuwenden wollen, war zurückgeschauert und vor ihrer Erdenwanderung behütet worden.

Olly lag krank und matt in ihren Kissen. In der ersten Zeit hatte sie das dumpfe, drückende Gefühl, als hätte sie das Dasein dem Geschöpfchen nicht gegönnt. Sie war dabei, sich in schmerzliche, nutzlose Gefühle krankhaft hineinzurütteln. Aber nein, nein, das sollte nicht Macht über sie bekommen. Die Gedanken wurden wieder frei und ruhig. Es war gut so.

Es stand ihr klar vor der Seele, wie sie von der bangen Erwartung zu Boden gedrückt war, wie sie sich so schwach, so hilflos, so unfähig gefühlt hatte, wie ihr die Anforderungen des Lebens wie Wasserwogen über den Kopf zusammenzustürzen gedroht hätten. Sie empfand, wie alles elendes Stückwerk geworden wäre — alles.

Jetzt hatte ihr das Schicksal Zeit gegönnt. — — — Wie sie zum erstenmal wieder an die Staffelei trat und ihr Modell in die Stellung gebracht hatte, wie vor einigen Wochen, hatte sie die Augen voller Thränen. Sie wusste selbst nicht, weshalb eigentlich, sie war so froh, wieder zu beginnen, so ergriffen, und das Gefühl, mit ganzer Kraft weiter gehen zu dürfen, dem Ziele zu, erschütterte sie. Doch fühlte sie sich noch immer nicht recht wohl."

Ausdrücklich verweist eine unserer Experten, die selbst unendlich in der Schwangerschaft unter dem Zwiespalt in sich gelitten, auf jene Schilderung: „Das sind Stadien eines Martyriums, „das die Welt verkennt und nur mit rohen Namen zu nennen weiss."

Beginnen wir mit dem Bekenntnis dieser Expertin, die zu den

ersten Novellistinnen der Gegenwart gehört, die Darlegung des ergreifenden Konflikts, den der Versuch der Vereinigung nach den Aussagen der meisten bedeutenderen Dichterinnen der Jetztzeit erzeugt: „Die Zeit der Schwangerschaft war eine Zeit des furcht-„barsten Seelenkampfes, ein Ringen der geistig produktiven Frau „mit der Mutterschaft, die als zerstörend empfunden wurde, ein „beständiges Sich-Verzehren, bis zuletzt die Mutter den Sieg errang, „der mit Verlust von Gesundheit und Arbeitskraft errungen war."

Eine andere begabte Novellistin schreibt, dass sie seit dem Beginn der Schwangerschaft bis drei Monate nach der Geburt des Kindes arbeitsunfähig durch Nervosität und eine „völlige Versagung der geistigen Spannkraft war".

„Die mit der Schwangerschaft verbundenen Uebelkeiten machten „mir gleich von Anfang an jede anhaltende geistige Anstrengung „unmöglich", äussert sich eine ungewöhnlich thatkräftige österreichische Schriftstellerin.

Jene Darlegungen berühren die Frage, die wir bei der Schilderung von George Sand's Gemütszustand während der Schwangerschaft aufwarfen. Wenn der künstlerische Trieb bereits erwacht ist, sieht die Frau meist in tiefem innern Kampf ihre Kräfte, die zur Bethätigung der dichterischen Gestaltungskraft drängen, für die souverainen Zwecke eines andern Werdens eingefordert. Nach und nach gewinnt freilich das mütterliche Empfinden die Oberhand. Eine friedliche Ruhe, eine sehnsüchtige und doch geduldige Freudigkeit, die still der Entwicklung im eigenen Innern lauscht, breitet sich, oft gepaart mit einer gewissen geistigen Dumpfheit, über die Frau. Aber vergessen wir nicht, dass sich diese Wandlung in der Schaffenden meist erst nach schwerem Ringen vollzieht. Zwar unzweifelhaft, wie die zuerst gegebenen Beispiele zeigen, nicht in allen Fällen. Aber wir haben Grund zu glauben, dass es gerade die mütterlichsten Naturen und die ursprünglichsten Talente sind, die am meisten leiden — wenn sie nicht ein Gott davor bewahrte, die vornehmste Kraft ihrer Persönlichkeit zu entdecken, so lange von ihnen noch als Werdestätte eines andern Geschöpfes eine letzte äusserste Hingabe eingefordert ward.

In dieser Hingabe für Andere, in diesem Leben in Anderen, wenn auch nun nur durch Beanspruchung tiefster seelischer

Kräfte, wurzeln — auch über die Anforderungen der physischen Mutterschaft hinaus — die ernsten Schwierigkeiten, welche sich dem künstlerischen Schaffen der Mutter entgegenstellen. „Nur auf die Erziehung mir nahestehender und vielgeliebter „Kinder durfte ich vor Jahren Einfluss ausüben und — das „weiss ich noch gut — wenn eines von ihnen erkrankte, oder „meiner besonderen Sorgfalt in irgend einer Weise bedurfte, war „alle Litteratur für mich aus der Welt geschafft. Was ge- „schehen wäre, wenn das bittere Müssen mir in solchen Zeiten „die Feder in die Hand gezwungen, ob ich dann, wie manche „tapfere Frau, die Kraft gefunden haben würde, am Bett meiner „schwerkranken Kleinen geistig thätig zu sein, weiss ich nicht." (Marie von Ebner.)

„War alle Litteratur für mich aus der Welt geschafft—!" In diesem Ausspruch Marie von Ebner's fühlen wir die seelenvolle Mütterlichkeit, die uns fast aus jedem ihrer Werke entgegenatmet[1]). Zugleich aber die Gebundenheit gerade des weiblichen Weibes durch sein Frauenempfinden selbst beim höchsten Können.

Wie ein Widerhall von Marie von Ebner's Ausspruch klingt die Ansicht Magdalene Thoresen's, die gleich der österreichischen Dichterin auf ein reiches Menschen- und Künstlerleben zurückblickt: „Ich glaube nicht, dass man mit denselben Seelenkräften sich „zugleich in beide Lebenspflichten verteilen kann; ist man Mutter, „dass man, so lange die Kinder minderjährig sind, sich dem tiefen „Seelenstudium hingeben kann, welche das Schriftstellerleben er- „fordert. Eine andere Sache ist es, wenn die Kinder das Alter er- „reicht haben, wo die Erziehung zum Schulleben beginnt. Von „der Zeit an kann sich die Frau ihrem Künstlerberuf hingeben, „denn da ist ihre Liebe zum Kinde mehr mit äusseren Rücksichten „gemischt. Ich hätte nicht schreiben oder litterarisch arbeiten können, „während ich meine Kinder nährte. Erst da diese als heran- „wachsende Menschen an meiner Seite gingen, konnte ich dieselbe

---

[1]) „Keine starke Dichterindividualtität im ganzen Jahrhundert wüsste ich zu nennen, bei der das Kind so ausschliesslich im Mittelpunkte steht. Das Kind ist der wahre Mensch, für den sie ringt, klagt, hofft, arbeitet. All ihre dichterische Meisterschaft vereinigt sich um dieses Kind." Wilhelm Bölsche. Marie von Ebner-Eschenbach. Deutsche Rundschau. Berlin 1900. Heft 12, S. 329.

„Wärme, mit der ich sie liebte, in die Menschenschilderung in „meine schriftstellerischen Werke hineinlegen[1])“.

Eine Reihe von Dichterinnen der jüngeren Generation äussern sich in ähnlicher Weise:

„Il me semble presque impossible, qu'une jeune mère puisse „à la fois être une éducatrice vigilante et un écrivain de quelque „valeur. Les lettres demandent un travail continu, acharné! Les „enfants des soins incessants. Alors? ou l'œuvre sera médiocre, „ou les enfants seront negligés, mais les deux labeurs ne sauront „cheminer de compagnie sans que l'un ne triomphe aux dépens „de l'autre.“ (Jeanne Marni.)

„Selon moi, une femme qui veut être bonne mère ne peut pas „être ni écrivain, ni artiste.“ (Gabriele Zapolska.)

„Nach meiner eigenen Erfahrung sowohl, wie nach Beobachtungen „bei Kollegen kann ich nach bestem Gewissen nur der Meinung „Ausdruck geben: dass sich die Ausübung eines wissenschaftlichen „oder künstlerischen Berufs mit den Pflichten der Mutterschaft nur „sehr schwer und dann immer zum Nachteile des Einen oder des „Anderen vereinen lässt. Eine Frau, die auch nur ein einziges „kleines Kind zu betreuen und zu beaufsichtigen, event. in Krank- „heiten zu pflegen hat, sich diesbezüglich auf die Dienerschaft, Ver- „wandte oder sonstige Helfer nicht vollständig verlassen kann, wird „nur sehr selten Ruhe und Sammlung zu einer geistigen Arbeit „finden. Mag sie auch hin und wieder Zeit gewinnen (z. B. „während des Schlafens der Kinder), so ist es doch sehr fraglich, ob „auch Stimmung und Inspiration sich für diese Augenblicke der

---

[1]) Wir fügen hinzu, dass Magdalene Thoresen ihre litterarische Arbeit erst im Alter von über 40 Jahren als Beruf auszuüben begann.

Als Ansicht einer Schriftstellerin, die gleichfalls über eine lange Reihe von Erfahrungen verfügt, führen wir Erna Velten's Meinung an: „Ich finde, „dass die Pflichten als Gattin und Mutter unvereinbar sind mit der Thätigkeit „einer denkenden und vorwärtsstrebenden Schriftstellerin! Ein Beruf muss „entschieden darunter leiden und zu oft ist es der, welchen ich oben zuerst „anführte. — Geistesarbeit ist nicht immer dem Körper zuträglich, besonders „zu der Zeit, wo die Bestimmung der Frau ihre Gesundheit oft schädigt, „beides zu gleicher Zeit kann leicht verhängnisvoll für sie werden, mag dagegen „gesprochen werden was da will.“

„Musse und Freiheit herbeizaubern lassen. Sie wird entweder ihr „Kind oder ihren Beruf vernachlässigen müssen, und sie mag „dadurch in einen Zwiespalt geraten, der sie für beide Berufe zeit-„weilig untauglich macht. Jede geistige Thätigkeit erfordert ein „bestimmtes Mass von Ruhe, Vertiefung, Hingebung, ein Ab-„schliessen von äusseren Einwirkungen, eine Konzentration nach „Innen. Sie kann nicht, wie eine mechanische Thätigkeit, zu jeder „Zeit, an jedem Ort, in jeder Umgebung vor sich gehen, man kann „nicht nach dem Stifte, der Feder, dem Pinsel greifen wie nach „dem Strickstrumpf oder nach dem Spinnrocken. Alles, was ge-„schaffen werden soll, bereitet sich langsam im Innern vor; der „Inspiration (geist. Empfängnis) muss die Ausbildung der Idee „(das Reifen) folgen, dann kommt die Geburt. Wenn man ab und „zu die rührsame Schilderung einer liebenden Mutter und Dichterin „liest, — ‚Mein kleiner Engel schlief. Ich eilte an den Schreibtisch „und gab meiner Muse Audienz u. s. f. mit Grazie‘ — dann weiss „der Erfahrene sofort, welchen Wert er solchen Ergüssen beizu-„messen hat. Er weiss, dass der kleine Engel keinen ernsten Ge-„danken in der Mutter aufkommen, noch weniger sich entwickeln „liesse und dass die ‚Muse‘, die eifersüchtige Gottheit, nicht „Audienz nimmt, am wenigsten von Babys Gnaden, und immer nur „ungerufen kommt. Es soll Mütter geben, die während des Herum-„tragens ihrer Säuglinge Verse machen und den Rhythmus mit den „Fingern auf das Steckkissen klopfen. Ich möchte nicht der „Säugling sein, aber auch nicht und noch weniger — der Leser „der Verse. Kinder aber zwischen 1—6 Jahren bedürfen so vieler „Aufmerksamkeit, Beaufsichtigung, Beschäftigung mit ihnen, dass „es ganz unmöglich wäre, neben einem solchen irgend einer ernsten „Geistesarbeit sich zu widmen. Bei Frauen von irgend welcher „geistigen oder künstlerischen Bedeutung und damit ver-„bundenen Berufsthätigkeit ist die Mutterschaft (für alle Be-„teiligten) zum mindesten — nicht wünschenswert.“ (Carola Bruch-Sinn).

„Im Ganzen ist meine Ueberzeugung, dass zur Zeit in Deutsch-„land wenigstens der schriftstellerische Beruf sich schwer mit den „Pflichten der Hausfrau und Mutter, mit denen der Gattin über-„haupt kaum vereinigen lässt.“ (Sophie Schumann geb. Junghans [Sophie Junghans].)

„So viel ich habe beobachten können — und ich habe viel „beobachtet — verträgt sich die geistige Berufsthätigkeit der Frau „nicht mit ihren Mutterpflichten, aus dem einfachen Grunde, weil „jeder der beiden Pflichtenkreise einen ganzen Menschen verlangt. „Auch die Männer kultivieren eben nur den einen Pflichtenkreis, „den Beruf oder Broterwerb'. Immer leidet entweder die geistige „Arbeit der Frau, aus der nie etwas Ganzes und Grosses wird, weil „sie, wenn schon ausnahmsweise die nötige Zeit, so doch nie die „völlige Konzentration aller Gedanken darauf verwenden kann — „oder sie muss ihre Kinder vernachlässigen, deren Pflege und Er- „ziehung anderen und häufig minderwertigen Kräften überlassen. „In den meisten Fällen thut sie beide Pflichten halb, ist immer „eilig, immer beunruhigt, dazu, wenn sie Selbsterkenntnis hat, nach „beiden Seiten hin unzufrieden mit sich und dem Erreichten und „für sie Erreichbaren. Auch hält ihr Körper die stete Anspannung „nicht aus. Denn sie kann sich weder von der Berufsthätigkeit „erholen, weil die Kinder sie fordern, noch von der oft so schweren „Pflege der Kinder, da sie ihretwegen schon die Berufspflichten „hat verschieben und vernachlässigen müssen. Es heisst die Kerze „auf beiden Enden anzünden, wenn eine Frau zugleich Mutter und „Weib und auch Mann sein will oder muss." (Adelheid Weber).

„Es heisst, die Kerze auf beiden Enden anzünden". — Dies Wort erscheint wie das Leitmotiv zu einer Reihe der uns gegebenen Darlegungen, aus denen eine bewundernswerte, aber unter einer Ueberlast zusammenbrechende Energie spricht.[1]) Ein so anmutiges Talent wie Anna Ritter urteilt: „Ich bin nach

---

[1]) Wir fügen diesen Urteilen von Müttern verwandte Aeusserungen mehrerer unverheirateter oder kinderloser Dichterinnen zu: „Ich bin der Meinung, „dass eine Frau, die ihre ganze Seele der Kunst widmet (ich schliesse das „Theater aus), sich nicht zugleich den Kindern und der Familie widmen und „den hohen Beruf der Frau erfüllen kann, welcher auch die ganze Seele erfordert. Sie wird sowohl schlechte Mutter, als auf schlechte Künstlerin sein; „sie muss eine Wahl treffen: und nur, wenn sie dem Glück, Mutter und „Hausfrau zu sein, entsagt, kann sie auf das Glück, wahre Künstlerin zu sein, „hoffen". (Frau Hippius Mereschowskaja).

„A woman may produce a number of children, none of them still-born „or physically degenerated according to the cursory view. And yet — o yet. „How humanly deficient they may be lacking in imagination, in moral quality and

„vielen Kämpfen und Grübeleien zu der Ueberzeugung ge-„kommen, dass sich der Mutter- und Frauenberuf mit einem „öffentlichen nicht vereinigen lässt, wenn man eine hohe heilige „Auffassung dieses Berufes hat. Eins muss notwendig dar-„unter leiden. Ein Talent ist eine Spinne, die unsere Gedanken „mehr und mehr umspinnt, das Haus und die Kinder müssen dabei „notwendig zu kurz kommen. Und die einzige Entschuldigung, „die wir Frauen dann haben, ist die, dass wir auf der andern „Seite etwas Grosses leisten, etwas, das solche Vernachlässigung

---

„in affection as I have myself always remarked in the children of women who „exhaust their forces both prior to and during pregnancy. Woman's place in „nature I hold to be one of repose and conservation. So only will her powers „store and evolve in order to produce high human types.“ (Arabella Kenealy.)

„Ich halte das Aufziehen der eignen Kinder für den idealsten, um-„fassendsten und verantwortlichsten Menschenberuf, den es giebt, und kann „mir schwer vorstellen, dass eine Frau, die diese hohe Aufgabe entsprechend „ernst nimmt, noch zu einer andern geistigen Berufsarbeit Kraft und Lust „haben kann. Jeder höhere Beruf erfordert volle Hingabe des ganzen Menschen „zu seiner Erfüllung. Die Aufziehung von Kindern bedingt an sich eine „solche Fülle geistiger Arbeit! Liegt die Notwendigkeit vor, als Hausmutter „durch eigene Arbeit, eignen Erwerb zur Ernährung etc. der Familie beizu-„tragen, so muss eine thatkräftige Frau eben aus der Not eine Tugend machen. „Ein ohne Not anzustrebender Zustand ist es wohl nie. Erst wenn die Kinder „der sorgfältigen mütterlichen Obhut entwachsen, scheint mir für eine Mutter „die Zeit der freigewordenen Kräfte gekommen, die sie alsdann natürlich nach „jeder Richtung hin, ihren Anlagen und Meinungen gemäss verwerten kann.“ (Frieda von Bülow.)

„Was Arbeiten, z. B. dichterische, die eines grossen Masses von Konzen-„tration bedürfen, angeht, so bin ich der Meinung, dass weniger die Natur des „Künstlers, als der Bestand des Einzelhaushalts es auch der kinderlosen, aber „verheirateten Frau schwer macht, sich solchen Arbeiten in völliger Ruhe des „Geistes zu widmen. Solange der Einzelhaushalt besteht, wird auch, wo die „Frau sich alle mögliche Hülfe verschaffen kann, ihr Geist notwendig bis zu „einem gewissen Grade in Beschlag genommen werden von der Sorge für „tägliche Kleinigkeiten und kleine Aufgaben, die gleich gelöst werden müssen, „was die schöpferische Thätigkeit ungünstig beeinflusst.“ (Henriette Roland-Holst.) Letzterer Ausspruch hat allerdings für unser Problem nur bedingte Bedeutung. Aber wenn schon die hauswirtschaftliche Thätigkeit aus den erwähnten Gründen die Arbeit stört, so würden die unaufschiebbaren mütterlichen Aufgaben gewiss hindern.

„aufwiegt und heiligt. Wir tragen die Zukunft der Menschheit im „Schoss — das wird immer unsere heiligste Aufgabe bleiben“.

Aus dieser Fülle eigenartiger Urteile klingt uns als gemeinsamer Grundton die ernste Schwierigkeit der Vereinigung entgegen. Und zwar eine andersartige Schwierigkeit, wie in den früher besprochenen Berufen. Nicht wie bei der darstellenden Kunst zeigt eine doppelte Beanspruchung des Körpers in der Schwangerschaft greifbar, dass man zween Herren zugleich dienen will, nicht lang andauernde räumliche Trennungen reden von Verletzung der Mutterpflichten — ein viel stillerer Konflikt ist es, den wir erkennen, aber er trifft den Kern der Persönlichkeit. Die Wandlung, welche die Werdezeit des Kindes in der ganzen Organisation der Frau bewirkt, spricht eine beredte Sprache. Indem die Kräfte des Weibes fühlbar zu andern Zwecken eingefordert werden, eine gewisse Lähmung der geistigen Energie eintritt, führt die Natur das feinere Gewissen unabweisbar darauf hin, dass der Schwerpunkt des Wollens und Strebens nun nicht in der künstlerischen Leistung liegen kann. Ein anderer Werderuf ertönt und entwindet der Dichterin im Weibe das Scepter.

Und dieser gleichsam unterirdische Kampf setzt sich in veränderter Weise fort, wenn die Zeit der physischen Mutterschaft vorüber ist. Zwar arbeitet die dichtende Mutter zu Hause, in der Nähe der Kinder — auf den ersten Blick scheint also eine Vereinigung ihrer Thätigkeit mit dem Mutterberuf denkbar. Aber das harmonische Bild täuscht. Denn diese Nähe der Mutter ist trügerisch, diese Gegenwart Schein. Versonnen schweift die Seele der Schaffenden in weite, ferne Regionen. Nur die Hülle der Persönlichkeit ist geblieben. Soll die Künstlerin sich aus blauen Zonen zurück in das eng umfriedete Heim ihrer Kinder wenden, so muss sie, ob auch äusserlich nur wenige Schritte sie von den Kleinen trennten, jäh und unvermittelt in eine Sphäre, von der sie sich innerlich weltweit entfernt hatte. Noch aber ist ihre Phantasie erfüllt von fremden Gestalten, ihr Denken umstrickt — nur gewaltsam vermag sie sich loszureissen. Es ist kaum möglich, dass sie ohne tiefen Missmut die Gebilde ihrer Einbildungskraft schweigen heisst. Das Gefühl des Unfertigen, plötzlich Unterbrochenen muss sie begleiten — die quälende Furcht, ob in der nächsten freien

Stunde sich auch wieder die gleich starke Stimmung, so abhängig von tausend unberechenbaren Einflüssen, wird bannen lassen. Und wirklich innerlich frei ist sie nimmer, denn noch singen und klingen in ihr jene anderen Melodien. Eine nervöse Reizbarkeit, die selbst das strengste Pflichtbewusstsein, die grösste Selbstdisciplin nicht ganz unterdrücken kann, ist die fast unausbleibliche Folge — eine Reizbarkeit, die in genauem Gegensatz steht zu dem ersten Erfordernis erzieherischer Thätigkeit: Geduld und Gleichmass der Seele[1]).

Wir sehen also, dass aus der Vereinigung dichterischer Produktivität mit dem Mutterberuf ein Konflikt erwächst, der durch diese spezifische Schaffensart bedingt ist[2]) und dessen tiefinnerlicher Charakter uns nicht über seine Schwere hinwegtäuschen darf.

Fraglos aber würde Unterdrückung des dichterischen Triebes keine Lösung bedeuten, sondern vielleicht die grösste der Gefahren. Die Neigung zu einer geistigen Thätigkeit wird, wo immer eine ursprüngliche künstlerische Anlage vorhanden ist, durch die ernsteste Erfassung des Mutterberufs nicht erstickt. Oft liegt auch bei aller mütterlichen Innigkeit das stärkste Können, der tiefste Zug der Persönlichkeit auf jenem anderen Gebiet, und die noch so eingehende Beschäftigung mit Kindern lässt trotzdem das unbefriedigende Gefühl unangewandter und nach Bethätigung dürstender Fähigkeiten zurück. „Von Jugend auf mit lebhaftem Interesse für „Wissenschaft und Kunst und einem grossen Ehrgeiz erfüllt, hätte „ich gewünscht, mein Leben in dieser Richtung führen zu können. „Durch meine Kinder ist ein vollkommener und nie ausgeglichener „Zwiespalt in mein Leben gekommen, nicht weil ich sie wenig, „sondern weil ich sie immer sehr zärtlich lieb gehabt habe. Ein „besserer Gesundheitszustand unter ihnen und günstigere äussere „Verhältnisse würden das weniger empfindlich gemacht haben.

[1]) Selbst dann, wenn ein Werk vollendet ist, bringt die Dichterin zu den Pflichten ihres mütterlichen Berufs nicht den Vollgehalt ihrer geistigen und seelischen Kräfte, sondern sie kommt mit einem naturgemässen Bedürfnis nach Ruhe von der Arbeit und muss sich doch einer neuen starken Anspannung zuwenden. Dies gilt aber nicht nur für die Dichterin, sondern für jede im eigentlichen Sinn Schaffende, die zugleich Mutter ist.

[2]) Wir verweisen auf unsere Ausführungen in der bildenden Kunst, die die Verschiedenartigkeit der Berufsanforderungen, wie sie sich in den Berichten unserer Experten zeigten, betonen.

„Diese Vorteile hat mir das Leben versagt. Von doppelten Inter-„essen hin- und hergerissen, hat die Mutter in mir immer über „die ‚talentvolle Frau' gesiegt. Und wenn ich mir das Zeugnis „ausstellen kann, immer meine Pflicht und vielleicht auch noch „etwas darüber (ich meine in Vernachlässigung meiner eigenen „Person) meinen Kindern gegenüber erfüllt zu haben, so bin ich „dafür auch nie ein glücklicher Mensch gewesen."

Wie viel Qual klingt aus diesem Ausspruch einer schon betagten Schriftstellerin und lehrt das Niederzwingen des geistigen Produktionstriebes wahrlich nicht als das geringste der bei dieser vieläugigen Frage uns entgegenblickenden Uebel abschätzen! Nur dogmatische Enge kann die Frau, die, im Besitz eines hohen Pfundes, sehnend nach Ausleben ihrer eigensten Kräfte ringt, mit der Hindeutung auf das mütterliche Element in ihr zurückweisen und derart die innere Schwierigkeit des Problems ableugnen wollen.

Gleich verfehlt erscheint uns gerade bei der Dichterin, für die Erleben ein wesentliches Moment der Schaffensmöglichkeit und Schaffensfülle bedeutet, in der Ehelosigkeit eine Rettung zu erblicken. Neben dem nie genug zu schätzenden Verlust an persönlichem Glück würde auch die Möglichkeit, künstlerische Werte zu erzeugen, in erheblicher Weise hinabgemindert. „Meiner Meinung nach kann „sich die Frau nur in der Ehe künstlerisch voll entwickeln. Ge-„rade durch die an sie herantretenden mannigfachen Sorgen der „Ehe verschärft sich ihr Blick; je mehr sie notgedrungen an „Egoismus aufgiebt, desto mehr gewinnt sie an Fühlung für die „Allgemeinheit, und hieraus erklärt sich die nun auf breiterer Basis „ruhende, tiefere menschliche und soziale Fragen aufgreifende Ge-„staltungskraft." (Clara Viebig.)

In folgenden Worten einer angesehenen ausländischen Schriftstellerin tritt uns lichtvoll entgegen, dass die Frau des Auslebens als Weib durchaus bedarf und dass die oft berührte Möglichkeit illegitimer Verbindung den Kern des Konflikts umgeht, aber nicht aus der Welt schafft. „La vie conjugale se conforme parfaitement „avec une vocation littéraire, si cette dernière a pour source un „vrai talent. Il n'y a que les caprices passagers qui posent pour „une vocation manquée. Un vrai talent trouve moyen, de créer „dans toutes les conditions données. Nul écrivain — femme ou „homme — ne peut créer, sans avoir aimé, souffert, lutté — sans

„avoir fait la vie du cœur et non pas de la pure fantaisie. Pour „la femme, l'amour c'est toujours la famille. Épouse ou amante, „elle diffère peu dans sa passion et dans sa maternité. Une vie „irrégulière, est-ce jamais la liberté pour une femme? Le vrai „célibat, sans amour, ni enfant, ne pourrait que dérouter un talent „de romaniste."

Betrachten wir nun aber neben dieser mit so viel Ueberzeugungswärme vertretenen Ansicht das persönliche Leben dieser letzten Schriftstellerin, so zeigt sich ein trübes Bild. Diese Frau — offenbar gleich gewissenhaft als Künstlerin wie als Mutter — die ihren physischen und seelischen Pflichten fünf Kindern gegenüber gerecht ward, benutzte während 25 Jahren die Nächte, um ihre erfolgreiche litterarische Thätigkeit auszuüben. Heute mit 50 Jahren ist sie abgemüdet, ihre Gesundheit ernstlich erschüttert; Neuralgie und allgemeine Nervenschwäche haben sich eingestellt; sie fühlt, dass ihr Körper die übermässige Anstrengung, die andauernde Nachtarbeit, nicht mehr aushält und hat sich einen kleinen Raum gemietet, wo sie ungestört fünf bis sechs Stunden täglich für sich arbeiten kann. [1]) Wenn sich also auch ihr Talent durchsetzte und keine Pflicht vernachlässigt ward, so hat doch ihr Körper übermässig gelitten. Und die Achtung, die wir einer solchen Natur zollen, ist gemischt mit schmerzlichem Bedauern, dass sie, um zu ihrem Ziel zu gelangen, den elementarsten Anforderungen der Hygiene nicht Rechnung tragen durfte.

Auch wo die materielle Lage eine besonders günstige ist, sehen wir fast durchgehends einen harten Kampf, ein Hin- und Hergerissenwerden zwischen den beiden so anspruchsvollen Lebens- und Pflichtenkreisen. Freilich könnten gewisse Aussprüche dazu

---

[1]) „Toujours faut-il affirmer que dans ces dernières années, je me sens „très fatiguée. Ma santé est sérieusement attaquée, neuralgie, neurasténie „générale . . . .

„Mes enfants m'ont jamais quittée, mais au courant de ces dernières an„nées, j'ai pris l'habitude de me louer un petit apartement personnel, ou je „m'éloigne pour mes 5, 6 heures de travaille grâce a cette heureuse idée, je „parvenais à éviter de travailler pendant les nuits: tel fut mon régime pen„dant 25 ans de mon mariage. Je ne me sens plus assez forte pour le con„tinuer, non plus pour m'accomoder avec les leçons de musique et de chant „de mes enfants."

verleiten, das entscheidende Moment für die Möglichkeit und Art der Vereinigung in der Beanlagung der einzelnen Persönlichkeit zu sehen:

„Für die ungewöhnliche Frau, das Genie, oder die Frau mit „Talent, kann kein Massstab angelegt werden. Unser bestes Werk „kann in unsern wenigst normalen, wenigst gesunden Stunden ent- „stehen, unser frischstes, gesundestes, stärkstes Werk aus einem „Leiden. Meine Phantasie ist nie lebhafter, mein Verstand kühner, „meine Einsicht klarer als bei nervösen, physischen Schmerzen. „Körperliches Weh lässt meinen Geist unberührt." (George Egerton)[1]).

„Das sorglose oder sorgenvolle Temperament der arbeitenden „Mutter und eine gewisse geistige Dressur, die auch Sorgen und „Aengste beiseite schieben kann, spielt eine grosse Rolle. Ebenso „eine Gabe zu disponieren, zu herrschen und Kinder und Dienst- „boten auch während der körperlichen Abwesenheit eine gewisse „Allgegenwart fühlen zu lassen." (Gabriele Reuter.)[2])

---

[1]) Die zusammenhängende Ansicht von George Egerton lautet: „Ich „persönlich glaube, dass die Durchschnittsfrau nicht so geeignet wie der „Durchschnittsmann für irgend einen Beruf ist, weil ihr Körperzustand jeden „Monat wechselt. Sie ist einmal im Monat krank und nach meinen Beob- „achtungen seelisch wechselnd während dieser Zeit. Für die ungewöhnliche „Frau, das Genie, kann kein Massstab angewandt werden. Unser bestes Werk „kann in unsern wenigst normalen, wenigst gesunden Stunden entstehen unser „frischtes, gesundestes, stärkstes Werk aus einem Leiden. Meine Phantasie „ist nie lebhafter, mein Verstand kühner, meine Einsicht klarer als bei ner- „vösen physischen Schmerzen. Körperliches Weh lässt meinen Geist unbe- „rührt. Ehe, die conventionelle Form des Zusammenlebens von Mann und „Weib, die Idee der Frau als eines Hauswesens, das dem Mann das Leben „behaglich zu machen hat, lässt sich vielleicht weniger mit dem Beruf der „Schriftstellerin und Malerin vereinigen, als die Mutterschaft. Ich persönlich „glaube, dass manch ein Beruf sich mit der Mutterschaft ins Gehege käme.

[2]) Gabriele Reuter fährt fort: „Das sind aber Gaben, welche, wie die „Erfahrung lehrt, mehr bei Thatmenschen, bei praktischen Naturen als bei „den wissenschaftlich oder künstlerisch Schaffenden zu finden sind. Was in „der Beziehung vom Manne gilt, stimmt wohl auch auf die Frau. Jemand, „der Kunst und Wissenschaft mehr als einträglichen Broterwerb und mit hand- „werksmässiger Sicherheit betreibt, wird leichter auch sein häusliches Leben „in geregelten Bahnen regieren, als der grosse Künstler oder Denker, der in

Spielt nun aber die persönliche Sonderart bei unserm Problem, wie fast überall, eine grosse Rolle, so doch immerhin nur, wie wir schon früher betonten,[1]) innerhalb bestimmter, wenn auch dehnbarer Grenzen. Es wäre gleich verfehlt, den Einfluss persönlicher Beanlagung abzuleugnen, als in dem Zauberwort der Individualität die Erklärung für das Bild zu finden, das uns die jeweilige Vereinigung bietet. Neben oder bei allem Individuell-Verschiedenen sind gewisse allgemeine Linien in der Fülle der Einzelfälle zu erkennen.

So scheint uns durchgängig die dichterische Produktion, mehr vielleicht als irgend eine andere, mit dem Mutterberuf in Konflikt zu geraten. Die andersartigen Anforderungen der bildenden Kunst haben wir schon beleuchtet. Aber auch von der später näher zu erörternden wissenschaftlichen Thätigkeit trennen das dichterische Schaffen für unsere Frage wesentliche Momente. Schon Anna Ritter's tiefes Wort deutet an, dass die dichterische Produktion ein Spinnnetz ist, welches, wenn es sich breitet, die Persönlichkeit mit leisen Fäden umgarnt. Andrerseits verträgt es keine brutale Berührung der Aussenwelt, wird leicht in den ersten Ansätzen zerfetzt, verweht. Wo die durch Störung abgerissene Kette der Begriffe sich wieder anknüpfen lässt,[2]) versagt eine geistige Thätigkeit, auf die schon der Duft eines Rosenblattes, ein Windzug, der die Thüre aufstösst, einwirken kann.

Aber ist nicht auch der männliche Künstler gleicher Beeinträchtigung ausgesetzt?

Wir glauben nicht. „Ich meine, dass für jeden Künstler, ob „Mann oder Weib, insonderheit aber für den Dichter, die Ehelosig„keit der beste und natürlichste Zustand ist. Früher oder später „hat jeden von uns einmal eine Leidenschaft gepackt, ein Fall, der

---

„Kampf und Qual und Sturm schafft, oder in dionysischem Rausch.“ Es war uns leider nicht möglich, die Ausführungen Gabriele Reuter's, die uns in dankenswertester und eingehender Weise unterstützte, an einer Stelle anzuführen, ohne den Ideengang unserer Darlegungen zu beeinträchtigen. Wir verweisen deshalb, um durch diese Zerstückelung des in Zusammenhang Gedachten kein falsches Bild zu geben, auf ihre verschiedenen in der Dichtung angeführten Aussprüche. S. auch Seite 115.

[1]) Vergl. S. 44.

[2]) Vergl. Wissenschaft. Mary Somerville.

„sich bei dem ursprünglichen Temperament und der tieferen Ein-
„drucksfähigkeit der Künstlerseele sogar ziemlich oft wiederholen
„kann. Zugleich aber wird sich in jedem dieser Künstler — ich
„sage absichtlich nur ‚Künstler‘, weil es da de facto kein Geschlecht
„mehr giebt — sofern er nur ein wirklich Berufener ist, der den
„grossen Egoismus seiner Kunst, die ihm trotz allem immer die
„intimste Passion bleibt, über alles stellt, ein instinktiver Trotz und
„Abscheu gegen jedes bindende Verhältnis regen. Und dies mit
„Recht; denn von dem Augenblick, wo er alle Lasten und Pflichten
„einer Ehe — der Mann den Unterhalt der Familie, das Weib die
„Mutterschaft auf sich nimmt, ist die Einsamkeit seiner Seele ge-
„brochen und damit seine innerste, wahrhaft mystische Kraft. Das
„gewöhnliche Leben hat sich tausend Thore zu seiner Seele geöffnet,
„und er wird immer kleiner und schwächer daran werden. Ich
„leugne nicht: vielleicht auch glücklicher! Aber Glück, das ist eben
„auch so ein relativer Begriff! Nun hat aber das Weib durch die
„Mutterschaft unleugbar — wenn auch nur zeitweise — der Ehe
„schwereren Teil zu tragen. Aufrichtig gesagt, glaube ich nicht,
„dass eine selbst hochbegabte Frau während dieser Zeit etwas
„wirklich Bedeutendes, ich spreche natürlich vom künstlerischen
„Schaffen, leisten könne. Die Natur, die grandiose Dichterin des
„Lebens, ist in diesem Fall so egoistisch und ausschliessend, wie
„der Dichter, sie konzentriert alle Kräfte und jede ihrer Absichten
„auf das eine, einzige Produkt, das werden soll, mit heiligster Weis-
„heit und ewigstem Recht! — Kommt als Zweites die Pflege und
„Erziehung der Kinder. Die Frau, der es moralische Laxheit und
„Mittel gestatten, ihre Kinder fremden Händen anzuvertrauen, wird
„natürlich wieder freier und leistungsfähiger sein. Aber selbst da
„giebt es Sorgen und Verdriesslichkeiten, die schwer in das Phan-
„tasie- und Geistesleben der irgend einen Beruf ausübenden Frau
„hineingreifen können, als: Krankheiten der Kinder, Todesfälle oder
„abnorme Veranlagungen derselben, ihr Studiengang etc. Kurz, sie
„ist doch ein für allemal so fest und unlösbar an das wirkliche
„Leben und seine brutalen Forderungen geknüpft, dass ich nun und
„nimmer an eine höchste Entfaltung ihrer z. B. künstlerischen
„Kräfte, sofern dieselben produktiver Natur sind, glauben kann.

„Aber wozu diese Frage so einseitig stellen? Ich bin der
„Meinung, dass es dem einmal gebundenen Manne in diesem Falle

„auch nicht viel besser ergeht. — Wir Frauen sind in einen Kampf „getreten, für den ich selbst jederzeit mit all meinen Kräften ein„stehen werde. Weshalb aber sollen wir glauben machen, dass wir „noch mehr können, als die Männer? Ueber die Natur kommt „weder das eine noch das andere Geschlecht hinüber, in diesem „Falle sind wir eben alle — Menschen!“ (Marie delle Grazie.)

In dieser Darlegung der österreichischen Dichterin ist in eigenartiger Weise berührt, was jeder Künstler durch das Eingehen eines bindenden ehelichen Verhältnisses einbüsst. Aber wenn auch von der geistvollen Frau anerkannt wird, dass „das Weib durch die Mutterschaft unleugbar, wenn auch nur zeitweise, der Ehe schwereres Teil zu tragen hat“, so scheint uns doch das Spezifische im Schicksal des Weibes in jenen Ausführungen zu sehr unterschätzt. Erdgebundener als der Mann wird die Frau in ganz anderer Weise durch die Folgen der Befriedigung ihrer erotischen Triebe gefesselt. Mit einem gesunden Liebesleben ist für das Weib die Mutterschaft unlöslich verbunden. Und diese hat auch eine weit eingreifendere Bedeutung, als für den Mann die Vaterschaft. Psychisch und physisch lebt sich die Frau erst aus, wenn sie Mutter wird. Und das Erringen des Lebensunterhalts durch den Mann lässt sich weder der Wandlung vergleichen, welche die Werdezeit des Kindes im Dasein der Frau bewirkt, noch der zarten, tiefinnerlichen Art der Absorbtion, die mütterliche Liebe und mütterliche Sorge mit sich führt.

Seltsamerweise erscheint einigen unverheirateten Schriftstellerinnen das eheliche Zusammenleben störender für die Arbeit als die Mutterpflicht[1]). „Je suis sûre que les enfants ne pourraient „jamais empêcher une femme de travailler, au contraire, leur „présence stimule le travail; quant au mari il devient presque „inévitablement (certes, il n'y a pas de règles sans exceptions) „un obstacle aux occupations sérieuses d'une femme.“ In der That sehen wir in einzelnen Fällen, wo — sei es infolge Scheidung oder nicht dauernder ehelicher Verbindung — die Mutter allein

---

[1]) Wir möchten an dieser Stelle den originellen Ausspruch von Fannie Gröger anführen: „Eines weiss ich: dass die Liebe, und vor allen Dingen die glückliche Liebe, eine ganz gewaltige Berufsstörung ist.“

einem Kinde leben kann (ohne Berücksichtigung eines Gatten), eine gewisse Erleichterung der Berufsthätigkeit. Der Pflichtengehalt ist nicht so gross, um Ermüdung und Ueberanstrengung zu bewirken, das Liebesbedürfnis ist konzentriert auf ein einziges Geschöpf, das als „Ansporn und erhöhte Freude“ für die Arbeit empfunden wird.

Wir treffen hier ein Losungswort, das gerade in den letzten Jahren machtvoll erklungen ist und — mit Hinblick auf die Zeiten des Mutterrechts — in ökonomischer und sozialer Hinsicht Fragen von weittragender Zukunftsbedeutung berührt: „Ein Kind und Arbeit! Gebt uns ein Kind und Arbeit!“ Dies Wort leiht einer Zeitströmung Ausdruck, für die wir gerade im Gebiet der Dichtung bedeutende Vertreterinnen finden und das wir deshalb im Rahmen eben dieses Abschnittes — als Ziel und Programm gefasst — auf seine tiefere Bedeutung prüfen müssen.

Das in sich selbst ruhende Weib tritt uns entgegen. Der Mann ist dieser Art Frauen nicht mehr Wesensgehalt ihres Lebens, die Liebe nicht mehr zugleich „Kerker und Himmelreich“. Mehr als das: sie ist ihnen nicht einmal neben ihrer Arbeit das grosse Glück, das Sonnenlicht, das „golden Korn und Erntesegen“ reifen lässt. Der Mann ist ihnen nur ein Notwendiges als Mittel. Als Mittel, um zu dem zu gelangen, was neben ihrer Arbeit, in der sich ihre frei gewordene, selbstsichere Persönlichkeit bethätigt, das Grosse, das Heilige für sie bedeutet: die Mutterschaft. Der Mann „kann gehen.“

„Der grösste Wert, den die Frau für die Welt gewinnen kann, „ist als Mutter, ich gehe so weit, dass ich sie als unvollkommen „ohne die Mutterschaft betrachte und ich finde, dass ihr die Wahl „bleiben möchte, ob sie Mutter sein will, oder nicht, ganz unab„hängig von jedem gesetzlichen Bande, wenn sie das Kind unter„halten kann. Nach meiner Ansicht sollte der einzige Grund „für den geschlechtlichen Verkehr der Zweck sein, ein Kind zu be„kommen; wenn dies allgemein angenommen würde, wäre die Frau „freier, ihrem Beruf zu folgen“[1]).

Das sinnliche Mysterium liegt, seiner Weihen beraubt, in

[1]) Dieser Ausspruch stammt aus der Feder einer Schriftstellerin von internationalem Ruf, die zu den bekanntesten Frauen der Gegenwart gehört.

nackter Hässlichkeit vor uns — entthront, ihres Königsmantels entkleidet, die Liebe, die Gattenliebe, die in ihm ihren letzten körperlichen Ausdruck findet. Die Frau, die freie Intelligenz, der unabhängige Arbeiter, der Kulturwerte schafft, ersteht — seine Gefühlsbedürfnisse konzentrieren sich einzig in der Mutterschaft.

Und dies ist die neue Frau??

Wir glauben nicht.

Werten wir die geistige Kraft der Frau so hoch wir nur können — so hoch wir nur können auch die Mutterschaft — wir vermögen dennoch in der Losung „Ein Kind und Arbeit" nur einen verhängnisvollen Irrtum zu erkennen. Wenn einer der grössten Denker aller Zeiten im Einklang mit seiner Lehre ausgesprochen hat, dass „aller Geschlechtsliebe ein durchaus auf das zu Erzeugende gerichteter Instinkt zu Grunde liegt" [1]), so zielt die Auffassung, die wir hier kritisch beurteilen, in durchaus anderer Richtung: sie verlegt ins Bewusste, was möglicherweise im Bereich des Unbewussten gilt. Sie erscheint als kaltherziger Rechner, der klüger sein will, als die Natur, sie zieht das grösste heiligste Gefühl, dessen Menschen überhaupt fähig sind: die Gattenliebe (gleichviel ob legitim oder illegitim), zum Mittel hinab. Ist auch die Vaterschaft nicht von der gleichen Bedeutung wie die Mutterschaft — das Kind des Mannes ist Blut von seinem Blut, und Blut ist nun einmal „ein ganz besonderer Saft". Und das höchste Ideal der Menschheit ist und wird bleiben die treue, heisse, restlose Hingabe von Mann und Weib als Grundlage der Mutterschaft.

Das Weib, das in seinem Empfinden sich Mutter fühlen will, ohne dass es sich Geliebte, Gattin gefühlt — es überspringt klügelnd die wichtigste Stufe, ohne die es die letzte im tiefsten Sinne auch nicht erklimmen kann. „Kommen wird der Morgen, da der Traum erwacht und daraus dein Antlitz mir entgegenlacht." Die Natur spottet der Theorie. Aus dem Gesicht des Kindes blickt der Mutter unleugbar Der entgegen, der sie zur Mutter gemacht hat — und jede Loslösung ist ein Auflehnen gegen die letzten Gesetze alles Seins, die, indem sie das Kind aus dem Bunde von Mann

[1]) Schopenhauer. Die Welt als Wille und Vorstellung. Bd. II, Metaphysik der Geschlechtsliebe. Sämmtliche Werke. Leipzig 1877.

und Weib werden liessen, diesem Bund seine Weihen liehen und seinen untilgbaren Ewigkeitsstempel aufdrückten.

Sehen wir nun, wie in der Gegenwart die Uebersetzung jenes Programms in die Wirklichkeit sich ausnimmt, was sie für unser Problem lehrt, und berühren wir hiermit zugleich die eminente Bedeutung des ökonomischen Momentes. Was zeigt uns das Leben der Frau, die nur geistiger Arbeiter und Mutter ist? Wir haben schon hervorgehoben, dass in einzelnen Fällen, wo infolge von Scheidung oder nur vorübergehendem unehelichen Zusammenleben die Frau sich in ihrer Sorge und Liebe auf ein Kind konzentrieren kann, ein geringerer Pflichtenkonflikt stattzufinden scheint. Aber hier lagen immer materielle Verhältnisse vor, die der Frau einen gewissen Rückhalt sicherten und sie und das Kind nicht lediglich auf den Ertrag ihrer geistigen Thätigkeit anwiesen. Wie verhält es sich aber, wo das „Ein Kind und Arbeit“ in seiner letzten Bedeutung in die Erscheinung tritt, wo aus dem Kind „Kinder“ geworden sind und die Frau neben der Gebärerin und Erzieherin auch zugleich der Ernährer und materielle Erhalter — also Vater und Mutter zugleich — für sie ist?

Wir führen die Darstellung einer ausländischen Schriftstellerin an, die in der Litteratur ihres Vaterlandes einen geschätzten Namen besitzt und der wir als Mensch und Mutter auf Grund ihrer Mitteilungen, die das Gepräge einer bewundernswerten Aufrichtigkeit tragen, einen hohen Grad von Achtung zollen. Diese Frau glaubt, „dass es für die wirklich selbständige Frau, welche ihr Stück „Brot zu verdienen versteht, sehr wichtig, ja sogar notwendig ist, „allein zu wohnen“. „Die Form des Verhältnisses mit dem Manne „— oder einfach dem teuern geliebten Freunde — hat eine ernste „Bedeutung. Das Beste ist, getrennt in verschiedenen Wohnungen „zu wohnen und zu Mittag und Abends zusammen zu kommen.“ Sie besitzt Kinder aus verschiedenen illegitimen Verbindungen, die sie im Laufe der Zeit einging und deren jede von langjähriger Dauer war. „Alle Kinder gelten für unehelich, aber alle habe ich „selbst ernährt, erzogen, und auf die Füsse gestellt. Den Anteil der „Väter habe ich nicht anerkannt, Geld nahm ich von ihnen prinzipiell „nicht. Ich lebte immer allein mit den Kindern, das Verhältnis „mit dem geliebten Mann weder verbergend noch besonders hervor„hebend“.

Schätzen wir den tapferen, harten Lebenskampf dieser Natur, ihre warme Mütterlichkeit, so zeigen doch ihre eigenen weiteren Worte, wie verfehlt die Theorie ist, für die ihr Lebensschicksal als Illustration dienen kann. „Wenn eine Schriftstellerin wie der Mann, „der Vater verdienen soll und zugleich Mutter sein muss, „so ist es keineswegs leicht. Die Liebe zu den Kindern hilft „leben, die Notwendigkeit, diese den Händen der Dienstboten zu „überlassen, ist äusserst schwer, denn wenn man müde zum Mittag-„essen kommt, möchte man die Kinder herzen, „mit der Seele „ruhen“ und dann kommen Klagen. Einer war wild, der Andere „folgte nicht u. s. w. Man sagt, ich habe die Kinder verwöhnt; „es ist wahr, ich habe wirklich nur mit Zärtlichkeit auf sie ge-„wirkt. Es sind gute Menschen aus ihnen geworden. Meine „Schuld ihnen gegenüber zugebend (ihre Rechtlosigkeit, Illegimität), „stellte ich sie immer obenan und arbeitete ohne Ermüdung, „damit sie alles haben, was ein Vater ihnen geben könnte. „Arbeit gab es unendlich viele, es genügt, wenn ich sage, dass ich „mich morgens, wenn die Kinder nach dem Gymnasium gingen, „schlafen legte und die ganze Nacht durcharbeitete. Die Ursache: „die billige Bezahlung weiblicher Mühe.“

Wir möchten den letzten Satz besonders hervorheben, da er sicherlich eine gewisse Berechtigung hat und die besonders starke Belastung dieser Existenz erklärt. Aber auch bei der gerechtesten Entlohnung der weiblichen Arbeitsleistung in der Dichtung würde die Schärfe dieses Daseinskampfes, die Schattenseiten dieser Art des Frauen- und Mutterlebens nur abgeschwächt werden, nicht verschwinden. „Ein Kind und Arbeit“ oder sagen wir weniger poetisch aber lebenswahrer „Kinder und Arbeit“ für die Frau zu fordern, bedeutet einen verhängnisvollen Trugschluss. Denn Kinder werden lassen, Kinder erziehen, ist schon Arbeit, wenn in Wahrheit der mütterlichen Aufgabe voll und ganz entsprochen wird. Die Hinzufügung einer neuen Thätigkeit, die Arbeit auf Arbeit häuft, die Kräfte abmattet und zersplittert und die Frau zwingt, wegen des zweiten neuen Berufs sich zu dem ersten nie genügende Ersatzkräfte heranzuziehen, ist keine Erlösung für die Frau. Eine allgemeine Sicherung könnte ihr nur durch ökonomische Wertung des Mutterberufs gegeben werden. Und nur unter dem Gesichtspunkt einer harten Notwendigkeit bei den heutigen wirtschaftlichen Verhältnissen ist es zu betrachten, wenn die Mutter zugleich die Kinder ernähren muss. Ueberall, wo die Hetzpeitsche materieller Not die Frau zur künstlerischen Thätigkeit zwang, oder diese wenigstens zur Gewinnung des Lebensunterhaltes unentbehrlich war, sahen wir die trübsten Bilder. „Ich muss meine Kinder jetzt verlassen, „da ich sie nicht zugleich gut erziehen und das Geld für ihre Er- „ziehung durch geistige Arbeit erwerben kann,“ beantwortet eine bekannte Schriftstellerin, die unendlich unter den Anforderungen der heterogenen Pflichten gelitten hat, die Frage, ob sie sich durch ihre Berufsthätigkeit zeitweilig von ihren Kindern trennen muss.

Aus dem Vorhergehenden zeigt sich deutlich, dass die Bedeutung des ökonomischen Moments nicht hoch genug anzuschlagen ist. Trotzdem muss aber nachdrücklich betont werden, dass selbst bei den glänzendsten materiellen Verhältnissen der Konflikt, der uns in der Dichtung zwischen der Frau als Schaffenden und der Frau als Geschlechtswesen entgegentrat, nicht schwindet.

Dieser Konflikt, dessen Wesenscharakter wir in den Aussprüchen unserer Experten, wie in unserer eigenen Beleuchtung gezeigt zu haben glauben, scheint unlösbar[1]). Er wurzelt in der Natur der Frau, die beanlagt ist, schöpferisch auf einem sublimen Gebiet der Kunst: der Dichtung, zu wirken und andererseits die ganze Erdenschwere des Weibes als Mutter trägt. Ein Durchhauen dieses Knotens ist unmöglich. Denn einerseits redet unser Material überwältigend von dem starken Künstlertriebe des Weibes, dessen Unterdrückung Verkümmerung bedeutete, die Geschichte überzeugend von dem dichterischen Können der Frau. Und andererseits quillt uns aus den gleichen Blättern aus Jetztzeit und Vergangenheit eine

[1]) „Ich bezweifle, dass die physische Beschaffenheit der Frau einer „regelmässigen Produktion günstig ist, (in der Musik z. B. die den Frauen „längst zum Studium freigegeben war, haben sie bisher nichts selbständiges „geleistet); dagegen habe ich Frauen gesehen, in denen das weibliche Sich- „ausleben kräftige Schaffensräusche auslöste. Nie aber habe ich eine Frau im „Konflikte zwischen Talentpflichten und Liebes- oder Mutterpflichten schwanken „sehen. Ob das gestrige Kultur oder Naturnotwendigkeit ist, vermag ich nicht „zu entscheiden.“ (Anselm Heine.) Es ist erstaunlich, dass ein so feiner Beobachter wie Anselm Heine derartig urteilt. Denn wenn wir auch durchgängig die Mutter siegen sahen, so doch fast niemals ohne Kampf und Schwanken.

heisse, starke Mütterlichkeit entgegen. Wie als Weib, so kann aber auch als Künstler gerade die Frau der Gegenwart des tiefen Erlebnisses der Mutterschaft nicht entbehren: „le second baptême" zu empfangen ist für sie auch als Schaffende Notwendigkeit geworden. Denn sie fühlt, dass sie ohne diese Taufe flügellahm in ihrer Kunst wäre, der sie ein neues Element schenken soll: das dichterische Bekenntnis des zum Menschen erlösten Weibes, das über die Entwicklung zum Weltbürger hin den Weg in sein Allerheiligstes, sein Eigenstes fand.

Eine Beseitigung des tiefinnerlichen Konflikts ist also ohne Beeinträchtigung der Persönlichkeit, ohne einen schwerwiegenden Verlust an Kunstwerten undenkbar, mögen immerhin auch gewisse tröstende Gesichtspunkte vor uns auftauchen. So erinnern wir uns bei der dumpfen Qual der schaffensdurstigen Frau während jener Zeitspanne, da ihr Körper Werdestätte eines andern Geschöpfes ist, dass die stärksten, dichterischen Produktionen des Weibes aus einem reiferen Lebensalter stammen. Die Zeit der ersten Jugend scheint dem dichterischen Schaffen der Frau nicht günstig zu sein. Vielleicht gelten auch auf geistigem Gebiet für sie andere Gesetze wie für den so anders gearteten Mann. Man möchte zunächst geneigt sein, zu glauben, dass das den Jahren nach körperlich früher entwickelte Geschlecht auch schneller die Höhe seines künstlerischen Könnens erreichte. Die Lehren der Erfahrung lauten anders — wenigstens für die Dichterin. George Sand schrieb ihre zündenden Werke lange, nachdem sie Mutter geworden war, George Eliot versuchte sich mit 37 Jahren zuerst auf dem Gebiete des Romans. Die Mehrzahl der bedeutenderen Frauendichtungen der Gegenwart sind nach dem 30. Lebensjahr der Dichterinnen entstanden. Der individuelle Kampf der Einzelpersönlichkeit, in der der dichterische Drang schon früh erwachte und durch die Mutterschaft gehemmt und zeitweilig erstickt ward, bleibt freilich durch diese Erkenntnis unberührt — aber sie gewinnt Bedeutung, wenn wir die Möglichkeit erfolgreichen Schaffens für das weibliche Geschlecht erwägen.

Bei der Verbindung dichterischer Produktivität mit dem Mutterberuf in weiterem Sinne ist das zarte Gewissen, das gerade die genialeren Dichterinnen in ausgeprägtem Maasse zeigten, ein sicherer Bürge für das Wohlergehen der Kinder. Der tiefe Mutterinstinkt dieser Frauen breitet schützende Arme über das hülflose Geschöpf, das ihnen so viel von ihrer Kraft und Zeit raubt.

Aber die letzte Gerechtigkeit den Kämpfenden gegenüber, die heiligste Pflichten gegen ihr schöpferisches Können und heiligste Mutterpflichten in heissem, ehrlichem Ringen zu vereinen streben, — diese letzte Gerechtigkeit wird nicht etwa den tiefen Lebenskonflikt zu umschleiern, zu übertünchen suchen. Vielmehr wird sie ihn anerkennen in seiner ganzen ergreifenden Schwere. Und anerkennen zugleich, dass es nicht Schwäche, sondern Stärke ist, was vielfach das Weib als Schaffende erliegen lässt — das Weib, das als Trägerin und Trächtige der Zukunft beschwert, hinabgezogen vom höchsten Fluge erscheint. Ist es auch das Grösste, für das die Frau sich hingiebt, so sind es auch nur zu oft edelste Kräfte, die sie lautlos opfert. Und wo es ihr gelingt, beiden Sphären gerecht zu werden, sich als Mutter und Künstlerin durchzusetzen, da ist der Sieg schwer, das Schlachtfeld blutig. Seltsam fesselnd schaut uns in der bewegten Glücksfülle und der zwiespältigen lastenden Bürde ihres Seins das Bild der Frauen entgegen, die der Hauch des dichterischen Genius küsste und die zugleich den ganzen Sorgen- und Wonnengehalt der Mutterschaft ausschöpfen:

„Alles geben die Götter, die unendlichen,
Ihren Lieblingen ganz:
Alle Freuden, die unendlichen,
Alle Schmerzen, die unendlichen, ganz.“

---

6. Wissenschaft.

Wie tief das Sehnen nach Erkenntnis im Weibe wurzelt, zeigt der ganze Verlauf der Geschichte. Stets haben Frauen am Geistesstreben ihrer Zeit mehr oder weniger regen Anteil genommen. Zu verschiedenen Epochen und auf fast allen Wissenszweigen sind sie bald nur receptiv, bald lehrend und schreibend, zumeist, wie schon an andrer Stelle betont wurde[1]), als eminente Anregerin über den Rahmen der Familieninteressen hinausgewachsen. Auf mehreren Gebieten haben sie ausgezeichnete Leistungen aufzuweisen.

---

[1]) Siehe Teil I 3. S. 33ff.

Allerdings sahen wir bei der vergleichenden Abschätzung der weiblichen Arbeit, dass die Frau in keiner wissenschaftlichen Disziplin dem Manne in Bezug auf entscheidende produktive Erzeugnisse ebenbürtig ist.

Indess nicht darum handelt es sich hier, Werte gegen einander abzuwägen; es sollen nur die Wegspuren weiblichen Wirkens festgestellt werden. Wer sich mit der Geschichte der Frau in der Wissenschaft beschäftigt, wird ihr den Besitz eines Intellekts zugestehen müssen, der oft nach mehr als bloss dilettantischer Nahrung und Bethätigung verlangt und dessen Sehnsucht auch die Fähigkeit wissenschaftlichen Schaffens entspricht.

Der die Jahrhunderte und alle Hemmnisse überdauernde Wissensdrang und seine Denkmale scheinen uns der Forderung stärkeren Anteils der Frau an der Wissenschaft tiefe innere Berechtigung zu geben; er bildet das Fundament der uns leitenden Auffassung.

Die Neuzeit hat nun die meisten wissenschaftlichen Disziplinen so bestimmt gestempelt, dass sie sich in ihrer jetzigen Gestalt und in ihrem streng fachlichen Charakter auf Voraussetzungen aufbauen, die von denen der Vergangenheit wesentlich verschieden sind. „Selbst noch der Gelehrsamkeit der Renaissance fehlte der heute kaum zu übersehende Vorrat an Bildungsstoffen, welche die Entwicklung des europäischen Geistes im Fortschritt dreier Jahrhunderte erzeugte.“ [1])

Allein der „Geist der Zeit“ spiegelt sich nicht nur im Ausbau der Wissenschaft, ihrer fachlichen Spezialisierung wieder, sondern er hat auch die Stellung der Frau zu der Wissenschaft augenfällig und in Bezug auf die äussere Lebensgestaltung entscheidend beeinflusst. Sind Wissenstrieb und Studium des Weibes vorwiegend zur Gewinnung einer hohen allgemeinen Bildung keine nur der Gegenwart eigentümliche Erscheinung, so doch im wesentlichen die Thatsache, dass Frauen auf Grund eines umgestalteten Wirtschafts- und Geisteslebens ein Fachstudium als Mittel zur Sicherung ihrer persönlichen Unabhängigkeit ergreifen. Während das Auftreten der Frau der Vergangenheit einen gewissen spontanen Charakter auch innerhalb der Wissenschaft behauptet und sie sich hier als zeitweiliger, vielfach in bunten Farben schillernder Gast bewegt, war

[1]) Gregorovius. Lucretia Borgia.

es dem 19. Jahrhundert vorbehalten, sie der Zunft als uniformes Glied einverleiben zu wollen.

Da nun zufolge des veränderten Charakters der Wissenschaft die Vergangenheit durchaus anders über die Vereinigung von Mutterschaft und geistiger Arbeit aussagt als die Jetztzeit, geben wir hier nur einen kurzen historischen Ueberblick, umsomehr als ein vergleichsweise reiches Gegenwartsmaterial vorliegt[1]).

Bei der Behandlung unseres Stoffes erwies sich eine Sonderung zwischen theoretischer und angewandter Wissenschaft[2]) als notwendig, weil hier je nach dem Charakter der verschiedenen Disziplinen im Hinblick auf ihre Vereinigung mit der Mutterschaft tiefgreifende Unterschiede zu Tage traten. Handelt es sich für die theoretisch wissenschaftliche Thätigkeit lediglich um geistige Anforderungen, so für die praktische zum Teil auch um körperliche Anstrengung. Stehen wir dort vor einer nicht an die Stunde gebundenen, innerhalb des Studierzimmers vollführten Arbeit, so hier vor zeitlich fixierten, oder das Verlassen des Hauses bedingenden Pflichten.

*   *   *

Bei Prüfung der geschichtlichen Rolle der Frau in der reinen Wissenschaft drängt sich nun vor allem ein Unterschied auf zwischen geistig, besonders philosophisch angeregten und anregenden Frauengruppen[3]) und einigen wenigen Individuen, die sich vom Hintergrund einer Schule oder eines wissenschaftlichen Kreises einsam abheben.

---

[1]) Es handelt sich nicht etwa nur darum, dass die wissenschaftliche Thätigkeit heute von der Frau mehr berufsmässig ausgeübt wird wie früher. Dies würde uns so wenig wie bei der Dichtung hindern, schon wegen des Vergleiches mit der Gegenwart, auch in der Vergangenheit das Verhältnis der Mutterschaft zur wissenschaftlichen Arbeit eingehend zu prüfen. Vielmehr ist es der veränderte Charakter der Wissenschaft als solcher, der uns dazu führt, uns mit einem kurzen Ueberblick zu begnügen.

[2]) Wir beschränken uns bei der angewandten Wissenschaft streng auf die Rubriken, die unsere Erhebung aufweist: Heilkunde, Rechtswissenschaft, höherer Lehrberuf, Predigeramt, staatlicher Aufsichtsdienst (soweit er wissenschaftliche Ausbildung der darin thätigen Frauen zur Voraussetzung hat).

[3]) Obwohl im Allgemeinen nur die Frauen, die geistige Arbeit von selbständigem Wert geleistet haben, in dem Rahmen unserer Untersuchung

Da wo in früheren Jahrhunderten der Wissensdrang ganze Frauengruppen erfüllte, trat er zunächst in engster Verbindung mit ihrem häuslichen Leben auf[1]). Als religiöser Kultus erscheint er bei den Genossinnen des pythagoräischen Bundes, die „den Geist strenger Sittenreinheit, reicher Mässigung und Tugend in ihre Familien verpflanzten und ebenso zärtliche Gattinnen waren, wie mustergiltige Hausfrauen und vortreffliche Erzieherinnen ihrer Kinder." Man glaubt zu erkennen, wie nicht nur die Ethik dieses Bundes sich in der Häuslichkeit wiederspiegelt, sondern auch, dass dem disziplinierten Charakter der Lehre System und Disziplin in Ausübung der ehelichen und mütterlichen Pflichten entspricht.

Unwillkürlich denkt man an die Malerinnen der Vergangenheit, wenn wir von der laut Poestion nur der Sappho an Berühmtheit nachstehenden Theano hören, dass sie, die Gattin und Schülerin des Pythagoras, mit ihren beiden Söhnen seine Schule weitergeführt und ihre drei Töchter und ihre Enkelin Bistalia in der Philosophie unterrichtet habe[2]).

Arete, die Tochter und „der grösste Schüler" des Aristippos von Cyrene, der die Lust als des Lebens Sinn und Ziel erklärte, übertrug die Lehren ihres Vaters auf ihren Sohn, der deshalb „der Mutterschüler" hiess. Ueber ihre Werke ist nichts Näheres bekannt[3]).

Jahrhunderte später wiederholt sich diese Erscheinung. Wir

---

fallen, konnte dieser Massstab wie schon erwähnt in der Wissenschaft nicht streng eingehalten werden. Manche der dort gestreiften Gestalten konnten auch, wo die selbständige Leistung nicht nachweisbar ist, nicht unerwähnt bleiben, weil sie für den historischen Hintergrund unserer Ausführung unentbehrlich waren, während andere sich durch ihre Lehrthätigkeit von der blossen Anregerin unterschieden.

[1]) Vgl. Poestion. Griechische Philosophinnen, Norden u. Leipzig 1888. Siehe auch Dr. Karl Joel. Die Frauen in der Philosophie, Sammlung gemeinverständlicher wissenschaftlicher Vorträge. Herausgegeben von Virchow. N. F., XI, Serie 1896.

[2]) Wie Theano soll auch ihre Tochter Myia Verfasserin verschiedener Schriften gewesen sein, von denen nur ein merkwürdiges Fragment, ein Brief an eine Freundin über die Wahl einer Amme und Pflege der Jünglinge erhalten ist, aus dem hervorgeht, dass Myia es durchaus nicht für Pflicht hielt, selbst zu nähren.

[3]) Vgl. Ueberweg. Grundriss der Geschichte der Philosophie 1894.

sehen wiederum die Gattinnen und Töchter der Neuplatoniker den Lehren des Plotin und Jamblichos anhängen, philosophisch geschulte Mütter ihre Kinder im Sinne der Meister erziehen.

Aber seit der Zeit der Arete bis zum Aufkommen des Neuplatonismus war im allgemeinen diese geistige Zusammengehörigkeit innerhalb der Familie aufgehoben. Je freier und individueller sich im Mittelpunkt des griechischen Geisteslebens der Mann entwickelte, je mehr wurde den Töchtern und Gattinnen in häuslicher Zurückgezogenheit der Gesichtskreis beengt, wurden sie von jeder Beziehung mit der Oeffentlichkeit abgeschnitten. So weit ging man in der Behauptung von der Minderwertigkeit der Frauen, dass man ihnen selbst in den Schranken ihres Geschlechtes die eigentliche Produktivität absprach und die Fortpflanzung als ausschliessliches Verdienst des Mannes, die Rolle der Frau dabei als sehr untergeordnet hinstellte[1]). Dies gilt freilich in der Hauptsache nur von Athen. Xenophon rühmt mit Stolz den grossen und kräftigen Menschenschlag, den das lykurgische System gleicher körperlicher und geistiger Ausbildung und Bewegungsfreiheit der Geschlechter hervorgebracht habe[2]). Allein das geistige Streben liess sich auch in Athen nicht vollständig und dauernd ersticken. Waren es nicht die einheimischen, so doch von auswärts kommende Frauen, die sich ihren Anteil an seiner leuchtenden Kultur zu erobern wussten.

Bei den Hetären tritt die Philosophie in den Dienst des Schönheitskultus als geistiger Reiz, als Blüte und Frucht einer heiteren ästhetisierten Sinnlichkeit. An erster Stelle stand bekanntlich Aspasia, die geistreichste Frau ihrer Zeit. „Der vorzüglichste und blendendste Typus der griechischen Weiblichkeit, wurde sie der Mittelpunkt einer Geselligkeit von unvergänglichem Glanze.“[3]) Sie

---

[1]) „Diese sonderbare Bemerkung, welche Euripides den Apollo in den Eumeniden aussprechen lässt, findet man bei indischen, griechisch-römischen und christlichen Schriftstellern umständlich erörtert.“ Lecky. Sittengeschichte Europas. Kap. 5. Die Stellung der Frauen. Leipzig 1870. — „Erzeugerin des Kindes ist die Mutter nicht, wie man es glaubt, nur Nährerin des jungen Keims, Erzeugen kann allein der Vater.“ Aeschylos. Die Versöhnung, übersetzt von Willamowitz-Moellendorff. Berlin 1900.

[2]) Siehe Grote. Geschichte Griechenlands Bd. I. 1880.

[3]) Curtius. Griechische Geschichte.

war ihrem Freunde und späteren Gatten Perikles, dem sie einen Sohn gebar, treu ergeben. „Es war ein wirklicher Ehebund, dem nur deshalb die bürgerliche Anerkennung fehlte, weil sie eine Ausländerin war, ein Bund treuer Liebe, der nur durch den Tod gelöst wurde, die reiche Quelle eines häuslichen Glückes für den von allen Zerstreuungen zurückgezogenen Staatsmann.“ [1])

Von den Epikuräerinnen muss vor allem die vielbewunderte Hetäre Leontion genannt werden. Sie hatte einen Sohn und eine Tochter, die sie gleichfalls zur Hetäre und Anhängerin der epikuräischen Philosophie erzog. Auch den übrigen sokratischen Schulen gehörten Hetären, vereinzelt auch andere Frauen, an. So der Cynischen Schule mit ihrer herben, bis zum Schmutz herabsinkenden Verachtung aller Annehmlichkeiten und Forderungen menschlicher Gesittung Hipparete, die Verfasserin von Streitschriften gegen den Atheisten Theodoros. „Aus angesehenem Hause gebürtig, wies sie die schönsten, reichsten und vornehmsten Freier ab und lebte mit ihrem Gatten Krates, gleich ihr einem Schüler des Diogenes, nur dessen Lehre. Ihr cynisches Bettlerheim glich mehr dem der Hunde, als dem der Menschen. Sie nahm ganz die Lebensweise ihres Gatten an, kleidete sich wie dieser, ertrug viele Entbehrungen und gebar ihm auf ihren Wanderungen einen Sohn und mehrere Töchter.“ [2])

In der megarischen Schule werden die fünf Töchter des Diodoros als grosse Dialektiker und um ihrer Keuschheit willen gepriesen. Hochgebildete, geistreiche Dialektiker waren ferner des Stilpon Schülerin und Geliebte Nikarete und seine Tochter [3]), die beide ein sehr ausschweifendes Leben führten [4]).

---

[1]) S. Curtius a. a. O. und Poestion. „Sie eröffnete den ersten Salon in der Hauptstadt Griechenlands, dessen geistiger Mittel- und Anziehungspunkt sie selbst war, und zu dessen zahlreichen Besuchern die ersten Staatsmänner, Philosophen, Künstler etc. von Athen gehörten.“ Vrgl. Judeich: Art. Aspasia in Pauly-Wissowa's Realencyklopädie der klass. Altertumswissenschaft Bd. II., speziell auch über ihr vielfach entstellt geschildertes Verhältnis zu Perikles.

[2]) Poestion. Griechische Philosophinnen.

[3]) Es ist ungewiss, ob sie eine Tochter der Nikarete oder der rechtmässigen Gattin des Stilpon war.

[4]) Nikarete war aus angesehenem Hause und stand im Rufe grosser

Erst in der Renaissance feiert jene glänzende griechische Frauenbildung ihre Auferstehung. Allein hier ist es nicht die Geliebte, deren geistige Reize dem freien Liebesleben in Athen einen eigenen Zauber verleihen. Es sind auch nicht mehr die von einer bestimmten Lehre beeinflussten Gattinnen und Töchter wie in der pythagoräischen und neuplatonischen Zeit. Die Persönlichkeit um ihrer selbst willen und zwar in einer Reinheit und Freiheit wie nie vorher und vielleicht nie wieder nachher drängt in den Vordergrund. Denn wenn wir die Frau der Renaissance als Gesammtbild fassen, so scheint sie uns mit heiterer Grazie am Glanze der Zeit theilzunehmen, die Befriedigung ihrer geistigen Triebe, das Ausleben ihres ganzen, zu zwangloser Sittlichkeit herangereiften Ichs anzustreben[1]. Nur vereinzelt verliert sie die sichere Eigenart des Geschlechts. Im wesentlichen behauptet sie sich gegenüber dem ihr zuströmenden Ideengehalt. Sie meistert ihn, anstatt von ihm gemeistert zu werden. Nicht als Berufsfrau, in deren Antlitz angestrengte, an ein bestimmtes praktisches Ziel gebundene Thätigkeit ihre Spuren verzeichnet, sondern als Geniessende mit heiterer Stirne steht sie vor uns.

Gelehrsamkeit und Bildung. „Der Verkehr mit Stilpon und seinen Schülern brachte jedoch ihre jungfräuliche Tugend bald zu Fall, sie überliess sich dann jedem Megariker." Vrgl. Poestion. Griechische Philosophinnen. S. auch Lecky. Sittengeschichte Europas, Kap. 5. Die Stellung der Frauen. Leipzig 1878.

[1]) „Bei den Zusammenkünften in der Villa des Antonio Alberti vor der Porta S. Nicolo von Florenz im Jahre 1389 nahm die Frau an den Disputationen, die dort über Philosophie, Moral, Medizin, Geschichte und Politik der Gegenwart geführt wurden, hervorragenden Anteil. In einer solchen Disputation über das Thema, ob der Vater oder die Mutter den Sohn mehr liebe, gewannen sogar die Frauen unter der Führung der schönen und klugen Cosa den Sieg über die männlichen Disputanten. Damals schüttelte der alte Biagio Pelacani von Prato, ein in jener Zeit vielgefeierter Rechtslehrer, sein Haupt und sagte verwundert: „Wahrlich, bei unserer lieben Frau Maria, niemals hätte ich geglaubt, dass die Frauen von Florenz der Natur- und Moralphilosophie so kundig und in Logik und Rhetorik so schlagfertig sind." „Meister" antwortete ihm darauf Cosa, die schöne tapfere Streiterin mit sanfter Stimme: „die florentinischen Frauen strengen eben ihren Kopf an, zu thun und zu sprechen, so gut es ihre Kraft zulässt, da sie nicht möchten, dass ihnen von Schäkern ein X für ein U gemacht werde." Hubert Janitschek. Die Gesellschaft der Renaissance in Italien und die Kunst. Stuttgart 1879.

Und so werden uns jene Frauengestalten nicht nur als der Wissenschaft ergebene, in Ernst und Frohsinn gleich geistvolle Centren einer vornehmen Geselligkeit geschildert, sondern zum grossen Teil auch als ideale Gattinnen und Mütter, wie Eleonore von Arragon und ihre Tochter Isabella d'Este, Markgräfin von Mantua, wie Costanza Varano und ihre Tochter etc. [1])

Mehr auf Entfaltung der Weibreize im engeren Sinne, zielen die geistreichen und zum Teil gelehrten Frauen der französischen Salons. Sie sind raffinierter als die Hetären, weil sie mit Rücksicht auf ihre vornehme gesellschaftliche Stellung den Schein zu wahren haben. Und sie sind keineswegs ausschweifend mit dem tollen Uebermut und der göttlichen Heiterkeit einer Leontion und Nikarete, den öffentlichen Geliebten der Megariker und Epikuräer. Allein sie gleichen auch nicht jenen Frauen der Renaissance, die uns Janitschek als glänzende Vertreterinnen „der Tugenden, welche die Gattin und Mutter vor allen ehren", schildert. Mit feiner Coquetterie hüllen sie die geschmeidige Persönlichkeit in die leicht geschürzte Hülle einer Weltanschauung und vertiefen den Blick der lebhaften Augen und das Lächeln um die Lippen durch das blitzartige Verstehen männlicher Gedanken.

„Wer vermöchte uns zu sagen, was die Wissenschaften in Frankreich, dem sozialen Umgang, dem Wunsch der Gelehrten schulden, von Frauen verstanden zu werden. Ernste Studien sind dem weiblichen Geschlecht so peinlich, dass Klarheit ein Bedürfnis für ihr Leben wurde. Fontenelle schrieb seine Weltkörper für die Marquise de Lambert, Voltaire die Philosophie von Newton für die Marquise de Chatelet." [2]).

---

[1]) Im allgemeinen finden wir aber auch bei jenen Frauen, welche an glänzender Bildung allen Zeitgenossen voraus waren, die Tugenden, welche die Gattin und Mutter vor allem ehren, nicht minder glänzend vertreten. Wie oft weiss uns der Biograph ein Zusammensein von Eigenschaften zu rühmen, als da sind: „Kraft des Geistes, Wohlredenheit, Milde, Gerechtigkeit, Schamhaftigkeit, ungewöhnliche Schönheit und umfassende Kenntnis göttlicher und menschlicher Dinge. Selbst die Heroine, welche dem Gatten zur Seite in die Schlacht zog, hat diese Tugenden nicht verleugnet."

[2]) Madame Lavoisier wurde zuerst von allen in die von ihrem Gatten bewirkte Umgestaltung der Philosophie eingeweiht. Die schöne und liebenswürdige Mme. de Condorcet wurde durch den ihrigen in die tiefsten Studien.

Charakteristisch für diese heissblütige, geist- und talentvolle Frau, die als Schriftstellerin und als Uebersetzerin von Newton's Principia einen bedeutenden Ruf genoss, ist Friedrich des Grossen Bezeichnung: Venus Newton. Und Mme. du Deffand sagt von ihr: „Emilie travaille avec tant de soins à paraître ce qu'elle n'est pas qu'on ne sait plus, ce qu'elle est en effet. Elle est née avec assez d'esprit, le désir de paraître en avoir davantage lui a fait préférer l'étude des sciences abstraites aux connaissances agréables. Elle croit par cette singularité parvenir à une plus grande réputation et à une supériorité décidée sur toutes les femmes."

Nicht mehr als eine Art gelehrten Sports waren die chemischen Studien der Marquise von Polignac und der Gräfin von Brencas oder die Sektionen, welche die junge Gräfin Coigny mit eigener Hand ausführte [1]. „Die Dedikation einer Grammatik mir, die ich nicht einmal die Orthographie kenne, rief Mme. Geoffrin mit aufrichtigem Erstaunen, als einer ihrer Verehrer ihr ein solches Zeichen der Huldigung brachte [2]."

Auch in Deutschland haftet der grösseren seelischen Vertiefung der Freundinnen der Schlegel, Schleiermacher, Schelling nichts von dem Zwang des beruflichen Arbeitens an. Und weniger noch als die Französinnen versuchen sie, den flüchtigen Gedanken selbständig festzuhalten, bis in seine Entstehung zu verfolgen, seine letzte Konsequenz zu ziehen und ein abgerundetes Bild ihrer Weltanschauung zu geben. Auch sie sind wesentlich receptiv und anregend, und trotz ihrer Vorliebe für Philosophie und eines philosophisch beflügelten Geistes gehört auch die geniale Karoline Böhmer [3]) nicht der Wissenschaft, sondern der Mémoiren- und Brieflitteratur an.

---

philosophischen Inhalts eingeweiht; als Beweis dafür dient das Werk dieser ausserordentlich geistreichen und bezaubernd schönen Frau über Adam Smith „Theorie der moralischen Empfindungen". S. Roederer. Fragment de divers Mémoires concernant la Société polie en France", angeführt bei Lady Blennerhassett. Frau von Staël.

[1]) „Sie verliessen sich auf ihren Geschmack, auf die Sicherheit ihres Urteils, auf den Verkehr mit bedeutenden Männern, vor allem auf ihre Kenntnis der Menschen und der Welt, die mehr ausrichtete, als ihre Bücher."

[2]) Siehe Lady Blennerhassett. Frau von Staël.

[3]) Ueber Caroline Böhmer siehe Waitz. Caroline, u. ihre Freunde. Leipzig 1882.

Im Gegensatz zu jenen, die Glieder wissenschaftlicher Gruppen bilden, finden wir aber auch fast zu allen Zeiten selbständige weibliche Gelehrte; und unter ihnen viele, die sich von Liebe oder von Ehe als unvereinbar mit ihren Zielen bewusst abwenden. Allerdings ist ihre Zahl gering. Wo immer bis zum neunzehnten Jahrhundert die Frau aus dem Rahmen des wissenschaftlichen Dilettantismus heraustritt, bleibt es, wenn wir von der viel erörterten zopfigen Ueberbildung des gelehrten Frauenzimmers absehen [1]), eine Einzelerscheinung, welche den ernsten Blick zu uns erhebt, ausserhalb des Frauenlebens der Zeit, bewundert wie ein ferner Stern von seltener und seltsamer Leuchtkraft.

Wir gehen bei Betrachtung dieser Frauen im wesentlichen chronologisch vor, ohne Rücksicht auf die wissenschaftliche Disziplin und die Nation, der sie angehören. Nur da, wo psychologische Gründe sich als fruchtbar für die Nebeneinanderstellung einzelner Gestalten erweisen, haben wir von dem chronologischen Leitfaden abgesehen.

Im fünften Jahrhundert n. Chr. durchwandert Hypatia im weissen Philosophenmantel Alexandrien. Ihre ernste Lehre zieht zahlreiche Hörer an die dortige Akademie. Sie ist keusch und rein. Leben und Lehre fliessen in eins zusammen. Und diese Lehre selbst mit ihrem religiös-übersinnlichen Charakter macht es psychologisch durchaus erklärlich, dass Hypatia ihre vielen Bewerber von sich weist, um ganz und ungeteilt der geistigen Bethätigung zu gehören [2]). Die Vermutung, dass sie mit Isidorus vermählt gewesen sei, erklärt die neuere Forschung als völlig haltlos. Nach dem Kirchenhistoriker Sokrates hat sie alle Philosophen ihrer Zeit an Bildung übertroffen, alle philosophischen Disciplinen beherrscht und fast zwanzig Jahre als Vorsteherin der Schule des

---

[1]) „Immerhin wurde das gelehrte Frauenzimmer zu einem gewissen Typus und ist insofern kulturhistorisch bemerkenswert." Georg Steinhausen. Das gelehrte Frauenzimmer. Ein Essay über das Frauenstudium in Deutschland zur Rococo- und Zopfzeit, Nord und Süd. 1895, Bd. 75.

[2]) Es werden drei mathematisch-astronomische Schriften von ihr genannt. In seiner Monographie der Hypatia (Heidelberg 1886) meint Wolfgang Alexander Meyer, dass sie weit mehr Werke verfasst haben müsse.

Neuplatonismus gewirkt. Sie ist ein bleibender Beweis weiblicher Gelehrtheit und glänzenden Lehr- und Redevermögens.

Seit den frühen Jahrhunderten des Mittelalters sind es gelehrte Nonnen, bei denen die Wissenschaft in den Dienst einer Religion tritt, die dem Geschlechtsleben eine untergeordnete Bedeutung zuschreibt. Allein bei einzelnen dieser Gelehrten scheinen die misshandelten Sinne gleichsam unterirdisch fortzuleben. Scherr[1]) nennt die „geistreiche, erweckte und sehr gelehrte" heilige Hildegard von Beckelheim (geb. 1098, gest. um 1179) eine Nervenkranke, in deren leidendem Körper ein ungewöhnlicher Geist schmerzlich nach Erkenntnis gerungen habe[2]). In dem „fliessenden Licht der Gottheit" (sieben Bücher-Aufzeichnungen) der Mechthild von Magdeburg (1212—1282) klingt das Grundthema der Brautschaft der Seele mit Gott überall durch und wird in mannigfaltigen Variationen vorgetragen[3]).

Als grosse Gelehrte findet man vielfach Christine de Pisan (1363—1431) gerühmt. Allein wesentlich Kompilatorin und ohne wissenschaftliche Vertiefung, kommt sie in der Hauptsache nur als Moralistin in Betracht, speziell durch ihre Schrift: „La cité des Dames", in der sie ihr Geschlecht gegen die an den bekannten Roman der Rose anknüpfenden, damals beliebten Schmähungen der Frauen verteidigt. Sie griff zum grossen Teil aus Erwerbsrücksicht zur schriftstellerischen Laufbahn, als sie, 25jährig, eine wenig bemittelte Witwe mit drei Kindern, zurückblieb. „C'est le veuvage, c'est la solitude qui lui mit la plume à la main"[4]).

---

[1]) Johannes Scherr. Geschichte der deutschen Frauenwelt, Bd. 2, 4. Aufl. Wigand, Leipzig.

[2]) Vergl. Weinhold. Die deutschen Frauen in dem Mittelalter. Dort finden sich auch nähere Angaben über ihr Leben und Wirken. Im Sinne des Katholizismus ist sie behandelt bei Schmelzeis. „Leben und Wirken der heiligen Hildegard." Freiburg 1879.

[3]) „Es ist ein merkwürdig schönes Denkmal des deutschen geistlichen Frauenlebens in dem 13. Jahrhundert." Weinhold a. a. O.

[4]) Robineau. Christine de Pisan Saint Omer 1882. Vrgl. auch Gustave Lanson. Histoire de la littérature française: „Christine de Pisan, bonne fille, bonne épouse, bonne mère, du reste une des plus authentiques bas-bleus qu'il y ait dans notre littérature, la première de cette insupportable lignée des femmes auteurs, qui nul ouvrage sur aucun objet ne coûte, et qui pendant toute la vie que Dieu leur prête n'ont affaire que de multiplier les preuves de leur infatigable facilité égale à leur universelle médiocreté."

In seiner reinsten Form und ohne die sinnlich übersinnliche Exaltation der gelehrten Nonnen begegnen wir dem Wissensdrang in solcher Stärke und beherrschendem Uebergewicht bei einigen Frauen der Renaissance, dass sie gleich der Hypatia der Ehe und dem Familienleben entsagen, „um ganz den wissenschaftlichen Studien sich hinzugeben". So die durch ihr Wissen und durch ihre Anmut gleich ausgezeichnete Venetianerin Cassandra Fedele[1]), ferner Isotta Nugarola[2]), „ein Wunder ihrer Zeit, am Ende des 15. Jahrhunderts, in der Philosophie und Theologie einem Manne gleich bewandert und in den Schriften der Kirchenväter und Philosophen vollkommen heimisch[3]). Möglicherweise hielten sie eine Vereinigung beider Lebenssphären für ausgeschlossen, und es scheint kein Anhaltspunkt vorhanden zu sein, der auf Benachteiligung ihrer wissenschaftlichen oder menschlichen Persönlichkeit hinwiese. „Cassandra Fedele releva encore ses talents par ses mœurs. Aussi reçut-elle l'hommage des Souverains Pontifes et des Rois et pour être singulière en tout, elle vécut plus d'un siècle"[4]).

Dagegen geht ein mit den Jahren sich steigernder, direkt krankhafter Zug durch das Wesen der genialen Christine von Schweden (1626—1689). Ob sie als Jungfrau starb oder nicht, jedenfalls zeigt sie das Bild einer durch sexuell-pathologische Erscheinungen gefährdeten Persönlichkeit[5]). Ein ausserordentlich

[1]) Cassandra Fedele, venetianische Jungfrau, disputierte im Gymnasium zu Padua. Nicht blos bedeutend in den Wissenschaften, sondern auch in Zitherspiel und Gesang. Sie schrieb ein berühmtes Buch „de scientiarum ordine" (über die Einteilung der Wissenschaft).

[2]) Isotta Nugarola, vornehme Jungfrau, Theologin und Lehrerin der Beredsamkeit. Sie stand mit Nicolaus V. und Pius II. in Briefwechsel, den die Genannten veröffentlichten, um ihn der Nachwelt zu erhalten. Egnatius, de exemplis illustrium vivorum venetae civitatis u. s. w. S. 264 und 265.

[3]) S. Janitscheck. Die Gesellschaft der Renaissance in Italien, Stuttgart 1879.

[4]) M. Thomas. Essay sur le caractère, les moeurs et l'esprit des femmes dans les différents siècles. Paris 1772. Vrgl. daselbst auch die Mitteilungen über die gelehrten Frauen Englands, Spaniens u. s. w.

[5]) Die Untreue ihres Vetters Carl Gustav mit dem sie in früher Jugend ein Liebesverhältnis hatte, scheint verhängnisvoll in ihr Leben eingegriffen zu haben. Hieraus erklärt sich wohl die Aeusserung, lieber sterben, als sich ver-

interessanter Weibtypus, diese Schülerin und Verehrerin des Cartesius! Die auch als Regentin talentvolle und selbständige junge Königin empfängt den Philosophen längere Zeit allmorgentlich um 5 Uhr in ihrer Bibliothek. Leidenschaftlich der Wissenschaft ergeben und glänzend dafür ausgerüstet, dürfte sie ihrer ganzen Anlage und Neigung nach zu den Erscheinungen gehören, die für den Gattinnen- und Mutterberuf ungeeignet sind. In ihren Memoiren spricht sie aus, dass sie „das ganze Erbteil ihres Geschlechts verachte und eine unbesiegbare Aversion und Antipathie gegen alles, was Frauen thun und sagen", empfinde.

Trotzdem aber war die Gefahr, welche die Askese für ein so machtvolles Temperament barg, keineswegs ausgeschlossen. Zweifellos lag eine Selbsttäuschung zu Grunde, wenn Christine von sich sagt: „Ich würde mich sicher verheiratet haben, wenn ich in mir selber die Kraft vermisst hätte, die Freuden der Liebe zu entbehren." Diese Entbehrung hat ihre zum Teil auf erbliche Belastung mütterlicherseits zurückzuführende Rastlosigkeit und kapriziöse Unbeständigkeit, die unvermittelten Uebergänge Christinen's von Frivolität zu religiöser Zerknirschung, von tiefer Demut zu lästerlich derbem Uebermut, erheblich verstärkt. Auch ihr von Ranke unerklärlich genannter Uebertritt zum Katholizismus weist jenen Sinnen- und Seelenzwiespalt, der ihr Wesen stempelt[1]. Indess haben ihre Bestrebungen, denen Ranke einen unvergänglichen Einfluss auf die italienische Litteratur zuerkennt, allmählich mildernd auf ihr Temperament gewirkt. Die verschiedensten Beurteiler stimmen dahin überein, dass sie in ihren reiferen Jahren, in die grösstenteils ihre Leistungen und Verdienste fallen, körperlich

---

heiraten zu wollen. Auch mag dieses Erlebnis die Veranlassung ihrer Abdankung mit 28 Jahren gewesen sein, weil es ihr erträglicher schien, auf den Thron zu verzichten, als ihn mit Carl Gustav zu teilen.

[1]) An einen Besuch der Christine bei Ninon de l'Enclos knüpft Daniels (Preuss. Jahrbücher Bd. 96 Heft 3. 1899) folgende Betrachtung. „Wie verschieden waren doch diese beiden Frauen; die Französin, welche ganz unbefangen dem schrankenlosen Sinnengenuss lebte, sich dabei in ihrem Elemente befand und glücklich war. Und dagegen die protestantisch erzogene Germanin, welche durch ihre Selbstemanzipation den inneren Frieden verloren hatte und in Gedanken nur mit der Sünde spielte, um dann entsetzt vor ihr zurückzuweichen."

und geistig ruhiger geworden sei. Und so ist der Intellekt bei ihr durchaus Herrscher — ist schliesslich doch Lebensnerv ihrer Persönlichkeit, wenn auch seine einseitige Bethätigung sie gefährdet hat.

An umfassender Kraft und Helle des Geistes, an sprudelnder Eigenart, an souverainer Beherrschung des Stofflichen überragt Christine weit Anna Maria von Schürmann, „den Stern von Utrecht“, das „Wunder des Jahrhunderts“, die Kennerin von sieben oder elf, sogar nach einigen Versionen von vierzehn Sprachen. Im Gegensatz zu der geistreichen Christine von Schweden hat dies Wunder „den Zopf des gelehrten Frauenzimmers“ nicht abgestreift[1]). In einer lateinischen Abhandlung nahm sie an der damals beliebten Kontroverse über den Unterschied der beiden Geschlechter und an der Frage, ob die Frauen sich mit gelehrten Studien beschäftigen dürfen, teil und trat lebhaft für das geistige Sehnen und Können der Frau ein. Dabei war sie sowohl nach der Seite des Gefühls als auch des Handelns von der ausgesprochenen Weiblichkeit, die Christine so vollständig abging. Eine hingebende Tochter und Krankenpflegerin, zeigt sie auch durch ihre fanatische Anhängerschaft an den religiösen Schwärmer Labadie die Neigung zur Selbstverleugnung. Sie fand nicht, wie Christine, schliesslich eine wirkliche Heimat in der Wissenschaft und suchte den ihr dort versagten Frieden in der Mystik.

Bei Andern sehen wir, dass ausgezeichnete Anlagen ihnen gleichsam nur äusserlich anhaften, ohne von ihrem innersten Sein Besitz zu nehmen. So ist z. B. befremdend, wenn Fräulein von Lezardières, die Verfasserin des ausgezeichneten und allgemein als Zeugnis echten Forschergeistes gepriesenen Werkes „Théorie des lois politiques de la monarchie française“ [2]) mit 48 Jahren die wissenschaftliche Thätigkeit aufgiebt, „um sich nurmehr häuslichen und christlichen Pflichten zu widmen“.

---

[1]) Siehe Dr. Adalbert von Hanstein. Die Frauen in der Geschichte des deutschen Geisteslebens des 18. und 19. Jahrhunderts. Bd. I 1899. Vrgl. auch Steinhausen. Das gelehrte Frauenzimmer. Ein Essay über das Frauenstudium in Deutschland zur Rococo- und Zopfzeit. Nord und Süd, Bd. 75. 1895.

[2]) Guizot nennt es das lehrreichste Buch, das über das alte französische Recht existiert, von Mohl es eine „grosse gelehrte Arbeit.“ „Es dürfte kaum ein zweites von einer Frau geschriebenes Buch geben, in welchem mit gleich

Auch bei der weichen, hingebenden, als Tochter und Schwester gerühmten Italienerin Maria Gaetana Agnesi scheint ihre innerste Natur mit ihrer wissenschaftlichen Thätigkeit unverwoben. Neben religiösen Beweggründen mag eine der Lezardières verwandte Wesenheit bestimmend sein, wenn sie, deren Wissen schon in ihren Kinderjahren Aufsehen erregt, deren Buch über „Differential- und Integralrechnung“ ebenso reiche Anerkennung findet, wie ihre Lehrthätigkeit in der Mathematik[1]), früh die Professur mit dem Schleier vertauscht.

Vernichtend hat sich eine unheilvolle Liebe auf die Schwungkraft der von d'Alembert, Condillac und Diderot hochgeschätzten Philologin Fräulein von Gaschaux gesenkt. Allein wenn sie aus der Wissenschaft keinen Trost für ihr tragisches Schicksal zu schöpfen scheint, so ist neben der Uebergewalt ihrer Leidenschaft für einen Unwürdigen, der sie missbrauchte und aussog, um ihr schliesslich zu erklären, dass sie ihm widrig geworden sei, auch ihre quälende materielle Lage zu erwägen. Sie hatte dem Geliebten ihr kleines Vermögen, ihre gesellschaftliche Stellung, in unendlich andauerndem Fleiss auch ihre Gesundheit geopfert. Von ihrer Familie verstossen, starb sie im Elend in der Dachkammer einer Vorstadt[2]).

---

gründlicher Gelehrsamkeit, mit ähnlicher Festigkeit des Planes und einer solchen Kunst der Stoffverwendung ein schwieriger und nur mittelbar mit Tagesbedürfnissen zusammenhängender Gegenstand behandelt wäre.“ Auch wenn man ganz vom Geschlecht der Verfasserin absähe, sei die äussere Einrichtung des Buches eine ungewöhnliche — im ganzen Verlauf des Buches Gründlichkeit und Umfang des Wissens staunenswert. — Mlle. Lézardières, geb. 1754, war von früher Jugend an auf dem väterlichen Schlosse in der Vendée unermüdlich in ihren geschichtlichen Forschungen. Als trotz mancher Hindernisse ein Teil ihres Buches zum Druck gekommen war (1792), verhinderte die Revolution den weiteren Druck. Die Verfasserin wanderte aus und fand bei ihrer Rückkehr das Schloss ihrer Väter mit der Büchersammlung und dem noch ungedruckten Teil ihres Werkes verbrannt. Erst unter dem Julikönigtum ward mit Unterstützung der Regierung eine neue Ausgabe veranstaltet, welcher eine durch Zufall gerettete teilweise Fortsetzung, jedoch ohne die verloren gebliebenen Beweisstücke beigegeben war. Die Verfasserin starb 1835, aber ohne wieder zu ihren Forschungen zurückzukehren, nur häuslichen und christlichen Pflichten gewidmet. Siehe R. v. Mohl. Die Geschichte der Litteratur und Staatswissenschaften, Erlangen 1858 Bd. III.

[1]) Nach der Erkrankung ihres Vaters im Jahre 1750 vertrat sie ihn an der Universität zu Bologna bis zu ihrem Tode.

[2]) Vrgl. Rosenkranz. Diderots Leben und Werke Bd. II 1866 S. 307 u. ff.

Die Thatkraft einer anderen Philologin, der Ernestine Reiske, hat ihre hoffnungslose Leidenschaft für Lessing nicht aufgezehrt, wenngleich diese durch Kinderlosigkeit und ein gequältes Leben an der Seite eines kränklichen Gelehrten noch gesteigert wurde. Mit ungeschwächter Energie regelt sie nach dem Tode Reiske's ihre äusseren Verhältnisse und sichert sich als Landwirtin ein sorgenfreies Leben, ohne ihre schriftstellerische Thätigkeit einzustellen. Lessing hebt sie weit über Mme. Dacier, die ein Jahrhundert früher (1654—1720) durch Uebersetzung alter Schriftsteller Frankreich „einen unstreitig und anerkanntermassen grossen Dienst erwiesen hat“ [1]).

Konnte die Dacier als Tochter eines berühmten Professors der Litteratur ihren Ruf schon mit 22 Jahren begründen, so bestreitet Ernestine vom 14. bis zum 29. Jahre den Unterhalt von Mutter und Neffen mit Handarbeiten. Reiske bildet seine bis dahin nur des Deutschen mächtige Gattin in kürzester Zeit zu seiner unschätzbaren Mitarbeiterin aus, während ihre Mutter sie der hauswirtschaftlichen Pflichten überhebt. Ihr starkes weibliches Empfinden beweist Ernestine sowohl durch Adoptierung eines Sohnes an Stelle des verstorbenen Neffen, als vor allen Dingen dadurch, dass ihre Leidenschaft für Lessing sie nicht hindert, Reiske eine liebevolle Gefährtin, eine aufopfernde und zartfühlende Krankenpflegerin zu sein. Sie selbst erzählt in einem ihrer Aufsätze, ihr Gatte habe in seiner letzten Krankheit oft alle Sprachen durcheinander geworfen und vergeblich nach dem richtigen Wort gesucht: „Weil ich aber seine Ideen alle kannte und seine Bedürfnisse wusste, so war ich immer so glücklich, erraten zu können, was er sagen wollte, wofür er mir seine Erkenntlichkeit auf die zärtlichste Weise zu erkennen gab.“

---

[1]) So Reiske in einen Brief an Lessing, mitgeteilt bei Geiger. Dichter und Frauen, 1899. Ueber die Verdienste und Persönlichkeit der Dacier, vrgl. auch Sainte-Beuve. Causeries du lundi. Bd. 9. Henri Carton sagt von ihr: „Nous n'avons pas à faire l'éloge de ses traductions, dont les défauts sont bien connus; mais, si nous ne pouvons nier l'inulité de ses longues périphrases, le manque d'élégance et la lourdeur de son style, nous devons au moins lui savoir gré d'avoir contribué dans une large mesure à vulgariser en France l'Iliade et l'Odyssée“. Histoire des Femmes Ècrivains de la France. Paris 1886.

Ehe wir uns mehreren in unsere Zeit hineinragenden weiblichen Gelehrten zuwenden, seien noch einige Frauen erwähnt, deren Leben eine glückliche Vereinigung von wissenschaftlicher Bedeutung und Mutterschaft darzubieten scheint.

Maria Magdalena Winkelmann-Kirsch (geb. 1670) war Mutter zweier Kinder, in denen ihre und ihres Gatten Anlagen weiterlebten. Autodidakt in der Astronomie, wurde sie Kirsch's Gehülfin und Mitbeobachterin, sowie Verfasserin einiger selbständiger Werke. Ihre 1696 geborene Tochter Christine unterstützte zuerst ihre Mutter, später stand sie ihrem 1694 geborenen Bruder Christfried an der Berliner Sternwarte zur Seite[1]).

Auch die Tochter der um ihrer Berechnungen willen geschätzten Gattin Lalande's (geb. 1768) wird von ihrem Vater als Astronomin erwähnt[2]).

Leider ist es uns nicht gelungen, näheren Einblick in das Leben der Laura Bassi-Veratti (1711—1788), Dozentin der Philosophie und Physik in Bologna, zu gewinnen. Ihre Kenntnisse wie ihre Vollkommenheit als Tochter, Gattin und Mutter werden von Mit- und Nachwelt gepriesen. Ihr Name hat weit über die Grenzen ihres Vaterlandes hinaus Geltung. Französische und englische Zeitgenossen, die sie in ihrer Heimatstadt aufsuchten, rühmen den reichen Geist, die gewinnende Liebenswürdigkeit und die ungewöhnliche Gastlichkeit, die sie noch im späten Alter auszeichnete.

Nähern wir uns der Grenzscheide zwischen den Einflüssen des 18. und 19 Jahrhunderts, so sind es vor allem drei Autodidakten, deren Persönlichkeit und Leistung gleich stark fesseln und warnend und verheissend in die Gegenwart hineinleuchten.

Vor uns ersteht Caroline Herschel: das Antlitz der Greisin mit seinem vertieften, klaren, stillgewordenen Ausdruck, stillgeworden gleichsam im Staunen über die Unendlichkeit der Welten und die Allmacht des Schicksals, redet von dem Riss, der trotz allen Ehren und aller Anerkennung durch ihr Leben ging. So sehr sie Weib war, von ganzer Seele und in ihrem ganzen Thun, so sehr doch auch selbstthätiger Intellekt[3]), der nicht ohne bleiernen Gram im Dienste

---

[1]) Vergl. Mädler. Geschichte der Himmelskunde, Braunschweig 1873.

[2]) Vergl. Mädler a. a. O.

[3]) Dass sie eine hervorragend befähigte Frau war, zeigen nicht nur ihre

anderer und eines Andern aufgegangen und gewissermassen untergegangen ist.

Wie ein Fluch hat ihr Weibsein seit frühester Jugend auf ihr gelastet: von Kindheit an mit häuslichen Arbeiten überbürdet, nie nach ihren eigenen Wünschen befragt. Liegt nicht eine tragische Ironie und für alle Zeiten eine Mahnung in der Klage eines zur Geistesarbeit so befähigten Weibes, es bleibe ihr keine Zeit, sich in feinen Handarbeiten zu üben?[1])

So stark wirken Ueberlieferung und Umwelt, dass manch feiner Frauengeist in den „feinen Handarbeiten" den einzig gangbaren Weg für den schöpferischen Drang zu finden meinte. Die lähmende Wirkung jener heute durchlöcherten Auffassung von der Begrenztheit weiblicher Rechte und Fähigkeiten gerade auf tiefere Naturen erwächst zum Teil aus deren Einsicht in den Widerspruch zwischen der grösseren natürlichen Gebundenheit des Weibes und seinem geistigen Verlangen. Leicht stösst sich die Psyche die zarten Flügel wund, wenn sie im engen Raum und Gesichtskreis über diese Schranken hinausstrebt, ohne jemanden zur Seite, der ihr von den ewigen Pflichten der Selbstbehauptung redet.

Und so wurde Caroline, der sowohl ihre musikalischen wie ihre wissenschaftlichen Anlagen eine glänzende Laufbahn ermöglicht hätten, Sekretärin und Haushälterin ihres berühmten Bruders Wilhelm Herschel. Ihre Sparsamkeit und Umsicht enthoben ihn aller pekuniären Sorgen. Oft brachte sie den ganzen Tag damit zu, Papiere für die Register zu liniiren. „Nur beim Frühstück schnitt ich Busenstreifen für Hemden zu," heisst es in ihren Memoiren. Und weiter: „Ich bin in meinem Wunsche, mich in irgend einem Zweige des Wissens so weit auszubilden, um dadurch eine ehrenhafte und achtbare Existenz zu gewinnen, immer und überall behindert und gestört worden."

---

eigenen astronomischen Arbeiten, sondern auch ihre Memoiren, die sie nach ihrem 80. Jahre schrieb und aus denen, so sehr auch die Jahre geglättet und gemildert haben, doch noch soviel vernichtetes Jugendhoffen zu uns spricht. Vergl. Carol. Herschel's Memoiren und Briefwechsel. Herausgegeben von Frau John Herschel, Berlin 1847.

[1]) „Aber zuweilen fand ich es doch kaum möglich die Arbeit zu bewältigen, die man von mir verlangte, und fühlte mich sehr unglücklich, dass mir sogar keine Zeit blieb, mich in der Musik und in feinen Handarbeiten zu üben." A. a. O.

Als Wilhelm Herschel heiratet, ist sie, dreiunddreissigjährig, ihres Postens als Haushälterin entledigt. Sie bezieht eine Mietwohnung, bleibt aber ihres Bruders Assistentin und Sekretärin. Keine Silbe verrät ihr Tagebuch im folgenden Jahrzehnt, „dem fleissigsten ihres Lebens“, über ihren Seelenzustand. Allein gerade dieses Schweigen besagt, dass sie hinweg musste über das Empfinden, ihr ganzes Sein, Jugend, Kraft des Liebens und Leistens hingegeben zu haben, wo sie entbehrlich werden konnte: „Der Mohr kann gehen.“ [1])

Wie unverkümmert erscheint dagegen das Leben der Mathematikerin und Philosophin Sophie Germain (1776—1831), „welche die Tugend liebte wie eine mathematische Wahrheit“ [2]). Obwohl ebenfalls durch mangelnde Vorbildung beeinträchtigt, war es ihr vergönnt, im Lauf der Jahre den Ansprüchen ihrer allseitig veranlagten Natur gerecht zu werden. Allein so sehr sie trotz ihrer Gelehrtheit Weib in des Wortes bester Bedeutung ist, sie war nicht Gattin, nicht Mutter, und kann als volle Vertreterin des weiblichen Geschlechtscharakters nicht gelten.

Einer Frau, deren eigentlichste Fähigkeiten ebenfalls auf mathematischem Gebiet lagen, blieb es vorbehalten, zu zeigen, dass die Disciplin des Geistes, welche die Wissenschaft erheischt, in gewissen Grenzen regelnd auch auf die Anforderungen des Frauenlebens einwirken kann. Bei Mary Somerville (1780—1872) handelt es sich

---

[1]) 1835 wurde sie zum Ehrenmitglied der astronomischen Gesellschaft ernannt. Ihre Verdienste wurden ferner durch Zuerkennung der goldenen Medaille gewürdigt, die ihrem Neffen, John Herschel mit nachfolgenden Worten für sie eingehändigt wurde: „Mr. Herschel, ich überreiche diese Medaille Ihrer ruhmgekrönten Tante. Versichern Sie ihr, wenn Sie ihr dieselbe übermitteln, dass seit Gründung unserer Gesellschaft diese Medaille niemals für Verdienste wie die ihrigen verteilt wurde. Ueberbringen Sie ihr unser ungeheucheltes Bedauern, dass es uns nicht vergönnt ist, sie in unserer Mitte zu sehen, und fügen Sie hinzu, dass wir wünschen, ja von Gott erbitten, dass ihre Zukunft eine ebenso glückliche sein möge, wie ihre Vergangenheit eine ruhmwürdige war.“

[2]) Jahrelang korrespondierte Gauss mit ihr über mathematische Fragen, ohne Ahnung, dass sie Frau sei. Ueber Sophie Germain als Philosophin vrgl. Dühring. Kritische Geschichte der Philosophie. Dritte, teilweise umgearbeitete Auflage. Leipzig 1877. Ueber ihr Leben siehe Göhring. Sophie Germain und Clotilde de Vaux. Zürich 1889.

nicht um mehr oder minder zuverlässige Annahmen über Leistungen und Leben, sondern um Thatsachen, verbürgt durch die Stimme der ernsten Wissenschaft, durch ihre Tochter, Freunde, Zeitgenossen.

Und ihren wissenschaftlichen Ruf hat sie begründet im Kampfe gegen die denkbar ungünstigsten Bildungsverhältnisse. „In mere mental grasp few men have probably surpassed her; but the thorough training, the scholarly discipline which can alone give to the mind the power of advancing beyond the point up to which it has followed the guidance of others, had unfortunately been denied to her. Accordingly, while her writings show her power and her thorough mastery of the instruments of mathematical research, they are remarkable less for their actual value, though their value is great, than as indicating what under happier auspices she might have accomplished“[1]). Sie wächst nicht nur ohne gründlichen Schulunterricht heran[2]), sondern es werden ihr auch ihre

---

[1]) Siehe: Astronomical Society Notices, Bd. XXXIII, 1873, S. 70.

[2]) „In Burntisland gegenüber Edinburg unter einer ländlichen Bevölkerung mit patriarchalischen oder primitiven Sitten in auskömmlichen aber beschränkten Verhältnissen — soviel als möglich in der freien Natur mit den Gartenblumen beschäftigt, Muscheln am Strande auflesend, Haideblumen pflückend, die Vögel fütternd. — So entwickelte sich der Sinn für die Eigentümlichkeiten und die Schönheiten der Natur, der in ihr bis zu ihrem hohen Alter so lebendig und anziehend als produktiv geblieben ist.“ S. Alfred von Reumont. Mary Somerville, Kleine historische Schriften. Gotha 1882. — „Als kleines Mädchen beschäftigte sie sich heimlich mit Euklid und erwarb sich Kenntnisse der lateinischen Sprache um Newton's Principia lesen zu können. 1826 überreichte sie der Königlichen Societät eine Abhandlung über die magnetisierenden Kräfte der am meisten brechbaren Sonnenstrahlen. Ihr erstes grösseres Werk war ihre Mechanik des Himmels 1831, welches von allen Seiten die grössten Lobsprüche veranlasste. Ihr nächstes Werk: „Ueber den Zusammenhang der Naturwissenschaften“ erschien 1839 und wurde von Humboldt angeführt als eine „genaue und bewunderungswürdige Abhandlung“. 1848 erschien das Werk, durch welches sie vielleicht am allgemeinsten bekannt ist, ihre „Physikalische Geographie“, welche, wie ihre anderen Werke mehrere Auflagen erlebt hat und in verschiedenen fremden Sprachen übersetzt ist. 1869 schrieb die 90jährige Gelehrte in völliger Geistesfrische ihr letztes Werk über „Molekuläre und mikroskopische Wissenschaft“, welches eine vollständige Uebersicht über die neusten und schwierigsten Untersuchungen der Wissenschaften der Physik und Chemie enthält. Schon 1835 erkannte die englische Regierung Frau Somerville's grosse Verdienste an, indem sie ihr

selbständig, mit unentwegter Ausdauer[1]) verfolgten Studien verübelt: „I was annoyed, that my turn for reading was so much disapproved and thought it unjust, that women should have been given a desire for knowledge if it were wrong to aquire it.“ [2])

Gleich ihrer Familie steht ihr erster Gatte ihren Bestrebungen gleichgültig, wenn nicht feindlich gegenüber[3]). Trotzdem setzt sie während der drei Jahre ihrer Ehe, in denen sie zwei Knaben das Leben giebt, ihre mathematischen und sprachlichen Studien fort, „aber ohne Leitung, ohne Mittheilung, ohne Ermunterung“. Erst als Witwe kann sie ihnen in systematischer Weise nachgehen, obgleich sie längere Zeit leidend ist und der Pflege ihrer Kinder (das jüngste starb früh) mit einer Hingabe obliegt, die selbst die kritischsten ihrer Angehörigen gegen ihre wissenschaftlichen Neigungen nachsichtig stimmt. In einer zweiten Ehe findet die zweiunddreissigjährige Frau endlich in reichem Maasse die ihr bisher nur kärglich zugeflossene Unterstützung und Anregung.

Die Geburtsjahre ihrer beiden Töchter konnten wir nicht ermitteln[4]). Jedenfalls unternimmt sie ihre erste Originalstudie[5]) und ihre grossen Arbeiten erst in den vierziger Jahren. Ihr Hauptwerk „Die Mechanik des Himmels“ beginnt sie mit 47.

---

eine litterarische Pension von 300 £ auswarf. In demselben Jahre wurde sie Ehrenmitglied der Königlichen Astronomischen Gesellschaft. Die geographische Gesellschaft verlieh ihr 1867 die Victoria-Medaille. Ihre Büste von Chantrey ausgeführt, ziert die Bibliothek der Königlichen Gesellschaft in London. Siehe Wochenschrift für Astronomie, Meteorologie und Geographie. Bd. XVI, 1873.

[1]) „I do not think, I err much in saying that perseverance is a caracteristic of mine“, sagt sie selbst. Siehe Personal Recollections from early life to old age of Mary Somerville. London 1873.

[2]) A. a. O.

[3]) Selten sprach sie von ihrer ersten Ehe. Ihre Verhäitnisse waren ziemlich beschränkt, ihre Lebensweise einsam. Siehe Alfred von Reumont. a. a. O.

[4]) In einer für die psychologische Forschung unfruchtbaren Reserve hat die Herausgeberin der „Personal Recollections“ „all relations of private life or intimate correspondence“ zurückbehalten.

[5]) „The Magnetic Properties of the Violet Rays of the Solar Spectrum“ represented to the Royal Society 1826 showed ingenuity in original speculation and attracted much interest at the time though the theory it propounded was subsequently negatived by the researches of Moser and Reis. S. Dictionary of National Biographies.

Wenn somit die Zeit der Schwangerschaft und die Pflege kleiner Kinder nicht mit Mary Somerville's unmittelbarer schöpferischer Thätigkeit zusammenfällt, so doch zum Teil mit dem Studium und den Vorarbeiten. Auch in jener späteren Periode bleibt sie durch mütterliche und häusliche Pflichten und die von ihr ungemein geliebte ausgedehnte Geselligkeit nach allen Wesensseiten in Anspruch genommen: „No amount of scientific labour ever induced her to neglect her home duties," schreibt ihre Tochter. Körperliche Ausdauer und Widerstandsfähigkeit, eine glückliche geistige Veranlagung, bei der sich einem grossen Abstraktionsvermögen Unabhängigkeit von äusseren Umständen und Störungen verband, ein sonnenhelles, von Stimmungen nie beschattetes Temperament, ermöglichten die so oft gepriesene Vielseitigkeit ihres Könnens. „I learnt by habit to leave a subject like putting a mark in a book." Und ihre Tochter erzählt, dass sie und ihre Schwester in frühester Jugend von der Mutter unterrichtet, in deren Studierzimmer arbeiteten und sie jederzeit unterbrechen durften: „My mother was never impatient, but explained our little difficulties quickly and kindly and returned calmly to her own profound thoughts. Nor did her abstruse studies exclude the cultivation of lighter gifts and she excelled in music, in paintings and in the use of the needle. Her endowments were enhanced by rare charm and geniality of manner." Die Rose von Jedburgh nannte man sie in ihrer Jugend[1]).

Wenn A. von Humboldt ihr schreibt: „Die Präzision, welche Ihre geometrischen Studien Ihnen so tief eingeprägt haben, durchzieht alle Ihre Arbeiten" — so möchten wir hinzufügen auch ihre ganze Persönlichkeit. Sie regelte ihr Leben und Schaffen nach der Uhr und verstand ihre Zeit so vorzüglich zwischen weiblichen und wissenschaftlichen Anforderungen einzuteilen, dass keine Aufgabe, die sie sich selbst gestellt, oder die ihr gestellt wurde, je unerfüllt blieb. „I rose early and made such arrangements with regard to my children and family affairs, that I had time to write afterwards — not however without many interruptions."

Dass diese Unterbrechungen sie nicht schmerzlicher behinderten, scheint uns die feinsinnige Schilderung Reumont's treffend zu erklären.

---

[1]) Personal Recollections, vrgl. auch Dictionary of National Biographies.

„Sie war ihrer Natur nach Mathematikerin mit den Vorzügen dieser ausgesprochenen Tendenz, auch mit den Schwächen.“ — „Ausserhalb des mathematisch-naturwissenschaftlichen Gebietes hatte ihr Geist wohl Klarheit und Präzision, aber weder Tiefe noch Originalität. Die Klarheit und Präzision ihrer Arbeiten und die Begrenzung ihrer Anschauungen und Begriffe hatten denselben Grund“ [1]). Nie haben bohrende Zweifel an der schönen Einheitlichkeit ihres Wesens gerüttelt. Harmonisch, wie ihr Wirken war, klingt es in den letzten, kurz vor ihrem Tode geschriebenen Worten ihres Tagebuches aus: „Deeply sensible of my utter unworthiness and profoundly grateful for the innumerable blessings I have received, I trust in the infinite mercy of my Almighty Creator. I have every reason to be thankful that my intellect is still unimpaired and although my strength is weakened, my daughters support my tottering steps and, by incessant care and help, make the infirmities of age so light to me, that I am perfectly happy.“ [2])

Bei Sonja Kowalewsky (1850—1891), der genialen Mathematikerin, die im jugendlichen Alter eine Professur an der Stockholmer Universität bekleidet, geehrt durch die höchste französische Auszeichnung, den Prix Bordin, fehlt jede Brücke zwischen ihrer mathematischen Beanlagung und ihrer Wesensart. Es ist bekannt, dass sie als 17jähriges Mädchen eine Scheinehe zur Erzwingung

---

[1]) „Das wahrhaft Bedeutende an ihr war aber das seltene Mass der Beherrschung des grossen Gebietes der Naturwissenschaften, von dessen Teilen keiner ihr fremd, während sie in der Mehrzahl völlig zu Hause war — ein Umfang stets sich ergänzenden und erneuenden Wissens, der ihre rechte Stelle in der litterarischen Welt bestimmt.“ A. von Reumont.

[2]) Die geschätzte amerikanische Astronomin Marie Mitchell (geb. 1818) sagt von Mary Somerville: „Ich bewundere Mrs. Somerville als Weib. Der steile Pfad der Wissenschaft hat ihre gesellschaftlichen Talente nicht beeinträchtigt. Die Hingabe an ernste Studien wusste sie mit der Erfüllung der Gattinnen- und Mutterpflichten zu vereinigen. Der strengen Denkgesetzen zugewandte Geist hat seinen Glauben an die Wahrheit, welche keine Zahlen verbürgen, nicht verloren.“ — Gleich ihren oben behandelten Zeitgenossen war auch Marie Mitchell selbst eine ausgesprochen weibliche Natur. „Eine Frau“, sagt sie, „bedarf eines Heimes und wenigstens der Liebe anderer Frauen, wenn sie ohne die des Mannes lebt.“ Sie selbst blieb zwar unverheiratet, war aber die Pflegerin ihrer jüngeren zarten Geschwister und teilte ihre Zeit zwischen wissenschaftlicher Thätigkeit und häuslichen Pflichten. Sie arbeitete

des Studiums an ausländischen Universitäten einging, das ihre Eltern nie gestattet hätten. Sie folgte damit dem Freiheits- und Bildungsdrang, der damals viele Frauen in eine allgemeine Bewegung der russischen Intelligenz um höhere geistige Entwicklung hineinzog. Nach halbjährigem Aufenthalt in Petersburg begleitet sie ihren Gatten Kowalewsky nach Heidelberg, wo er Geologie, sie Mathematik studierte.

So lange er ihr zur Seite ist und für alle Ansprüche des täglichen Lebens sorgt, erscheint sie heiter und glücklich. Doch als er nach München geht, sie in Berlin die bevorzugte Schülerin von Weierstrass wird, beginnt eine Zeit überhasteten Arbeitens, gänzlichen Versinkens in ihre Studien, das grausam an ihrer jungen Kraft rüttelt. Ihre Unfähigkeit, sich auch nur das geringste innere oder äussere Behagen zu schaffen, lähmt indess ihre geistige Spannkraft nicht, so lange sie wie im Rausche vorwärtsstrebt. Erst ihrer Promovierung in Göttingen im Jahre 1874 auf Grund dreier Abhandlungen über partielle Differentialgleichungen, deren eine zu ihren besten und eigenartigsten Arbeiten zählt, folgt schwere körperliche und geistige Erschöpfung.

Nach Petersburg zurückgekehrt, tritt sie Kowalewsky, an den sie mehr Freundschaft und Dankbarkeit als Liebe knüpft, näher und giebt 1878 ihrem einzigen Kinde das Leben. Sie verlässt ihren Gatten, der sich in Geldspekulationen gestürzt und sich ihrem Einflusse gänzlich entzogen hat, um sich und ihrem zweijährigen Töchterchen eine Zukunft zu schaffen. Nach Kowalewsky's frühen, durch Verweiflung über seinen vollständigen Ruin veranlassten Tod, trüben Gram und Reue ihr Leben.

Sie hat sich nicht wieder verheiratet, aber wir wissen, dass eine leidenschaftliche Liebe sie auf der Höhe ihrer Laufbahn in einen schweren Konflikt brachte. „Ihre Liebe war eifersüchtig und tyrannisch. Sie forderte von dem, den sie liebte, eine solche Hingebung, ein solches Aufgehen in ihr Selbst, dass es wohl alles überschritten haben dürfte, was einem Manne anders als in den

zeitweise bis zu 16 Stunden täglich. 1847 erhielt sie für die Entdeckung eines Kometen eine Medaille des Königs von Dänemark, 1848 wurde sie das erste weibliche Mitglied der American Academy of Art & Science. Vrgl. Maria Mitchell: Life, Letters & Journals“ by Phebe Mitchell Kendall. Boston 1896.

seltensten Ausnahmefällen möglich ist. Aber andererseits konnte sie sich selbst nicht entschliessen, ihr Leben mit einem Schlage abzubrechen, wie er es verlangte, und nichts anderes, als seine Frau zu werden. Und so bei der Unmöglichkeit, diese ungleichen Anforderungen zu vereinigen, litt ihre Liebe ihren grossen, entscheidenden Schiffbruch"[1]).

Sonja war damals auch tief unzufrieden mit ihrem Leben in Stockholm. In einer ihr zusagenden Umwelt hätte sie sich, wie sie selbst meinte, noch mit dem Leben versöhnen können. Allein mit keinem Wort ist des Kindes als Trost in ihrer Bitterkeit gedacht. Und wie sie ihres Herzens Zärtlichkeit bei ihm nicht erschöpfen kann, so scheint auch die Trennung von ihm sie nie in ähnlicher Weise gemartert zu haben wie ihr Liebesleid. Vergeblich suchen wir nach einem Anhaltspunkt, der uns die Mutter in gleichem Kampfe zeigt, wie die Liebende. Der nachfolgende Brief, den sie schrieb, als sie im Jahre 1884 ihre Tochter in Moskau zurückliess, um die Professur in Stockholm anzutreten, mutet fast kühl an. „— Ich habe hier einen langen Brief von T. erhalten, worin sie mich lebhaft auffordert, meine kleine Sonja mit mir nach Stockholm zu nehmen. Aber ungeachtet aller Gründe, die es mich wünschen liessen, meine Tochter bei mir zu haben, habe ich mich beinahe dazu entschlossen, sie noch einen Winter in Moskau zurückzulassen. Ich glaube nicht, dass es im Interesse des Kindes wäre, sie von dort, wo sie es so gut hat, wegzunehmen und sie mit mir nach Stockholm zu bringen, wo noch nichts für ihre Unterkunft geschehen ist, und wo ich selbst gezwungen bin, meine ganze Zeit und meine volle Kraft meinen neuen Pflichten zu widmen. T. führt unter andern Gründen an, dass es viele Personen geben wird, die mich der Gleichgültigkeit für meine Tochter bezichtigen werden. Ich gebe zu, dass dies sehr möglich ist, aber ich gestehe, dass dieser Grund, wenigstens in meinen Augen, gar nichts bedeutet. Ich bin bereit, mich dem Urteile der Stockholmer Damen in allem zu unterwerfen, was die Kleinigkeiten des Lebens angeht. Aber in ernsten Fragen, besonders wenn es nicht nur mein, sondern der Kleinen Bestes gilt, glaube ich, dass es eine unverzeihliche

[1]) Anne Charlotte Leffler. Sonja Kowalewsky, was ich zusammen mit ihr erlebt habe und was sie mir über sich selbst mitgeteilt hat.

Schwachheit wäre, wenn ich „même une ombre“ des Wunsches, in den Augen der Stockholmer Damenröcke als gute Mutter zu erscheinen, mich beeinflussen liesse.“

Und doch hat Sonja ihr kleines Mädchen, dass sie so oft verlassen hat, zärtlich geliebt. Allein das tiefere Verantwortlichkeitsgefühl der Mutter scheint ihr gefehlt zu haben. Sie, die nie für sich selbst sorgen konnte, war ganz unfähig, Pflichten für ein anderes Wesen zu begreifen. Auch haben wir hier eine jener Naturen vor uns, die dem Leben mit seinen vielfältigen widerspruchsvollen Forderungen nicht gewachsen sind. „Sie war so grossartig unpraktisch, dass jede kleinste Sorge des Lebens ihr unerträglich wurde.“ Wohl hieraus erklärt sich, dass sie ihrem Kinde oft monatelang fern blieb und selbst als sie es in Stockholm bei sich hatte, es der Pflege einer Haushälterin überliess. Nach der Mitteilung einer ihr intim befreundeten Persönlichkeit hatte sie immer nur „verlorene Viertelstunden dann und wann für ihre Tochter, die sich immer nach der Mutter sehnte, ohne etwas Tiefes von ihr zu bekommen.“

„Die gelehrte Sonja selbst war ja nur ein kleines liebebedürftiges Kind“ [1]), Und auch ihr früher Tod war die Folge ihrer schmerzlichen Vereinsamung, ihrer vollkommenen Unfähigkeit, sich im Leben zurecht zu finden. Es ist kein Zufall, dass sie ohne dänisches Kleingeld in Dänemark ankommt, bei Nacht und Regen ihre Bagage selbst schleppen muss, „erschöpft, verfroren und so mutlos, dass sie nahe daran war, umzusinken.“ Kein Zufall, dass sie, als sie am Tage ihrer Ankunft in Stockholm abends eine Gesellschaft besuchte, bei der Heimkehr eine unrichtige Pferdebahn nimmt und sich auf der weiten Fahrt die Lungenentzündung zuzieht, an der sie bald darauf stirbt. „Allein, hilflos, fieberschauernd und bis zum Tode betrübten Herzens sass sie dort, fror in der kalten Nacht und fühlte die ganze Gewalt des Uebels, das über sie gekommen war“ [2]). Wie hätte sie, der selbst die Stütze so unendlich Not that, Schutz und Halt eines andern Wesens sein können! Ihr ruheloses Temperament, das sie selbst als zigeunerisch empfindet, haben niemals weise, herrschkräftige Hände beschwichtigt und gezügelt. Die wild-

[1]) Siehe Jonas Lie über Sonja Kowalevsky in dem Buch der Leffler. S. 143.

[2]) S. A. E. Leffler a. a. O.

geschossene Blüte spottet mit ihren tausend Schattierungen in fremdartig schillernder Schönheit jeder Gesetzmässigkeit. In sich selbst versunken, Impulsen unterthan, aus deren zeitweiser Stärke die Bedeutung ihrer Persönlichkeit und ihres Könnens emporflammt, fehlt mehr noch der Mutter als der Gelehrten die gleichmässig stille Leuchtkraft und die gesammelte Hingabe.

Vielleicht ist es ihre künstlerische Begabung, die ihr Wesen in so seltsamen Widerspruch zu den ererbten mathematischen Fähigkeiten setzt[1]). Nach Frau Leffler haben ihre wissenschaftlichen Untersuchungen ihr überhaupt niemals Freude gewährt, während ihre litterarische Thätigkeit sie stets in die glücklichste Stimmung versetzte. Vergleicht man ihre sprudelnden Selbstbekenntnisse[2]), aus denen alle Schmerzen einer leidenschaftlichen Kinderseele weinen, mit den Memoiren der Somerville, so tritt uns der Unterschied zwischen der ruhevollen, abgeklärten Wiedergabe der Ereignisse und der phantasiereichen Selbstbetrachtung der Künstlerin, welche die Welt nach ihrem Bilde umschafft, packend entgegen.

Wir haben bei Betrachtung der in jedem Sinne unserer Zeit angehörenden Sonja vorgegriffen, weil der Gegensatz zwischen diesem Leben, mit seinem jähen, schmerzzerklüfteten Aufstieg und der weiten, hell und heiter sich gestaltenden Wanderung Mary Somerville's fesselt.

Wenden wir uns zurück, so begegnen wir in der Zeitgenossin und Freundin der Mary Somerville, Harriet Martineau (1802—1876), einer der früher erwähnten Christine de Pisan in manchen Zügen verwandten Erscheinung. Auch sie ist eine mehr kompilatorische und agitatorische, als eigentliche Forschernatur. Gleich Christine gehört sie zu den wenigen Frauen, die schon in der Vergangenheit die ökonomische Lage zur Ergreifung der geistigen Arbeit veranlasste. Talentvoller und eigenartiger als Christine und auch als Temperament interessanter ist ihre Entwicklung durch ungünstige materielle Verhältnisse zweifellos sehr beeinträchtigt worden. Trotz beständiger

---

[1]) Ihr Urgrossvater mütterlicherseits war ein bedeutender Mathematiker und auch ihr Grossvater trieb mathematische Studien. Siehe Deutsche Rundschau Bd. 89. Oktober, November, Dezember 1896.

[2]) Sonja Kowalewsky. Jugend-Erinnerungen. Berlin 1897.

Kränklichkeit besass sie eine unglaubliche Arbeitskraft und hat von ihrem 21. Jahre an 37 grössere Werke geschrieben.[1]) „Als Interpretin einer nüchternen, strengen Schule des Gedankens, als Sammlerin klarer Kompendien des Wissens verdient sie gewiss eine hohe Stelle, und Unabhängigkeit und Zuverlässigkeit ihres Charakters giebt ihren persönlichen Aeusserungen Wert“ [2]). Aus ihrem Leben und Streben spricht eine grosse Herzenswärme, die stärker war als eine gewisse Verbitterung durch unglückliche persönliche Verhältnisse.

„If Good had but given me children, I think, I could have been blessed,“ klagt Anna Jameson, deren Geburt noch in das vorige Jahrhundert fällt. (1794—1859). Sie ist wohl die originalste und geistreichste unter mehreren Archäologinnen, deren Leistungen von der Fachwissenschaft hoch eingeschätzt werden. In ihren drei Hauptwerken hat sie, „eine nahezu vollständige Ikonographie der christlichen Kunst zu geben unternommen; weder vor ihr, noch nach ihr ist der Gegenstand in ähnlicher Weise und ähnlicher Ausdehnung behandelt worden.“[3]) Auch abgesehen von dem Schmerz über ihre Kinderlosigkeit war ihr Privatleben nicht glücklich. Sie litt unter der Kälte und Selbstsucht ihres Gatten und war meistens von ihm getrennt.

Gewiss steht die ungewöhnlich ausgedehnte Thätigkeit von Harriet Martineau und Anna Jameson im engsten Zusammenhang mit ihrer Kinderlosigkeit. Und es ist vielleicht ebensowenig ein Zufall, wenn das Werk, das den Namen der Philologin und Historikerin Therese Albertine Luise Jacobs-Robinson, genannt Talvy (1797—1870) begründete, „die Volkslieder der Serben metrisch

---

[1]) „Darunter eines über Nationalökonomie von 9 Bänden und zahlreiche Artikel in den verschiedenen Zeitschriften und Zeitungen und über die verschiedensten Gegenstände: Philosophie, Geschichte, Nationalökonomie, Mesmerismus, sowie Romane. Ihre hauptsächlichste wissenschaftliche Leistung besteht in der allgemeinen Verbreitung und Verdeutlichung des Ideengehalts der herrschenden nationalökonomischen Lehre.“ Dictionary of National Biographies.

[2]) Siehe R. von Mohl. Die Geschichte und Litteratur der Staatswissenschaften. Erlangen 1858. Bd. III.

[3]) Vrgl. Franz Xaver Kraus. Essays. Berlin 1896. Siehe auch: Memoirs of the life of Anna Jameson, author of „Sacred and legendary Art.“ etc. By her niece Gerardine Macpherson, London 1876. — Ueber das, was die theo-

übersetzt und historisch eingeleitet,"[1]) noch in ihre Mädchenjahre fällt. Obwohl Tochter eines Universitätsprofessors hat auch sie ihr grosses Wissen selbständig erwerben müssen. Nur bis zu ihrem sechszehnten Jahre erhielt sie Unterricht, selbst in den neuen Sprachen blieb sie Autodidakt. Indessen war Therese völlig Herrin ihrer Zeit und Lektüre, man liess sie gewähren „wie man andere Mädchen sticken und Klavier spielen lässt". Vor allen Dingen lebte sie in einer Umgebung, die reiche Anregung gewährte. Kein Geringerer als Goethe hat sie bei der Uebersetzung der serbischen Volkslieder, die sie ihm sämtlich vorlesen musste, ermutigt und gefördert.

„Es konnte nichts Erfreulicheres sein", kündet Goethe dieses Werk an, „als dass ein Frauenzimmer von besonderen Eigenschaften und Talenten, mit den slavischen Sprachen durch einen früheren Aufenthalt in Russland nicht unbekannt, ihre Neigung für die serbische entschied, sich mit aufmerksamster Thätigkeit diesem Liederschatze widmete und jener langwierigen Säumnis (in Berücksichtigung der serbischen Lieder) durch eine reiche Leistung ein Ende machte. Sie übersetzte ohne äusseren Antrieb, aus innerer Neigung und Gutachten eine grosse Masse der vorliegenden Gedichte."[2])

„Die Lieder nahezu unübersetzlich, Glückwunsch zu dieser Uebersetzung, Aufmunterung, ja Aufforderung an alle Gebildeten, sie zu lesen"[3]) äussert sich Goethe nach ihrem Erscheinen.

So entscheidend nun auch dieses Werk ihrer Mädchenjahre

---

logische Wissenschaft dem Forschungseifer und der unermüdlichen Arbeitslust zweier Damen verdankt," vrgl. Prof. Dr. V. Ryssel, Agnes Smith und Margaret Dunlop Gobson. Schweizerische, theologische Zeitschrift. Zürich 1897.

[1]) Siehe von Löher. Talvy, ein deutsches Frauenleben. Beilage zur Münchener Allgemeinen Zeitung 160, 161, Juni 1870.

[2]) Siehe Goethe. Serbische Lieder. Vrgl. auch die weiteren Ausführungen über Fräulein von Jacobs daselbst, sowie in den folgenden Notizen über „Volkslieder der Serben" „Serbische Gedichte" „Das Neuste serbischer Litteratur und nationale Dichtung."

[3]) Goethe. Volkslieder der Serben. Uebersetzt von Frl. v. Jacobs. Vrgl. auch allgemeine deutsche Biographie (Bd. XXVIII, S. 724. Leipzig 1888). „Diese durch ihre geistvollen Schriften auf den Gebieten der Dichtung und wissenschaftlichen Forschung rühmlichst bekannt gewordenen Frau" etc.

für die Bedeutung der Talvy ist, so haben Ehe und Mutterschaft ein reiches Schaffen doch nur vorübergehend unterbrochen.[1]) Wie Mary Somerville wusste auch sie den ganzen Umkreis der Frauenpflichten mit einer auserlesenen wissenschaftlichen Thätigkeit zu vereinigen. 1828 heiratete sie den gelehrten Nordamerikaner Edward Robinson, bekannt durch seine Palästina-Forschungen und als trefflicher Bibelkenner. Nach langen Reisen durch die Schweiz, Italien, Frankreich, lassen sich die Gatten in Massachusetts nieder, wo Robinson Professor am theologischen Seminar zuerst in Andower, dann in Boston wird. Trotz aller überwältigend fremdartigen Eindrücke, trotz der Geburt ihrer beiden Kinder und obwohl ihre Häuslichkeit unter Krankheiten und schweren Sorgen litt, tritt sie schon nach sechs Jahren wieder mit grösseren, schwierige Studien voraussetzenden Werken an die Oeffentlichkeit.[2]) Drei mit Gatte und Kindern in Europa[3]) verbrachte Jahre sind ebenfalls eine Zeit

[1]) Siehe von Löher. Talvy, ein deutsches Frauenleben. Beilage zur Münchener allgemeinen Zeitung 160, 161 Juni 1870.

[2]) Sie hatte sich in die zahlreichen Indianersprachen hineingearbeitet, ein amerikanisches Buch darüber übersetzt und mit Anmerkungen versehen. 1834 erschien ihre Schrift „Ueber die indianischen Sprachen," ferner eine Abhandlung über die Volkslieder der Slaven, Germanen, Neugriechen, Spanier und ihr englisch geschriebenes Buch „Historical Views of the Slavic Languages," eine Geschichte der slavischen Sprachen und Litteratur nebst einer Skizze ihrer Volkspoesie. Hier heisst es im Vorwort: „Während der Uebersetzung des Talvy'schen Buches wurde meine vorläufige Ansicht von der Trefflichkeit desselben in jeder, bezüglich des behandelten Objektes nur immer wünschenswerten Rücksicht zur vollsten Überzeugung" — — — „Es ist mit jener Unparteilichkeit geschrieben, die das echte Gepräge des erhabenen, denkenden Forschers ist, der über Zeiten und Meinungen steht. Es bemüht sich überall das historische Element insofern es die Grundlage des litterarischen bildet, so prägnant und wahrheitsgetreu als möglich darzustellen, zeichnet die Geschichte vergangener und auch naheliegender Tage in kurzen aber kräftigen Zügen und lässt mit vielem Geschick die Schlaglichter auf jene Begebenheiten fallen, welche die Keime, die Triebfedern oder die Hemmräder des geistigen Standpunktes und seiner Aeusserungen zu jeder Zeit waren. — — — Es waltet die klare Ordnung des Weibes neben dem ruhig sichtenden Scharfblick des Mannes auf jeder Seite, in jeder Darstellung." Vrgl. auch Allg. Deutsche Biographie: „In den Vereinigten Staaten schrieb sie eine ganze Reihe gediegener Werke, teils in englischer, teils in deutscher Sprache, sowohl dichterische als wissenschaftliche."

[3]) In dieser Zeit entstand der „Versuch einer Charakteristik der Volkslieder germanischer Nationen mit einer Übersicht von Liedern aussereuro-

erfolgreicher Arbeit. 1840 erhält Robinson eine Professur in New-York und, wie Mary Somerville zur Zeit in London, wird jetzt die Talvy dort Mittelpunkt einer geistreichen Geselligkeit. Die folgenden zwanzig Jahre erfüllen vielseitige Bestrebungen und Anregungen. Gleichermassen thätig als Schriftstellerin [1]), wie musterhaft als Hausfrau, Gattin und Mutter öffnet sie ihr gastfreies Haus in New-York den ausgezeichneten Fremden aller Länder, und bietet namentlich ihren deutschen Landsleuten eine heimatliche Stätte. Auch wirkt sie segensreich als Präsidentin des weiblichen Vereins für Armenpflege [2]). „Ihr Stolz war, zu beweisen, dass eine gelehrte Frau auch eine gute Hausfrau, eine gute Erzieherin sein könne." [3])

Anfang der sechsziger Jahre erleidet ihr litterarisches Wirken eine lange Unterbrechung durch die Erblindung ihres Gatten. Krankenpflege und Sorge fordern alle ihre Kräfte bis zu seinem Ende. Eine dritte erfolgreiche Periode des Schaffens setzt Mitte des Jahrzehnts seit der Uebersiedelung nach Deutschland ein. Sie beschliesst erst der Tod, der die 73jährige Frau, in voller geistiger Frische noch mit Korrekturen für eine neue Erzählung beschäftigt, hinwegnimmt.

Leider fehlt es an jedem tieferen Einblick in das Seelenleben der Talvy. Die vorstehend skizzierten Umrisse seines äusseren Verlaufs zeigen zwar die ausserordentliche Vielseitigkeit ihres Könnens, besagen aber wenig darüber, wie sie es ermöglichte, den mannigfachsten Ansprüchen gerecht zu werden. Wir wissen nicht, ob sie gleich Mary Somerville ihr Leben nach der Uhr zu regeln

---

päischer Völkerschaften." Ferner die Streitschrift über die Unechtheit der Ossianschen Lieder, die besonders in England grosses Aufsehen erregte.

[1]) Neben einer grossen Anzahl ausgezeichneter Abhandlungen für deutsche und amerikanische Zeitschriften (speziell für Westermanns Monatshefte) und mehreren Romanen verfasst sie in dieser Zeit auf Grund langwieriger Quellenstudien die „Geschichte der Kolonisation von New-England." Von den neuesten Landungen der Pilgrimme an den Küsten der neuen Welt führt uns hier die ernste Geschichtsforschung durch all die Wandlungen des Staats- und Gesellschaftslebens der Neu-Engländer durch alle Verrücktheiten und heldenmütigen Kämpfe bis zur Einführung der Provinzialverfassung von 1692. (Siehe v. Löher.) Sie hat „dies Denkmal seiner Vorfahren" ihrem Sohn gewidmet. Siehe Allgemeine deutsche Biographie.

[2]) Gleich Mary Somerville war sie eine tief religiöse Natur.

[3]) Siehe von Löher a. a. O.

und es zwischen wissenschaftlichen und Frauenpflichten einzuteilen verstand oder ob sie nach langen Unterbrechungen mit jeweilig grösserer Intensität geschaffen hat. Sie selbst hat sich so dicht in den Schleier ihres Pseudonyms eingehüllt, dass Therese Robinson fast vollständig hinter der Talvy verschwand.

Die vornehme Unabhängigkeit, mit der sie ihren Neigungen und Fähigkeiten folgt und fern von der Heerstrasse ihre Stoffe findet, zeigt sich auch in ihrer Abneigung, mit ihrer Persönlichkeit auf den lärmenden Lebensmarkt zu treten. „Ich will nicht leugnen, dass ich einen starken Widerwillen gegen irgend eine Veröffentlichung meiner persönlichen Angelegenheiten habe und dass ich mir immer eingebildet, der Umstand, dass ich nie unter eigenem Namen geschrieben, bevorrechte mich insoweit, mir zu erlauben, alles was Therese Robinson angeht, ganz von Talvy zu trennen. In diesem Sinne habe ich all die Bitten von Litterarhistorikern abgelehnt. Ich sehe aber wohl ein, ich sträube mich umsonst, es würde ohne mein Zuthun geschehen, was ich nicht hindern kann, und am Ende lass ich es mir eher gefallen in das Konversationslexikon, also doch in gute Gesellschaft, zu kommen, als unter all dem Gesindel zu paradieren, dass in jenen litterarischen Frauensälen versammelt ist.“ [1])

Ihr Leben und Wirken in seiner stillen Vertiefung, seiner Vollendung als Forscher und Weib ist ein letzter volltöniger Ausklang des diesen Rückblick beherrschenden Leitmotivs: vom Wissensdrang des Weibes und seinen Wegspuren.

Und so lehrt die Geschichte deutlich, dass ein innerer Beweggrund für die wissenschaftliche Thätigkeit der Frau dauernd in Betracht kommt.

Ueber ihre Vereinigung mit dem Frauenleben gestattet dagegen die Kunde aus früher Vergangenheit für unsere Zeit keine Rückschlüsse. Wir sahen, dass es sich bei dem geringeren Umfange des Bildungsstoffes einerseits mehr um allgemeine Vertiefung und Schulung des Geistes handelte, die eher Förderung als Störung der Mutter bedeutet, andrerseits nur um Einzelerscheinungen, die vielfach der Ehe entsagten. Dagegen ergaben sich bei den in unsere Zeit hineinragenden Frauen zum Teil bereits Erscheinungen, denen

---

1) Von Löher a. a. O.

wir in der Gegenwart wieder begegnen. So sehen wir bei Anna Jameson und Harriet Martineau eine ungewöhnlich umfangreiche Thätigkeit mit der Kinderlosigkeit zusammenfallen, die Talvy ihr glänzendstes Werk in ihren Mädchenjahren schaffen. Und Mary Somerville zeigt, wie eine Vereinigung der mütterlichen und wissenschaftlichen Aufgaben erstrebt und in gewissen Grenzen durch Verteilung der geistigen Arbeit in vorbereitende Studien und schöpferische Thätigkeit auf verschiedene Lebensphasen erreicht wurde.

* * *

Waren in der Vergangenheit in der grossen Mehrzahl der Fälle Anlage und Neigung allein bestimmend für die Thätigkeit, so tritt in der Gegenwart der Wunsch, auf der Grundlage ökonomischer und geistiger Leistungen eine dem eigensten Wesen entsprechende Lebensgestaltung zu erringen, stark in den Vordergrund. Es ist nicht mehr vorwiegend der individuelle, gleichsam abstrakte Wissenstrieb, sondern ebenso sehr der aus den Zeitverhältnissen entspringende Drang nach Selbstbehauptung, der dazu zwingt, die geistigen Fähigkeiten der Freisetzung der Persönlichkeit dienstbar zu machen. An Stelle des Einzelfalles finden sich jetzt zahlreiche, in verschiedenen Zweigen der Wissenschaft beruflich thätige Frauen in allen Kulturländern[1]).

Betrachtet man das Ueberwiegen der Unverheirateten und die Häufigkeit des Lehrberufs neben der wissenschaftlichen Arbeit, so zeigt selbst unsere beschränkte Zahl, die als solche nur ein sehr abgeblasstes Bild der Entwicklung geben kann, deutlich, wie stark der Einfluss ökonomischer und sozialer Verhältnisse bei der Berufswahl mitspricht.

Bildet auch hier wie durchgehend die Frage der Vereinigung von Mutterschaft und geistiger Arbeit den Kernpunkt unserer Prüfung, so erforderten doch in der Wissenschaft die Unverheirateten spezielle Beachtung. Und zwar nicht allein ihrer grossen Anzahl halber, denn einer solchen begegnen wir auch in der bildenden

---

[1]) Wir bemerken ausdrücklich, dass wir uns hier, wie in der Malerei und Dichtung und später in der Agitation, streng an das Material unserer Erhebung halten.

Von 55 Experten (darunter aus Amerika 7) waren:

Unverheiratet	Verheiratet	Kinderlos	Mütter
27	28 darunter waren zur Zeit der Eheschliessung älter als 30 Jahre 4, älter als 40 Jahre 5.	einschliesslich Frauen, die nur Todgeburten verzeichneten: 37	18 darunter 7 Amerikanerinnen.

Das späte Heiratsalter von 9 Experten erhöht das Gewicht der für die Unverheirateten geltenden Gesichtspunkte, so dass das Zahlenverhältnis zwischen Verheirateten und Unverheirateten sich grundsätzlich stellt wie:

36	19

Von 18 Experten, die Mutter waren, hatten:

Mehr als 1 lebensfähiges Kind geboren:	Todgeburten verzeichnet:	Todesfälle lebensfähig geborener Kinder verzeichnen:	Selbst genährt:
12	1	3 darunter mehr als einmal: 0	9 davon mehr als ein Kind: 8

Von 55 Experten haben nur 15 Gymnasium und Universität besucht.

Neben der wissenschaftlichen Arbeit waren als Lehrerin (excl. Dozentur) thätig: Verheiratete 5
Unverheiratete 10

Kunst. Allein während die Frage, ob deren Ausübung die unverheiratete Künstlerin körperlich schädigen könne, nicht aufgeworfen wird, spielt der Zweifel, ob nicht Studium und wissenschaftliche Thätigkeit durch geistige Ueberarbeitung schon das Mädchen gefährden, eine sehr grosse Rolle.

Es kommt hier indessen noch ein weiterer Gesichtspunkt in Betracht. Illegitime Verhältnisse[1]), wie sie sich bei den Künstlerinnen häufig finden, kommen bei den Frauen der Wissenschaft fast niemals vor. Und während sich das Ausleben als Weib durchgängig als befruchtend für das künstlerische Schaffen erwies, tritt eine gleiche unmittelbare Wirkung in der Wissenschaft nicht zu Tage[2]). Gewährt dort die Liebesleidenschaft schon rein stofflich starke Anregung, so wirkt sie hier nur verwirrend und ablenkend. Mag nun auch jede einseitig geistige Bethätigung physisch wie psychisch Gefahren bergen, so glauben wir doch, dass diese in der Wissenschaft gemindert sind, ja, dass unter Umständen einer härtesten und letzten Verstandes-Disciplin ein wenig entwickeltes Sinnenleben oder seine Abtötung entsprechen kann. Auch steht eine grosse Anzahl der wissenschaftlich arbeitenden Frauen unter dem Zeichen einer stark idealistischen Weltanschauung „Du kannst, denn Du sollst!" Der Massstab dieser Kreise dem sinnlichen Empfinden gegenüber ist ein so wesensverschiedener von dem, den die moderne Künstlerin anlegt, dass er die ganze Persönlichkeit stempelt.

Ferner hat man gerade hier mit einer gewissen Anzahl von Frauen zu rechnen, die, ihrer Natur nach für die Mutterschaft ungeeignet, ohne Sehnsucht nach ihr sind, und mehr noch mit solchen, die eines Zieles wegen, das ihnen unvereinbar mit Frauenpflichten erscheint, auf Liebe und Ehe verzichten.

Sowohl weil kein innerer Widerspruch zwischen dem nichterfüllten Frauenleben und dem wissenschaftlichen Schaffen zu be-

---

[1]) Man vergl. z. B. die Tabellen Dichtung und Wissenschaft und vergegenwärtige sich die allgemein bekannten Verhältnisse bei den reproduktiven Künsten.

[2]) Natürlich ist die Erfüllung des Frauenlebens als Bereicherung und Stärkung der Persönlichkeit in Betracht zu ziehen und mag, wie auf jede, so auch auf die wissenschaftliche Thätigkeit einwirken.

stehen scheint, als wegen der umstrittenen Frage der Schädigung des Mädchens durch geistige Berufsarbeit gewinnt die Betrachtung der Unverheirateten in der Wissenschaft eine besondere Bedeutung. Um die hier vorliegenden günstigen Ergebnisse voll und ganz zu würdigen, muss man sich vergegenwärtigen, welche Ungunst der Verhältnisse diese Frauen zu überwinden hatten.

„Mit 23 Jahren fiel mir zum erstenmal ein philosophisches „Werk in die Hände“, schreibt eine angesehene philosophische „Schriftstellerin, „damals, durch einen Zufall also wurde ich in die „Bahn gelenkt, die meiner Natur die gemässeste war.“ Ich war „darauf angewiesen, mir meine Kenntnisse auf rein autodidak- „tischem Wege anzueignen und, da es mir nicht nur an allen „und jeden Vorkenntnissen, sondern auch an jedem Rate von be- „rufener Seite gebrach, kam ich mit meinem Studium verhältnismässig „nur langsam vorwärts. Ich studierte eben aufs Geratewohl, was „ich von philosophischen Werken erwischen konnte und das war „Jahre lang so gut wie nichts, weil es hier in . . keine „öffentliche Bibliothek gab und ich damals noch nicht wusste, „wie ich es anfangen sollte, sie mir von auswärts zu verschaffen.“

„Ich bin leider nicht für einen Beruf erzogen worden, obwohl „ich glaube für einen solchen geboren zu sein,“ äussert sich eine andere Frau, deren schätzenswerte kunsthistorische Leistungen erst nach Vollendung ihres vierzigsten Jahres entstanden. „Als ich „heranwuchs, war es in manchen Kreisen etwas ganz Ungewöhn- „liches, dass ein junges Mädchen sich ernster Arbeit widmen wollte, „wenn keine Not sie dazu trieb, und es fehlte jede Gelegenheit, sich „anders als durch Lektüre weiterzubilden. Erst im 38. Jahre hat „sich mir die Universität geöffnet.“

Unter dem Druck schwindender Anschauungen, in geistiger Einsamkeit aufgewachsen, mussten die Vorerwähnten und viele andere Frauen oft schwer um ihre Selbstbehauptung ringen. Unvertraut mit der Landkarte, nach welcher der Eingeweihte schon im Gymnasium wandern lernt, haben sie zu viel Zeit und Kraft auch nach der gewonnenen Freiheit eingebüsst. Wie häufig waren sie gezwungen, sich das dauernde „Recht auf Arbeit“ und die Mittel zu einem umfassenden Studium durch einen litterarischen Befähigungsnachweis zu sichern, dem das Studium hätte vorausgehen müssen. Zahlreiche, traditioneller Gebundenheit entronnene

Frauen eroberten sich zwar die Lebensarbeit, aber nicht die Lebensfreude. Selbst wo Kraft und Mut ungebrochen waren, fehlte die Zeit für die leichteren, heiteren Seiten des Daseins. Können wir uns wundern, wenn viele die Furchen abmüdender Vergangenheit, überhasteter Studien tragen? Und trotzdem, welche Befriedigung, welch wohlthuender Einfluss der geistigen Thätigkeit atmet uns aus den Berichten der Unverheirateten entgegen!

„Ich habe an mir und anderen häufig beobachtet und die Er„fahrung gemacht, dass alle diejenige Arbeit, wenngleich zeitweise „sehr anhaltend und über das Normalmass der Arbeitszeit gehend „betrieben, die unserer Begabung und Neigung entsprechend ist, „weit weniger körperlich angreift und nachteilig wirkt als solche, „die unserer Anlage nicht gemäss ist. So kann ich mit grösster „Bestimmtheit versichern, auf Grund langjähriger Erfahrung, dass „für mich körperlich hauswirtschaftliche Arbeit ungleich grössere „Strapaze ist, mich zuweilen ganz herunterbrachte und mich nervös „machte, als mindestens ebenso intensiv betriebene geistige Arbeit.“ (Elisabeth Malo.)

„Ein Nervenleiden, das in meiner Jugendzeit stark auftrat, „wurde in den Jahren geistiger Produktivität und zielbewusster „Arbeit fast gänzlich zurückgedrängt“, äussert sich eine in der Sozialwissenschaft sehr geschätzte Schriftstellerin.

Eine angesehene ausländische Dozentin schreibt:

„Die Arbeit erhöht meinen Appetit und ein five o'clock tea, „auf dem ich mich langweile, ermüdet mich unendlich mehr, als „wenn ich die Nacht durcharbeite.“ Auf gleichen Ton gestimmt sind eine Reihe von Mitteilungen.[1])

Prinzessin Therese von Bayern erklärt: „Meine physische Ver„anlagung ist mir durchaus kein Hindernis zu geistigen Arbeiten,

---

[1]) Nur in einem einzigen Falle stehen wir auch hier vor einem Widerstreit seelischer und intellektueller Anforderungen: „Während 5 Jahren habe „ich fast garnichts gearbeitet. Teils war ich durch häusliche Verhältnisse, be„sonders durch Krankenpflege, teils durch Uebermüdung infolge der Combination „von geistiger Anstrengung und der Sorge um meine Angehörigen, zu jeder „Konzentration unfähig. Auch sonst hatte ich vorübergehend Zeiten der Arbeits„unfähigkeit, stets infolge einer übermässigen Anspannung nach zwei Rich„tungen.“

„wohl aber ist ein solches die wenige Zeit, welche mir für dieselbe „zur Verfügung steht."

Auch dann, wenn man mit einer Summe von Selbsttäuschung bei manchen Berichten rechnet, und äusseren Umständen zugeschrieben wäre, was der Ueberarbeitung zur Last fällt, so sagt das Zahlenverhältnis, soweit unser Material in Betracht kommt, dennoch günstig über den Gesundheitszustand unverheirateter, wissenschaftlich thätiger Frauen aus.

Bei 20 von 27 ist jede Vermutung einer auf die Arbeit zurückzuführenden Gesundheitsschädigung ausgeschlossen. Und auch hinsichtlich der allgemeinen Ansicht über die wissenschaftliche Thätigkeit der Unverheirateten stehen wir nur vereinzelt einer entschieden ablehnenden Haltung, wie der nachfolgenden, gegenüber. „So lang „ich nur geistig aufnahm," schreibt eine sehr begabte Schriftstellerin von grosser Feinheit der Auffassung und Darstellung, „ehe ich „selbst schrieb, meinte ich, meine Fähigkeit, geistig zu arbeiten, „sei unbegrenzt. Ich habe auch heute noch eine grössere Frische „und Ausdauer wie die meisten andern Leute. Dennoch bin ich „von meinem aprioristischen, von meinem Vorurteil über die Leistungs„fähigkeit der Frau auf geistigem Gebiet zu einem (wohl teils nur „subjektiv begründeten) recht bescheidenen Urteil gekommen. Ich „selbst, die ich Kopfschmerz fast nur vom Hörensagen kenne, „sechzehn bis achtzehn Stunden schreiben und lesen kann, also „verhältnismässig gut veranlagt bin, habe allmonatlich Zeiten stark „verminderter Denk- und Arbeitsfähigkeit. Ich habe im ganzen „bemerkt, dass der Frau das Ausdenken langer Gedankenreihen, „ich meine solcher, die Jahre innerer Sammlung auf einen Punkt „fordern, — dass ihr das ruhige Ausreifen eines Phantasiegebildes „zu einem ganz durchgebildeten Kunstwerk, — dass ihr überhaupt „alles, was eine stetig in einer Richtung fortwirkende Kraft braucht, „bisher, sagen wir, fast unmöglich ist. So wie sich ihr physisches „Leben in kürzeren Umlaufsperioden abrollt, so auch ihr geistiges. „Der Faden ihres Schaffens wird zu oft abgerissen. Ihre Arbeit „kann einen genialen Wurf haben, auf blitzähnlichen Einfällen be„ruhen, einer vulkanischen Gemütsentladung gleichen — oder auch „einige geniale Würfe, geistreiche Einfälle, leidenschaftliche Ergüsse „mosaikähnlich an einander reihen: dies giebt es und gar nicht „selten. Doch man zähle mir die Werke auf, die mehr sind, ganz

„aus dem eigenen Wesen quellen und sich aus sich selbst heraus wie „ein lebendiger Organismus zu etwas Ganzem aufbauen. Es wird „nicht schwierig sein, sie zu zählen, eher sie zu finden."

Und eine wissenschaftlich ausgebildete Frau, die einer Gelehrten-Familie von Ruf angehört, äussert sich: „Eine im Rahmen der „gesellschaftlichen Sitte lebende Frau wird entweder durch ein er-„zwungenes Cölibat auch geistig mehr oder weniger unfruchtbar „bleiben, oder sie gerät durch ihre Heirat in unlösbare Konflikte. „Diese kann der Tod unzeitig lösen wie bei S. Kowalewsky und „vielen anderen. (Eine Statistik in dieser Hinsicht wäre des Ver-„suches wert.) Wahrscheinlich in den meisten Fällen bleibt die „geistig begabte Frau so berghoch über ihren eigenen Schöpfungen, „dass es ihr selbst schwindelt, wenn sie in den Abgrund hinunter-„schaut, in dem ihre wenigen miserablen Arbeiten verschwinden. „Die unverhältnismässig geringen Leistungen denkender Frauen „sind auf dieser Basis leicht zu erklären, ebenso die vorzüglichen „Leistungen einiger weniger, dem festen Netz der Konvention ent-„schlüpften Künstlerinnen." [1])

Die übrigen Aeusserungen lauten durchweg günstig, wenngleich zuweilen mit gewissen Einschränkungen.

„Nach meiner Erfahrung behaupte ich, dass eine Frau die „geistige Arbeit ohne irgend welchen Schaden für die Gesundheit „ausüben kann." (Rina Monti, Privatdozentin an der Universität zu Pavia.)

„Es ist meine Ueberzeugung, dass ihre relativ geringeren „Körperkräfte die geistig entsprechend begabte Frau nicht hindern „werden, geistig produktiv und eventuell auch wissenschaftlich „thätig zu sein und etwas Tüchtiges auf ihrem Gebiet zu leisten, „wenn sie nur sonst vernünftig lebt und nicht anderweitig zu grosse „Ansprüche an ihre Kräfte gestellt werden." (Hedwig Bender.)

„Die körperliche Eigenart der Frau wird ihre geistig produktive „Thätigkeit nur anders geartet, aber nicht minderwertiger ge-„stalten." (Helene von Mülinen.)

---

[1]) Dass wir keinen Gewinn in dem „Entschlüpfen aus dem festen Netz der Konvention" sehen und dass der Konflikt zwischen der Mutter und der Schaffenden hierdurch nicht aufgehoben wird, haben wir in der Dichtung erörtert.

Die nachfolgenden Urteile zweier Frauen fallen durch den ausgedehnten Kreis ihrer Erfahrungen bei dem heranwachsenden Geschlecht besonders ins Gewicht. Helene Lange, die, wie vielleicht keine zweite deutsche Frau, in dieser Frage zuständig ist, schreibt: „Was Ihre Frage in Bezug auf die Zeit der Periode betrifft, so „habe ich nur bei einer Anzahl bleichsüchtiger oder sonst irgend„wie schwächlich veranlagter junger Mädchen eine Störung des „körperlichen Gleichgewichts bemerkt, bei einigermassen vernünftiger „Berücksichtigung dieser Erscheinungen aber selbst bei diesen keine „Herabminderung der geistigen Leistungsfähigkeit. Bei einer grossen „Zahl war selbst von einer physischen Beeinflussung nichts zu „merken. Im ganzen kann ich aus meiner sehr umfassenden Er„fahrung heraus den Schluss, dass die Periode die geistigen Leistungen „der Frau beeinträchtigt, in keiner Weise bestätigen. Ich verweise „im übrigen auf das Urteil zweier an der von mir geleiteten An„stalt beschäftigt gewesenen Lehrer, der Herren Prof. Panzerbieter „und Dr. Nohle, die beide versichern, dass sie von einer Abspannung „und geringeren Denkfähigkeit der Schülerinnen zu bestimmten „Zeiten in ihren Lehrstunden nichts bemerkt hätten.[1]) Doch bin „ich durchaus der Meinung, dass eine viel vernünftigere körper„liche und geistige Erziehung unseren Mädchen zu teil werden „müsste, damit auch die oben erwähnten physischen Erscheinungen „beseitigt oder wenigstens stark vermindert werden. Besonders „hat wohl eine geeignete körperliche und geistige Diät (die oben „erwähnten Beobachtungen beziehen sich nur auf die erwachsenen „Schülerinnen) in der Zeit der Entwicklung einzusetzen. Ich glaube, „dass auf Missgriffe in dieser Zeit vielfach die weitverbreitete Bleich„sucht zurückzuführen ist."

Dr. Käthe Windscheid erklärt: „Ich glaube, dass die Frage, ob „die geistige Arbeit der Frau mit ihrer körperlichen Eigenart ver„einbar sei, nicht absolut, sondern nur relativ beantwortet werden „kann. Es hängt das meines Erachtens ganz davon ab, ob sie von „Natur einen gesunden widerstandsfähigen Körper hat oder nicht. „Gesunde Frauen werden geistige Arbeit durchaus gut aushalten.

---

[1]) S. Arthur Kirchhoff: Die akademische Frau. Berlin 1897. 295 ff.

„Wo aber Schwächlichkeit oder Neigung zur Nervosität vorliegt, „da dürften sich Unzuträglichkeiten herausstellen.“ [1])

Unter den Verheirateten fällt uns zunächst die grosse Zahl der kinderlosen Frauen auf.

Bei günstigen materiellen Verhältnissen und übereinstimmenden Neigungen der Gatten, vor allen Dingen bei gleichem Beruf, ist die kinderlose Ehe für die wissenschaftliche Thätigkeit der Frau vielleicht die glücklichste Konstellation. Gattinnen- und Hausfrauen-Pflichten werden nicht allein durch den äusseren Halt, die soziale Stütze, die der Mann gewährt, sondern auch durch die Gemeinsamkeit des geistigen Strebens aufgewogen.

Anders bei der Mutter. Selbst bei der glänzendsten wirtschaftlichen Lage und der grössten Uebereinstimmung der Gatten erleidet die Geistesarbeit der Frau tiefgreifende Störungen, sobald das Kind in ihr Leben tritt. Sie hat aufgehört, Herrin ihrer Zeit und ihrer seelischen Freiheit zu sein. Das Wort der Mary Somerville: „I had time to write afterwards (nach Erfüllung ihrer Pflichten als Hausmutter) not however without many interruptions“ kehrt in unserer Erhebung in verschiedenen Wendungen wieder. Bald sind es, wie unsere Daten unzweifelhaft zeigen, mehr die körperlichen Anforderungen und die Wartung der kleinen, bald die Erziehung der heranwachsenden Kinder, die als die grösste Hemmung erachtet

---

[1]) „Das Gesamtresultat der Nachfragen bei einer Anzahl von Frauenprinzipalinnen höherer Mädchenschulen (Lateinschulen und Universitätsschulen) ist, dass hinsichtlich der Gesundheit und Tüchtigkeit als Gattinnen und Mütter kein Unterschied besteht, zwischen der häuslichen Lebensgeschichte ehemaliger Studentinnen und der ihrer Zeitgenossinnen in anderen Lebenssphären. Ja, es ergab sich, dass für viele schwächliche Mädchen ein wohlgeordnetes Leben in einer höheren Lehranstalt moralisch und physisch vorteilhaft war und dass Interesse, Beschäftigungen etc. günstig auf sie wirkten.“ — „Dass die Gesundheit des Mädchens, sagt Miss Beale, (30 Jahre Prinzipalin von Cheltenham College) moralisch, intellektuell und physisch durch die Disciplin und intellektuelle Erziehung verbessert wird, wissen Alle, die damit zu thun haben. Hysterie verschwindet dabei fast gänzlich.“ Health Statistics of Women Students of Cambridge & Oxford and of their sisters 1890, mitgeteilt bei K. H. Schaible: in „Die höhere Frauenbildung in Grossbritannien.“ Karlsruhe 1894.

werden. So erscheint es ungemein schwer, zu bestimmen, wann für die Mutter eine Zeit des ungehemmten Schaffens beginnen kann. Als erfüllt kann der Mutterberuf gewiss nur dem selbständig gewordenen Kinde gegenüber betrachtet werden.

Auch in den Aeusserungen der Experten begegnen wir hinsichtlich der Vereinigung von mütterlicher und wissenschaftlicher Thätigkeit schweren Bedenken.

„Die Vereinigung von hausmütterlicher Thätigkeit und geistig „produktiver Arbeit ist möglich, bisweilen geboten, immer bedauer-„lich“, schreibt Elisabeth Gnauck-Kühne, deren Stimme durch ihren Einblick in die Erfordernisse unserer Zeit besonderes Gewicht hat. Und sie fährt fort: „Das Kind (d. h. das gesunde und gut geratene „Kind) ist das Kunstwerk der Mutter, ein untrüglicher Massstab „ihres inneren Wertes, eine unerschöpfliche Anregung zu ernstem „Nachdenken und besonnenem Reden und Handeln, zu gewissen-„hafter Selbstzucht und eigener Vervollkommnung. In den ersten „Lebensjahren des Kindes soll die Mutter nicht sich verbrauchen „und erschöpfen, sie soll vielmehr mit ihm wachsen, für das Kind „fortschreiten, zu einer sittlich-religiösen Persönlichkeit heranwachsen, „denn in dem Masse, wie das Kind die körperliche Pflege der „Mutter nicht mehr braucht, braucht es ihr Verständnis, ihre „Weisheit, ihre geistige Führung, ihren Persönlichkeitsgehalt und „-Einfluss. Eine Persönlichkeit werden, kostet aber Vertiefung, „diese wiederum Zeit. Hat die Mutter in ihrem Gemeinschafts-„leben Zeit für sich, so thut sie gewiss gut, dieselbe zur Ent-„faltung ihrer eigenen Individualität auszunützen, zu geistiger pro-„duktiver Thätigkeit aber, die sich über Dilettantismus erhebt, ge-„hört meines Erachtens eine ungeschmälerte Hingabe. Niemand „kann zwei Herren dienen, ohne einen zu vernachlässigen.“

„Nach meinen persönlichen Erfahrungen bin ich zu dem nega-„tiven Ergebnis gelangt, dass sich Mutterberuf und wissenschaftlicher „Beruf nicht ohne Benachteiligung der einen oder andern Thätig-„keit vereinen lassen, denn jeder Beruf verlangt den ganzen Men-„schen. Man kann nicht alles haben. Die Unverheiratete, die die „Freuden der Familie entbehrt, aber auch nicht durch deren „Pflichten in Anspruch genommen ist, kann sich gewiss voll und „ganz einem wissenschaftlichen oder künstlerischen Beruf hingeben „und darin ihre Befriedigung finden. Die Verheiratete ist in erster

„Linie für andere, namentlich für ihre Kinder da. Wohl ihr, wenn „sie über einen Fond von Kenntnissen und über eigene Uebung in „wissenschaftlichen, künstlerischen und sozialen Bestrebungen ver-„fügt, um selbständig, ihre eigenen Wege gehend, ihr Scherflein „zur Erziehung der Menschheit beitragen zu können, und um in „ihrem Innern einen unversiegbaren Born zu haben, aus dem sie „jederzeit Stärkung und Erquickung schöpfen kann.“ (Dr. Luise Dodl.)

„Je n'ai commencé à écrire qu'après avoir élevé mon fils moi-„même et complètement; je suis absolument convaincue qu'il y a „incompatibilité entre les devoirs de la maternité et les exigences „de la carrière litéraire. Il faut choisir, et c'est naturellement „l'enfant qui doit l'emporter.“ (Arvède Barine.)

„From 1856 to 1876 I gave up writing, finding that to be a „mother, was occupation enough for any woman. I shall be 78 „in July, am still writing and do not think my powers as yet im-„paired. I sometimes attribute this to the long break in my litterary „career from 1856 to 1876.“ (Elizabeth Wormeley Latimer.)[1]

Immerhin liegen uns einige Fälle einer teilweisen Vereinigung von Mutterschaft und produktiv wissenschaftlicher Thätigkeit vor. Lady Blennerhassett (Dr. phil. hon. causa), deren Werke ein bleibendes Zeugnis eindringenden wissenschaftlichen Geistes und historischen Weitblicks sind, schreibt: „Ich hoffe, sagen zu dürfen, „dass meine Berufspflichten unter der doppelten, mir auferlegten „Last niemals deswegen vernachlässigt worden sind, weil ich es für „Recht hielt, die geistige Arbeit, die ich als Mädchen begann, als „Gattin und Mutter fortzuführen.“

„I believe with all my heart, that the moral, physical, in-„tellectual und spiritual development of childhood is the highest „work that God has ever given into the hands of either man or „woman. My children have not been neglected for my work, they „have not even been left to the care of nurses. It is true that „two of my books were written while bearing my children, but

[1]) Die geschätzte amerikanische Historikerin E. Wormeley Latimer ist Mutter von vier Kindern.

„their wants were attended to before literary work could be pro-„secuted. When they were made comfortable or were safely „asleep, the mother could work at whatever she chose. But after „my children were out of my hands, I have done my hardest closest „and most severe intellectual work.“ (Elizabeth Armstrong Reed. — Member of the Philosophical Society of Great Britain.)

„Selbst als ich meinen Knaben unter dem Herzen trug und „als ich ihn nährte, habe ich stundenlang am Schreibtisch sitzen „können. — — — — Am wenigsten habe ich geschaffen, so lange „meine Hauptaufgabe die Erziehung unseres Knaben war, da ich, „um ihn bis Untersekunda vorzubereiten, manches lernen und „treiben musste, was ich nicht wusste.“ (Caroline Michaelis di Vasconcello Dr. hon. causa).

Allerdings fällt durchgängig die Hauptthätigkeit der wissenschaftlich arbeitenden Frauen in die Zeit, da die Kinder bereits herangewachsen waren. Aber die Jahre der Geburten und des Aufziehens kleiner, der Behütung heranwachsender Kinder können als Zeit des Sammelns und Reifens dienen. Und längere Vorbereitung ist in gewissen Grenzen unerlässliche Bedingung wissenschaftlicher Produktion. Was durch ein Hinausschieben schöpferischer Thätigkeit an impulsiver Jugendwärme und Reiz der Intuition verloren gehen mag, kann aufgewogen werden durch Weite des Blicks und Fülle der Studien.

In einer Reihe von Fällen wurde ein solcher zeitlicher Kompromiss entweder ausdrücklich betont oder durch den Lebenslauf dargethan. Dass eine vorbereitende Geistesthätigkeit sich ohne Verletzung der Mutterpflichten ausüben lässt, dass ferner der Abschnitt, in dem das Geschlechtsleben der Frau erlischt, ihre wissenschaftliche Schaffenskraft nicht notwendig beeinträchtigt, dass ihr diese in ungeminderter Frische bis in ihr spätes Alter verbleiben kann, lehren nicht nur eine Mary Somerville und Talvy, es tritt auch in unserer Erhebung deutlich zu Tage. Die Hauptwerke von Lady Blennerhasset und Frau Armstrong Reed sind erst nach dem 40. Lebensjahr der Verfasserinnen erschienen. Eine so bemerkenswerte Erscheinung wie die Comtesse Diane ist mit 53 Jahren zuerst an die Oeffentlichkeit getreten; Arvède Barine, die eingehende Studien in ästhetische Form zu kleiden weiss, hat, wie sie selbst hervorhebt, ihre litterarische Thätigkeit erst begonnen, als ihr Sohn erwachsen war.

Wenn wir aber mit Rücksicht auf die Möglichkeit vorbereitender Studien in jüngeren Jahren, konzentrierten Schaffens in reiferem Alter auch an wissenschaftliche Leistungsfähigkeit bei erfülltem Frauenleben glauben, so haben wir hier doch die freie Forschung des Privatgelehrten, nicht aber die an bestimmte, mehr oder minder regelmässige Verpflichtungen gebundene Berufsthätigkeit, vor Allem nicht die Dozentur im Auge. Letztere ist nicht nur an festgesetzte Tageszeiten gebunden, sondern erfordert auch eine sich stetig wiederholende Entfernung vom Hause.

„Nur in Ausnahmefällen lässt sich — glaube ich — ein wissen-„schaftlicher Beruf mit der Erfüllung von Mutterpflichten ohne „gegenseitige Beeinträchtigung verbinden. Besonders schwierig er-„scheint es mir bei einem geistigen Beruf zu sein, der bestimmte „zeitlich fixierte Pflichten auferlegt. (Dr. Anna Tumarkin. Privatdozent an der Universität Bern.)

Und selbst bei der Vereinigung freier Forschung mit der Mutterschaft — wie viel stille Kämpfe für eine fein organisierte Frauennatur! „Meine Kinder allein vermöchten zu sagen, ob sie durch die „mir auferlegte ausserordentliche Arbeitslast sich in ihren An-„sprüchen an die Mutter beeinträchtigt fühlten? Da ihnen die „schuldige Ehrfurcht für ihre Eltern ein „Ja“ kaum zulässig er-„scheinen liesse, so ist es wohl an mir, ein Pater peccavi zu sagen. „Ich bin der Ansicht, dass sie sich eine Mutter gewünscht hätten, „die durch keine anderen Interessen von der Sorge um sie ab-„gelenkt worden wäre. Wenigstens ist dies mein Gefühl, und werde „ich kaum irren, wenn ich ihm folge.“

Wenn wir dies Wort einer durch hervorragende Leistungen bekannten, aber erst in reifen Jahren zur stärksten Bethätigung ihres Könnens gelangten Frau lesen und uns einerseits die seelische Belastung, andererseits die hinausgeschobene geistige Wirksamkeit der wissenschaftlich arbeitenden Mutter vergegenwärtigen, so erscheint es als kein Zufall, dass Beatrice Potter ihren glänzenden Eintritt in die Wissenschaft in vergleichsweise jungen Jahren machte[1]).

---

[1]) Frau Webb äussert sich in Beantwortung unserer Frage folgendermassen: „So long as the circumstances permit to a woman to „tatre her own „time“ her physical pecularities do not in any way interfere with her capacity

Ungehemmt konnte dieser lichte Geist auf heiterer Schaffenshöhe Leistung zu Leistung fügen: ihr Streben und Schaffen ward nicht durch die Mutterschaft mit all ihren körperlichen und seelischen Erschütterungen und Pflichten unterbrochen.

* * *

Während sich die Disciplinen der reinen Wissenschaft gemeinsam behandeln liessen, müssen die verschiedenen Gebiete der angewandten Wissenschaft, soweit sie in den Rahmen unserer Erhebung fallen, gegliedert besprochen werden.

Aus verschiedenen Gründen erfordert hierbei die Medizin eine besonders eingehende Berücksichtigung. Vor allen Dingen ist sie der einzige der hier zu prüfenden Berufe, der zugleich in Vergangenheit und Gegenwart eng mit der Geistesgeschichte des Weibes verknüpft ist. Ein geschichtliches Bild der Rolle der Frau in der Heilkunde schien zur Beurteilung des Gewordenen unerlässlich. Auch ist die Zahl der Aussagenden entsprechend dem frühen Kampf um die Zulassung zum medizinischen Studium und den ihn begünstigenden Umständen verhältnismässig gross. Endlich kommt für den ärztlichen Beruf der wichtige Gesichtspunkt körperlicher Kräfteleistung ganz speziell in Betracht.

Befassen wir uns rückschauend mit der Frau in der Heilkunde, so trifft der Blick zunächst die Geburtshelferin. Bis zum Beginn des sechzehnten Jahrhunderts gab es keine selbständige Wissenschaft der Geburtshilfe. Ihre Ausübung lag von Alters her zur Hauptsache in den Händen der Frauen. „Das Weib der Vorzeit in seinem angeborenen Schamgefühl vertraute sich und seinen Schmerz nur schwesterlichen Händen an.“[1])

„for brain-work; but that directly she attempts to do work under pressure „either as regards time or quantity the quality of effort quickly deteriorates „and that she will in many cases work down. In short I think her physical „pecularities interfere far less with the higher creative work than with her „competitive professional efforts.“ Wir glauben, dass auch Frau Webb's Ansicht für die Unmöglichkeit einer harmonischen Vereinigung von erwerbender geistiger Arbeit und Mutterschaft spricht. Vgl. III, Gesammtergebnisse.

[1]) Ed. Casp. Jac. v. Siebold. Versuch einer Geschichte der Geburtshülfe Bd. 2 Berlin 1839.

Aerzte wurden nur in schwierigen Fällen zugezogen, wobei dann der Mangel aller Erfahrungen, aller durch Anschauung erworbenen Kenntnisse ihre Unterstützung zu einer sehr zweifelhaften machte. Andererseits fehlte der Geburtshelferin im wesentlichen jede theoretische Schulung[1]): „Ungebildeten Weibern, die ohne Instruktion und Unterricht blieben, denen kein Buch Anleitung für ihr Verfahren gab, die völlig auf ihre eigenen geringen Erfahrungen angewiesen waren, blieb die Geburtshilfe überlassen[2]).“ Dies gilt im Wesentlichen für das ganze Altertum und Mittelalter, obwohl nicht ausnahmslos. So rühmt Sokrates die Geschicklichkeit und die Kenntnisse seiner Mutter Phaenarete und schon unter den griechischen Geburtshelferinnen gab es einzelne „gelehrte Frauen“.

Diese gebildeten Hebeärztinnen, die von den ungelehrten Hebammen scharf zu unterscheiden sind, genossen sowohl in ihrem Vaterland, als auch später in Rom ein grosses Ansehen und galten teilweise als sehr kenntnisreich. Auch verzeichnet die Geschichte sowohl Werke weiblicher Heilkundiger, als auch eine über den Rahmen der Geburtshilfe hinausgehende ärztliche Thätigkeit. Bei Plinius, Galen und andern Schriftstellern des Altertums finden sich Schriften griechischer Aerztinnen angeführt. Doch sind die Meinungen über ihre Bedeutung sehr verschieden[3]).

Unbestrittener scheint der Wert eines nach Galen „sehr fürtrefflichen Präparates der römischen Fabula Livia gegen Gicht, Wasser- und Milzsucht“. Im römischen Reich bildeten die Aerztinnen später eine gesetzlich anerkannte und zu öffentlichen Begutachtungen zugezogene Zunft. Zahlreiche zum Teil sehr rühmende

---

[1]) „Den Frauen war das Studium und die Ausübung der Arzneikunst, Männern dagegen, um das Zartgefühl der Frauen zu schonen, Geburtshilfe ausser in schweren Fällen, die im allgemeinen den Tod von Mutter und Kind infolge grauenhaftester Eingriffe zur Folge gehabt haben dürften, verboten.“ Schelenz. Frauen im Reiche Aeskulaps. 1900.

[2]) Dr. H. Ploss. Das Weib in der Natur- und Völkerkunde. Bearb. von Dr. M. Bartels. Leipzig 1897.

[3]) So schätzt Harless in seinem übrigens lobrednerischen Buch „Die Verdienste der Frauen um Naturwissenschaft und Heilkunde“ (Göttingen 1830) die Leistungen einer Antiochia, Kleopatra, Elephantis etc. sehr gering ein. Vrgl. Markuse. Heilkundige Frauen im Altertum. Zukunft No. 32. 6. Mai 1899.

Grabschriften[1]) beweisen, wie gross ihre Zahl war, wenn sie auch über ihre Qualität nichts Zuverlässiges aussagen.

Schon hier also begegnen wir weiblichen Aerzten nicht als einer Einzelerscheinung, sondern als einem Stande, den die Gesetze anerkennen und dem, wie es scheint, auch einige männliche Kollegen billigend gegenüberstanden. Wäre die oft angeführte ehrenvolle Widmung an eine Salvinia oder Victoria, die der Leibarzt des Kaisers Valentinian II. zweien seiner Schriften vorausschickt, nicht mehr als eine persönliche Huldigung gewesen, so hätte er wohl kaum bemerkt, dass die Gemeinsamkeit des Geschlechts ihr das Eindringen in die Natur ihrer Kranken erheblich erleichterte. Als kundige Medica erwähnt er ferner eine Leoparda, der er einige Rezepte entlehnt.

Aus der Zeit der ersten Christen werden die Erfolge der Theodosia, der Mutter des heiligen Proceps „in Ausübung der Medizin in- und ausserhalb Roms“ gerühmt.

Der Talmud[2]) preist Em als kenntnisreiche Aerztin und als Pflegemutter und Erzieherin des unmittelbar nach der Geburt verwaisten späteren Vorstehers der Hochschule zu Pambesta.

Mehrere Aerztinnen gingen aus der um das zehnte Jahrhundert gegründeten Schule von Salerno hervor. An erster Stelle wird Mitte des elften Jahrhunderts Trotulla, Mutter eines hochberühmten Sohnes und Verfasserin eines Werkes über „die Krankheiten der Frau“ genannt.

Nach Hyrtl[3]) gewann Alessandra Giliari dal Porsiceto Bedeutung für die Anatomie. Als Gehilfin des Mundinus (gest. 1326) und seines Prosektors fasste sie „eine wahre Leidenschaft für ihre Thätigkeit. Ihre Gewandtheit in der Präparation der Gefässe führte sie selbst zur Erfindung der anatomischen Einspritzungen“.

In Deutschland hat es während des ganzen vierzehnten und fünfzehnten Jahrhunderts nie an weiblichen Aerzten gefehlt. Zwischen

---

[1]) S. Melanie Lipinska. Les femmes Médecins à Rome. Le Progrès Médical No. 17. 29. April 1899 S. 276 ff.

[2]) Im Talmud kommt die Hebamme unter dem Namen Chachomoh, femina sapiens, und Chajah, femina vivida, vor und aus Kidduschin ist ersichtlich, dass die jüdischen Hebammen in hoher Achtung standen und erfahrene Frauen gewesen sein müssen. Markuse a. a. O.

[3]) Jos. Hyrtl. Lehrbuch der Anatomie 17. Aufl. Wien 1884 S. 65. Anm.

1389 und 1497 konnten in Frankfurt a/M. nicht weniger als fünfzehn Aerztinnen mit Namen nachgewiesen werden. „Verschiedenen von ihnen werden sogar wegen Heilung städtischer Bediensteten Ehrungen und Steuererleichterungen vom Rate bewilligt. — — — Einer der höchsten Träume unserer modernen Emanzipationsfreunde war so im Mittelalter schon einmal volle Wirklichkeit[1]).“

Auch in anderen Teilen Deutschlands, sowie in England widmeten sich viele Frauen der hohen und höchsten Klassen den „Berufen der Krankenwärterin, des Arztes, des Apothekers und selbst des Chirurgen“. „Sogar die Heilkunde,“ heisst es bei Maurer[2]), „beschäftigte viele Fürstinnen, was um so verdienstvoller war, da es damals noch an guten Aerzten und Apotheken gefehlt hat.“ Die Kurfürstin Anna von Sachsen war noch um die Mitte des sechzehnten Jahrhunderts bestrebt, ihre „press- und schadhaften Hofdiener in höchst eigener Person zu curieren“. Verfasserin eines Arzneibüchleins, als Ideal einer Landesmutter und Hausfrau gepriesen, hatte sie für fünfzehn schwächliche Kinder zu sorgen. Ob die Schwächlichkeit der Kinder mit einer so ungeheuren Kräfteausgabe nach den verschiedensten Richtungen zusammenhängt, entzieht sich der Beurteilung.

Im siebzehnten Jahrhundert erlangen mehrere Französinnen und eine deutsche Frau einen Namen in der Geschichte der Entbindungskunst,[3]) ohne viel mehr als die zur Zeit erforderliche Ausbildung einer geschulten Hebamme zu besitzen.

Louise Bourgeois (geb. 1564), Gattin eines Wundarztes, die nach fünfjährigen, teils theoretischen, teils praktischen Studien die Prüfung als geschworene Hebamme der Stadt Paris bestand, hat mit einem ihrer Tochter gewidmeten Hebammenbuch („Instructions à ma fille“) auf Wissen nnd Können der französischen Kolleginnen sehr günstig gewirkt. Das 1677 erschienene Hebammenbuch der Marguerite du Tertre, verwittweten de la Marche, Oberin und Lehrerin an der Entbindungsanstalt (Hôtel du Dieu) in Paris, zeigt sie nach

---

[1]) Bücher. Frauenfrage im Mittelalter.

[2]) Maurer. Geschichte der Frohnhöfe, der Bauernhöfe und der Hofverfassung, 1861. Bd. II.

[3]) S. hierzu und zu dem Folgenden Siebold. Versuch einer Geschichte der Geburtshülfe. 1839.

Siebold „wegen seines trefflichen Inhalts und der guten Form, als gebildete Frau."

Einzigartig steht Ende des siebzehnten Jahrhunderts Justina Siegismundin da, die mit einem noch heute in Ansehen gebliebenen Handgriffe einen selbständigen Schritt zur Entwicklung der Geburtshilfe gethan hat. In ihrem 1689 von der Universität zu Frankfurt a. O. approbierten Buche: „Ein höchst nötiger Unterricht von schweren und unrechtstehenden Geburten" hat sie die Ergebnisse einer ausgedehnten Thätigkeit in zwar unsystematischer, aber gehaltreicher und nutzbringender Weise mitgeteilt und eine entschiedene und eigenartige Stellungnahme zu wichtigen Fragen der Geburtshilfe bekundet. Quälende Erfahrungen über deren Unzulänglichkeit führte sie ihrem Berufe zu. Mehrere Hebammen hielten die 21jährige Frau für hoffend und marterten sie vierzehn Tage, ehe es sich herausstellte, dass sie unterleibsleidend war. Ihre Ausbildung bestand lediglich in der Rücksprache mit Hebammen, dem Studium von Büchern und Abbildungen und zwölfjähriger Praxis an armen Bäuerinnen.[1])

Im achtzehnten Jahrhundert hat die kinderlose Gattin eines Chirurgen Marie Louise Lachapelle[2]) „an den grossen Bestrebungen, die Geburtshilfe nach Kräften zu vervollkommnen, lebhaften Anteil genommen durch ihre berühmten auf die Beobachtungen von 40 000 Geburten gestützten „Mémoirs", eines der besten Bücher, welche die neuere (1839) geburtshilfliche Litteratur der Franzosen aufzuweisen hat. Sie beobachtete und schrieb als Geburtshelferin, ohne gründliche physiologische und pathologische Einsichten zu besitzen, welche dem Geburtshelfer als Arzte zu Gebote stehen."[3]) „Ihre Verdienste um die Fortschritte des Faches in ihrem Lande

---

[1]) Später wurde sie in Anerkennung ihrer Verdienste Brandenburgische Hofwehmutter.

[2]) (1769—1821) Tochter, Schülerin, Gehilfin und spätere Nachfolgerin der „sage femme en chef de l'Hotel Dieu."

[3]) „Sie kannte den Gebärungsakt und seine Abweichungen vom gesundheitsgemässen Zustande nur von der mechanischen Seite; was aber Uebung und Geschicklichkeit am Bette der Gebärenden vermögen, das gab sie durch ihr Werk zu erkennen." Siebold.

liegen offen am Tage."[1]) Noch höher steht nach Leyden[2]) ihre Schülerin und Nachfolgerin Mme. Boivin (gest. 1841). Eine der angesehensten Praktiker ihrer Zeit, Mitglied mehrerer medizinischer Gesellschaften, als Schriftstellerin ausgezeichnet durch Präzision, Klarheit, gesundes Urteil und solides Wissen, erhielt sie 1814 den preussischen Orden pour le mérite.

Was nun die eigentlichen Aerztinnen anbetrifft, so war jene von Bücher[3]) erwähnte Verwirklichung moderner Emanzipationsbestrebungen völlig in Vergessenheit geraten, entsprechend der allgemeinen Entwicklung, die seit dem Ausgang des Mittelalters bis in das erste Viertel des neunzehnten Jahrhunderts mehr und mehr zur Einschliessung des Weibes in den Familienkreis führte. Nur in Italien erlebt die ärztliche Frauenthätigkeit um die Mitte des achtzehnten Jahrhunderts noch einmal eine Blütezeit. Allerdings begegnen wir hier weniger der praktischen Aerztin als der Akademikerin. So zeichnet sich Anna Mazolina durch die Verfertigung anatomischer Wachsmodelle aus, die noch heute eine Zierde des Museums zu Bologna sind[4]). Schülerin und Gehilfin ihres Gatten, übertraf sie ihn bald an Genauigkeit und Schönheit der Darstellung und vertrat ihn, da er erkrankte und in Not geriet, erfolgreich auf dem Katheder und bei der Sektion menschlicher Leichen. Maria Pétrard las Anatomie in Ferrara, ihre Tochter erwarb in Bologna den Doktorgrad als Chirurg. Als „ausgezeichnet in den Annalen der Medizin" nennt Leyden Maria delle Donne, die Napoleon I. auf den Lehrstuhl der Geburtshilfe erhob.

---

[1]) Ueber ihre Geschicklichkeit im Operieren berichtet ihr Biograph Ant. Dugès: „Si nous suivions Mme. Lachapelle dans sa pratique, nous avons également à louer ses attentions dans tous les cas et sa dextérité dans ceux qui nécessitent des manoeuvres particulières. Baudeloque (Oberarzt der Maternité) si bon juge dans cette matière, admirait avec quelle facilité sa main souple, délicate, toujours dirigée par l'intelligence savait surmonter tous les obstacles." . . . etc. Angeführt bei Siebold a. a. O.

[2]) Leyden: Über weibliche Krankenpflege und weibliche Heilkunst. Deutsche Rundschau, Bd. VIII. Juli, August, September. Berlin 1876.

[3]) S. S. 247.

[4]) Galvani verwendete ihre Präparate zu seinen anatomischen Vorlesungen, die er mit einer Rede „Ueber die Präparatensammlung der Mazolina" eröffnete. Vrgl. Hyrtl's Lehrbuch der Anatomie des Menschen. 17. Aufl. Wien 1884.

In andern Ländern finden sich bis auf die Neuzeit Medizinerinnen nur ganz vereinzelt. Es handelt sich dann meist um jenen individuellen Drang, der sich gegen Herkommen und Umwelt in solcher Stärke geltend macht, dass er die Fesseln der Tradition sprengt. Erinnert sei hier nur an die bekannte Christine Exleben Leporin (geb. 1715). Von ihrem Vater früh in die Heilkunde eingeführt, vertrat sie ihn in der Praxis und veröffentlichte noch als Mädchen ihre Schrift: „Gründliche Untersuchung der Ursachen, die das weibliche Geschlecht vom Studium abhalten, darin deren Unerheblichkeit gezeigt und wie nötig und nützlich es sei, dass dieses Geschlecht der Gelehrtheit sich befleissige.“ Nach ihrer Verheiratung leitete sie ihr Hauswesen und die Erziehung ihrer vier Kinder, auch übernahm sie die ärztliche Behandlung ihres kranken Mannes. Gleichzeitig bildete sie sich theoretisch fort und promovierte mit siebenunddreissig Jahren in Halle. Bei dieser Gelegenheit hob der Dekan rühmend hervor, dass sie der Welt liberos et libros, Kinder und Bücher, geschenkt habe. Zwei ihrer Söhne haben sich, der eine als Jurist, der andere als Naturforscher, einen Namen gemacht. Bis zu ihrem Tode im Jahre 1762 hat sie in Gnadenburg einer ausgedehnten Praxis obgelegen.

Bei Regina Josephe von Siebold[1]) war es teils Neigung, teils Erwerbsrücksicht, die sie zum wissenschaftlichen Studium der Entbindungskunst veranlassten. In Anerkennung ihres verdienstvollen Wirkens erteilte ihr die Universität Giessen das Ehrendiplom als Doktor der Geburtshilfe. Den gleichen Titel erhielt ihre auch als Schriftstellerin hervorgetretene Tochter erster Ehe, Charlotte Heiland, die das Medizinalkollegium „als vorzüglich befähigt zur obstetricischen Praxis“ erklärte.

Gleich diesen Frauen haben viele Aerztinnen und hervorragende Geburtshelferinnen der Welt liberos et libros geschenkt. Häufig übertrugen sie Anlagen und Neigung auf die Kinder, und so erscheinen diese wenigstens geistig durch die Thätigkeit der Mutter eher gefördert als beeinträchtigt.

*　　*
*

---

[1]) Geb. in der 2. Hälfte des 18. Jahrhunderts, in zweiter Ehe mit dem Hofmedizinalrat Siebold vermählt.

Im 19. Jahrhundert wird die Medizin einer der akademischen Berufe, zu dem die Frauen am frühesten Zulass begehren. Und jetzt handelt es sich nicht mehr um bloss individuelle Ansprüche, wie man sie zu allen Zeiten mehr oder minder gern gewürdigt hatte. Es melden sich die ersten Sturmvögel, die Studium und Ausübung der Heilkunde als ein dem weiblichen Geschlecht zustehendes Recht, als eine seinem eigensten Wesen entsprechende Bethätigung erobern wollen.

Vergegenwärtigen wir uns, dass die Masse der Hebammen Jahrhunderte in der grössten Unwissenheit verharrte, dass selbst die rühmlichst hervorgetretenen Ausnahmen zur Hauptsache ihre Kenntnisse nur aus der Erfahrung schöpften, so ist unseres Erachtens ihr Unvermögen, die Geburtshilfe zu einer Wissenschaft weiter zu bilden, mit Unrecht als Argument gegen die geistige Initiative des Weibes verwandt worden.[1]) Vielmehr scheint uns das trotzdem Geleistete eher für dieselbe zu sprechen. Wenn wir unter den mit dem Rüstzeug der Zeit versehenen Medizinerinnen keine bahnbrechenden Geister finden, so ist in Betracht zu ziehen, dass ihre Zahl auf ein Minimum beschränkt war. Auch war die Ergreifung des Berufs häufig mit Schwierigkeiten verknüpft, die schon einen Kräfteverbrauch mit sich führten.

Dass die Vergangenheit der Frauen in der reinen Wissenschaft glänzendere Leistungen aufweist, als in der angewandten Wissenschaft (Somerville, Talvy, Kowalewsky), lässt allerdings schon hier den Schluss offen: die bei der medizinischen Praxis in Frage kommende teils fixierte, teils zeitlich unberechenbare und gleichzeitige geistige und körperliche Inanspruchnahme vertrage sich weniger mit den Aufgaben der Frau als die unabhängigere Kopfarbeit im Studierzimmer. Immerhin scheint uns die Vergangenheit zu zeigen, dass es dem Weibe weder an geistiger noch körperlicher Spannkraft zur Ausübung des ärztlichen Berufes in den Grenzen der Zeitanforderungen gebrach.

---

[1]) Mit der gleichen Logik könnte man von Köchinnen Dissertationen über die Hygiene der Kochkunst erwarten. An individuellen Leistungen und selbständigen Schritten hat es gewiss weder hier noch dort gefehlt. Allein der zusammenfassende Ueberblick, die Herausstellung entscheidender Punkte, verlangt mehr als lediglich in der Praxis erworbene Kenntnisse.

Ganz abgesehen hiervon hat jenes „angeborene Schamgefühl" der Frau, das die Aerzte der Geburtshilfe so lange fernhielt, eine in die Gegenwart hineinragende Bedeutung. Weite Kreise werden durch Krankheitsverschleppungen gefährdet, weil ihnen weibliche Hilfe versagt ist. Die Ausbildung und Anstellung von Aerztinnen ist eine Forderung der Humanität und der allgemeinen Wohlfahrtspflege.[1]) Und so ist es kein Zufall, dass die Bewegung um Freigebung der akademischen Berufe bei einer so schwierigen, geistige und körperliche Spannkraft erfordernden Disciplin einsetzt. Sie knüpft damit an die Vergangenheit an, in der die Frauen als „Hebammen und Hebeärztinnen" eine soziale Funktion erfüllt haben.

Mehr noch wie in der reinen Wissenschaft ist in der Medizin der Gesichtspunkt der etwaigen gesundheitlichen Schädigung des Mädchens durch Studium und Berufsausübung eine umstrittene Frage, die uns hier wie dort zu vergleichsweise eingehender Berücksichtigung der Unverheirateten veranlasste.

---

[1]) Im Anfang der sechziger Jahre petitionierten einige der halbwilden Stämme des asiatischen Russlands bei der Regierung, man möge ihnen qualifizierte Frauen als Hebammen schicken. Die Regierung entsprach diesem Wunsche. Bald darauf petitionierte einer dieser Stämme, die Kirghisen, von Neuem, dass man diese Frauen auch in einigen Branchen der Medizin möge unterrichten lassen. Eine dieser Frauen, bereits zur Hebamme ausgebildet, erbot sich, die Medizin vollständig zu studieren und als qualifizierte Aerztin hinzugehen. Siehe Leyden. Deutsche Rundschau, Bd. 19. Berlin 1879. S. auch Dr. Agnes Bluhm. Die Entwicklung und der gegenwärtige Stand des medizinischen Frauenstudiums etc. Deutsche mediz. Wochenschrift 1895. Nr. 39. „Und so konnte, wie erzählt wird, als Maria von Burgund sich auf einer Jagd 1482 durch einen Sturz mit dem Pferde schwer verletzte, aber lieber den Tod erleiden, als sich von einem männlichen Arzte untersuchen lassen wollte, ihr Gemahl in seiner Angst ausrufen: „Mein Vater ist römisch-deutscher Kaiser und oberster Fürst der Christenheit und sein Sohn und Erbe muss das Weib seines Herzens dahinsterben sehen, weil im ganzen weiten Reich kein weiblicher Arzt zu schaffen ist." — „Wenn verständige Frauen erst mit im Vorstande der Krankenkassen sitzen als Aerztinnen und als Krankenbesucherinnen, dann erst werden die hygienischen Verhältnisse der Arbeiterfamilien in intensiverer Weise gebessert werden und Massnahmen der Krankenversicherung die erforderliche Verbreitung finden." Regierungsrat Prof. Dr. P. Mayet. Die Reform der Krankenversicherung und die Frauenfrage. Soziale Praxis Nr. 46 vom 16. August 1900.

Von 47 Experten der angewandten Wissenschaft, darunter 28 Aerztinnen waren

Unverheiratet	Verheiratet	Kinderlos	Mütter
25	22	einschliesslich Frauen, die Todgeburten verzeichneten 27	20

Von Experten, die Mütter waren, hatten

Mehr als ein lebensfähiges Kind geboren	Todgeburten verzeichnet	Todesfälle lebensfähig geborener Kinder verzeichnet	Selbst genährt
14	2	5	12
		darunter mehr als 1 Mal	davon mehr als 1 Kind
		1	11

Fälle von Erkrankung der Mutter durch Ueberarbeitung: 3.
Der Lehrgang war in der Mehrzahl der Fälle ein regelmässiger.
Nach Absolvierung des Studiums und der Berufsergreifung traten in die Ehe: 4.

An der Schwelle der Bewegung für die Zulassung zum medizinischen Studium steht Elizabeth Blackwell (geb. 1821). Eine ausgesprochen weibliche Natur, mit allen Fühlfäden für das, was Not thut, mit den tausend verwundbaren Seiten des Weibes, aber auch mit seiner Begeisterungsfähigkeit, hat sie im vollen Bewusstsein der Tragweite ihres Unternehmens den Kampf aufgenommen. Schritt für Schritt hat Miss Blackwell, als sie sich, 26jährig, zum Studium entschloss, in zwei Erdteilen und drei Ländern Raum für ihre Ausbildung und Thätigkeit und die ihrer Nachfolger erobern müssen. Keine Schwierigkeit ist ihr erspart geblieben. Nicht Ungunst der ökonomischen Lage, nicht schwere Erkrankung mit bleibender Augenschwäche infolge von Infektion[1]). Aber sie hat ausgeharrt. Und so fallen ihre Worte als Ergebnis einer langen, sturm- und wettererprobten Erfahrung besonders schwer in die Wagschale. Sie ist der Ansicht, Studium und Praxis der Medizin vertrage sich durchaus mit dem weiblichen Organismus, entspreche dem eigensten Wesen und Wünschen der Frau. Und sie glaubt, dass ihre ärztliche Ausbildung von unermesslich segensreicher Tragweite für die Hygiene des Familienlebens sein werde[2]).

Wie für die reine Wissenschaft ist auch hier zu berücksichtigen, „dass vielleicht mit Ausnahme der jüngsten Vertreterinnen, die Frauen „als Vorkämpferinnen zu betrachten sind, die viel Kraft und Zeit „auf die Ueberwindung von Vorurteilen und Hindernissen aller Art „verwenden mussten und deren physische und intellektuelle Erziehung „mit Rücksicht auf die später eingeschlagene Laufbahn vielfach eine „ungenügende war.“ (Dr. med. Anna Heer.) So traten mehrere unverheiratete Experten erst Ende der zwanziger und Anfang der vierziger Jahre in die ärztliche Laufbahn.

Die Ergebnisse der Erhebung zeigen, dass auch unter sehr ungünstigen Umständen noch Erfolge erzielt wurden, „dass selbst „grosse Schwierigkeiten ohne Schaden überwunden wurden und „dass die gesunde Frau weder in ihrer wissenschaftlichen noch „in ihrer praktischen Thätigkeit durch die Menstruation behindert „wird.“ — „Ich habe mich nie geschont und nie erfahren, dass meine

---

[1]) Dr. Elizabeth Blackwell. Autobiographical Sketches: Pioneer work in opening the Medical Professions to women. London 1895.

[2]) Wie sie über die Vereinigung von Mutterschaft und ärztlichen Beruf denkt, werden wir bei Betrachtung der Mutter sehen.

„Arbeit während der Periode schlechter war als sonst. Die leichte „physische Verstimmung, die sich zuweilen der Menstruation gesellt, „verliert sich bei der Arbeit von selbst," schreibt eine ausländische, sowohl durch ihre Schriften wie in ihrer praktischen Thätigkeit anerkannte Aerztin. Uebereinstimmend äussern sich die übrigen Experten dahin, dass die Menstruation sie weder geistig noch körperlich bei der Ausübung ihres Berufs beeinträchtige. [1])

Allein nicht nur dies. Der wohlthätige Einfluss der Arbeit tritt uns hier, wie in der reinen Wissenschaft, greifbar entgegen: „Als ganz junges Mädchen war ich immer sehr schwächlich, „an Chlorose und Nervosität leidend; mit der Zeit aber hat sich „mein Zustand trotz unausgesetzter Studien in einen durchaus ge„sunden und blühenden verwandelt. Meine Thätigkeit hat stets „einen auffallend günstigen Einfluss auf meinen körperlichen wie „Seelenzustand geübt."

„Ich konstatiere mit Freuden, dass die Ausübung meiner „Berufsthätigkeit trotz der grossen Strapazen, welche gerade meine „Spezialität mit sich bringt (Frauenkrankheiten und Geburtshülfe), „nur förderlich auf meinen Gesundheitszustand eingewirkt hat. „Ich war nervös veranlagt und habe unter dem Einfluss einer ziel-

---

[1]) „Gewiss arbeitet man körperlich etwas mühsamer während der Men„struation, eine gesunde Frau wird aber deshalb keine ihrer Berufspflichten „vernachlässigen müssen. In meiner zehnjährigen Thätigkeit habe ich grosse „Anstrengungen ohne nachweisbaren Schaden für meine Gesundheit ertragen „und mich durch die körperliche Eigenart der Frau in der Erfüllung meiner „Pflichten nicht behindern lassen."

„Die Periode ist eine ebenso normale Funktion für uns wie Essen, „Trinken, Verdauung, Schlaf etc. Fühlen wir uns dabei krank, so ist es ein „Beweis, dass etwas in unserm Organismus den äussern Umständen nicht an„gepasst ist und die Wirkung ist eine verschiedene. Das häufige Ausbleiben „der Periode, das ich beobachtete, schreibe ich also dem Umstande zu, dass „der Organismus der Betreffenden aus irgend einem Grunde den Ansprüchen, „die an ihn gestellt wurden, nicht genügen konnte. Ich glaube, dass bei dem „Anpassungsvermögen der Frau ihr Organismus in einigen Generationen den „an ihn gestellten Ansprüchen wird entsprechen können. Ich selbst habe „während der Menstruation ebenso streng gearbeitet, wie sonst, und obgleich ich „oft sehr leidend dabei war, habe ich weder ein Colleg noch einen Kranken„besuch deswegen versäumt. Ich kann auch nicht sagen, dass ich mich des„wegen weniger frisch oder aufgelegt zum Arbeiten gefühlt hätte."

„bewussten Thätigkeit ein erfreuliches, mir und andern nutzbringendes „Nervengleichgewicht erlangt.“

Die vorstehenden Mitteilungen stammen von bekannten ausländischen Aerztinnen; eine derselben war längere Zeit an einem ersten Krankenhause Assistentin.

„Très heureuse de ma profession je désire que beaucoup de „femmes suivent l'exemple, jamais d'interruption jamais de mala- „dies.“ (Dr. Desmolières.)

Auf Grund solcher und ähnlicher Aussagen über eine meist mit Zahlen belegte, ausgedehnte Thätigkeit (vor allem auch in der Landpraxis und an Krankenhäusern) glauben wir uns Agnes Bluhm anschliessen zu dürfen, wenn sie sagt: „Ich bin der Meinung, dass „sich selbst ein so anstrengender Beruf wie der meinige (Frauenarzt, „Operateur und Geburtshelfer) „mit der körperlichen Eigenart der „Frau sehr wohl verträgt“ [1]).

Was dagegen das Verhältnis des Mutterberufs zur ärztlichen Thätigkeit anbetrifft, so begegnen uns schon in den Ausführungen Elizabeth Blackwell's entschiedene und allgemeine Zweifel an der Vereinbarkeit beider Lebenssphären [2]). „My judgment however „in relation to your printed questions is that, if a noblehearted „woman is married to a noble-hearted man, their highest duty „and pleasure will consist in raising and educating valuable „children for the State, and that such high service would not be „consistent with the wives devotion to a medical career. That

[1]) Vor allem sind es auch hier diejenigen, und ihre Zahl ist grösser wie in der reinen Wissenschaft, die nicht allzu spät und bereits flügellahm die Laufbahn ergriffen, deren Berichte innere Befriedigung atmen, und den so oft hervorgetretenen wohlthätigen Einfluss der Arbeit auf das Nervensystem bekunden. Es kann nicht scharf genug zurückgewiesen werden, wenn man als Massstab der Beurteilung anstatt der glücklichen Segler die durch die Ungunst von Wind und Wogen oder durch mangelnde geistige und körperliche Qualifikation Gestrandeten nimmt.

[2]) Für sich persönlich äussert den gleichen Zweifel Agnes Bluhm. „Der „Aufgabe einer Gattin und Mutter würde ich bei der In- und Extensität mit „der ich meinem Beruf obliegen muss, nicht gerecht werden können. Damit „will ich indess keineswegs sagen, dass sich der Beruf der Aerztin in keinem „Fall mit Gattin und Mutterpflicht verträgt, wie ja die Erfahrung bereits das „Gegenteil erwiesen hat.“

„many women are the better for a sound medical education, is „true; and that such education fits them to become better wives „and mothers, is also true. But the maternal career is not I think „compatible with extensive medical practice; and such a maternal „career is I think as a rule, the nobler of the two.“

„Die ungünstigen Beispiele überwiegen diejenigen, wo ich mir sagen durfte, dass gar kein Gebiet auch nicht die Gesundheit der Frau bei der Betreibung des Berufes Schaden gelitten,“ äussert sich eine andere Aerztin.

Ehe wir die unseres Erachtens aus dem Gesamtmaterial zu ziehenden Schlussfolgerungen bringen, führen wir hier noch einige Aussagen bekannter Aerztinnen an, die sich teils im Hinblick auf die Zukunft teils schon hinsichtlich der Gegenwart für die Vereinigung mütterlicher und ärztlicher Thätigkeit aussprechen. „Selbst „in günstigen Fällen ist es unter heutigen Verhältnissen niemals leicht „und meist sehr schwer, eine Berufsthätigkeit mit Kinderpflege, be„sonders in den ersten Jahren, zu vereinigen. Dennoch ist die „Frau besser daran, und auch für die Kinder ist es besser, wenn „sie einen Beruf hat. Durch eine bessere Arbeitsorganisation wäre „es ein Einfaches, der Frau die Ausübung eines Berufes ohne Ver„nachlässigung ihrer Mutterpflichten zu ermöglichen. Und darum „kann die Frau nach meiner Ueberzeugung ihre volle Freiheit als „Mensch und Weib nur in einer sozialistischen Gesellschaft erlangen.“ (Frau Dr. Adams-Lehmann.)

„Meiner Ueberzeugung nach lassen sich Ehe und Mutterschaft mit „den meisten Berufsarten vereinigen, doch setzt ihre Vereinigung „körperliche und seelische Kräfte voraus, organisatorisches und päda„gogisches Talent, wie es eine richtige praktische Erziehung eigentlich „bei jeder Frau entwickeln sollte. Nicht jede Frau ist daher im „Stande, Beruf und Ehe zu vereinigen, aber als Ziel der weiblichen „Erziehung sollte es für Alle hingestellt werden.“ Anna Fischer-Dückelmann.

Eine sehr geschätzte Schweizer Aerztin schreibt: „Die „Schwierigkeiten, die die weiblichen Körperfunktionen, Menstruation, „Schwangerschaft, Stillen der Kinder, der Aerztin in der Ausübung „ihres Berufes bringen, scheinen mir nicht grösser als diejenigen, „die jede Frau zu überwinden hat, die einen, den Körper wie den „Geist in Anspruch nehmenden Beruf ausübt. Während der

„Schwangerschaft und des Stillens habe ich nur vermieden, was „ich für das Kind für riskiert hielt; die physischen Kräfte würden „mir auch in dieser Zeit nie gemangelt haben zu den Anstrengungen, „die zu gewöhnlichen Zeiten mir die alltäglichen waren. Während „der Schwangerschaft habe ich bloss gegen das Ende der Zeit meine „Berufsthätigkeit eingeschränkt, sie aber nie ganz ausgesetzt. In „den ersten sechs Monaten habe ich soviel gearbeitet wie gewöhn- „lich und bis gegen Ende der Schwangerschaft geburtshülflich „operiert. Dass die geistige Arbeit der Aerztin die drei fraglichen „Phasen des weiblichen Lebens ungünstig beeinflusst, glaube ich „nicht; ich habe jedenfalls nichts davon erfahren. Ich habe mich „stets der besten Gesundheit erfreut in jenen Zeiten; während „Schwangerschaft und Nährzeit war ich sogar zu geistiger Arbeit „besonders gut aufgelegt, überhaupt fühlte ich mich in diesen Zeiten „ganz besonders leistungsfähig und gleichmütig. Aus meiner Er- „fahrung möchte ich aber keine positiven Schlüsse auf meine „Kolleginnen ziehen, denn es wird mir immer gesagt, dass ich eine „unverwüstliche Natur besitze. Und doch war ich ein sehr zartes, „bleichsüchtiges Mädchen bis zu meiner Studienzeit, von da an „aber völlig gesund.“

„I have not found that my profession interfered with my duties „as a wife, a mother and house-keeper.“ (Mary Sharlieb Md. M. S.)

Unser Material, dessen Daten wir — soweit ihre Veröffentlichung gestattet ist — in der beiliegenden Tabelle bringen, zeigt indessen, dass zwar in einzelnen Fällen Frauen mit bewundernswerter Energie beide Pflichtensphären zu vereinigen suchten, dass aber meistens der Beruf des Arztes mit seinen unaufschiebbaren Pflichten, seiner körperlichen Kräfteausgabe in viel schärferem Gegensatz zu den Aufgaben der Mutter steht, als die rein wissenschaftliche Arbeit. Wir sehen ebensowohl ernste Bedenken, als auch einen inneren und äusseren Widerspruch darin, wenn eine schwangere Frau geburtshülflich operiert, als wenn sie den Karren schiebt oder Säcke schleppt. Schon Plato lässt den Sokrates sagen, „nur solche Frauen sollten die Hebammenkunst ausüben, die nicht selber Kinder mehr gebären können.“ [1])

[1]) Angeführt bei Siebold.

Aber gerade hier zeigen die Berichte der Experten mit unabweisbarer Deutlichkeit, welche Rolle der Erwerbszwang[1]) bei Ergreifung des medizinischen Berufs spielt. Wie gut oder schlecht er sich auch mit der Mutterschaft vereinigen lässt — wir stehen für die Gegenwart vor der harten Notwendigkeit.

Mehrere Aerztinnen verweisen auf die Regulierung der Geburten mit Rücksicht auf die geistige Arbeit, eventuell auch im Interesse der Nachkommenschaft, „Die Berufsthätigkeit entwickelt die Frauen „geistig und körperlich, was der Erziehung der Kinder zu Gute „kommt. Berufsthätigkeit macht niemals eine Frau steril, aber „solche geistig besser entwickelten Frauen wollen keine Kinder „haben, wenn nicht mit grosser Wahrscheinlichkeit festgestellt „werden kann, dass die Kinder durch körperliche oder geistige „Fehler oder Krankheiten der Eltern nicht gesund zur Welt kommen „können.“ (Dr. Aletta Henriette Jacobs.)

Eine ausserordentlich angesehene amerikanische Aerztin schreibt: „Husband desires I should use abilities as if I were a man, have „therefore always employed a house-keper. Have employed superior „women generally trained nurses to care for them as I have not „had enough physical strength or time to feed, bathe etc. them. „Hope I may have children when my present work is over. My „preference is for a large family, my husband's for a small one „(speaking in general); both believe thoroughly in exact regulation „of births. Have so far had engagements preventing larger family.“

* *

*

---

[1]) „Während sechs schwerer Arbeitsjahre habe ich die Erziehung meiner „Kinder niemals aus der Hand gegeben. Damals begann auch die Erkrankung „meines Mannes. — — — Die Last des Studiums, die grossen Sorgen in der „Familie, das Schwinden des Vermögens erschütterten auch meine Gesundheit, „die niemals tadellos war. Trotzdem trat ich sofort nach bestandenem Examen „in eine Heilanstalt als Assistenzarzt ein. Die Absolvierung eines schwierigen „Berufsstudiums geht unter normalen Verhältnissen der Eheschliessung voraus. „Wir aber befinden uns noch in Uebergangs-Verhältnissen. Mein Fall ist ein „Ausnahmefall, der beweisen kann, was Vertreterinnen des zarten Geschlechts „mitunter zu bewältigen im Stande sind. Zur Nachahmung empfehle ich mein „Experiment nicht.“

	Fall A.	Fall B.	Fall C.	Fall D.	Fall E.
Geburtsjahr:	1855	1856	1848	1845	1850
Berufsantritt:	1881	1896	1873	1871	1876
Geburtsjahr der Kinder:	1884, 1886	1877, 1878, 1886	1882, 1886, 1889	1866, 1868, 1870	1870
Aborte:	—	—	—	—	—
Todesfälle:	—	—	1 (1889)	—	1 (1877)
	musste ihre Praxis von 1886—1889 aufgeben wegen Krankheit „infolge von Unterernährung u. Ueberarbeitung".			Die Kinder lebten unter der persönlichen Aufsicht der Mutter „mit Ausnahme der Jahre 1883—1887".	Das Kind begleitete die Expertin auf ihrer Studienreise.

	Fall F.	Fall G.	Fall H.	Fall I.	Fall K.
Geburtsjahr:	1858	1864	1864	1854	1847
Berufsantritt:	1889	1889	1882	1879	1879
Geburtsjahr der Kinder:	1891, 1894, 1895	1889, 1895	1897, 1899	1893	1866, 1868, 1884, 1888
Aborte:	—	—	2 (1894, 1895)	—	—
Todesfälle:	—	1 (1896) (an Genickstarre)	—	—	2 (1868, 1884).
	wegen unregelmässiger Beschäftigung der Mutter waren die Kinder der Aufsicht einer Dienerin beim Essen und einer englischen Erzieherin überlassen. Berufsunterbrechnung nur durch die ersten drei Wochen nach d. Entbindung.	Hat, da sie nicht kräftig genug war, die Ernährung und Pflege der Kinder (feed, bathe u. s. w.) zu überwachen sich durch geschulte Kinderpflegerinnen vertreten lassen.			

Verwandte Gesichtspunkte wie für die ärztliche Praxis gelten für den sozialen (amtlichen) Aufsichtsdienst, soweit er wissenschaftliche Vorbildung voraussetzt. Wir stehen vor einem in seiner heutigen Bestimmtheit und Abgegrenztheit ganz neuen weiblichen Arbeitsgebiete, wenn es sich auch ähnlich wie die Medizin an die der Frau natürliche Fürsorge anlehnt. In vielleicht noch stärkerem Masse als für die Heilkunde spielt hier das soziale Bedürfnis eine Rolle. Speziell für die Gewerbeaufsicht hat sich mit der zunehmenden Verwendung weiblicher und jugendlicher Arbeitskräfte in der Industrie, in- und ausserhalb des Hauses, die Beteiligung von Frauen an der Ueberwachung und Weiterbildung der gesetzlichen Schutzvorschriften als wünschenswert und bereits als nützlich erwiesen [1]). Eine gewisse Analogie zwischen den Anforderungen des Aufsichtsdienstes und der ärztlichen Praxis besteht mit Rücksicht auf unsere Frage ferner darin, dass der erstere ebenfalls, wenn auch in anderer Weise wie jene, den Körper stark in Mitleidenschaft zieht. Nicht allein der Reisezwang bei nicht lokalisiertem Amt, sondern auch die mit grossen Anstrengungen und mit Infektionsgefahr verbundene Untersuchung von Räumen jeder Art scheinen mit der Hygiene der Mutterschaft ebensowenig vereinbar, wie der ständige und fixierte Amtsdienst mit den erziehlichen Aufgaben der Mutter.

So stehen wir auch hier vor einem Beruf, in dem für absehbare Zeit die Mitarbeit der Frau sowohl einem sozialen Bedürfnisse als auch ihren eigensten Neigungen entspricht, dessen Anforderungen sich mit der Natur der Unverheirateten bei normaler Gesundheit bedingungslos vertragen, der also für sie ein ausserordentlich geeignetes Arbeitsfeld ist, während andererseits dieses Amt durch körperliche Anstrengung und zeitliche Gebundenheit mit den gebieterischen Forderungen des Mutterberufs in schwerem Widerspruch steht: „Heute mit 43 Jahren bin ich müde und zer„brochen. Man bedarf einer Gesundheit von Eisen und eines ver-

[1]) Nach Ansicht zweier so erfahrener Soziologen wie Sidney und Beatrice Webb ist die Frau ganz besonders für gewisse Zweige der soziologischen Arbeit geeignet. So für die fortgesetzte schweigende Beobachtung der Motive, welche das menschliche Handeln bestimmen. S. Sidney und Beatrice Webb. Industrial Democracy. Preface.

„teufelten Mutes zur Erzielung solcher Erfolge,“ aussert sich eine Frau, die zugleich Mutter, Beamtin und Ernährerin der Familie ist. „Where family claims are in question increasing experience „strengthens my belief that in the majority of cases women will „injure themselves and their work if they combine full ordinary „professional occupations with house-work.“ (Mary Anderson)[1])

Es bleiben uns Lehrberuf, Anwaltschaft und Predigeramt in ihrer Beziehung zum Weibe zu prüfen.

Den Bestrebungen für die Zulassung zur Medizin waren jene um erweiterten Anteil am Lehrberuf vorausgegangen. Der gesetzliche Ausschluss der Ehefrauen vom öffentlichen Lehramt in Deutschland beschränkt seine Aktualität für unser Problem, aber hebt sie im Hinblick auf das Ausland nicht auf.

---

[1]) „Freedom for women in every way is necessary to attain a nigh adjus„tement and application of their special faculties in the service of the com„munity.“ (Mary Anderson.) Man vergleiche mit den Aeusserungen der ausgezeichneten englischen Ober-Inspektorin der gewerblichen Anstalten (Principal Lady Inspector) die nachfolgenden interessanten Mitteilungen von Marie Rauber, Inspectrice de l'Enseignement Primaire de Paris: „Il est évident que „toute femme qui a une fonction publique doit quitter son ménage pendant „le temps de son travail. J'ai été institutrice et je dirige actuellement, en „vertu de mes fonctions à double caractère, administratif et pédagogique, un „personel d'environ 260 institutrices publiques, et je constate, que les femmes „remplissent, en général, avec beaucoup de conscience et d'énergie leur double „tâche, professionelle et domestique. Le coût de la vie est si levé dans les „villes que le gain du mari est insuffisant pour alimenter le ménage. Nos „institutrices, à Paris, surtout, se marient facilement, et c'est en grande partie, „à cause de leur situation, des ressources que leur assure leur emploi. Il „arrive souvent que la femme ici, gagne plus que le mari, petit employé de „commerce ou d'administration. La femme française est très active, très in„génieuse dans la conduite de son ménage. Si elle a des enfants en trop bas „âge pour les emmener avec elle à l'école, elle se fait suppléer jusqu'à son „retour par un domestique, généralement une femme de ménage, non à „demeure. La bonne, nourrie et couchée, coûte très cher à Paris (environs 12 „ou 15 francs), l'institutrice n'y a recours qu'en cas d'absolue nécessité. „Au retour de la classe (à 4½), l'institutrice redevient ménagère; elle „racommode les vêtements, les confectionne suivant son aptitude et s'occupe „de préparer le repas du soir. „Il faut savoir que la semaine de travail „professionel comprend cinq jours (lundi, mardi, mercredi, vendredi, samedi

An den Kampf um die erweiterte Lehrthätigkeit und die Zulassung zum ärztlichen Beruf hatte sich auf dem Boden der Rechtsfrage die Forderuug der Zulassung zu allen akademischen Berufen ohne Unterschied der Disciplin angeschlossen. Der Erfolg war in den einzelnen Ländern sehr verschieden. Zwar wurde allmählich das für die meisten Fächer erlangte Recht als Gasthörerin oder ordentliche Hörerin die Universitäten zu besuchen, auch auf Rechtswissenschaft und Theologie ausgedehnt, doch blieben Anwaltschaft und Pfarramt unter historischen und kirchlichen Einflüssen den Frauen in den meisten Ländern bis heute verschlossen.

Zieht man hinsichtlich der Anwaltschaft die Geschichte heran, so macht sie uns zwar mit öffentlichen Verteidigerinnen eigener Angelegenheiten bekannt [1]), lehrt aber auch, dass der ursprünglichen Befugnis, vor dem römischen Forum aufzutreten, früh gesetzliche Schranken gezogen wurden [2]). In der Neuzeit ging die

---

„de 8 h. ½matin à 4 heures après-midi. Il est souvent possible, quand l'institutrice habite près de l'ecole, qu'elle revienne prendre chez elle son repas „de midi. C'est une vie évidemment très remplie que celle de la femme „d'enseignement; et souvent très pénible, quand la santé manque. „J'ajouterai, „comme réflexion finale sur l'activité interne excessive même des femmes qui „travaillent, des institutrices comme des autres professionelles que ce n'est „pas au fond par vocation, qu'elles s'y livrent, pour la plupart, mais par „nécessité. Avant tout, il faut vivre, et comme la femme n'a pas toujours „un conjoint, un frère, un père, sur qui compter pour la faire vivre, „il lui faut compter sur elle-même pour gagner sa vie. Le travail professionel „est venu nécessairement s'ajouter pour elle au travail domestique. C'est „double charge pour le plus faible, hélas! Mais d'autre part, qu'il est bon et „sain que la femme travaille! Ce qu'il faudrait souhaiter, c'est que sa besogne „professionelle s'allegeât, que la journée de travail fut moins longue afin que „la femme put, sans en être excédée, concilier son rôle économique et son „rôle domestique." Frau Rauber selbst ist kinderlos. Ihre Aeusserungen betreffen mehr noch als die Aufsichtsthätigkeit schon den Lehrberuf, mit dem wir uns noch zu beschäftigen haben.

1) Schon Aspasia verteidigte sich vor der Oeffentlichkeit gegen den Angriff, in ihren Reden gegen die Religion und die Sitten verstossen zu haben. Vrgl. auch Johann Georg Eck. Ueber die Hortensia. Leipzig 1777.

2) Anlass zum Verbot gab eine gewisse Carfania, ein ganz verworfenes Weib, durch schamloses Auftreten vor Gericht und Belästigung der Beamten. Vrgl. Louis Frank. La femme Avocat. Bruxelles 1888, und Ostrogorski. Die Frau im öffentlichen Recht.

Bewegung für die Beseitigung jener überkommenen Rechtsschranken und die Freigebung der Anwaltschaft von Amerika aus und hatte dort auch die ersten Erfolge zu verzeichnen. Im Jahre 1899 waren in vierundzwanzig Staaten der Union weibliche Rechtsanwälte zugelassen, von denen acht am obersten Gerichtshof plaidieren. Nur im Canton Zürich und in jüngster Zeit auch in Frankreich fand das amerikanische Vorgehen bisher Nachahmung. Dagegen hat auch in andern Ländern das juristische Studium Frauen zur Dozentur geführt. An Präcedenzfällen ist besonders die Fakultät von Bologna reich; dort standen vom zwölften bis ins achtzehnte Jahrhundert eine Reihe von Rechtslehrerinnen in ausgezeichnetem Ansehen.

Hielt das römische Recht die Frau der Anwaltschaft fern, so entspricht ihr Ausschluss von geistlichen Aemtern durchaus dem Charakter des Alten und Neuen Testaments. Allerdings haben sich im letzten Jahrzehnt englische und amerikanische Prediger gegen diese Auffassung geäussert und den Nachweis zu führen versucht, dass die geistliche Thätigkeit ebensowohl dem Wesen und dem Interesse der Religion als auch der weiblichen Beanlagung entspreche.[1]) Vielleicht eines der interessantesten Beispiele für die Wandelbarkeit der Auffassung, die in dem Worte des Apostels:

---

[1]) Vrgl. Frances E. Willard. Women in the Pulpit. (Boston.) Auch die nachfolgenden Ausführungen sind dem genannten Buche entnommen: „After 25 years experience as pastor and preacher, I am convinced that there is no work outside the home circle upon which women can so consistently and properly enter as that of the christian ministry. Although a mother of children born during the years of my ministry I presume that there are few, if any clergymen, who have lost as little time as I have. That is to say, I doubt not that I have preached more Sundays in the last 25 years than the average preacher. I never take vacations, excepting a very few Sundays when my children were born, have really lost no time; and yet I think it is conceded by my neighbours that my children are as well cared for as theirs at any rate. I mention this to show from actual experience, that the work of the ministry is not necessary inconsistent with the duties of wife and mother. The subjects dealt with are those peculiarly interesting to women and surely none can be so well fitted by nature for understanding the great problems of character and destiny as those whom God has appointed to give birth to new life „to mould the characters of the young". Ueber Neigung und Veranlagung des Weibes zu religiöser Einwirkung, s. unter Agitation 269 ff.

Das Weib schweige in der Kirchenversammlung, einst ihren prägnantesten Ausdruck fand.[1])

Für die drei vorbesprochenen Berufe kommen in ihrer Beziehung zur Mutterschaft wesentlich nur die schon gekennzeichneten Merkmale der angewandten Wissenschaft: zeitliche Gebundenheit und Abwesenheit vom Hause[2]) in Betracht. „Während der acht „Dienstjahre keine Unterrichtsstunde versäumt, ausser acht Wochen „nach der Geburt des Kindes,“ heisst es bei einer der Experten. Scheint hier das Kind mit der angegebenen Einschränkung als Berufsstörung nicht betrachtet zu werden, so wird an anderer Stelle schon die Verbindung von Gattinnenpflicht und Lehrberuf beklagt. „Ich empfand während der Ehe, besonders als mein Gatte „so schwer erkrankte, dass der doppelte Beruf der Frau Pflichten „auferlegt, die oft über ihre Kräfte gehen.“

Und eine bedeutende amerikanische Schriftstellerin schreibt: „The first year of my married life I taught with my husband in „the public school, being more than three months advanced in „pregnancy at the close of the school, this I have never considered „beneficial either to mother or child, such work being too imperative to yield to the demands for rest and recreation.“

„Elever des enfants quand on est occupé au dehors et qu'on n'a „auprès de soi aucun membre de sa famille capable d'exercer une surveillance, n'est point chose facile. Mais elle est faisable sous „deux conditions: avoir un traitement qui permette de vivre largement, donner à sa famille, à son ménage tout le temps que „vous laissent vos travaux.“ (I. de Saint Etienne).

---

[1]) Bemerkenswert hierzu sind auch die bei Ostrogorski: „Die Frau im öffentlichen Recht“, mitgeteilten Aeusserungen des Abbé d'Hulst zur Gelegenheit der Eröffnung höherer Unterrichtskurse für Frauen auf katholischen Universitäten in Paris. Es heisst dort unter Anderem: „Mag man sich über die Thatsache freuen oder sie bedauern, die höhere Bildung ist für die Frauen ein Bedürfnis geworden. Vor einer einzigen Frage stehen wir hinfort: Sollen die gläubigen Frauen diese Bildung bei uns finden, oder sollen sie genötigt sein, sie anderswo zu suchen?“

[2]) Welche grosse Rolle im Allgemeinen die Abwesenheit vom Hause spielt, beleuchtet unter andern auch folgende Aeusserung: „Ernährung und „Pflege des Kindes ist in meinem Falle ohne jede besondere Schwierigkeit „vor sich gegangen, weil ich an Ort und Stelle meiner Berufsthätigkeit (Schule „mit Internat verbunden) wohnhaft bin.

Schliesslich lassen wir noch die einander widersprechenden Aeusserungen zweier Amerikanerinnen, einer der frühesten und thätigsten Theologinnen und der in weiten Kreisen hochgeschätzten Juristin Lockwood, beide Mütter, hier folgen:

„My full belief is that any healthy capable woman in easy „circumstances with the cooperation of her husband and efficient „assistants can do more and better work than any unmarried woman „of equal capacity. Of course, she must adopt her methods to the „conditions and make her family her first, nearest and dearest „duty.“ (Antoinette Brown Blackwell, Ordained minister, lecturer, writer).

Frau Lockwood, deren Ansicht sich im wesentlichen mit den Resultaten unserer Erhebung berührt, schreibt: „I do not think „that married women with small children, or during the time that „should be devoted to the rearing of a family should enter pro- „fessions that take them into public life.

„1. There is a large class of women, who never marry, who „may enter professions.

„2. There is a large class of married women who are through „all marital duties at 45 years of age who may enter.

„3. Again there is the class of widows whom necessity and „not choice may determine to enter the profession. (Beloa Ann Lockwood. A.M.B.L. Attorney and Solicitor.)

* * *

Fassen wir das Gesamtergebnis der Untersuchung ins Auge, so sahen wir, dass den Unverheirateten in der Wissenschaft besondere Beachtung geschenkt werden musste. Einen normalen Studiengang vorausgesetzt, wie er heute unerlässlich ist, stehen der Thätigkeit der Kinderlosen weder in der reinen noch in der angewandten Wissenschaft Bedenken entgegen, die vor den ideellen und materiellen Anforderungen unserer Zeit Stand halten. Ja, wir glauben sogar, die Vergangenheit berechtige zu der Annahme, dem Weibe werde dauernd ein Anteil an dem Ausbau der Wissenschaft verbleiben. Ferner wird die ganze Persönlichkeit der kinderlosen Frau durch die wissenschaftliche Arbeit gestärkt und gehoben.

Dagegen trat uns für die Mutter der Widerspruch doppelter Anforderungen mit Schärfe da entgegen, wo unmittelbare körperliche Kräfteabgabe, zeitlich fixierte Pflichten oder beides in Frage steht: in der angewandten Wissenschaft. Es liegt gewiss ein tiefer Sinn in jener sokratischen Forderung, dass nur Frauen, welche selbst nicht mehr gebären können, Hebammendienste leisten sollen — ein tiefer Sinn darin, wenn die jüdische Religion vorschreibt: „Bei allen Geboten, die an bestimmte Zeiten[1]) gebunden sind, sind nur die Männer verpflichtet, die Frauen frei." Erscheint uns hier die volle persönliche Erfüllung der mütterlichen Aufgaben mit den Berufspflichten unvereinbar, so ist es andrerseits mindestens fraglich, ob Kontinuität der praktischen Arbeit nicht ein wesentliches Erfordernis für viele Zweige der angewandten Wissenschaft ist, d. h. ob hier, wie in der reinen Wissenschaft eine Jahre, oft Jahrzehnte lange Unterbrechung ohne durchgreifende Beeinträchtigung der Arbeitskraft eintreten kann. Es giebt zu denken, dass auf einem Gebiet geistiger Thätigkeit, dem Lehrberuf, Unverheirateten in Deutschland eine staatliche Funktion zugänglich ist, die Verheirateten verschlossen bleibt, und legt Schlüsse auf die eventuelle spätere Stellungnahme der Gesetzgebung zu der Anstellung von Ehefrauen in solchen Berufen nahe, die im übrigen dem weiblichen Geschlecht freigegeben werden.[2]) Selbstverständlich gewinnen solche Einschränkungen erst da eine tiefere, soziale Berechtigung, wo die Mutterschaft eine höher gewertete Funktion geworden ist.[3])

Auch aus einer Vereinigung rein wissenschaftlicher Thätigkeit mit dem Mutterberuf sahen wir ernste Schwierigkeiten erwachsen. Allein vor allem die Thatsache, dass die Zeitspanne der Geburten und des Heranwachsens der Kinder als Periode der Sammlung und Vorbereitung dienen, die

---

[1]) Der immer wiederkehrende Ausdruck heisst wörtlich: Gebote, welche die Zeit herbeiführt: „Bei allen Geboten, die nicht an bestimmte Zeiten gebunden, sind Männer und Frauen gleichmässig verpflichtet." Mischnah (Kidduschin Teil I.)

[2]) Natürlich gehen wir bei allen einschlägigen Gesichtspunkten davon aus, dass die Kinderlose und die Mutter erwachsener Kinder in den Grenzen der Bestimmungen über die zugelassenen Altersklassen den Unverheirateten gleichzustellen seien.

[3]) Vrgl. T. III.

wesentliche schöpferische Thätigkeit in die reiferen Jahre fallen kann, schliesst hier die Möglichkeit, in beiden Lebenssphären mit voller Kraft der Persönlichkeit zu wirken, nicht aus.

Natürlich sind jene Fälle, wo nicht der Forscherdrang, sondern Erwerbszwang und Freisetzung der Persönlichkeit bestimmend für die Berufsergreifung ist, unter gesonderten Gesichtspunkten zu betrachten. Aufgabe eines sozialen Gemeinwesens wäre es, hier auf Entlastung der Frau, auf Gewinnung ihrer ungeteilten Kräfte für den Mutterberuf hinzuwirken. Denn weder zur Hebung des Weibes als Persönlichkeit noch als Mutter erscheint gerade das Fachstudium erforderlich oder auch nur besonders geeignet. Sahen wir auch, dass eine strenge geistige Disciplin in gewissem Sinne die Frau auch in ihrer Eigenschaft als Mutter fördern kann, so ist doch die Entwicklung zum Weltbürger und mit ihr das tiefste Erfassen der Mutterpflichten unabhängig von einem Berufsstudium. In den Mitteilungen unserer Experten wird häufig der Wert beruflicher Schulung für die Mutter mit dem allgemeiner höherer geistiger Ausbildung verwechselt. Allein nicht das Fachstudium, sondern jenes Goethe'sche Ideal der Totalität der Bildung, das Grundlage jeder allgemeinen litterarischen und öffentlichen Thätigkeit sein sollte, ist auch die günstigste Vorbedingung für die Mutterschaft. Und dies führt uns zur Prüfung ihrer Beziehung zur Agitation, dem Essay und dem Journalismus.

---

7. Agitation, Essay und Journalismus.

Vielseitigkeit der Ausbildung, möglichste Entwicklung künstlerischer und geistiger Empfänglichkeit erscheint als wünschenswerte Voraussetzung, sowohl einer vertieften agitatorischen als essayistischen und journalistischen Thätigkeit. Diese Gebiete verlangen nicht, gleich den meisten der früher behandelten Berufe, eine mehr oder minder bestimmte fachliche und zum Teil staatlich geordnete Vorbereitung. Und sie fordern auch nicht, wie die eigentlich schöpferische Thätigkeit, die ganze Persönlichkeit ein. Ihre Ansprüche sind weniger zwingend als die der Kunst und der Wissenschaft, und eine mehr sporadische Ausübung wird möglich bei einer Geistesarbeit, die weniger erschöpfend als umfassend ist und den Gegenstand der Erörterung häufig wechselt.

Allein nicht nur diese Wesensverwandtschaft zwischen den genannten Arbeitszweigen bestimmt uns zu ihrer gemeinsamen Behandlung, sondern vor allem die Thatsache, dass die essayistische und journalistische Frauenthätigkeit, wenn auch nicht gänzlich, so doch überwiegend unter dem Zeichen der religiösen, philantropischen, sozialpolitischen, frauenrechtlerischen und antifrauenrechtlerischen Agitation steht. Allerdings begreifen wir hier die Bezeichnung Agitation in dem weiten Sinne jeder Thätigkeit, die unmittelbar in Wort oder Schrift eine Tendenz verfolgt[1]). Dabei ist natürlich die Agitation als öffentliches Auftreten in ihrer Beziehung zum Frauenleben besonders zu berücksichtigen.

Die Prüfung einer weit zurückliegenden Vergangenheit warf nur ein schwaches Licht auf unsere Untersuchung[2]).

Betrachten wir die Lehre der Geschichte, so zeigt sie unzweifelhaft, dass die Frau eine starke agitatorische und propagandistische Beanlagung besitzt. Beredtes Zeugnis legt hierfür der gewaltige Anteil ab, den sie an der Ausbreitung der Religionen, besonders des Christentums, gehabt hat. Spielt sie als Religionsstifterin nur in verschwindendem Masse eine Rolle, so hat sich doch keine neue Religion ohne ihren Beistand Bahn gebrochen. Allein schon, weil jene religiöse Propaganda zum Teil mit der Abwendung vom Familienleben verbunden war, konnte sie wesentliche Schlüsse für unser Problem nicht ergeben. Soweit andere Gebiete der Agitation in Betracht kommen, sind ihre hervorragendsten Vertreterinnen, da, wo das agitatorische Element für

---

[1]) Die Aussagen einiger weniger Experten, deren Essays einen mehr wissenschaftlichen Charakter haben, sind in der Wissenschaft erörtert worden.

[2]) Ganz abgesehen wurde von einer geschichtlichen Betrachtung der journalistischen oder essayistischen Thätigkeit im weiteren und eigentlichen Sinne, weil sie Ergänzung und Beleuchtung unseres Problems nicht bieten konnte.

ihre Thätigkeit nicht unbedingt entscheidend war, schon in den vorstehenden Abschnitten besprochen worden [1]).

Erst auf der Schwelle des 19. Jahrhunderts und in seiner ersten Hälfte begegnen wir einer kleinen Zahl hochbegabter Frauen, die an dieser Stelle eingehende Beachtung erfordern. Zunächst fällt der ausgesprochen agitatorische Charakter ihres Wirkens auch da ins Auge, wo es sich um eine lediglich schriftstellerische Thätigkeit handelt und veranlasst zu einer Prüfung ihres Frauenlebens in seiner Beziehung zur Agitation. Und ihre politische Rolle, ihre Bedeutung für die Geschichte der Frauenfrage, ihre ungewöhnliche geistige Begabung gewinnt besonderen Wert für den Gegenstand unserer Studie, da alle diese Frauen liebevolle Mütter waren. Die Art, wie einige von ihnen den Mutterberuf erfassten und ausübten, ist von ungewöhnlichem Interesse und ergab in Verbindung mit einer einflussreichen Thätigkeit eine Fülle fruchtbarer Ausblicke.

In Frankreich sind es Olympe de Gouges, Frau Roland, Frau von Staël, in Deutschland Bettina von Arnim, in England Mary Wollstonecraft, die wir in ihrer Stärke als Mütter und Weltbürger und im Hinblick auf die Schlüsse, die sie auf die Vereinigung von Agitation und Mutterschaft zulassen, prüfen müssen. In ihnen allen setzt sich ungeachtet der Verschiedenheit ihres Schaffens, ihrer Bedeutung, ihrer Lebensverhältnisse, ihrer Nation und Umwelt ein ursprüngliches agitatorisches Temperament, beeinflusst von den Stürmen der Zeit, der sie angehören, machtvoll durch. Und wenn es von Olympe de Gouges heisst, ihre Natur sei ganz nur That und Wort [2]) gewesen, so gilt dies genau ebenso von Frau von Staël, Mary Wollstoncraft und Bettina von Arnim, obwohl nicht unbedingt für die massvollere Gestalt der Mme. Roland. Für sie alle aber trifft eine zur Kennzeichnung von Frau von Staël häufig

---

[1]) So die Verfasserin von Onkel Toms Hütte, Frau Beecher-Stowe, in der Dichtung, Christine de Pisan, Anna Maria von Schürmann, Harriet Martineau etc. in der Wissenschaft.

[2]) „dont la nature était tout action et parole.“ Lairtullier. Les femmes célèbres de 1789 à 1795.

angeführte Aeusserung zu: „Tout partait du cœur chez elle, même la pensée“ [1]).

Einem tiefen Mitleid entspringt das agitatorische Wirken dieser Frauen, dem Wunsch, über den Rahmen des Familienkreises hinaus für die Menschheit einzutreten. Diesen Gefühlen entströmt bei Olympe de Gouges (1755—1793), die weder lesen noch schreiben kann, eine ungleichmässige Propaganda, die, oft fast widerwärtig in ihrer Unzulänglichkeit des Gedankens und barbarischen Formlosigkeit, oft voll gehaltreicher Kraft und von fortreissender Glut der Improvisation ist [2]). Mit wütender Energie zerreisst das zügellose Weltkind, das sich, sechzehnjährig, als reiche Wittwe in den Strudel des Pariser Lebens stürzt, die schmeichelnden Bande einer frivolen Geselligkeit, um ganz in den Grundsätzen des herbsten Republikanismus aufzugehen. Jetzt entwickelt Olympe de Gouges als Schriftstellerin, Predigerin, Agitatorin und Organisatorin politischer Frauenklubs eine rastlose Thätigkeit und verknüpft als Vorkämpferin der politischen und wirtschaftlichen Emanzipation ihres Geschlechts ihren Namen unlöslich mit der Geschichte der Frauenbewegung. Bei aller Inkonsequenz welch’ unbezwinglicher Mut in dieser Frau, die jedes Mal, wenn das Mitleid mit dem Unglück des Königs Herr über ihre republikanische Gesinnung wird mit der Verteidigung des Monarchen ihr Leben aufs Spiel setzt! Mit der tötlich verwundeten Mutter bricht aber auch der Weltbürger in ihr zusammen, als ihr Sohn, „der Gegenstand ihrer lebhaftesten Zärtlichkeit“ „ihr einziges Glück auf Erden“, sich von der vor das revolutionäre Tribunal gestellten Angeklagten mit Verachtung abwendet.

Ernst, fast feierlich erscheint neben Olympe de Gouges Mme. Roland [3]), die bewegende Kraft der Gironde. Mit dem Zauber ihrer

---

[1]) Mme. Necker de Saussure in „Mémoires de Mme. de Staël“. Olympe de Gouges sagt von sich selbst „je dicte avec mon âme, jamais avec mon esprit.“

[2]) „Elles ont bien le droit de monter à la tribune, puisqu’elles ont celui de monter à l’échafaud“ ruft sie im Hinblick auf die politische Emanzipation der Frauen aus.

[3]) Marie Jeanne Phlipon-Roland, geb. am 18. März 1754, heiratete mit 26 Jahren den mehr als 20 Jahre älteren Roland. Sie starb 1793 gleich Olympe de Gouges auf dem Schaffot.

Sprache haucht sie dem trocknen Stile ihres Gatten Leben ein. Hervorragend für die Politik begabt, redigiert sie alle seine ministeriellen Erlasse und diplomatischen Verhandlungen mit bewunderswertem Geschick.

Ihre Memoiren befremden häufig durch ungedämpfte Selbstvergötterung; allein diese beruht nicht auf Selbsttäuschung. Denken und Handeln zeigen Mme. Roland in jeder Lebenslage — im häuslichen Winkel fern dem Weltgetriebe, auf der Tribüne und dem Schaffot — in gleicher Grösse und Reinheit. Sie ist die treueste Gehilfin und Pflegerin eines kränklichen und zaghaften Gatten. Eine hohe Idealität stempelt ihre Beziehung zu der Reihe der sie anbetenden Freunde und Gesinnungsgenossen. Und sie bleibt sich und ihren sittlichen Anschauungen treu in einer heissen Liebe[1]), der sie in ihren „letzten Gedanken“ ein vornehm schönes Denkmal gesetzt hat[2]). Rührender noch als dieses für die Oeffentlichkeit bestimmte Dokument erscheinen die schlichten Worte eines im Gefängnis geschriebenen Briefes: „C'est là que devant une petite table je lis, je dessine et j'écris, c'est là que ton portrait sur mon sein ou sous mes yeux, je remercie le ciel de t'avoir connu, de m'avoir fait goûter le bien inexprimable d'aimer, et d'être chérie avec cette générosité, cette délicatesse que ne connaîtront jamais les âmes vulgaires, et qui sont au-dessus de tous leurs plaisirs[3]).“

Gleiche Pflichttreue wie als Gattin zeigt sie auch als Mutter. Unter grossen Schmerzen, ja unter Lebensgefahr besteht sie darauf, ihre Tochter selbst zu nähren, und in ihrem „Avis à ma fille“ äussert sie sich über die Behandlung des kleinen Kindes in einer

---

[1]) Roland hatte in unerschütterlichem Glauben an Freundschaft und Tugend den jungen Freund, dem seiner Gattin Herz gehörte, aufgefordert ihr Leben zu teilen. „Komm mein Freund, wir werden gemeinsam die Vaterlandsliebe predigen und unsere Seelen erheben.“ Frau Roland aber bittet ihn, fern zu bleiben, und er flüchtet vor seiner unglücklichen Leidenschaft nach England.

[2]) „Et toi, que je n'ose nommer! toi que l'on connoîtra mieux un jour en plaignant nos communs malheurs, toi, que la plus terrible des passions n'empèche pas de respecter les barrières de la vertu, t'affligerais-tu de me voir te précéder aux lieux ou nous pourrons nous aimer sans crime où rien ne nous empêchera d'être unis?“ Mes dernières pensées. A. C. Dauban. Mémoires de Mme. Roland. Paris 1864. Bd. II.

[3]) Lettres inédites. Dauban. Bd. II.

Weise, die ein bleibendes Zeugnis ihrer mütterlichen Einsicht ist. Und sie ist nicht nur die verständige Pflegerin des Säuglings, sondern weiss auch die Seele des heranwachsenden Kindes zu hüten. Wie tief sie die Anforderungen der Mutterschaft erfasst, zeigt vor allem eine Stelle ihrer Memoiren. Eindringlich weist sie auf die Gefahren hin, die mit dem Ungestüm der Kindheit, dem Erwachen des Geschlechtstriebes, mit der Unwissenheit, ja mit der Zärtlichkeit des Gemüts selbst verbunden sind. Nur das unbegrenzte Vertrauen, das die Mutter dem Kinde einflösse, indem sie ihm Vorbild und Freundin zugleich sei, könne hier schützen und bannen. Und nahe berührt sich ihre nachfolgende Mahnung mit unseren Ausführungen über die mütterlichen Pflichten[1]). „Que les mères considèrent avec effroi l'étendu de la vigilance qui leur est imposée. Tout conspire contre les tendres dépots qui leur sont confiés et la conservation de leur intégrité n'appartient qu'à une rare prudence.“

Auch die Bestimmungen, die sie in ihren „letzten Gedanken“ trifft, atmen ihre durchdachte Fürsorge. Und leis und schmerzlich, wie Töne einer fernen Aeolsharfe, klingt in den Worten der Mutter der Kampf wieder, in dem die Liebende die angeborene Reinheit ihres Wesens behauptet hat: „Les vertus sont les premiers trésors, mais les talents font partie de leur bon emploi. On ne sait pas combien, dans la solitude et le malheur, la musique procure d'adoucissement, ni de combien de séductions elle peut sauver dans la prosperité.“

Es ist beachtenswert für unser Problem, dass sowohl Olympe de Gouges als Mme. Roland beim Ausbruch der Revolution Mitte der dreissiger Jahre waren, also ihre agitatorische Wirksamkeit zu einer Zeit aufnahmen, in der die Mutterpflichten gegenüber dem kleinen Kinde bei beiden Frauen erfüllt waren. Noch 1789 führte Mme. Roland ihr zurückgezogenes arbeitsames Leben fern der Hauptstadt. Aber als der Augenblick kommt, der ihre Kraft einfordert, findet er sie bereit und vorbereitet.

Bei Olympe de Gouges und Mme. Roland tritt der Typus der Agitatorin rein hervor. Anders bei Frau von Staël. Sie hat sowohl auf künstlerischem, als auch auf wissenschaftlichem Gebiet

---

[1]) Vergl. Teil I, 2.

gearbeitet, allein in der Kunst fehlt ihr Naivetät des Schauens und plastisches Gestaltungsvermögen; in der Wissenschaft Strenge der Schulung und Forschergeduld. In dem sittlichen Pathos, dem auf Handlung gerichteten Element, das sie auf jenen beiden Schaffensgebieten hemmt, wurzelt ihre agitatorische Kraft: „Daran aber hielt sie fest, dass sie der Welt eine Botschaft der Freiheit zu bringen habe, dass niemand arm genug sei, als dass man ihm nicht die volle Wahrheit, niemand verlassen genug, dass man ihm nicht die volle Liebe schulde."

Mit grossartiger Unabhängigkeit, sowohl vom Einfluss eines angebeteten Vaters, als vom Hass eines Napoleon und der Feindschaft des Klerus hat sie für die politische Freiheit und für die Befreiung von nationalen und internationalen Vorurteilen gekämpft. Sie preist deutsches Denken und Dichten, die italienische Kunst und die englische Verfassung zu einer Zeit, in der jedes Wort, das nicht der französischen Nationaleitelkeit schmeichelt, als Hochverrat gilt, greift die Unauflöslichkeit der Ehe und die kirchlichen Gelübde in dem Augenblick an, in dem der Klerus seine zeitweilig eingebüsste Macht wieder gewinnt.

Frau von Staël's Genie beruht auf ihrer Persönlichkeit. Und diese wahre, hinreissend gütige Persönlichkeit pulsiert mit Blutwärme in ihren Werken. Allein man muss das Bild, das man aus ihnen gewinnt, durch die Berichte ihrer Zeitgenossen ergänzen. Nicht nur die liebenswürdige Mme. Necker de Saussure[1]), sondern auch Sainte-Beuve und Wilhelm von Humboldt stimmen darin überein, dass keine ihrer Schöpfungen die Verfasserin in ihrem vollen Seelen- und Geisteszauber zeige[2]). Ihre politische Rolle in

---

[1]) Die Tochter des grossen Physikers Saussure, eine hochgebildete Frau, die ihre Kinder in den klassischen Sprachen und in den Naturwissenschaften unterrichtete, wesentlichen Anteil an dem Ruf ihres Gatten hatte und einige gute litterarische Arbeiten verfasste. Sie hat sich als Mensch, Weib und Mutter glänzend bethätigt. Frau von Staël sagt über sie, ihre Cousine habe mit dem Verstand, den man ihr selbst zuschreibe, alle Tugenden, die sie nicht besitze. Vrgl. Lady Blennerhassett. Frau von Staël, ihre Freunde und ihre Bedeutung in Politik und Litteratur. 3 Bände. 1887—1889.

[2]) „Rien de ce qui est venu d'elle ne peut être comparé à elle-même. Supérieure par son esprit à ses écrits les plus renommés comme par son coeur à ses actions les plus généreuses, elle avait dans l'âme un foyer de chaleur et de lumière, dont les rayons épars n'offrent que de faibles émanations."

einer thatenheischenden Zeit, die Uebermacht ihres allgemein menschlichen Empfindens und die Intensität ihres Frauenlebens erklären das Zurückbleiben ihres litterarischen Könnens hinter ihrer Persönlichkeit, deren Entwicklung in jedem Sinne durch ihre Lebensverhältnisse begünstigt war.

In Anne Germaine Staël-Necker (1766—1814), der Tochter grossveranlagter Eltern, in deren Hause sich äusserer Glanz mit innerer Gediegenheit verknüpfte, konnten sich die angeborenen sittlichen und zärtlichen Elemente ihres Wesens früh und stetig entwickeln. Das Streben ihrer Mutter, das leidenschaftliche Kind in ernster Arbeit zu schulen, hatte indes nur teilweise Erfolg. Mehr als ihre Studien hat die Zeit, in deren Mittelpunkt sie stand, Frau von Staël's Anlagen zur Entfaltung gebracht. Sie ist ein Kind sowohl der Jahre vor 1789 als der Revolution. Tochter des Finanzministers, Gattin des schwedischen Gesandten, hat sie den verglühenden Glanz des Hoflebens ausgekostet und sah im Politischen, Sozialen und Sittlichen Gedanken und Ereignisse über alle Dämme der Tradition hinwegbrausen.

Mme. Necker de Saussure in Mémoires de Mme. de Staël. — „Peut-on s'étonner pourtant qu'il en ait été d'un tel talent comme de celui des improvisateurs et des orateurs; que ce qu'on a d'elle par écrit ne l'a représenté pas entièrement et qu'il faille pour être fidèle y ajouter en idée un ensemble et une spontanéité d'impressions qui n'étaient que dans la personne et sur son théatre? La couleur qui flottait brillante et diffuse dans sa parole et dans toute son action, n'a pas su se fixer sur le papier.“ Sainte Beuve. Nouveaux Lundis. Paris 1866. — „Die Staël war bei weitem weniger von ihren schriftstellerischen Seiten, als im Leben und von Seiten ihres Charakters und ihrer Gefühle, Geist und Empfindung. Beides war in ihr auf eine ganz ihr angehörende Weise verschmolzen.“ Vrgl. Wilhelm von Humboldt's Briefe an eine Freundin. Leipzig. S. auch Humboldt's Ansicht über Goethe's und Schiller's absprechende Beurteilung Mme, de Staël's. „Sie kannten sie nur aus einzelnen Gesprächen und auch da nur unvollkommen, da sie sich doch beide nicht französisch mit vollkommener Freiheit ausdrückten. Diese Gespräche griffen sie an, weil sie dadurch angeregt wurden, ohne sich doch in dem fremden Organ ganz und rein aussprechen zu können, und so wurde ihnen die lästig, die solche Gespräche veranlasste. Von dem wahren inneren Wesen der Frau wussten sie nichts. Was man von ihrer Unweiblichkeit sagte, gehört zu dem trivialen Geschwätz, das sich der gewöhnliche Schlag der Männer und Weiber über Frauen erlauben, deren Art und Wesen über ihren Gesichtskreis geht.“

Schwerer als unter der Verbannung und unter der zeitweise vollständigen Brachlegung ihrer litterarisch-politischen Wirksamkeit hat Frau von Staël unter dem Zwiespalt einer gleicherweise auf vollste Hingabe und auf stolze Selbstbehauptung gestimmten Persönlichkeit gelitten. Vielleicht in keiner zweiten Frau hat ein thatendurstiger Geist und ein glühendes Temperament mit der weichen Frauenseele in grausamerem Kampf gerungen [1]). Wir sehen nicht nur die Mutter im Zwiespalt mit der Schaffenden, sondern auch das von einer illegitimen Liebe beherrschte Weib um seine sittliche und geistige Behauptung ringen.

In ihrer ersten aus Konvenienzrücksichten geschlossenen Ehe tritt der Konflikt zwischen ihrem Frauenleben und ihrer öffentlichen Rolle sehr zurück. Ihre eigentlich produktiven Jahre beginnen nach der Geburt ihrer vier Kinder, die scheinbar weder für ihre Teilnahme an den Zeitereignissen noch an einer lebhaften und geistreichen Geselligkeit eine sonderliche Unterbrechung bedeuten. Erst das Verhältnis zu Benjamin Constant erweckt in ihr das Gefühl eines unlöslichen Widerspruchs zwischen den Anforderungen des Genies und des Frauenlebens. Allein trotz der Wunde, die ihr die Trennung von ihm schlägt — eine Wunde, die weder Tochter- noch Mutterliebe, weder ihre Arbeit noch ihre grossen Freundschaftsbeziehungen, noch eine späte Wiederverheiratung zu heilen vermögen — ist die Liebesleidenschaft nicht das bestimmende Element ihres Wesens. Vielmehr ist ihr oft citierter Ausspruch, sie habe Gott, ihren Vater und die Freiheit geliebt [2]), bedeutungsvoll für die Beurteilung ihrer Natur. Wir müssen uns hierbei vergegenwärtigen, dass sie in ihrem Vater die Verkörperung ihrer Ideale verehrte. Bedenkt man andrerseits, wie tief und warm sie als Mutter, wie leidenschaftlich sie als Liebende empfand, so lassen ihre Worte ahnen: Das geistige Leben und Streben, das mit dem erdbeschwerten Sein des Weibes in ihr kämpfte, war wohl im letzten Sinne beherrschend. Nie hat ein persönliches Leid ihr Interesse an der Allgemeinheit abzuschwächen, ihr Können zu mindern vermocht.

---

1) „De toutes les facultés de l'âme que je tiens de la nature, celle de souffrir est la seule que j'ai exercée tout entière." Corinne.

2) „J'ai toujours été la même, vive et triste; j'ai aimé Dieu, mon père et la liberté."

„Die besten Produktionen von Frau von Staël, die Schlusskapitel des Buchs über Deutschland und die Considérations sind nach der Trennung von Benjamin Constant geschrieben worden“[1]).

Wie schwer sie indes unter ihrer Doppelnatur gelitten, lehren die Grundsätze, in denen sie ihre Kinder, besonders die hochbegabte Tochter, erzog — ihr Streben, dieser die Einheit des Frauenlebens zu wahren, sie in gemässigten Bahnen des Geistes und Gemütes zu erhalten[2]). Und nichts ist beweisender für ihre Mütterlichkeit, als die Fassung, das Gleichmass, welches die sonst so leidenschaftliche Frau im Verkehr mit ihren Kindern behauptet. Jede Wallung der Zärtlichkeit oder des Zorns zwingt sie nieder, weil ihr ruhige Güte und Gerechtigkeit als vornehmste Grundsätze der Erziehung gelten.

Weder Weltbürgertum noch Liebesleidenschaft haben je Pflichterfüllung und Wärme der Mutter beeinträchtigt. Zwei Zeugen haben wir hierfür, deren Aussage nichts hinzuzufügen bleibt: „Was Frau von Staël ihren Kindern, was sie für diejenigen, die in ihrer Nähe lebten, war, das verstehen nur die, die es erfahren haben, sagt ihr Schwiegersohn, der zurückhaltende Herzog von Broglie[3]).“ Und ihre feinsinnige Tochter, eine Frau von seltener Veranlagung und Seelengrösse, hat das Verhältnis von Mutter und Kindern in einem Briefe geschildert, in dem jedes Wort bekundet, wie bei Frau von Staël höchste Energie einer rastlosen und zerrissenen Natur harmonische Mütterlichkeit abgerungen hat: „Rien ne pourra jamais donner l'idée de l'impression produite par ce mélange de dignité et de confiance, d'émotion et de réserve, qu'il y avait dans sa manière vis-à-vis de ses enfants. Ses paroles, qu'elle prononçait avec des larmes contenues sont gravées dans leur âme et l'idée de la souffrance, qu'ils lui auraient causée en se conduisant mal, l'idée des reproches qu'elle se serait faits à elle-même, est une des barrières les plus fortes pour les retenir dans le bien. . . . . . Ma mère attachait une grande importance à notre bonheur dans l'enfance et prenait une part sensible aux chagrins de notre âge.

---

[1]) S. Lady Blennerhasset a. a. O.

[2]) „Elle avait trop souffert elle-même pour engager sa fille à marcher dans ses traces. Mme. Necker de Saussure.

[3]) S. Lady Bennerhassett a. a. O.

Elle avait quelques fois des conversations d'égal à égal avec moi à l'âge de 12 ans et rien ne peut donner une idée de la joie qu'on éprouvait quand on avait passé une demie heure d'intimité avec elle. On sentait une vie nouvelle, on était placé plus haut." Jamais une mère a été plus confiante et plus imposante à la fois"[1]).

Wie sehr Frau von Staël nun auch durch die Zwiespältigkeit ihres Seins gelitten hat, so ist hier doch vor übereilten Schlussfolgerungen zu warnen. Nicht ihre Thätigkeit hat sie in Widerspruch mit ihrem Frauenleben gesetzt, sondern das Temperament des Genies, das in seinen Zügeln schäumt, ohne über eine der Regungen des Weibes hinwegzukönnen. Vielleicht giebt es keine deutlichere Erläuterung hierzu als ein Vergleich mit Frau Roland. Diese empfindet ihre Natur und Beanlagung bei aller Pflichttreue als Segen und scheint zu bedauern, dass der Tochter die Gaben der Mutter fehlen[2]).

Gleich Mme. Roland zeigen auch Bettina von Arnim und Mary Wollstonecraft, dass die geistige Thätigkeit, die wir hier im Auge haben, mit dem Frauenleben weniger als irgend eine andere in Widerspruch steht.

Wir wenden uns zunächst Elisabeth von Arnim-Brentano (1785—1859) zu, weil die Bestrebungen der englischen Agitatorin in engem Zusammenhang mit der modernen Frauenbewegung stehen, während sich Bettina's Wirken durch seinen vorwiegend politischen Charakter dem der Französinnen nähert. Wenigstens ist dies der Fall, soweit sie uns hier beschäftigt. Denn unsere Prüfung gilt ihr nicht als der Verfasserin ihres Buches „Briefwechsel Goethe's mit einem Kinde", in dem sie Erlebtes und Erdachtes reiz-

---

[1]) Mémoires de Mme. de Staël par le duc de Broglie et M. le Baron de Staël. Paris 1887.

[2]) „J'ai une jeune fille aimable, je l'ai nourrie, je l'ai élevée avec l'enthousiasme et la sollicitude de la maternité; je lui ai donné des exemples qu'on n'oublie plus à son âge, et elle sera une bonne femme avec quelques talents; mais elle connaîtra ni mes vives affections, ni mes peines ni mes plaisirs; et cependant, si j'avais à renaître avec le choix des dispositions, je ne voudrais pas changer d'étoffe, je demanderais aux dieux de me rendre celle, dont ils m'ont formé." Mme. Roland. Mémoires. a. a. O.

voll zu verschmelzen wusste, sondern als der Vertreterin eines gesellschaftlichen Prinzips.

Sind Frau von Staël und Frau Roland Töchter Rousseau's und der Revolution von 1789, so ist Bettina das Kind der Romantik und der politischen Gährung, die nachher in den Märztagen des Jahres 1848 zum Ausbruch kam. Erwarten jene das Heil von der Republik und der Demokratie, so ist die Romantikerin Anhängerin des sozialen Königtums. Auch sie zeichnet Unabhängigkeit der Gesinnung aus, und gleich Frau von Staël kennt sie keine Rücksicht auf äusseren Erfolg, die Meinung von Freund oder Feind, wo es die Vertheidigung ihrer Ideale und Hoffnungen, keine Furcht, wo es durch persönliches Eingreifen zu helfen gilt. Die schwärmerische Verehrerin Goethe's, die Freundin Friedrich Wilhelm's IV, tritt in ihrer Schrift „Dies Buch gehört dem König" bedingungslos für die politische und soziale Emanzipation der Arbeiterklasse ein. Der vornehme Sprössling der Brentanos pflegt in Berlin während der Epidemie von 1831 bei schier unerträglicher Hitze die Cholerakranken. Vor keiner Widerwärtigkeit der Seuche und des Elends schreckt sie zurück. Im Mitleid mit der Armut und der Unterdrückung wurzelt auch Bettina's auf unmittelbare That gerichtetes Streben. Ebenso wie ihre Vorgängerinnen beginnt sie ihre politische Laufbahn erst in reifen Jahren. Im Kreise ihrer sieben Kinder nimmt sie Mitte der 40 mit voller Begeisterung und sprudelnder Jugendfrische den litterarischen Kampf für ihre Ideale auf. Originalität bei Vielseitigkeit der Bildung machen wie die Mutter so die Agitatorin zu einer reichen und anmutigen Kraft. „Das grossartigste, reichbegabteste, einfachste, krauseste Geschöpf, das in stetem Reden, Singen, Urteilen, Scherzen, Fühlen, Helfen, Bilden, Zeichnen, Modellieren alles in Beschlag nahm, um das Gemeine als Modell zum Höheren in irgend einen Akt zu stellen und das Ungemeine sich gesellig bequem zu setzen"[1]).

Der Zauber einer feinen Poesie umfliesst Bettina. Alle guten Genien standen an ihrer Wiege. Sie entzückt durch sonnige Heiterkeit neben der monumentalen Gestalt der Frau von Staël und der ernsten Erscheinung Mary Wollstonecraft's. An Stärke des

---

[1]) Clemens Brentano. S. Allgemeine deutsche Biographie.

Temperamentes und Weite des Blicks kommt diese Frau von Staël näher als eine der andern hier behandelten Frauen[1]).

Eine starke agitatorische Kraft heischt Mary Wollstonecraft sowohl mit Rücksicht auf ihre Bedeutung für die Frauenfrage als für unser Problem im engeren Sinne eine besondere Beachtung. Weib und Agitatorin sind untrennbar bei ihr verbunden. Jede ihrer Schriften entfliesst unmittelbar ihrem Frauenleben.

Keine äussere Sorge, keine Seelenpein ist ihr erspart worden. Aber über jeden persönlichen Schmerz wächst sie hinaus und macht zunächst das Wohl ihrer Angehörigen und Freunde, dann das der Menschheit zu ihrer eigenen Angelegenheit. Ihr Vater, ein Verschwender und Tyrann, bringt seine Familie an den Bettelstab. Aus der unglücklichen Ehe der Eltern und der ihrer Schwester entfacht sich glühender Schmerz und Groll über die Rechtlosigkeit ihres Geschlechts. Trotz ihrer gänzlich vernachlässigten Erziehung fördert sie sich durch Selbststudium genügend, um durch Errichtung einer kleinen Schule, später als Erzieherin und Schriftstellerin, ihren Angehörigen materielle Stütze und moralischer Trost zu werden. Die Haltlosigkeit ihrer engeren und weiteren weiblichen

[1]) Erinnert sei hier auch an Therese Huber (geb. 1764), die Mutter Victor Aimé Huber's (geb. 1800), der wesentlich unter ihrem Einfluss zum Sozialreformator wurde und von dem sie sagen konnte: „Er kann zu Grunde gehen, aber er wird mich nie erröten machen.“ Sie gab 12 Kindern das Leben, hat in rastloser Arbeit für den Unterhalt geschrieben und später als Redakteur eines politischen Blattes Einfluss ausgeübt. Eine geist- und talentvolle Frau, eine seltene und vorzügliche Gattin und Mutter. Aber die Neigung zu produktiver Wirksamkeit tritt bei ihr durchaus zurück. Gleich der Mehrzahl der Frauen der romantischen Schule ist sie eine in hohem Masse empfängliche, bewegliche und anregende Natur, voll Ideen, die sie unbekümmert und verschwenderisch ausstreut, doch ohne inneren Drang ihre Verwirklichung selbständig anzustreben. Der nackte Erwerbszwang macht sie zur Schriftstellerin. „Die Nachtstunden, an ihrer Kinder Wiege, an Huber's Krankenlager, mehr wie einmal mit dem saugenden Kind an der Brust“ beginnt sie zu schreiben. Und wenn sie von der unermesslichen Ausdauer und Elastizität ihres Wesens spricht, so fügt sie seufzend hinzu, dass sie nicht wünschen diese unerschöpfliche Kraft noch einmal zum Ertragen zu bedürfen. Vrgl. Allgemeine deutsche Biographie. — Schubert. Frauengestalten aus der Zeit der deutschen Romantik. Sammlung gemeinverständlicher, wissenschaftlicher Vorträge. N. F. XII Serie. — Gustav Cohn. Die deutsche Frauenbewegung. Berlin 1896.

Umgebung und der eigene Lebenskampf erwecken in ihr die Ueberzeugung von der Notwendigkeit der ökonomischen Emanzipation der Frau und der Freisetzung ihrer Persönlichkeit. Allmählich bringen ihre Schriften sie in Berührung mit den damaligen litterarischen Berühmtheiten, denen sie sich durch die Veröffentlichung ihres Buches „A Vindication of the Rights of Women“ einreiht. In dieser Zeit greift auch die Liebe in ihr Leben. Und Mary Wollstonecraft's erste grosse Leidenschaft gilt einem verheirateten Manne. In stillem Ringen sucht sie das von ihm erwiderte Gefühl in die gemässigten Bahnen der Frenndschaft zu lenken. Vergebens! Als sie erkennt, dass ihre Willenskraft versagen könnte, flieht sie die Gefahr und geht 1792 nach Paris.

Man vergegenwärtige sich, dass sie, die ebenso sehr durch grossen Zauber der Erscheinung, wie durch Geist und Liebreiz des Wesens fesselte, ihre ganze Jugend dem Wohle Anderer opferte. Eine vollkommen weibliche Natur, für Liebe und Mütterlichkeit wie geschaffen, hat sie eben erst eine unerlaubte Neigung niedergezwungen und sieht sich nun inmitten der Revolutionsstürme in einer Welt, in der alle Schranken der Tradition erschüttert sind.

In dieser Lage gewinnt eine neue Persönlichkeit Bedeutung in ihrem Leben. Die Verhältnisse gestatten keine Eheschliessung [1]), und es entwickelt sich jene Beziehung, welche die englische Gesellschaft veranlasst hat, über der grossen und reinen Frau den Stab zu brechen. 1794 wird sie Mutter und sieht sich nach kurzem Glückstraum enttäuscht und verlassen. Des Kindes wegen kämpft sie lange und demütig um des Vaters Besitz. So tief ist sie verstört, dass sie, die als Mädchen jedes Schmerzes Herr ward, zweimal versucht, sich in die Themse zu stürzen [2]). Doch selbst diese Leidenszeit ist

---

[1]) „Marie hatte zuerst eine förmliche Verheiratung mit Herrn Imlay, der in der ersten Zeit ihres Umganges schlechterdings kein eigenes Vermögen besass, deswegen abgelehnt, weil sie ihn nicht gern in gewisse, ihre Familie betreffende Verlegenheiten, denen sie sich ausgesetzt sah, mit hineinziehen, noch für die Geldforderungen, die gegen sie erhoben werden konnten, verantwortlich machen wollte. Sie betrachtete indes ihr gegenseitiges Verhältnis als eine Verbindung heiligster Art.“ Siehe Godwin. Memoirs of the Author of a Vindication of the Rights of Women 1798.

[2]) „Entwirrt man das seltsame Gemisch von Beziehungen, Intriguen, Selbstmorden und versuchten Selbstmorden des Kreises bedeutender Menschen,

reich an Beweisen ungebrochener That- und Arbeitskraft. Allein erst als sie endgiltig die traurige Gewissheit hat, dass der Vater ihres Kindes ihm und ihr verloren ist, findet sie sich selbst völlig wieder und wendet sich ihren Mutterpflichten mit erneuter Energie zu.

Bald darauf erweckt sie in Godwin jene Neigung, deren Tiefe in seinen „Erinnerungen“ den ergreifendsten Ausdruck gefunden hat. Sie erwidert sein Gefühl und obwohl beide Gegner der äusseren Form der Ehe sind, wird ihr Verhältnis 1797, da Mary sich hoffend fühlt, mit Rücksicht auf das Kind legalisiert. Mutter einer dreijährigen Tochter, ein Kind unter dem Herzen, ist sie mit einer Reihe von Entwürfen beschäftigt, vor allem mit einer Studie über die Behandlung des kleinen Kindes und mehrerer Unterrichtsbücher für die Jugend. Und ihr Roman „The Wrongs of Women“ ist während der Schwangerschaft geschrieben. Wenn so Mary Wollstonecraft die Mutterschaft und die litterarische Arbeit vollkommen zu vereinigen scheint, so ist zu berücksichtigen, dass die Gatten ihr Leben in einer Art gestalteten, der wir bereits in der Dichtung begegneten. Godwin hatte sein Studierzimmer ausserhalb der gemeinschaftlichen Wohnung und verweilte in dieser häufig nur zu den Mahlzeiten und den Abendstunden. Ebenso verfolgten beide Gatten ihren gesellschaftlichen Verkehr unabhängig von einander. „Auf diese Weise“, schreibt Godwin in den „Erinnerungen“, „konnten wir, obwohl wir meistens das letzte Drittel jeden Tages zusammen waren, nicht Gefahr laufen, einander überdrüssig zu werden. Und so schienen wir denn beides, die Neuheit und den lebhaften Eindruck eines Besuchs mit den köstlicheren innigeren Freuden des häuslichen Lebens in einem hohen Grade zu vereinigen. Wie man nun auch im Allgemeinen über den von uns eingehaltenen Plan urteilen mag, so zogen wir doch wahrscheinlich, hinsichtlich der Stetigkeit und des ununterbrochenen Fortgangs unserer litterarischen Arbeiten sehr wesentliche Vorteile daraus. Hätte Mary länger gelebt, so glaube ich, die Welt würde wenig

dem Mary Wollstonecraft angehörte, so empfindet man für alle Zeiten Abscheu (one is sickened for ever) gegen irreguläre Verhältnisse.“ Matthew Arnold. Angeführt in „A Vindication of the Rights of Women“. New edition with an introduction of Mrs. Fawcett. London.

[1]) Godwin. Memoirs a. a. O.

Ursache gehabt haben, sich über eine Verminderung ihrer Thätigkeit zu beschweren."

Eine Lebensspanne, die ihr jede Gabe des Mutterglückes, der Liebe, der intimsten geistigen Vereinigung und ungeminderter Schaffenslust gewährt, beschliesst ihr Tod im Wochenbette[1]). Der Faden ihres Lebens reisst ab in dem Augenblick, der sie endlich vor die Möglichkeit stellt, ihre Talente ausreifen zu lassen, in ruhiger Erkenntnis und Arbeit die Geschlossenheit des Gedankens und der Form zu gewinnen, deren Mangel auch das noch in ihren Mädchenjahren geschriebene Hauptwerk „A Vindication of the Rights of Women" beeinträchtigt. Und doch — welche Ideen- und Empfindungsfülle, welche Grösse und Weite der Auffassung, welch tiefe Weiblichkeit atmet dieses Buch! Wie jammern sie die Säuglinge, die einer fremden Brust anvertraut, die Kinder, die bezahlten Leuten überlassen, nie ein Heim an ihrer Mutter Herz gekannt haben: „How many children are absolutely murdered by the ignorance of women. But when they escape and are destroyed neither by unnatural negligence nor blind fondness, how few are managed properly with respect to the infant mind." Allein lässt sich, fragt sie, von Geschöpfen, deren einziges Ziel Versorgung durch Heirat ist, deren Leben nichts als Putzsucht und Frivolität erfüllt, erwarten, dass sie einer Familie mit Einsicht vorstehen, den armen Wesen, die sie zur Welt bringen, Hüterinnen sind? Und wie sie in ihrer Kritik der herrschenden Zustände schon die Forderungen gegenüber dem kleinen wie dem herangewachsenen Kinde berührt, die wir als Wesensgehalt einer ernsten Erfassung

---

[1]) „Ich darf mir wohl erlauben zu sagen, dass nie zwei Personen in ihrem gegenseitigen Umgange eine reinere und köstlichere Zufriedenheit gefunden haben als wir. Was diese wirklich in sich fasste, dass kann freilich jetzt in seinem ganzen Umfange blos dem Nachgebliebenen bekannt sein. Allein, ich bin doch der Ansicht, dass die Heiterkeit ihres Antlitzes, die zunehmende Milde ihres Wesens und jenes frohe Selbstgefühl, das gleichsam zu fordern schien, alles was sie umgebe, müsse eben so glücklich als sie selbst sein, der Wahrnehmung ihrer Freunde und Bekannten nicht entging. Sie schien diejenige Lebenslage erreicht zu haben, die ihre Sinnesart und ihr Charakter gleichsam als ein ihr gebührendes Recht forderten, zu der sie aber vorher nie gelangt war; ihr Verstand und ihr Herz erfuhren die wohlthätigen Folgen dieser Gestaltung der Verhältnisse." Vrgl. Godwin. Memoirs. a. a. O.

des Mutterberufs schilderten, so weist sie auch bereits den Weg zur Beseitigung vorhandener Missverhältnisse. „Erst die Erziehung zu höherer Menschlichkeit,“ heisst es in ihrem Buche, „die Erhebung über die Niederungen kleinlichen Eigennutzes wird das Weib zur Erfassung und Erfüllung seiner Aufgaben als Mutter befähigen.“ „Make women rational creatures and free citizens and they will quickly become good wives and mothers.

Ueberblicken wir diese Agitatorinnen, die wir als geistige Kräfte und als Mütter zu skizzieren versuchten, in ihrer Gesamtheit, so zeigen sie, wie untrennbar ein tiefes Begreifen der mütterlichen Pflichten mit der Entwicklung des Weltbürgers im Weibe verwoben ist. Die Beziehung ihres Frauenlebens zu ihrem geistigen Streben redet eine deutliche Sprache. Mütter in des Wortes innerlichster Bedeutung haben sie mit der Pflege und Erziehung des Kindes die Vorbereitung für ihre spätere politische Thätigkeit verbunden. Als gereifte Menschen traten sie an die Oeffentlichkeit. Und so scheint die agitatorische Beanlagung des Weibes darin zu wurzeln, dass die an der produktiven Kraft zehrende Mutterschaft die Gemütskräfte der Frau steigert, ihr Verstehen erhöht und in der Stille die Macht der ins Weite wirkenden Persönlichkeit heranbildet. Andrerseits lehrt Mary Wollstonecraft durch das Werk ihrer Mädchenjahre, dass eine hohe Stufe eindringlichen Wirkens auf diesem Gebiet auch der Unverheirateten erreichbar ist. Wie viele haben seither von den Ideen dieser Frau gezehrt, die das Frauenproblem bereits in seinem eigentlichen Kern, in seiner ganzen Tragweite erfasst hat.

* * *

So wichtig auch die geschilderten Frauen für unser Problem sind, so können sie doch nur in einem weiteren Sinne als Vorläuferinnen der Agitatorin gelten, wie sie uns in der Erhebung gegenübersteht.[1]) Denn entscheidend für deren Wesensart ist das

---

[1]) Die Thätigkeit der Frauen, deren Mitteilungen uns vorliegen, steht vorwiegend im Dienste der Frauenfrage oder des Sozialismus. Wir haben uns hier wie durchgängig an das Material der Erhebung gehalten.

organisatorische Element, der Zusammenschluss zum gemeinsamen Kampfe. Und zu einer eigentlichen Bewegung, die mehr ist, als ein spontanes Aufflammen, verbinden sich die Frauen erst seit der Mitte des letzten Jahrhunderts.

Einige der bekanntesten Führerinnen aus der ersten Zeit der Vereinsbildung stehen noch heute an der Spitze nationaler und internationaler Organisationen. Es ist erfreulich, dass eine Cady Stanton, eine Susan B. Anthony, die berühmten amerikanischen Begründerinnen der Bewegung zur Gewinnung der politischen Rechte zu unsern Experten zählen. Von einem eingehenden Verweilen bei ihren nicht mehr lebenden Mitkämpferinnen haben wir abgesehen[1]), da sich die Art ihres Wirkens in keiner Weise von derjenigen der Agitatorin der Gegenwart unterscheidet. Und hier liegt uns durch unsere Erhebung eine so grosse Fülle des Stoffes vor, dass wir uns an die uns unmittelbar zur Verfügung gestellten Erfahrungen halten können.

Wenn wir uns nun zunächst mit den Aeusserungen der Experten zum Problem befassen, so ist vorauszuschicken, dass wir deren Ansichten nur insofern heranziehen, als sie sich auf die von ihnen geübte Thätigkeit beziehen. Denn hier wie durchweg halten wir daran fest, die Erfahrungen der Aussagenden nur für ihr Arbeitsfeld als Massstab der Beurtheilung zu nehmen. Es lag aber in der Natur der Sache, dass die Agitatorin die Frage im weiteren Sinne der Vereinigung der Mutterschaft mit einem Beruf schlechthin begriff. Und manches Urteil erklärt sich vielleicht daraus, dass man aus dem eigenen Gebiet Schlüsse auf andere Arbeitszweige von wesentlich verschiedenem Charakter zog.

Eine Sonderbehandlung der Unverheirateten erübrigt sich für die Agitation und die ihr verwandten Zweige. Handelt es sich hier doch nicht um eine Thätigkeit oder einen Studiengang, der in seiner Einwirkung auf die weibliche Konstitution zu prüfen wäre. Und dass die agitatorische Bestrebung der Unverheirateten, ihr Hinauswachsen über das Eigeninteresse, ihr zum Segen gereichen

---

[1]) Ueber die Entwicklung der Frauenbewegung im 19. Jahrhundert, s. Lilly Braun, der Kampf um Arbeit in der bürgerlichen Frauenbewegung. (Braun'sches Archiv für soziale Gesetzgebung und Statistik, Bd. 16, Heft 2.)

Von 115 Experten waren:

Unverheiratet	Verheiratet	Kinderlos	Mütter
32	83	einschliesslich der Frauen, die nur Todgeburten verzeichneten 54	61

Todgeburte und Abortus verzeichneten	Todesfälle lebensfähig geborener Kinder verzeichneten	Selbst genährt
6	18 (darunter mehr als einmal 3)	34 (davon mehr als 1 Kind 14)

muss, bedarf wohl nicht der Erörterung. So verschieden auch die stille, massvolle Propaganda einer Malvida von Meysenbug von dem leidenschaftlichen Streitruf Mary Wollstonecraft's ist, so lehren doch beide Frauen, dass auch das Mädchen hier die stärkste Wirkung erzielen kann, mag auch im allgemeinen die Mutterschaft eine gerade für die Agitation wesentliche Erweiterung des Gesichtskreises bedeuten.

Malvida von Meysenbug, deren sittlichem Zauber die bedeutendsten Geister unserer Zeit unterstanden, schreibt:

„Meine ganze Lösung des Problems besteht fast vollständig in „dem kurzen Satz: uneingeschränkte Freiheit der Entwicklung. So „wie sie dem Manne von jeher gegönnt war, so soll sie es der „Frau sein. Gebildete Frauen zu haben ist ebenso notwendig und „wünschenswert wie gebildete Männer. Nur muss man eben recht „verstehen, was Bildung heisst. Durchaus nicht eine Anhäufung „von Wissen und besonders nicht ein Halbwissen von vielen Dingen, „um den Schein des Wissens zu haben, sondern das, was man „weiss, recht zu wissen und es dienen zu lassen zur harmonischen „Vollendung des Wesens und seiner Befähigung, den ihm im Leben „angewiesenen Platz gut und vollständig auszufüllen. Die Natur „ist eine unwiderlegbare Gesetzgeberin, sie steckt die Grenzen, wo „es heisst: bis hierher und nicht weiter. Hat ein weibliches Wesen „eben nur von ihr die Aufgabe empfangen, eine gute Dienerin, „Arbeiterin, Frau und Mutter zu sein, so sei sie es in so voll„kommener Weise als möglich, und sie hat ihre Aufgabe erfüllt. „Hat aber die Natur den besonderen Trieb zu höherer geistiger „Entwicklung, ja zum Forschen auf wissenschaftlichen Gebieten, „oder zu litterarischer Produktion in die weibliche Seele gelegt, „so lasse man sie in voller Freiheit gewähren. Ich glaube nicht „nur nicht, dass dies mit der körperlichen Beschaffenheit der Frau „im Widerspruch steht, sondern ich behaupte, und zwar aus eigener „Erfahrung, dass ein bestimmtes Teil geistiger Arbeit, in der natür„lichen Richtung der Betreffenden, notwendig zur Hygiene des „Daseins gehört. Es versteht sich, das Uebertreibung hier „wie überall, schädlich ist. Wenn die verheiratete Frau und „Mutter durch Verhältnisse oder Gesundheit etc. gebunden, nicht „mehr dem geistigen Trieb in dem Masse genügen kann, wie sie „möchte, so wird sie als ein im obigen Sinne gebildetes, recht

„denkendes Wesen von selbst finden, was ihre höhere Pflicht ist in „Ausfüllung ihres Berufes. Dass sie nicht aufhöre sich zu bilden, „auch wenn sie nicht Zeit hat, geistig selbst thätig zu sein, gehört „aber immer mit in den Kreis ihrer Pflichten, besonders gegen ihre „Kinder. Dass es so viel als möglich gebildete Mütter gebe, ist „geradezu eine der höchsten Aufgaben der Kultur, denn da, am „Ursprung des Lebens, in den Anfängen der Kindheit, liegt das „Schicksal der Zukunft. Das Resultat meines Denkens und Be„obachtens ist das schon oben ausgesprochene: Völlige Freiheit der „Entwicklung. Wollten wir jetzt wieder einschränken und Regeln „aufstellen, wie weit die natürlichen Bedingungen der weiblichen „Natur geistige Arbeit zulassen, so würden wir in neuer Form „das alte Despotentum herstellen, dass die Frau in den engsten „Kreis der häuslichen Thätigkeit bannte. Das sei ferne!

„Da so viel als möglich helfend einzutreten, wo Verhältnisse „und materielle Not hindern, zu möglichster Entwicklung zu ge„langen, das sei die Aufgabe der Vereine begünstigterer Schwestern. „Im übrigen lasst die Natur gewähren. Sie zeigt die Grenzen, „sie verbietet das Unmögliche, sie zeitigt das zum Reifen Bestimmte „und bestraft selbst jede Uebertreibung und jeden falschen Schein. „Höchste Bildung ist zugleich edelste Natur, aber auch das be„scheidenste Thun, im rechten Sinne vollbracht, ist gut und liebens„würdig. Ueber diesen kaum noch zu diskutierenden Fragen stehe „ebenso gültig für Frauen wie für Männer das herrliche Wort „unseres Dichters:

„Edel sei der Mensch
„Hülfreich und gut,
„Unermüdet schaff' er
„Das Nützliche, Rechte."

(Malvida von Meysenbug).

Aus diesen Worten klingt noch die Not einer frühen Kampfzeit. Zugleich jene persönliche Vollkommenheit, die, weil sie der Menschheit Bild nach dem eigenen modelt, ahnungslos an Gefahren vorübergleitet.

Eine mittlere Stellung zwischen dem stillen Wirken Malvida von Meysenbug's und den Vorkämpferinnen für die Frauenbewegung, deren Schwergewicht in der mündlichen Agitation liegt, nimmt die temperamentvolle Hedwig Dohm ein, die sich schon früh der Frauenfrage zuwandte. Bei voller Schätzung von Frau Dohm's

Romanen glauben wir doch, ihrem tiefsten, nachhaltigsten Wirken gerecht zu werden, wenn wir sie an erster Stelle als agitatorische Kraft fassen und ihre Aeusserung daher an dieser Stelle bringen:

„Dass Mütterlichkeit und Berufsthätigkeit, vor allem eine „Berufsthätigkeit auf geistigem Gebiet sich ausschliessen müssten, „ist ein Hauptargument der Gegner der Frauenbewegung. Eigene „Beobachtung sowohl, als die Thatsachen widersprechen diesem „Argument. Wir alle kennen Frauen, die, unbeschadet ihrer „Mütterlichkeit, gut und gewissenhaft einen Beruf ausüben.

„Ob Berufsarten, die ausser dem Hause betrieben werden, angethan sind, die Mütterlichkeit zu beeinträchtigen, wäre diskutabel. „Ich halte es bei den heutigen Verhältnissen für wahrscheinlich, „glaube aber, dass auch hier die Schwierigkeiten nicht auf einer „Naturnotwendigkeit beruhen. Eine der unschwer zu beseitigenden „Schwierigkeiten bietet die ungeschulte deutsche Kinderwärterin. „Ihrer Unzulänglichkeit kann abgeholfen werden. Es wird Sache „der Frauenrechtlerinnen sein, für Institute zu sorgen, die die „rechten Kinderwärterinnen heranbilden. Es giebt übrigens kaum „auf geistige Thätigkeit gerichtete Berufsarten, die eine den ganzen „Tag beanspruchende Arbeit ausser dem Hause erfordern. Ein „Jurist, ein Prediger, ein Lehrer ist täglich nur stundenweise vom „Haus abwesend, gar nicht von den Universitätsprofessoren zu „reden, deren ganze Thätigkeit ausser dem Hause sich auf sechs „bis acht Vorträge wöchentlich beschränkt. Dazu kommen fünf „bis sechs Monate Ferien im Jahr. Es wären demnach die Aemter „eines Professors, Predigers oder Lehrers wie geschaffen für die „Frau, die Mutter ist. Sämtliche künstlerischen Berufsarten „können im Hause betrieben werden. Warum erheben unsere „Gegner ihre Stimme nicht gegen den Beruf der Hebamme (sie „preisen ihn im Gegenteil in allen Tonarten), die sie doch auch „nicht zum Cölibat verurteilen wollen? Nach meiner eigenen Erfahrung reimen sich Berufsthätigkeit und Beschäftigung im Haushalt aufs schönste zusammen. Es giebt keinen Arzt, der nicht „zur Erhaltung der Gesundheit die Abwechselung von Ruhe und „Bewegung, von geistiger und körperlicher Arbeit für geboten hält.

„Die Mütterlichkeit soll die Zeit und die Kräfte der Frau erschöpfen. Gewiss hat die Mutter immer und überall die Pflicht „der Oberaufsicht über die Kinderwärterinnen. Die Wirksamkeit

„der Oberaufsicht aber hängt viel weniger von ihrer Liebe und der „Zeitdauer, die sie dieser Thätigkeit widmet, ab, als von ihrer „Intelligenz, mit der sie ihre Hilfsgeister zu wählen, von ihrem „Charakter, der für die Durchführung ihrer Massregel sich Gehorsam „und Respekt zu erzwingen weiss, von ihrem Wissen, das sie be-„fähigt, ihre Massregel im Sinn einer richtigen Hygiene und „Pädagogik zu treffen.

„Es ist schon deshalb nicht wahr, dass die Frau sich ganz auf „die Mütterlichkeit als ihren Daseinszweck zurückzuziehen hat, weil „ihr Leben weit über die Grenze hinaus sich erstreckt, in der das „Kind ihrer bedarf. Schon vom schulpflichtigen Alter beginnt es der „Mutter zu entwachsen. Sich einen neuen Daseinszweck zu schaffen, „mit der Berufsausbildung erst zu beginnen, wenn die Kinder er-„wachsen sind, dürfte in den meisten Fällen viel zu spät sein.

„Ich persönlich kenne unter den Berufsfrauen keine einzige „lieblose oder pflichtvergessene Natur. Eher sind diese Mütter bei „den Weltdamen par excellence zu finden, unter den Frauen, die „um ihrer Schönheit willen die Mutterschaft fürchten und deren „erstes und vornehmstes Interesse die Erotik ist.

„Es scheint, unsere Gegner huldigen der Ansicht, dass die Frau „als ein eigenstes Selbst sich immerhin in den Sand verlaufen mag, „wenn nur die Mutter gerettet wird. Ich meine: darf das Weib „nur alle Blüten seines eigensten Ich entfalten, die Früchte werden „von selbst reifen, das heisst, die Mutter ergiebt sich von selbst. „Die Kinder werden ihre Erben.“ (Hedwig Dohm.)

In einem engeren Sinne wie Malwida von Meysenbug und Hedwig Dohm, d. h. im Sinne unmittelbarer agitatorischer Organisations-Thätigkeit, sind die früher erwähnten Amerikanerinnen Cady Stanton und Susan B. Anthony die eigentlichen Begründerinnen der modernen Frauenbewegung.

Frau Cady Stanton hat als junge Gattin und Mutter mit fünf Gefährtinnen im Jahre 1849 die erste Frauenrechts-Vereinigung (Women Rights Convention) der Welt in Seneca Falls (New-York) einberufen und geleitet. Sie hat sieben Kinder selbst genährt und allein erzogen und trotzdem in Schrift und Wort der Propaganda für ihre Ideen gelebt[1]).

---

[1]) Beide Frauen sind über achtzig Jahre alt.

„No breaks whatever in health or occupation. Have just „passed 84th birthday vigorous as ever in mind and body. I am „still writing daily for the press. A well organized healthy woman „has added power in the monthly period and during pregnancy. Mater„nity in a healthy woman should never be spoken of as a disability.“ (Cady Stanton.)

Neben ihr hat ihre unverheiratete Bundesgenossin Susan B. Anthony seit 1850 im Vordertreffen des Kampfes gestanden und „vollkommene Gleichheit der Rechte für die Frauen in der Familie, „der Schule, dem Berufsleben, in Kirche und Staat“ angestrebt. Beide Frauen wirken heute noch in voller geistiger Regsamkeit und unverblasster Begeisterung [1]).

In England ist es Mrs. Fawcett, die sich unmittelbar den ersten Agitatorinnen, die sich um John Stuart Mill gruppieren, Miss Jessie Boucherett, Miss Emily Davies und Mme. Boudichon etc., anschliesst [2]) und als Leiterin der Stimmrechtsbewegung ihren Namen unlöslich mit der „National Society for Woman's Suffrage“ verknüpft. Mrs. Fawcett's Eintritt in die Agitation erfolgt im Jahre ihrer Verheiratung. Mutter eines Kindes bleibt sie schriftstellerisch und als Rednerin und Organisatorin unausgesetzt thätig.

Ihr zur Seite steht Miss Helen Blackburn. Sie übernahm nach Miss Boucherett die Herausgabe eines der frühesten englischen Frauenblätter, der „English Woman's Review“. Viele Jahre war sie ferner Schriftführerin der „National Society for Woman's Suffrage“, und als Ergebnisse einer reichen Erfahrung verdienen ihre Worte ernste Beachtung: „My experience is that professional women have „very good health, a higher average than those who have no particular „occupation. I have known some instances in which women engaged „in active work have broken down but it has been through want „of proper care of their health. But the professional women who „take proper rest have in my experience a very high average „standart of health“ [3]). (Helen Blackburn.)

---

1) Vrgl. hierzu History of Woman Suffrage. 1881.

2) Vrgl. Georgiana Hill. Women in english Life from mediaeval to modern times. Vol. II, London 1896 und Edwin A. Pratt. Pioneer Women in Victoria's Reign. London 1897.

3) „When my nervous system is exhausted, I cycle or travel, so that I „never really break down“, bemerkt hierzu eine sehr geschätzte agitatorische

Ueber einen nicht weniger ausgedehnten Erfahrungskreis wie Helen Blackburn verfügt Auguste Schmidt, die schaffensfrohe Nachfolgerin von Luise Otto Peters, der Begründerin der deutschen Frauenbewegung.[1]). „Geistige Arbeit“ schreibt sie, „verträgt sich „nicht allein mit der körperlichen Eigenart der Frau sondern ist „auch völlig geeignet a) ihre Lebenskraft anzuregen und zu er- „halten, b) ihre Lebensanschauungen gesünder zu gestalten und „c) auch die Kräfte ihres Gemüts intensiver zu gestalten.

„Ich bin überzeugt, dass auch die Mutterschaft nicht unter „geistigen Anstrengungen leidet, sobald diese sich nur in verständigen „Grenzen hält. Es wäre mir ja auch physiologisch unerklärlich, „wenn geistige Anstrengung die gesunde Entwicklung des Embryo „stören oder hindern sollte. Wenn es wahr ist, dass der Gemüts- „und Geisteszustand der Mutter während dieser Zeit auf den „werdenden Menschen Einfluss hat, so kann doch geistige Arbeit „nur einen fördernden und erweckenden Einfluss üben. Uebermass „der Arbeit, sei sie körperlich oder geistig, wird natürlich immer „schädigend auf das Kind wirken. Hoffentlich kommt noch einmal „die Zeit, in der man aufhört, an der körperlichen Ueberbürdung „der in der Hoffnung gehenden Frau teilnahmslos vorüberzugehen „und nicht so wie jetzt in der geistigen Anstrengung der Frau die „grössten Gefahren für das werdende Geschlecht zu sehen. Bei „gesunden Naturen wird die Mutterschaft die geistige Arbeit nur „für einen geringen Zeitraum unterbrechen, und je mehr Mütter „sich im Amt oder aus freier Neigung geistig beschäftigen, desto „mehr erfahrene Erzieherinnen werden die Kinder in Zukunft haben.“ (Auguste Schmidt).

Kraft. — „La fièvre d'agir, de vivre dans la lutte pour le bien et pour l'Idée, „en combattant (malgré les obstacles) les erreurs, les préjugés qui obscurcissent „la Vérité et retardent le Progrès. Voilà la qualité principale de mon caractère. „Et une grande tendresse, un grand transport pour les malheureux, humbles, „opprimés.... et, au contraire une grande horreur de la puissance, de la force „et de ceux qui en abusent, enfin le vif désir de vivre dans le grand rêve „lumineux d'aujourd'hui qui sera la réalité de l'Avenir; c'est à dire d'arriver „au jour, qui apportera la paix et la fraternité parmi les hommes“. Rosy Amadori.

[1]) Vrgl. Gustav Cohn. Die deutsche Frauenbewegung. Eine Betrachtung über deren Entwicklung und Ziele. Berlin 1896.

Und eine der frühesten und eifrigsten Vorkämpferinnen des radikalen Flügels der deutschen Frauenbewegung, Frau Minna Cauer, äussert: „Nie habe ich bemerkt, dass das geistige Leben und eine „geistige anstrengende Thätigkeit hemmend auf die wirtschaftliche „Thätigkeit der Frau wirkt, im Gegenteil, eine wirtschaftliche Be„schäftigung wird durch das geistige Element gehoben und gestärkt; „vor allem lernt man, sobald man geistige Bethätigung liebt, auch „das Wirtschaftliche geistig auffassen. Den Kindern geschieht kein „Abbruch dadurch, sie nehmen teil am Geistigen und am Wirt„schaftlichen, werden dadurch angeregt zu beidem.“

Zu Gunsten der Vereinigung haben sich ferner eine Reihe bekannter Agitatorinnen und Schriftstellerinnen verschiedener Richtung und Nationalität ausgesprochen, deren Aeusserungen wir nachfolgend anführen [1]).

„Es giebt eine Reihe tüchtiger Frauen,“ schreibt die für ihre Ueberzeugungen unermüdlich wirkende Hanna Bieber-Böhm, „welche Kinder „zu tüchtigen Menschen erziehen und daneben nicht allein noch in „einem Erwerbsberuf, sondern auch für die Wohlfahrt ihrer Mit„menschen segensreich thätig sind. Ebenso wie ich wissen Sie das „Gegenbild dazu: wie viele Frauen es giebt, die keine Kinder „haben, keinen Erwerbsberuf haben und niemand von ihren Mit„menschen zum Segen durch eine Förderung ihrer Wohlfahrt ge„wesen sind. Was letzteren fehlt, ist nach meiner Ansicht eine „genügend richtige Erziehung und Gewöhnung von klein an zur „Pflichterfüllung und zur Selbstbeherrschung, die allein das Indi„viduum zum nützlichen Glied der Gesamtheit heranbilden kann.

„Kinder in die Welt zu setzen, hat niemand nötig. Wer das „aber thut, der hat die höchste Pflicht, diese Kinder seinerseits zu „nützlichen Gliedern der Gesamtheit heranzuziehen (wie es „seine Pflicht war, nur gesunde Kinder in die Welt zu setzen).

„Ist er nicht befähigt genug, oder nicht durch Erziehung „u. s. w. vorgebildet genug, gleichzeitig mit der Fürsorge für die „Nachkommen bis zu ihrer Reife noch einen Erwerbsberuf oder

---

[1]) Eine Anzahl bekannter Agitatorinnen haben uns zwar, wie das Register zeigt, durch ihre Mitteilungen unterstützt, doch keine Aeusserung zum Problem gegeben, so z. B. die thätige Lina Morgenstern.

„einen Beruf für die Wohlfahrt der Mitmenschen auszufüllen, so „muss die Fürsorge für die Nachkommen allem Anderen voran- „gehen, bis sie sich selbst weiterhelfen können. Sind sie er- „wachsen, so ist es sogar Pflicht, dass dann die freigewordene Zeit „den Mitmenschen mehr zu gute kommt. „Wo die Erwerbsnot- „wendigkeit besteht, sollten überhaupt keine „Kinder, für die nicht „genügend gesorgt werden kann, in die Welt gesetzt werden. Ich „zweifle nicht, dass diese Pflichterkenntnis mit den kommenden „Jahrzehnten stetig zunehmen wird.“ (Hanna Bieber-Boehm).

„Nach meinen an mir und Andern gemachten Erfahrungen ist „die geistig produktive Arbeit der Frau mit ihrer körperlichen „Eigenart und ihren Funktionen als Mutter nicht nur vereinbar, sie „trägt sogar wesentlich zur Förderung der körperlichen und geistigen „Gesundheit der Frau bei, vorausgesetzt natürlich, dass das Gleich- „gewicht nicht durch eine zu starke Inanspruchnahme der Kräfte „nach der einen oder andern Richtung geistige Ueberanstrengung „oder allzu häufige Geburten gestört ist. Es giebt unter den Frauen „viel mehr aktive als passive Naturen, die durch Brachliegen „ihrer intellektuellen Kräfte auch körperlich verkümmern.“ (Marie Stritt).

„Die körperliche weibliche Eigenart hat mich in meiner „Arbeit niemals gehindert, ebenso wenig die Ehe.“ (Eliza Ichenheuser).

„Ich glaube, eindringlicher als es den meisten Frauen vergönnt „ist, den Beweis erbracht zu haben [1]), dass geistige Thätigkeit sich „sehr wohl mit den mannigfachen Pflichten und Arbeiten der „Mutter und Hausfrau vereinigen lässt.“ (Henriette Fürth.)

Aus Oesterreich schreibt die energische und temperamentvolle Marie Lang: „Ich habe drei Kinder, von denen das jüngste jetzt „acht, das älteste fünfzehn Jahre alt ist, selbst gesäugt und allein „aufgezogen, hatte nur ein Dienstmädchen im Haus und habe alle „Zeit seit sechs Jahren intensiv und fast ununterbrochen geistig „gearbeitet. Beides liess sich vollkommen vereinen, zeitweise „freilich nur unter äusserster Anspannung all meiner Kräfte.“

---

[1]) Frau Fürth ist Mutter von 8 Kindern.

Und die tüchtigste weibliche Kraft der österreichischen Arbeiterbewegung, Adelheid Popp, erklärt: „Was meine auf mehrjährige Be„obachtung gestützten Erfahrungen betrifft, so habe ich die Ueber„zeugung gewonnen, dass die körperliche Eigenart und die Mutter„schaft der Frau für ihre geistige Bethätigung kein Hindernis sind, „und wenn, dann nicht mehr, als wenn sie häuslich oder industriell „arbeiten muss. Freilich ist notwendig, dass die geistige Arbeit „der Frau so bezahlt wird, dass sie im Stande ist, die kleinlichen, „aber so zeitraubenden häuslichen Arbeiten von sich abzuwälzen. „Es scheitert letzteres zumeist daran, dass der Lohn für die geistige „Arbeit der Frau nicht immer so hoch ist, um eine intelligentere „Hilfe für den Haushalt und die Kinder entsprechend entlohnen „zu können. Dann kommt der Zwiespalt, welcher oft harte, „schwere Kämpfe hervorruft, und es muss viel Begeisterung und „viel Mut vorhanden sein, um nicht zu erlahmen. Das sind aber „alles Dinge ökonomischer Natur, physisch halte ich die Frauen „entschieden für fähig trotz ihrer körperlichen Eigenart geistig zu „arbeiten.“

„Meine Ansicht, oder sagen wir Erfahrung über geistig pro„duktive Arbeit solcher Frauen, welche ich zugleich als tüchtige, „tapfere, aufopferungsvolle Gattinnen und Mütter kennen lernte, ist „die, dass sie durchschnittlich mehr Reife, Vertiefung und Konsequenz „aufweist, als die von völlig Freien, Unverheirateten. Die Frau „steht dem Leben mit all' seinen Wirklichkeiten anders gegen„über, als das Mädchen, gleichviel welchen Alters. Das giebt ihr „und ihrem Schaffen positive Werte. Ich fand bei jener mehr „Gesundheit (physisch und psychisch) als bei dieser. Ebenso „drängten sich mir, wie oft schon, Vergleiche auf, zwischen den „Leistungen geistig arbeitender Frauen, die zugleich Gattin und „Mutter sind, und solcher, die in Bequemlichkeit nur ihren Beruf „als Weib erfüllen. Der Vergleich fiel beinah immer zu Gunsten „der ersteren aus.“ (Goswina von Berlepsch.)

„Für junge Mütter ist eine Berufsthätigkeit, welche sie lange „vom Hause entfernt hält, eine schwere Aufgabe, wenn sich nicht „ein Familienglied findet, welches sie vertritt. Dennoch ergiebt „sich eine erwerbende Thätigkeit der Mutter als vortheilhaft, wenn „das Einkommen des Mannes nicht ausreicht, um die Kinder gut „zu ernähren und unterrichten zu lassen. Besuchen die Kinder

„den Kindergarten und die Schule, so kann die Mutter ohne „Schaden für die Familie sechs bis acht Stunden vom Hause entfernt sein, wenn sie es versteht, Disciplin zu halten. Es erweist „sich, dass nur sehr wenige Frauen, welche sich ausschliesslich der „Familie widmen können, ihre Kinder gut erziehen. Sie verlieren die „Zeit durch nebensächliche, unzeitgemässe Trödeleien, vertiefensich in „Einzelheiten und werden dadurch eines Ueberblickes verlustig, der „sieeinen zweckmässigen Plan entwerfen liesse." (Marianne Hainisch.)

„Viel schwerwiegender schiene mir die Frage: Wie vereinigt „sich die Mutterschaft mit harter körperlicher Arbeit? Wie soll die „in Elend schmachtende und von früh bis spät geplagte Proletarierin „für das physische und moralische Wohl der Kleinen sorgen? „Um das Wohl der Kinder geistig arbeitender Frauen braucht einem „nicht bange zu sein." (Bertha von Suttner.) Wir verweisen zu Frau von Suttner's Aeusserung auf unsere in der Einleitung gemachten Ausführungen, in denen wir darlegten, dass Unvereinbarkeit von Mutterberuf und schwerer gewerblicher Arbeit heute durch Thatsachen erwiesen ist, die jeden Zweifel ausschliessen.

„La constitution physique et les fonctions naturelles de la „femme sont parfaitement compatibles avec un travail intellectuel „producteur. La travailleuse est ordinairement une femme supérieure. „Elle a conscience des responsabilités qu'elle concourt en mettant „des enfants au monde et sait concilier son travail avec ses devoirs „maternels." (Maria Martin.)

„Je crois pouvoir conclure que les femmes peuvent être de „bonnes mères, tout en gagnant leur vie et en s'occupant des „grandes questions sociales." (Marie Pognon.)

„Meine persönliche Auffassung ist, dass eine Frau mit Energie „nicht im geringsten in ihrer Arbeit durch ihr Geschlecht gehindert „wird. Was die Frage der Intelligenz betrifft, so scheint mir im „grossen und ganzen der Mann eher der Frau überlegen oder vielmehr männliche und weibliche Intelligenz scheinen sich mir in „verschiedenen Bahnen zu bewegen." (Kate Dalström.)

„Wo die Verhältnisse normal sind, die Arbeit nicht zerdrückend „ist und die ökonomische Lage befriedigend, da gehen, meine ich, „Beruf und Mutterschaft ganz gut zusammen. Ich glaube nicht, „dass die Mütter die besten Erzieherinnen sind, welche sich fort-

„während um die Kinder herum bemühen, sondern die, welche von „der Geburt an einen sittlichen Einfluss über sie gewinnen. In „diesem sittlichen Uebergewicht liegt die ganze Erziehung. Es füllt „Einsamkeit und Abwesenheit mit der Mutter Geist. Nötig aber „ist es, dass der Beruf der Mutter ihr die Zeit lässt, sich bei den „jungen Kindern diesen Einfluss zu erwerben. Kurz, ich glaube: „vieles scheinbar Unmögliche wird möglich, wenn man die Sachen „nur richtig betrachtet.“ (Nellie van Kol.)

„I never found that several hours study daily interfered with „my health or my home duties.“ (Julia MacHair Wright.)

Neben den vorstehend mitgeteilten Aeusserungen geschätzter Agitatorinnen und Schriftstellerinnen, welche die Verbindung von Mutterschaft und geistiger Arbeit befürworten, liegen uns Daten vor, die 23 Fälle einer mehr oder minder vollständigen Gleichzeitigkeit der Ausübung beider Lebenssphären zeigen. Mit welchen Begleiterscheinungen werden wir im Nachfolgenden sehen.

Nur für eine Minderzahl dieser Frauen sprach der Erwerbszwang mit. Wo er entscheidend war, tritt hier wie überall die gleiche Erscheinung zu Tage: „Notwendig, immer bedauerlich“. Wie gequält klingen z. B. nachfolgende Aeusserungen einer bekannten Schriftstellerin und Redakteurin[1]).

„Das Schicksal hat mich vom Moment des Eintritts in meine „Ehe zu scharfer Arbeit verurteilt; meine Arbeit hat mich in den „Stand gesetzt, meinen Sohn zu erziehen, jetzt seit Jahren meinen „Mann zu erhalten. Hätte ich nicht so ununterbrochen thätig sein „müssen, ich hätte vielleicht in gemütlicher Hinsicht anders und „besser auf die mir anvertrauten Seelen gewirkt. Das Selbstarbeiten „so, wie der Beruf es fordert, macht hart, man hat selbst so unendlich viel zu überwinden, dass man kein Mitleid hat für Andere, „die auch im Kampf stehen. Es ist aber gerade genug, wenn die „Männer hart werden.“

Und noch weit bitterer klagt eine angesehene amerikanische Journalistin:

---

[1]) Auch einzelne andere Frauen unter unsern Experten sind in der Redaktion von Frauenblättern beschäftigt oder selbständige Leiter derselben. Zweifellos ist eine solche Thätigkeit, besonders wo sie ausserhalb des Hauses ausgeübt wird, mit besondern Schwierigkeiten für die Mutter verknüpft. Aeusserungen hierzu liegen uns indes nicht vor.

„It would be a pleasure to see a daughter of mine in her „coffin if there were no other escape from literary labor performed „under conditions such as I have known. Yet after the smoke of „the battle has cleared and only the white scars of the wounds „remain, a literary life has at the last its compensations. It brings „us in touch with other maimed and battle scarred creatures who „teach in sorrow what they learned in suffering.“

Aehnlich wie bei den Aerztinnen begegnen wir auch bei den Agitatorinnen mehrfach dem Hinweis auf Beschränkung der Geburten im Interesse der zu erfüllenden Mission.

„By mutual agreement, in view of the importance of my „cooperation in work for women when as yet few publicly took up „the social purity questions our family was limited“ [1]).

Die hohe Ziffer derjenigen Fälle, in denen die Mutterschaft hier keine oder nur eine geringe Beeinträchtigung der geistigen Leistungsfähigkeit zu bedeuten scheint, erklärt wohl zum Teil der bereits geschilderte Charakter der Thätigkeit, die weniger zwingend, innerlich weniger unbedingt absorbierend in ihren Ansprüchen, wie die auf den früher behandelten Gebieten ist. Die Arbeit mag sich leichter verschieben lassen, Unterbrechungen und Störungen scheinen nicht so irritierend und entmutigend zu wirken als in den Berufen, welche die ganze Persönlichkeit für ein geschlossenes Schaffen einfordern. Vielmehr stehen wir Aeusserungen wie den nachfolgenden gegenüber:

„Die Schwangerschaft hat mich nie am Schreiben gehindert, im Gegenteil die seelige Voraussicht der Schwangerschaft exaltierte mich.“

„Gar keine Unterbrechung; wenn ich wirklich krank war — im „Kindbett — habe ich im Bette diktiert. Das Stillen ging manchmal „während der journalistischen Arbeit vor sich. Seit 10 Jahren habe „ich nie einen längeren Urlaub als 14 Tage im Jahr genommen,“ lautet die Aussage einer ausgezeichneten Journalistin.

Fassen wir andererseits ins Auge, ob und wieweit die Mutterpflichten bei Ausübung der hier in Betracht kommenden Thätigkeit erfüllt werden können, so muss vor allem an dieser Stelle

---

[1]) Vrgl. auch die Ausführungen von Frau Bieber-Böhm in diesem Abschnitt. S. 294.

streng zwischen schriftlicher und mündlicher Agitation unterschieden werden. Denn es fallen gewisse äussere Schranken, welche die mündliche Agitation der Erfüllung des Mutterberufs unabweisbar setzt, für die essaistische und journalistische Arbeit fort. Weit seltener und in geringerer Schärfe als sonst treten uns bei derselben Widersprüche mit den Aufgaben der Mutter entgegen. Und zwar ward der Konflikt, da, wo er nachdrücklich betont ist, nicht durch die physische Mutterschaft, sondern durch die Aufgaben der Erzieherin hervorgerufen.

„J'ai corrigé les épreuves de tout un livre dans mon lit, cinq „jours après la naissance de mon second enfant. Ce n'est pas „quand ils sont petits, qu'ils vous empêchent de travailler — c'est „quand ils sont grands," (René Gauge).

„I am firmly convinced that for a number of different reasons „nothing is more beneficial both for the mother and the prospective „child, than active mental work on the part of the mother during „the period of pregnancy. In all probability there is a period of „immediate baby-hood when the child is just as well off in the „hands of a competent nurse. But the grave question in my „mind is to what extent the duty of the mother is to be with the „child in later baby-hood and early youth, both for her own deve-„lopment and that of the child." (Julia Clark Hallam.)

„I see no reason, why a woman in my profession and many „others can not be a better mother by reason of her work." (Clara Kern Bayliss, Writer and Editor.)

In den beiden letzten Aeusserungen wird, wie es so oft geschieht, wenn der günstige Einfluss der Arbeit auf den Embryo oder das Kind betont wird, unseres Erachtens die freie intellektuelle Weiterbildung, ein reiches geistiges Leben und Streben der Mutter mit beruflicher oder produktiver Arbeit verwechselt. Im allgemeinen scheint uns gegenüber allen obigen Mitteilungen nachfolgende Ansicht, speziell für Essai und Journalismus den Kernpunkt des durchschnittlich Möglichen und Wünschenswerten zu treffen.

„Nach meiner persönlichen Erfahrung lässt sich schwer eine „regelmässige, berufsmässige Thätigkeit mit der Stellung als Hausfrau vereinigen, ohne Vernachlässigung der einen oder anderen „dieser Beschäftigungen — wenigstens unter der jetzt üblichen „Haushaltsordnung. Sowohl die Erziehung der Kinder als der Haus-

„halt und die allgemeine Umsicht um die ökonomische Stellung der „Familie nehmen viel Zeit und viel Kräfte, unter Umständen alle „Zeit und alle Kräfte in Anspruch, und was man einmal an Kraft „und Interesse ausgegeben hat, kann man ja nicht zugleich noch „behalten und auf andere Thätigkeit verwenden.

„Andererseits habe ich, weder nach eigener Erfahrung noch „Beobachtung anderer, von der geistigen Arbeit vor der Ehe und „von der mehr sporadischen also nicht berufsmässigen Arbeit, die „man innerhalb der Ehe noch ausüben kann, nie einige schlechten „Folgen für die körperliche Eigenart der Frau oder ihre Funktionen „als Mutter finden können, wohl aber gute.“ (Anna Bugge Wicksell.)

Wenden wir uns der mündlichen Agitation zu, so lassen Thatsachen und Aeusserungen keinen Zweifel über die Bedenken, welche die unmittelbare Verbindung von Mutterschaft und Ausübung der agitatorischen Thätigkeit einschliessen, keinen Zweifel über die Schwierigkeiten ihrer Vereinigung mit der persönlichen Pflege und Erziehung des Kindes.

In mehreren Fällen sehen wir Vorlesungen und Reisen während der Schwangerschaft eine unmittelbare Gefährdung von Mutter und Kind hervorrufen. Schwere Erkrankung der Mutter nach den Entbindungen war hier, Schwächlichkeit des Kindes dort, die Folge der bis gegen Ende der Schwangerschaft fortgesetzten Arbeit.

Auf die Bedenklichkeit der Ausübung der mündlichen Agitation während der Säugezeit weist folgende Ausführung hin: „I scar„cely lectured at all during the months of pregnancy and never „after the 4. month. After the birth of my fourth child I made a „serious mistake which entailed a long illness and grievous suffering. „I went by train, when the baby was a month old, to adress a „drawing room meeting and the pressure of milk in the breasts „was so agonising that before I could return home to the baby „I fainted with the pain in the train. An abcess formed in the „left breast and four months I was in bed and the baby had to „be brought up by hand.“

Der Erkenntnis des Vorhandenseins solcher Gefahren haben sich auch eine Reihe bekannter Agitatorinnen nicht verschlossen. Adelheid Popp, die, soweit es sich um die Leistungsfähigkeit handelt, an die Möglichkeit einer Vereinigung glaubt, schreibt: „Meine „agitatorische Thätigkeit habe ich während der Schwangerschaft und

„Säugungsperiode unterbrochen mit Rücksicht auf das Kind. Ihm „glaubte ich Schonung schuldig zu sein."

Allein, wie schon berührt, ist auch nach Abschluss der physischen Mutterschaft volle Erfüllung der mütterlichen Aufgabe in Verbindung mit einer regelmässigen agitatorischen Thätigkeit undenkbar. Wie für die Schauspielerin und Virtuosin schliessen schon die äusseren Anforderungen des Berufes: Abwesenheit vom Hause und Reisezwang, Stetigkeit der mütterlichen Aufsicht aus. So schreibt eine bekannte englische Agitatorin, die seit der Geburt ihres ersten Kindes über 6000 Vorträge gehalten hat, dass sie durchschnittlich 2—3 Tage die Woche auswärts ist (my usual absence from home is two or three days.) Ihre grossen Agitationsreisen nach den Vereinigten Staaten, Bulgarien, Creta, Italien etc. hielten sie von 3 Wochen bis zu 3 und 5 Monaten ihren Kindern fern.

„Die agitatorische Thätigkeit", schreibt Frau Ihrer, die bekannte sozialdemokratische Vorkämpferin, „zwingt zur häufigen Abwesenheit „vom Hause; 1—2 Wochen — in Wahlzeiten bis zu vier Wochen"[1]). Und die beste weibliche Kraft der englischen „Unabhängigen Arbeiterpartei" Enid Stacy Widdrington äussert zu dem in Frage stehenden Problem: „It is only fair to say that if I had children, „I should think it only right to give them nearly all my time. „I should in such a case do only a little lecturing and that spas„modically."

„If travelling professionally I should hesitate much before „exposing children to such an irregular life." (Dora B. Montefiore.)

„Die geistige Anspannung, die die doppelten Pflichten an einen „stellen, sind gross, der Kampf meinen Kindern vollauf gerecht zu „werden, den Pflichten der Mutter vollauf zu genügen, kein geringer." (Elly Nienstädt.)

Entscheidend fallen schliesslich die Aeusserungen einer deutschen Frau ins Gewicht, die an Stärke der Beanlagung, Kraft der Empfindung und Hingabe für ihre Ideen den von uns behandelten grossen Kämpferinnen der Revolutionszeit nahe kommt. Klara Zetkin schreibt: „Ehe meine Kinder 7 bezw. $5^1/_2$ Jahr alt waren,

---

[1]) „Auch ohne Kinder zu haben, bedingt das eine intensivere Thätigkeit im Hause vor und nach der Reise." (Emma Ihrer.)

„habe ich sie nie, auch nur vorübergehend, Dritten überlassen. Mens „sana in corpore sano sollte für meine Kinder gelten und ich erachtete „gerade die ersten Lebensjahre als von grundlegender Bedeutung „für die Entwicklung in jeder Richtung. Der grösste Teil meiner „Tagesstunden wurde von der Erziehung der Kinder in Anspruch „genommen, bezw. von Arbeiten, die mit ihr in Zusammenhang „standen. Für die schriftstellerischen Arbeiten blieb mir nur die „Nacht.“

Wir sehen also hier eine Absorbierung durch die vollständige Erfüllung der Mutterpflichten, die geistige Arbeit nur auf Kosten der ersten hygienischen Anforderung, der Nachtruhe, gestattet. Auch bei Klara Zetkin steigerte sich die Empfindung des Zwiespalts, als die Kinder heranwuchsen, vor allem mit dem zunehmenden Ueberwiegen der mündlichen Agitation: „Ich litt empfindlich unter den „steten Konflikten der Pflichten gegen die Kinder, der Pflichten „gegen meine Ueberzeugungen. Diese Konflikte haben sich später „verschärft in dem Mass als sich der Kreis meiner politischen „Thätigkeit erweiterte, die Erziehung der Kinder in geistiger und „sittlicher Hinsicht höhere Ansprüche an mich stellte. Dass ich „mich jederzeit auf verschiedenen Gebieten bethätigen konnte, „wurde mir erleichtert, da ich bei der Erziehung der Kinder von „meinem Manne sehr thätig unterstützt wurde, später, während „meiner gelegentlichen Abwesenheit vom Hause infolge der Agitation, „durch Freunde.“

Dass die Schwierigkeit der Vereinigung auch von vielen andern, teils in der Frauenbewegung stehenden, teils ausserhalb derselben thätigen Frauen nicht verkannt wird, zeigen eine Anzahl von Aeusserungen, deren wichtigste wir hier folgen lassen:

„Eine Mutter, die wirklich Erzieherin und dabei gewerblich „oder öffentlich thätig sein will, wird nach jeder Seite hin nichts „Ganzes leisten, sondern mit geteilter Seele wird sie schlechte Erziehung und Arbeit leisten. Die gleiche Erfahrung haben alle „Mütter, die wirklich aufrichtig sind, auch gemacht, d. h. aufrichtig „und auch mit einem hohen Ziel für die Arbeit und die Erziehung. „Sind sie in beider Hinsicht Dilettanten, dann geht es ja.“ In diesem Ausspruch Ellen Key's giebt diese feine und warme Natur oft von ihr geäusserten Bedenken Ausdruck — Bedenken, die fraglos eine ernste Berücksichtigung verdienen, denen gegenüber aber das Schwergewicht des angeborenen künstlerischen und geistigen Triebes und des Kulturwertes weiblicher Leistung entscheidend in die Wagschale fällt.

„Ich gehöre trotz aller Sympathie und dem lebhaftesten Inte-„resse für die Bewegung der Frauen zu denen, für die bei der ver-„heirateten Frau zuerst der Gatte, dann die Kinder, und dann erst „nach Erfüllung aller anderen Pflichten ein Beruf als Nebenthätig-„keit in Frage kommt. Dagegen muss meiner Ansicht nach für „ein Mädchen oder eine Witwe jede Schranke fallen, die ihr die „Berufswahl erschwert.“ (Natalie von Rümelin.)

„Glückliche, geordnete und sorgenfreie Verhältnisse der Familie „sind unbedingt notwendig, wenn die Hausfrau öffentlichen Arbeiten „sich widmen soll. Vor allem bin ich der Ansicht, dass junge „Mütter nur zu ihren Kindern gehören! Sie zu hegen und pflegen, „zu erziehen, zu unterrichten und durch Anregung und gutes Bei-„spiel zu tüchtigen Menschen zu machen, ist ihre erste und heiligste „Pflicht.“ (Gertrud Villiger.)

„Für die Familie halte ich das scharfe Arbeiten der Frau nicht „für ein Glück; bei grösster Pflichttreue kann eine Frau Mann und „Kind nicht so selig beglücken, wenn sie beruflich arbeitet, wie sie „es könnte, wenn sie frei von anstrengender Kopfarbeit ist.“ (Gertrude Ebhardt.)

„Aus den bisher gesammelten Lebenserfahrungen habe ich die „Ueberzeugung gewonnen, dass, wo es irgendwie angeht, die Frau „und Mutter in allererster Linie dem Behagen des Hauses und der „Erziehung der Kinder leben soll. Es mag ja Ausnahmefälle geben, „wo besondere Talente und Kenntnisse die Frau auf einen Platz „stellen, wo sie für die ihrigen und für die Allgemeinheit Grösseres „und Wertvolleres leisten kann als in dem ihr von der Natur zu-„gewiesenen engen häuslichen Kreise und wo fremde vielleicht da-„für besser geeignete Kräfte jene Thätigkeit ausüben können. Doch „sollen dies Ausnahmen sein und bleiben. Darum gebe man den „Mädchen in allererster Linie eine Allgemeinbildung, welcher auch „die hauswirtschaftliche als ein integrierender Bestandteil angehört, „und erst dann komme die verschiedenartige Berufsbildung in „Frage, je nach Anlage oder Neigung eine wissenschaftliche, künst-„lerische oder in mechanischen Fertigkeiten. Oft sind ja auch „zwingende Verhältnisse vorhanden, die den Weg von selbst weisen.

„Immerhin vertrete ich die Meinung und zwar mit Wärme, dass „jede Tochter aus bürgerlichen Kreisen einen bestimmten Beruf er„lernen soll. Mag sie ihn in einer allfälligen Ehe quittieren oder „weiterführen oder anfänglich niederlegen und dann wieder auf„nehmen. Die Selbständigkeit der Frau, die ökonomische und als „deren Konsequenz die geistige ist das erstrebenswerteste Ziel, das „ich kenne und das ich in der Frauenbewegung überhaupt sehe.“ (Emma Coradi Stahl.)

„La maternité semble exclure le labeur intellektuel. Mais à „une époque ou la qualité physique nerveuse et intellectuelle des „enfants est plus nécessaire et plus demandé que la quantité „d'enfants, la femme a le temps d'être autre chose qu'une couveuse. „Et la vitalité même de la race demande qu'elle équilibre par une „culture de son intelligence les tendances passionnées que développent „en elle sa constitution féminine. Mais le travail intellectuel pro„ducteur comme tous les labeurs un peu durs me semble incom„patible avec toutes les périodes de maternité active.“ (M. Mali.)

„I believe, that it is still only the exceptional woman who is „a successful wife and also a professional woman. By exceptional „I mean the woman with more than the average amount of physical „strength and mental ability and I refer not to the possible future „but to actual present a regards conditions.“ (Belle Armstrong Witney.)

Das Gesamtbild der Fakten und Aeusserungen führt zu dem Schluss, dass Ausübung der mündlichen Agitation für die Mutter zwar der Quantität nach naturgemäss eine starke Einschränkung der geistigen Arbeit bedeutet, aber keineswegs unbedingt eine Verringerung der Arbeitsqualität. Ist doch das tägliche Leben selbst die Wurzel aller Agitation. Das Interesse der Mutter an sozialen Fragen, das gelegentliche Eintreten für ihre Ideen in der Oeffentlichkeit wird sie ihren nächsten Pflichten auch geistig nicht entfremden. Denn eng verwoben sind die erziehlichen Aufgaben mit dem Weltbürgertum.

Allein der springende Punkt, um den es sich gerade in der Agitation handelt, ist nicht jenes sporadische Nebeneinander, sondern die Aussicht, nach erfüllter Mutterpflicht, nach Jahrzehnten des Sammelns, alle still gereiften Kräfte in reichem Masse zu verwerten. Und diese Betrachtung führt uns noch einmal zu Clara Zetkin zurück:

„Sehr schwer empfand ich die Unmöglichkeit, in dem Maasse „wie ich es wünschte an meiner systematischen Weiterbildung zu „arbeiten, mich in grösserem Umfange der sozialdemokratischen „Bewegung zu widmen. Erst später habe ich erkannt, dass ich „gerade in jener äusserlich wenig fruchtbaren Zeit innerlich am „weitesten gereift bin und zuerst angefangen habe, das Gelernte, „Erstudierte geistig selbständig zu verarbeiten."

Diese Worte Clara Zetkin's zeigen, was eine Vereinigung von Mutterschaft und Agitation nicht nur ermöglicht, sondern auch fruchtbar sein lässt. Die Mutterschaft selbst, die Pflege, die Entwicklung, die Ueberwachung des einzelnen Wesens schärft den Blick, erhöht das Gefühl, giebt Einblick in die Bedürfnisse der Kinder im Allgemeinen, der kleinen, der heranwachsenden Kinder, schliesslich der herangewachsenen Menschen — der Menschheit: „I believe in the vocation of motherhood above all others and „that mothers should by precept and example train their children „in deeds of beneficence-that in later years they may together „bless and brighten unfortunate lives and help to bring about improved conditions." (Anna Adams Gordon).

Viele unserer Experten haben in der That erst nach vollständig erfüllter Mutterpflicht die Arbeit aufgenommen und schnelle Erfolge erzielt. Wir erinnern vor Allem an Jeanette Schwerin. Erst mit 41 Jahren begann sie ihre öffentliche Laufbahn. In der kurzen Spanne von sechs Jahren entwickelt sie eine reiche organisatorische und propagandistische Thätigkeit, welcher der Tod ein vorzeitiges Ende setzte. Schwere körperliche Leiden vermochten weder ihre Thatkraft zu mindern noch die Heiterkeit ihrer Seele herabzustimmen. Und so hat sie bleibende Spuren intelligenten und segensreichen Wirkens hinterlassen.

Emma Coradi-Stahl, Therese Schlesinger-Eckstein, Marianne Hainisch traten erst an die Oeffentlichkeit, als die Aufgaben der Mutter ganz oder zum grösseren Teil hinter ihnen lagen. Die Hauptthätigkeit von Marie Luise Néron (Redakteur der Fronde und der Indépendence Belge), sowie einer Reihe anderer namhafter Schriftstellerinnen und Agitatorinnen fällt ebenfalls in jene spätere Lebensperiode.

* * *

Fassen wir die Ergebnisse unserer Prüfung auf dem gesammten hier in Frage stehenden Gebiet der Agitation in Schrift und Wort zusammen, so sahen wir in der Vergangenheit zunächst eine stark agitatorische Veranlagung sich lebhaft und geistreich bethätigen. Von unsern Experten sprach sich nicht nur eine grosse Anzahl für Vereinigung von Mutterberuf und Agitation aus, sondern auch die Thatsachen zeigen, dass hier der Konflikt weniger scharf zu Tage tritt, als in andern Berufen.

Diese Erscheinung glauben wir aus mehreren bereits angeführten Ursachen erklären zu können. Vor allen Dingen fällt neben der Art der Thätigkeit die für sie in Betracht kommende Vorbereitung ins Gewicht. Agitation, Essai und Journalismus setzen nicht, gleich der Mehrzahl der früher behandelten Arbeitszweige, ein mehr oder minder bestimmtes und abgeschlossenes Fachstudium voraus, das häufig mit den Ansprüchen des Frauenlebens in Widerspruch tritt [1]). Vielmehr ist die Weite des geistigen Horizonts, die das vornehmste Erfordernis der Agitation sein sollte, auch als ideale Forderung für den Mutterberuf aufzustellen. Hier handelt es sich zur Hauptsache um die Gewinnung von Kenntnissen mehr allgemeiner Natur, wie sie bei entsprechenden Anlagen und einigermassen günstigen Verhältnissen schon im Interesse der Weiterentwicklung der Persönlichkeit erstrebt werden. Und während die Gattin und Mutter durch solche vorbereitende Thätigkeit nur gewinnen wird, kann die Mutterschaft ihrerseits befruchtend und anregend auf die Agitatorin einwirken, ja, eine Quelle der Erkenntnis für sie werden.

Betrachten wir nun die Ausübung der Agitation, so sahen wir, dass sie nicht mit Unerbittlichkeit Continuität und Ungestörtheit des Schaffens beanspruchte, selbst jahrzehntelange Unterbrechung ertrug, ohne eine qualitative Einbusse zu erleiden.

Dieser Gesichtspunkt verdient besonders für die mündliche

---

[1]) Wird z. B. das wissenschaftliche Studium wie es im Interesse der Arbeit wünschenswert ist, vor der Ehe absolvirt, so schiebt es diese selbst beim günstigsten Lehrgang um mehrere Jahre über das in nordischen Ländern übliche Heiratsalter hinaus und kann möglicher Weise eine Beeinträchtigung der geistigen Disposition für die Erfüllung des Mutterberufs bedeuten. Oder auch die Heirat unterbricht das Studium und stört so den Gang der beruflichen Ausbildung.

Agitation Beachtung. Denn sowohl die Vergangenheit als unsere Erhebung lehren bei einer Reihe von Arbeitszweigen, dass das öffentliche Auftreten und die dadurch bedingte körperliche Anstrengung, Reisen, langes Stehen u. s. w. mit den Anforderungen der physischen Mutterschaft, jedes gezwungene Verlassen der Häuslichkeit mit ihren psychischen Aufgaben unvereinbar ist, wenn man den Mutterberuf in seinem vollen, früher von uns erörterten Gehalt erfasst. Widersprüche, wie sie in der Schauspielkunst, der Musik, in der angewandten Wissenschaft zu Tage treten, begegnen uns auch in der Agitation, doch mit dem entscheidenden Unterschied, dass nicht wie bei jenen Berufen Jugend oder fortgesetzte Uebung Voraussetzung des Erfolges ist. In Vergangenheit und Gegenwart sehen wir die agitatorische Thätigkeit sich mehrfach dem erfüllten Mutterberuf anschliessen. Das Streben der Mutter im engen Kreis zu beglücken, zu erziehen, emporzuheben, wächst nun über denselben hinaus und gilt der Menschheit.

Sowohl die Befähigung des Weibes für die Agitation, als auch die Möglichkeit ihrer Vereinigung mit dem Mutterberuf scheinen darauf hinzuweisen, dass die Frau geeignet sei, an allen Zweigen öffentlicher Wirksamkeit — ja, auch an der Arbeit in den gesetzgebenden Körperschaften, wie sie ihr das passive Wahlrecht geben wird, handelnd teilzunehmen. Und erst, wenn sie das volle Bürgerrecht erkämpft hat, wird auch die Zeit anbrechen, in der sich ihre agitatorischen Kräfte in einem freieren und höheren Sinne als heute entwickeln können.

III. Hauptteil.

Zu Seite 309 ff.

Von 420 Experten, die genaue Angaben machten[1]), waren:

	Unverheiratet 156	Verheiratet 264	Kinderlos (einschl. Frauen, die nur Todgeburten verzeichnen) 213	Mütter 207	Mehr als ein lebensfähig[e] Kind gebor[en] 147
Es entfielen auf die reproduktiven Berufe: 39 Experten	8	31	14	25	16
auf die bildende Kunst: 45 Experten	22	23	27	18	15
auf die Dichtung: 112 Experten	37	75	49	63	42
auf die Wissenschaft: 102 Experten	52	50	64	38	26
auf die Agitation: 115 Experten	32	83	54	61	46
auf die Komposition: 7 Experten	5	2	5	2	2
(Summe der letzten fünf Zeilen)	148	233	199	182	131

[1]) Wir bemerken ausdrücklich, dass mehrere dieser Experten im Register auf ihren b[…] finden sich dort einzelne Frauen verzeichnet, die für die obige Tabelle nicht in Betracht komm[…] unterstützten, Angaben von Thatsachen hingegen in ihren Mittheilungen ganz oder teilwe[…]

7 Müttern hatten:

Todesfälle lebensfähig geborener Kinder verzeichnet 53 darunter mehr als einmal 14		selbst genährt (über zwei Monate) 108 davon mehr als ein Kind 71	
6 (darunter mehr als einmal: 3)		7 (darunter mehr als 1 Kind: 5)	
3 (darunter mehr als einmal: 1)	47	11 (davon mehr als 1 Kind: 9)	101
18 (darunter mehr als einmal: 5)		33 (darunter mehr als 1 Kind: 19)	
8 (darunter mehr als einmal: 2)		21 (davon mehr als 1 Kind: 19)	
18 (darunter mehr als einmal: 3)		34 (davon mehr als 1 Kind: 19)	
		2	

nsch ungenannt blieben. Andererseits
s zwar durch Aeusserung ihrer Ansicht

Gesamtergebnisse.

Bei Darlegung der Gesamtergebnisse unserer Studie wenden wir uns zunächst dem Thatbestand zu, soweit er sich zahlenmässig erfassen lässt.

Hierzu sind die Ergebnisse der geschichtlichen Betrachtung gering. Ein einheitliches Bild zeigte sich nicht. Die stärksten geistigen und künstlerischen Leistungen rührten weder durchweg von kinderlosen Frauen, noch durchweg von Müttern her.

Wir haben uns also an die Gegenwart, die Resultate der Erhebung zu halten. Indessen muss vorausgeschickt werden, dass sie ihrem Gegenstande nach mit kleinen Zahlen rechnen musste. Denn sie galt lediglich Frauen, die auf dem Gebiet höherer geistiger Arbeit hervorgetreten sind — also naturgemäss einer kleinen Anzahl.

Wir fassen zunächst die Unverheirateten in's Auge, die 37 Procent der Experten bilden. Nach den verschiedenen Gebieten geistiger Arbeit betrachtet, stellten unter unseren Experten — wenn wir von den verschwindenden Zahlen in der Komposition absehen — den grössten Prozentsatz an Unverheirateten die wissenschaftlich thätigen Frauen. Unter diesen waren nämlich fast 51 Procent ledig, unter den in der bildenden Kunst arbeitenden Experten 49 Procent. In der Dichtung stark 32 Procent, in der Agitation stark 28 Procent. Bei den mit Vorsicht zu nehmenden kleinen Zahlen in den reproduktiven Berufen entfallen nur stark 20 Procent auf die Unverheirateten.

Natürlich darf bei den begrenzten Zahlen, den mancherlei Gründen, die gänzliche Nichtbeantwortung veranlassten und das Bild (vor allem in den reproduktiven Berufen) nicht klar zeigen, diesen Ergebnissen nur ein bedingter Wert zuerkannt werden. Als feststehend kann aber wohl betrachtet werden, dass sich die grösste Zahl der Unverheirateten in der bildenden Kunst und in der Wissenschaft findet.

Kinder aus illegitimen Verbindungen sind nur von den Frauen in der Dichtung verzeichnet. Es bedarf wohl nicht der Erwähnung, dass dies nicht den thatsächlichen allgemeinen Prozentsatz wiederspiegelt, dass andere künstlerische Berufe (Reproduktion) eher ein grösseres, denn ein kleineres Kontingent zu den illegitimen Geburten stellen, wenn auch aus diesen Kreisen die Beantwortung des Fragebogens unterblieb. Dessen ungeachtet sprechen auch hier die Zahlen eine beredte Sprache: die Angabe illegitimer Geburten stammt aus Kreisen, für die das uneheliche Kind nicht eine unerwünschte und zu verbergende Folge ist, sondern Konsequenz eines Prinzips, das mit Würde und Mut vertreten wird [1]).

Von den verheirateten Frauen unter unsern Experten sind fast 77 Procent Mütter, fast 56 Procent haben mehr als ein lebensfähiges Kind geboren [2]). Wie wir schon früher bemerkten, kann ein etwaiger ungünstiger Einfluss späten Heiratsalters infolge des Studiums [3]) auf die Fruchtbarkeit nur für die Wissenschaft in Betracht kommen, da in den bildenden und reproduktiven Künsten in sehr jugendlichen Jahren mit der Ausbildung begonnen wird. Allein selbst in der Wissenschaft sind unter unsern Experten 76 Procent der verheirateten Frauen Mütter und zwar haben 52 Procent sogar mehr als ein lebensfähiges Kind geboren. Der Procensatz der Mütter lebensfähiger Kinder schwankt, abgesehen von der Komposition, zwischen 73 und 80 Procent. Den höchsten Procentsatz stellen die reproduktiven Berufe mit 80 Procent, den niedrigsten die Agitation mit 73 Procent, 78 Procent Dichtung und bildende Kunst. Mehr als ein Kind geboren haben 65 Procent in der bildenden Kunst, 56 Procent in Dichtung und Agitation, 52 Procent in der Wissenschaft und 51 Procent in den reproduktiven Künsten [4]).

Totgeburten und Aborte sind stark 10 Procent verzeichnet. Aber die grosse Verschiedenheit des Procentsatzes je nach dem Beruf giebt immerhin zu denken. Wir finden stark 7 Procent Totgeburten und Aborte in Dichtung und Wissenschaft, knapp 10 Procent in der

---

[1]) Vrgl. Dichtung. S. 192ff.

[2]) Hierbei ist berücksichtigt, dass unter 207 Müttern in vier Fällen Kinder aus illegitimen Verbindungen stammen.

[3]) Siehe T. I, 1.

[4]) Die Ursachen der Sterilität haben wir bei Besprechung der körperlichen Natur der Frau berührt. Siehe Teil I.

Agitation, 12 Procent in den reproduktiven Berufen — über 22 Procent in der bildenden Kunst.

Allerdings möchten wir nochmals darauf hinweisen, dass die Ursachen des Abortes nur ausnahmsweise von aussen einwirkende sind[1]. (Hierzu ist zu bemerken, dass die Fälle, wo nur Totgeburten angegeben wurden — auf der Tabelle unter „kinderlose Frauen“ vermerkt — minimal sind.)

Betreffs des Säugens geben die Zahlen ein erfreuliches Bild von den seelischen Qualitäten geistig thätiger Frauen für den Mutterberuf: durchschnittlich nährten 52 Procent; davon entfallen 61 Procent auf die bildende Kunst, 55 Procent auf Wissenschaft und Agitation, 52 Procent auf die Dichtung und selbst auf die reproduktiven Berufe 28 Procent. Und stark 34 Procent nährten mehr als ein Kind, davon 50 Procent in der bildenden Kunst und Wissenschaft, 31 Procent in der Agitation, 30 Procent in der Dichtung und 20 Procent in den reproduktiven Künsten. Für die physische Vereinbarkeit geistiger Arbeit mit dem Säugen geben diese Zahlen kein einwandfrei günstiges Zeugnis, da eine etwaige Schädigung in qualitativer Hinsicht nach der einen oder andern Seite hin sich der Art unserer Forschung entzieht. Allein um so entscheidender spricht der hohe Procentsatz selbst für den ernsten Willen, dem Mutterberuf voll und ganz gerecht zu werden.

Jedenfalls aber scheint nach den Ergebnissen unserer Untersuchung weder die Fruchtbarkeit noch die Möglichkeit des Säugens — Qualitätsunterschiede vorbehalten — durch die geistige Arbeit der Frau zu leiden. In einer relativ grossen Anzahl Fälle sehen wir Mutterschaft und geistige Arbeit thatsächlich vereinigt. Die Art dieser Vereinigung, ihre Wirkungen und Begleiterscheinungen haben wir nachfolgend zu erörtern.

* * *

Ehe wir uns bei den Gesamtergebnissen, soweit sie über den zahlenmässig zu erfassenden Thatbestand hinausgehen, dem Verhältnis von Mutterschaft und geistiger Arbeit zuwenden, fassen wir die Unverheiratete ins Auge. Bei den für sie in Betracht kommenden

---

[1]) Vrgl. Th. I, 1. u. Th. II, 3.

Gesichtspunkten muss zunächst der Einfluss der Menstruation berührt werden. Die wichtigsten über sie verbreiteten Ansichten wurden bereits bei Behandlung der körperlichen Natur der Frau erwähnt. Schon dort verwiesen wir darauf, dass gegenüber der Ermittlung gewisser Einwirkungen der Menstruation, die nur für die exakte Forschung wahrnehmbar sind, unsere Erhebung Thatsachen ergab, an deren Wichtigkeit für Lebens- und Arbeitsführung nicht zu zweifeln ist.

Von vielen unserer Experten wurde ausdrücklich betont, dass die Menstruation ohne jedes physische und psychische Unbehagen verläuft. Jedenfalls darf sie durchgängig als keine ernstere Berufsstörung betrachtet werden, abgesehen von der an bestimmte Tage und Stunden und an die körperliche Erscheinung gebundenen Thätigkeit in den reproduktiven Berufen — in denen man sich längst mit ihr abfand — und gelegentlich in der Agitation. Die Aerztinnen äussern sich übereinstimmend dahin, dass sie weder geistig noch körperlich an der Erfüllung ihrer Aufgabe durch die Menstruation behindert seien [1]). Bei den Malerinnen, Dichterinnen, Privatgelehrten, Essayistinnen und Journalistinnen mag sie einen Zeitverlust bedeuten, der aber, da sich hier die Arbeit mehr oder minder willkürlich verlegen lässt, nicht ins Gewicht fällt.

Im Ganzen muss man nach den Aussagen der unverheirateten und verheirateten Experten durchaus zu der Ansicht gelangen, dass jene Auffassung, die in der Menstruation eine erhebliche Arbeitsstörung sieht, nicht stichhaltig ist. Dass es sich in dem uns vorliegenden Material nicht um tendenziöse Färbung der Thatsachen handelt, ist schon daraus ersichtlich, dass die physische Mutterschaft von vielen Frauen rückhaltslos als Hemmung des Schaffens bezeichnet ward.

Auch im allgemeinen wurde nur ganz ausnahmsweise die körperliche Natur der Frau als Arbeitsstörung empfunden. Durchschnittlich wurde die weibliche Konstitution — wo nicht die Mutterschaft in Frage kommt — als kein Hindernis geistigen oder künstlerischen Schaffens erklärt.

---

[1]) Sehr häufig ward in den uns vorliegenden Mitteilungen ausführlich dargelegt, dass sich mit einer besseren gesundheitlichen Erziehung des Mädchens die Zahl der unter der Menstruation leidenden Frauen erheblich vermindern wird.

Die Frage, ob das Cölibat eine unmittelbare Beeinträchtigung des geistigen Schaffens mit sich bringt, ward fast nur von Künstlerinnen erwogen. Und auch hier nicht gleichmässig in allen künstlerischen Berufen. Betont ward dieser Gesichtspunkt vielmehr nur in gewissen Zweigen der bildenden Kunst, vor allem aber in der Dichtung und bei der Bühnenthätigkeit[1]). Beim Cölibat ist nun nicht nur der fehlende geschlechtliche Verkehr in Betracht zu ziehen, sondern vor allen Dingen die Einbusse des vollen Liebeslebens, der Erfahrungen der Mutterschaft, des ganzen erweiterten Gesichtskreises. Hat dies auch nicht auf jede geistige Thätigkeit den gleichen Einfluss, so fördert normales Sichausleben doch immer die Persönlichkeit — somit indirekt wohl jede Art des Schaffens. Insofern — aber auch nur insofern — könnte sogar eine Beeinträchtigung wissenschaftlicher Arbeit durch das Cölibat in Frage kommen. Demgegenüber ist zweifellos, dass die grosse Ungebundenheit der Unverheirateten, wie sie bei einigermassen günstiger Umwelt vorhanden ist, für das Schaffen die denkbar grössten Vorteile bietet. Und die Freiheit der ledigen Frau ist nicht rein äusserlich zu fassen. Wir erinnern an Marie delle Grazie's geistvolle Ausführung über die wahrhaft mystische Kraft des Künstlers, die dahinschwinde, wenn die Einsamkeit seiner Seele gebrochen sei.

Fassen wir nun, nachdem wir den Einfluss des Cölibats auf das Schaffen erörterten, die Einwirkung der geistigen Arbeit auf die Unverheiratete ins Auge, so sehen wir durchweg Bethätigung der geistigen Kräfte — gleichviel auf welchem Gebiet — Hebung der Persönlichkeit bewirken. Allein nicht nur Würde und Halt, sondern auch eine intensive Steigerung des Glücksgefühls durch das Schaffen spricht aus den Berichten unserer Experten.

Wir schliessen hiermit diejenigen Ausführungen, die für unser Problem im engeren Sinne nur mittelbare Bedeutung haben, um nun bei der Betrachtung der Vereinigung von Mutterschaft und geistiger Arbeit die wesentlichen Ergebnisse unserer Erhebung im Zusammenhange zu zeigen.

Grundlegende Voraussetzung der Darstellung bildet unsere Auffassung der natürlichen Ansprüche der physischen Mutterschaft, sowie des Mutterberufs in dem ernsten und weiten Sinne, den wir früher als unserem Kulturempfinden und dem Grade der heutigen

[1]) Siehe Teil II.

Erkenntnis entsprechend schilderten[1]). Diese unsere Ansicht über den Mutterberuf begegnete sich in der Mehrzahl der Fälle mit der Ansicht der Experten. So wurden wir in der Meinung bestärkt, dass die Erfassung mütterlicher Pflichten als Beruf das Zeitempfinden wiederspiegelt, ein Zeitempfinden, das heute erst bei den feineren Geistern ins Bewusstsein tritt, nach Ausdruck ringt, sich in lebendige Kraft umsetzen möchte. Man muss sich dieser Auffassung und der grösseren Ansprüche, welche die mütterliche Thätigkeit heute stellt, erinnern, um nicht durch die Thatsache beirrt zu werden, dass die Frau früher niemals nur Gattin und Mutter war und wirtschaftliche Verrichtungen stets einen Teil ihrer Zeit besetzten[2]).

Schon in der Einführung zu der Betrachtung der Einzelberufe ward hervorgehoben, dass die Fälle, in denen lediglich materielle Gründe zur geistigen Arbeit führten, in psychologischer und soziologischer Hinsicht gesondert zu betrachten seien. Wo die Thätigkeit der Mutter zur Erhaltung der Kinder dient, kann von einem Konflikt im eigentlichen Sinne zwischen mütterlicher und geistiger Bethätigung nicht die Rede sein: die Forderung der unmittelbaren mütterlichen Pflege muss vor dem Zwang, den Lebensunterhalt zu erringen, verstummen. Wie hin- und hergezerrt die um den Erwerb kämpfende Mutter auch ist, ein Gewissenskonflikt kommt hier nicht in Frage. Immerhin aber bleibt eine ideelle Unvereinbarkeit divergierender Pflichten — wie die Berichte aller der Experten, die zugleich Mütter und Ernährer der Familie sind, mit schneidender Schärfe zeigen. Und die gleiche ideelle Unvereinbarkeit

---

[1]) Der Einwand, dass Frauen ohne jegliche geistige Thätigkeit die mütterlichen Pflichten oft nicht in ernster Weise ausüben, kann natürlich nicht an unserm Ausgangspunkt irre machen: für die geistig und seelisch hochstehende Frau kann betreffs der Erfüllung der Mutterpflichten nur der Massstab in Betracht kommen, der einer gereiften Einsicht und entwickeltem ethischen Empfinden entspricht.

[2]) Vrgl. hierzu Bücher. Die Frauenfrage im Mittelalter. 1882. v. Maurer. Geschichte der Frohnhöfe, der Bauernhöfe und der Hofverfassung in Deutschland. Schmoller. die Thatsachen der Arbeitsteilung und die Arbeitsteilung in der Familie. (Schmollers Jahrbücher, 13. Jahrgang. 3. Heft. 1889).

Unvereinbarkeit sehen wir auch dort, wo ein angeborener Schaffenstrieb zwar als Motiv der Thätigkeit mitspricht, die geistige Arbeit indessen als alleinige oder vorwiegende Erwerbsquelle dient.

„Die Ueberarbeitung, zu der ich seit unserm finanziellen Ruin gezwungen war, um meine vier Kinder zu ernähren, war fast übermenschlich — wenig Frauen könnten ein Leben, wie das von mir geführte aushalten."

„Das Schicksal hat mich vom Moment des Eintritts in meine Ehe zu scharfer Arbeit verurteilt, meine Arbeit hat mich in den Stand gesetzt, meine Kinder zu erziehen. Hätte ich nicht so ununterbrochen geistig thätig sein müssen, so hätte ich vielleicht in gemütlicher Hinsicht anders und besser auf die mir anvertrauten Seelen gewirkt."

„Als die Anzeichen (Schwangerschaft) sichtbar wurden, musste ich mich in ein Mieder schnüren — es bedurfte aller meiner Willenskraft, um auszuharren — ich wollte das Engagement nicht lösen — wir brauchten die Gage."

„Jch muss meine Kinder jetzt verlassen, da ich sie nicht zugleich gut erziehen und das Geld für ihre Erziehung durch geistige Arbeit erwerben kann."

Zahlreiche Mitteilungen unserer Experten sagen über eine Vereinigung von Mutterschaft und geistiger Arbeit zur Bestreitung des Lebensunterhaltes in ähnlicher Weise aus wie die angeführten Beispiele. Jn allen diesen Fällen sahen wir bei bewunderungswürdiger Energie und Aufopferung die trübsten Erscheinungen in allen Berufen, stehen aber hier leider einer harten Notwendigkeit gegenüber.

Auch da, wo die geistige Arbeit nicht dem Erwerb dient, sind, wie schon betont, die ökonomischen Verhältnisse grundlegend für die Möglichkeit und Art der Vereinigung[1]). Wir sehen die mannigfaltigsten Bilder je nachdem grössere oder geringere Dürftigkeit der Lebenslage die Kräfte der Frau hauswirtschaftlich absorbirt oder sorgenfreie, oft sogar glänzende, Verhältnisse eine von mechanischen Arbeiten ungehemmte Hingabe an den Mutterberuf und das geistige Schaffen gestatten.

„Das wesentliche Hindernis für die Ausübung meiner schriftstellerischen Thätigkeit und für die Vorbereitungen grösserer Arbeiten

[1]) Siehe Teil II, Einführung.

hat für mich immer darin gelegen, dass ich meinen Hausstand fast stets ganz allein besorgen musste, ohne Mädchen, oft ohne Aufwartefrau. Hätte ich kein Kind gehabt, so wäre dieser Umstand nicht von Bedeutung gewesen, andrerseits glaube ich, dass ich bei Entlastung von der Hausarbeit trotz der Kinder hätte arbeiten können."

Deutlich zeigen diese Worte einer ungewöhnlich beanlagten Schriftstellerin die bleierne Belastung durch rein mechanische Beschäftigung, zeigen den grossen Kräfteverbrauch, welcher der besser gestellten Frau erspart ist, ganz abgesehen von den andern zahllosen Vorteilen einer günstigen Lebenslage. Aber andrerseits wird in jenen unter dem Druck materieller Not geschriebenen Worten unserer Expertin verkannt, wie sich das Verhältnis von Mutterschaft und geistiger Arbeit da gestaltet, wo stärkere materielle Erschwerungen nicht in Frage kommen. Wir stehen jetzt vor der zusammenfassenden Prüfung des Materials, das uns über diesen eigentlichen Kern unseres Problems Aufschluss giebt: über das Verhältnis höherer geistiger Arbeit zu der Frau als Geschlechtswesen und der Mutterschaft.

Betrachten wir zunächst die Vereinigung mit der physischen Mutterschaft. Vor allem während der Schwangerschaft, in gewisser Hinsicht aber auch während des Säugens, erwachsen hier ernste Bedenken für die reproduktiven und bildenden Künste, die mündliche Agitation, die gesammte angewandte Wissenschaft, besonders für die ärztliche Thätigkeit und den Aufsichtsdient. Zum Teil wurden uns diese Bedenken von den Expertinnen selbst geäussert:

„While I carried my child before its birth, I made a point of ceasing to tax my brain with creative work altogether — — never doing anything that would require a strain of brain-power."

„Da ich gewöhnlich grosse Bilder malte, hielt ich es für gut, während der Monate vor der Geburt meiner ältesten Tochter mit der Arbeit auszusetzen. Als ich meine zweite Tochter erwartete, hat mir der berühmte Professor X. gestattet, soweit es ohne Uebermüdung möglich sei, bis Ende des fünften Monats zu arbeiten [1])."

---

[1]) Beide Frauen hatten im Anfang ihrer Ehe einen Abort.

In weitaus den meisten Fällen erwecken nicht die Aussagen der Experten, sondern die Thatsachen Zweifel an der Möglichkeit einer harmonischen Vereinigung von physischer Mutterschaft und geistiger Arbeit. Wir haben in den Einzelkapiteln diese Thatsachen angeführt [1]) und müssen es, wie wir schon bei der Behandlung der bildenden Kunst erwähnten, der exakten Forschung anheim geben, ob sich aus dem begrenzten Material irgend welche Schlüsse ziehen lassen.

Einer unmittelbaren Gefährdung des Säugens durch die geistige Arbeit und die mit ihr verknüpften Anforderungen begegneten wir nur ganz ausnahmsweise. Auf eine Schädigung der Milch infolge von Erregung durch geistige oder künstlerische Thätigkeit wurde nirgends hingewiesen. Wir erinnern an Adelaide Ristori's Mitteilungen, die in gegenteiligem Sinne lauten, aber wir wiederholen die in der Schauspielkunst geäusserte Ansicht, dass diese kraftvolle, geniale Frau als Ausnahme zu betrachten ist. Im Uebrigen konnte zu dieser Frage unsere Art der Forschung nichts Entscheidendes aussagen. Unsere persönliche Ueberzeugung haben wir in Anschluss an die herrschende medizinische Anschauung über die Behandlung der nährenden Frau (Verhütung von Erregung u. s. w.) im ersten Teil dargelegt.

Ist es vor Allem der Gesichtspunkt einer möglichen Schädigung des Kindes, der sich bei der geistigen Arbeit und ihren äusseren Anforderungen während der Schwangerschaft und des Säugens geltend macht, so spielt andererseits eine Schwächung geistiger und künstlerischer Leistungsfähigkeit durch die physische Mutterschaft eine gewisse Rolle in dem uns vorliegenden Material. Zunächst in den reproduktiven Berufen durch die Veränderung der äusseren Erscheinung [2]). Ferner wird von den Dichterinnen ein Versagen der geistigen Spannkraft mehrfach betont — eine Thatsache, die besondere Beachtung verdient, da sie den Kern unseres Problems berührt. Erinnern wir uns, dass unsere Forschung im letzten Grunde dem Verhältnis geistigen Schaffens zu der Frau als Geschlechtswesen gilt und dass wir nur gezwungener Weise die beruflichen Ansprüche berücksichtigten, weil wir die geistige Arbeit heute meist im Rahmen

---

[1]) Vrgl. auch die Tabellen in Teil II, 3 (bildende Kunst) u. 5 (angewandte Wissenschaft).

[2]) Vrgl. Klara Ziegler. Schauspielkunst. S. 53.

der Berufe finden. Im Hinblick auf diesen Kern unseres Problems ist es bedeutungsvoll, dass uns in der Dichtung eine unmittelbare Einwirkung der physischen Mutterschaft auf das künstlerische Vermögen greifbar entgegentritt[1]). Allerdings nicht in allen Fällen. Aber es ist wohl kein Zufall, dass eine der wenigen wirklich genialen Dichterinnen der Vergangenheit, die das Frauenleben in seinem ganzen Umfang durchmessen haben, dass gerade George Sand, diese eminent produktive Natur, auf die völlige Umwandlung hinweist, welche die physische Mutterschaft im geistigen Leben des Weibes bewirkt[2]).

Dagegen liess sich aus unserm Erhebungsmaterial in der reinen Wissenschaft, im Essai und Journalismus weder eine Beeinträchtigung des Kindes noch der Arbeitskraft feststellen. Immerhin wurden die stärksten wissenschaftlichen Leistungen in keinem einzigen Falle als aus der Zeit der Schwangerschaft herrührend angegeben.

Betreffs des Verhältnisses der geistigen Arbeit zu den über die physische Mutterschaft hinausgehenden Pflichten sind zwei wesentliche Gesichtspunkte zu unterscheiden. Einerseits die durch manche Berufe bedingte räumliche Trennung der Mutter von den Kindern, andererseits die vom Beruf erforderte und durch ihn erzeugte seelische Disposition.

Die Notwendigkeit räumlicher Trennung macht sich vor Allem bei den reproduktiven Berufen, zumeist bei der gastierenden Künstlerin, geltend, wenn sie nicht das Kind einem unruhigen Wanderleben aussetzt. Ferner bei der Agitation und in mehr oder minder starkem Grade bei der angewandten Wissenschaft. Einmal handelt es sich um regelmässige tägliche Anforderungen, in anderen Fällen um wochen- und monate-, ja jahrelange Reisen, welche die Mutter dem Heim entziehen. Fast niemals ist der Frau in jenen Berufen die aufmerksame Pflege des kleinen, die sorgsame Ueberwachung des heranwachsenden Kindes in vollem Umfange möglich. Die räumliche Entfernung spielt hingegen eine geringere Rolle in der bildenden Kunst und kommt am wenigsten für die Dichtung, die reine

[1]) Siehe Dichtung.

[2]) Vgl. Teil II, 4 S. 160 u. 161.

Wissenschaft, für Essai und Journalismus, mit Ausnahme einer redaktionellen Thätigkeit, in Betracht.

Eine gewisse innere Absorbtion bedingt nun freilich jede höhere geistige Arbeit. Indessen tritt die seelische Ungeeignetheit der in geistige Arbeit vertieften Frau für den Mutterberuf und die geistigem und künstlerischem Schaffen wenig entsprechende Disposition der von dem Kinde beanspruchten Mutter in ungleicher Art und Stärke zu Tage. Unter den Berufen, die in ihren äusseren Anforderungen am Ersten mit dem Mutterberuf vereinbar scheinen: bildende Kunst, Essai, reine Wissenschaft und Dichtung zeigen sich hier grosse Verschiedenheiten in den Aussagen der Experten. Wir sahen einen schweren Konflikt in der Dichtung, eine immerhin beeinträchtigte Leistungsfähigkeit in der Wissenschaft und ein verhältnismässig harmonisches Zusammenklingen in der bildenden Kunst, im Essai und Journalismus. Die Bedeutung der Stimmung für die Dichtung, die Absorbtion durch das dichterische Schaffen, die sich keine Grenzen setzen lässt, bewirkt besondere Schwierigkeiten für die Vereinigung[1]). Hervorragende Dichterinnen sind sich dessen oft schmerzlich bewusst. Weniger scharf tritt der Zwiespalt zwischen der Mutter und der Schaffenden in der reinen Wissenschaft hervor, immerhin aber findet eine Beeinträchtigung der Leistungsfähigkeit statt, und das Schwergewicht der Thätigkeit fällt meistens in die Zeit *nach* dem erfüllten Mutterberuf.

Das Gesamtbild der einzelnen Ausführungen ergiebt, dass fast mit allen Arten geistiger Arbeit Bedingungen verknüpft sind, die eine harmonische Vereinigung mit dem Mutterberuf unmöglich machen. In weitaus den meisten Fällen führte die Gleichzeitigkeit mütterlicher und geistiger Thätigkeit zum Konflikt.

Hierdurch gewinnt die Frage eine entscheidende Bedeutung, *auf welchen Gebieten eine erfolgreiche Thätigkeit denkbar ist, wenn das eigentliche Schaffen sich erst an den erfüllten Mutterberuf anschliesst* — also in eine spätere Lebensspanne verlegt wird. Wo dauernde Uebung erforderlich ist, wie sie besonders jede handliche Fertigkeit voraussetzt, wo Jugend

---

[1]) Fasst man lediglich die Beeinträchtigung mütterlicher Thätigkeit ins Auge, so ist die seelische Disposition der Schauspielerin durch ihr „tägliches Exercitium der Leidenschaft“ am ungeeignetsten für den Mutterberuf.

und Körperkraft notwendig erscheinen, ist diese Frage am wenigsten zu bejahen: in den reproduktiven Berufen und in einzelnen Zweigen der angewandten Wissenschaft[1]). In der Dichtung zeigt die Erfahrung (wir erinnern an George Eliot, Magdalene Thoresen u. s. w.), dass hier die produktive Thätigkeit der Frau oft erst in reiferem Lebensalter beginnt. Einer ähnlichen Erscheinung begegnen wir in der Wissenschaft. Immerhin ist die Leistungsfähigkeit, wenn sie sich im Wesentlichen erst in einer späten Lebensspanne bethätigen kann, auf allen Gebieten sehr beeinträchtigt.

Am wenigsten vielleicht in der Agitation. Mag auch eine temperamentvolle Natur zeitweise darunter leiden, nicht unmittelbar eingreifen zu können, so kann doch langsames Ausreifen der Ideen die Agitatorin fördern. Vor Allem aber bedeutet die Hinausschiebung der Thätigkeit durch den Mutterberuf hier deshalb eine Bereicherung, weil gerade aus dem hemmenden Pflichtenkreise die stärksten Anregungen erwachsen. „Erfahrungen sind unübertragbar“. Vielleicht hat dies Wort an keiner Stelle eine grössere Berechtigung wie gegenüber den Erfahrungen der Mutter. Und hierin wurzelt auch die Bedeutung, welche die Mutter als Agitatorin gewinnen kann. Es gilt, die aus individuellen Erlebnissen erwachsene Einsicht für die Allgemeinheit zu verwerten. Die Unübertragbarkeit mütterlicher Erfahrung weist darauf hin, welchen Wert der Eintritt der Frau in die gesetzgebenden Körperschaften haben könnte. Zugleich scheint die Möglichkeit der Verwertung jener Erfahrung in späteren Jahren zu zeigen, dass die inneren und äusseren Bedingungen des Mutterberufs kein Hinderniss für eine wirksame öffentliche Thätigkeit bilden[2]).

---

[1]) Auch in der bildenden Kunst; doch sahen wir in dieser die Möglichkeit, beiden Berufsanforderungen gleichzeitig gerecht zu werden.

[2]) Während einzelne Staaten Unverheirateten auf Grund von Vermögensverhältnissen gewisse politische Vorrechte zuerkennen, begegnen wir in Norwegen einem interessanten Vorrecht der Mutter. Dort hat sie in den Städten das Wahlrecht für die Schulinspektion. Deutlich bricht sich hier die Einsicht Bahn: Die Stimme der mit der Obhut der Kinder betrauten Mutter müsse bei Ueberwachung der öffentlichen Anstalten, mit denen sie die Aufgabe der Erziehung teilt, gehört werden. — Das Gesetz von Kentucky beschränkt die Gewährung des Stimmrechts in allen Schulsachen auf Witwen, die Kinder haben, und Unverheiratete, die ein Mündel im Alter von 6—20 Jahren haben. Vrgl. Ostrogorski. Die Frau im öffentlichen Recht. Leipzig.

Im Gegensatz zur Agitation — das Wort hier im weitesten Sinne genommen — muss für die meisten der in unserer Studie behandelten Gebiete unumwunden anerkannt werden: da die Hinausschiebung geistiger Arbeit in ein späteres Lebensalter zuweilen Schädigung, oft direktes Verkümmern des Könnens bedeutet, so ist in der Mehrzahl der Berufe zwischen geistigem und künstlerischem Schaffen und dem erfüllten Frauenleben ein Konflikt unvermeidlich. Eine Lösung dieses Konflikts scheint uns ausgeschlossen, weil sowohl die Unterdrückung der Frau als Geschlechtswesen, als auch die Unterdrückung des Schaffenstriebes Gefahren für den Einzelnen wie die Allgemeinheit in sich birgt.

Zwar wirkt, wie schon erwähnt, nicht auf allen Gebieten das Cölibat hemmend, allein die volle Entwicklung der Persönlichkeit erfordert das Ausleben des Weibes als Geschlechtswesen und Mutter. Nur die Frau, die den ganzen Kreislauf des weiblichen Lebens durchmessen hat, repräsentiert — wie wir als Ausgangspunkt unserer Studie schon betonten — erschöpfend ihr Geschlecht, zeigt es in seiner unbeeinträchtigten Wesensfülle, in seinem Reichtum, wie in seiner Gebundenheit. Schopenhauer zieht eine Analogie zwischen der nach der Begattung ihrer Flügel beraubten weiblichen Ameise und der Frau [1]), die, wenn sie Mutter geworden, ihre Schönheit einbüsst. Allein gerade die Mutterschaft leiht dem Weibe, wie viel es durch sie auch an äusserer Schönheit verlieren mag, in anderer Weise Flügel — Flügel, die es in früher nie gekannte Welten tragen. Und sicherlich empfindet gerade die schaffende Frau mit grösster Innigkeit das Glück der Mutterschaft. Denn nicht „Ergebnisse der Entartung [2])“ sind die geistig und künstlerisch veran-

---

[1]) „Sonach hat die Natur das Weib, eben wie jedes andere ihrer Geschöpfe, mit den Waffen und Werkzeugen ausgerüstet, deren es zur Sicherung seines Daseins bedarf, und auf die Zeit, da es ihrer bedarf, wobei sie denn auch mit ihrer gewöhnlichen Sparsamkeit verfahren ist. Wie nämlich die weibliche Ameise nach der Begattung die fortan überflüssigen, ja, für das Brutverhältnis gefährlichen Flügel verliert, so meistens nach einem oder zwei Kindbetten das Weib seine Schönheit; wahrscheinlich aus demselben Grunde.“

[2]) „Gelehrte und künstlerische Frauen sind Ergebnisse der Entartung“ Möbius. Ueber die Anlage zur Mathematik, Leipzig 1900. (Ueber die mathematischen Weiber.)

lagten Frauen. Sondern wir glauben an Hand der Erfahrung gezeigt zu haben, dass gerade in ihnen in voller Kraft der tiefste Grundtrieb des Weibes lebt. Mütterlichkeit kann schöpferisch thätigen Frauen nur infolge mangelnder Kenntnis ihres persönlichen Lebens abgesprochen werden[1]). Ein tieferes Eindringen, wie wir es auch für die Vergangenheit an der Hand biographischen Materials, der Berichte von Angehörigen und Zeitgenossen versuchten, lässt keinen Zweifel, dass die Mütterlichkeit ein Wesenselement der bedeutendsten produktiven Frauennaturen war[2]). Wie bereits betont wurde, lässt schon die Empfindungswärme des Weibes in ihm das grosse lebenspendende Prinzip ahnen — selbst da, wo dieser das natürlichste Ausleben: die Hingabe an das eigene Kind, versagt bleibt.

Eine ebenso grosse Beeinträchtigung wie die Verkümmerung der Frau als Geschlechtswesen würde aber eine Unterdrückung des Schaffenstriebes bedeuten. Und zwar nicht nur eine persönliche Beeinträchtigung, sondern — und dieser Gesichtspunkt scheint uns maassgebend für die Beurteilung der Mutter als Schaffende — eine Beeinträchtigung der Allgemeinheit. Es ist **der Maassstab des unersetzlichen Kulturwertes, der an die geistige Arbeit der Mutter angelegt werden muss und über ihre Existenzberechtigung entscheidet — nicht die Möglichkeit einer idealen Vereinbarkeit mit dem Frauenleben.** Denn wäre diese letztere Möglichkeit entscheidend, so müsste die Frau gerade auf den Gebieten das Feld räumen, wo ihre grössten Leistungen liegen und ihre Thätigkeit bedingungslos als berechtigt anerkannt wird. In unserer Zeit kann aber eine Verbannung der Schauspielerin und Sängerin nicht in Frage kommen, obwohl gerade hier die krasseste Disharmonie, die schärfsten inneren und äusseren Widersprüche mit der Aufgabe der Mutter zu Tage treten[3]). Will

[1]) Wie wir uns zu der Auffassung stellen, welche die Mutter von der Gattin loslöst, haben wir in der Dichtung bei der kritischen Behandlung des Losungswortes „Ein Kind und Arbeit" ausgeführt. S. Dichtung S. 192ff.

[2]) S. Dichtung, z. B. George Eliot, George Sand, Harriet Beecher Stowe, Marceline Desbordes-Valmore, Elisabeth Barett Browning, vrgl. auch Wissenschaft: Mary Somerville, Talvy; in der Agitation: Mary Wollstonecraft, Frau von Staël, Mme. Roland.

[3]) „Am erwünschtesten für die Frau ist ein Beruf, dessen Erlernung kein längeres Wegbleiben von der Heimat verlangt und der ihr gestattet im

man daher nicht mit zweierlei Maass messen, so darf trotz der höchsten Würdigung des Mutterberufs die ideale Vereinbarkeit mit ihm nicht länger als Maassstab für die Berechtigung des geistigen und künstlerischen Schaffens der Frau hingestellt werden. Vielmehr ist, wie wir schon in der Schauspielkunst ausführten, anzuerkennen, dass unersetzbare Kulturwerte nicht um der mütterlichen Aufgabe willen hingeopfert werden dürfen, dass hier Wert gegen Wert steht, Leistung gegen Leistung abzuwägen ist.

Diese Gesichtspunkte kommen allerdings nur für jene Minderzahl von Frauen in Betracht, die sich einer bestimmten geistigen Arbeit in dem von uns erörterten Sinne [1]) hingeben. Es scheint uns aber, als ob in unserer Zeit diese Minderzahl über ihr natürliches Maass hinauswächst, indem Frauen, die weder unter dem Zwang materieller Not noch eines eingeborenen Schaffenstriebes stehen, sich nach geistiger Berufsarbeit sehnen, weil sie glauben, nur hierdurch ihrer intellektuellen Persönlichkeit gerecht werden zu können. Demgegenüber ist die hohe geistige Bedeutung des Mutterberufs zu betonen, so wie der Wert und die Notwendigkeit einer thätigen Anteilnahme der Frauen am öffentlichen Leben [2]).

Es muss in das allgemeine Bewusstsein übergehen, dass es

Kreise der Familie zu bleiben. Nie vergesse sie, dass sie bei der Wahl eines bisher Männern vorbehaltenen Berufs aus der Sphäre heraustritt, welche die Natur für sie bestimmt hat.“ (Fehling. Die Bestimmung der Frau. Stuttgart 1892.) Wollte man diesen Massstab an die Schauspielerin anlegen, die, wie wir schon früher zeigten, doch auch einst in einem „bisher Männern vorbehaltenen Beruf“ ein Eroberer war, so wäre sie in ihrer Thätigkeit bedingungslos gerichtet.

[1]) Siehe Teil I, 3.

[2]) Wie beredt zeigt sich die Lücke, welche trotz erfüllten Frauenlebens der Mangel staats- und weltbürgerlicher Thätigkeit im Weibe lässt, in folgender uns zugegangener Mitteilung. „Ich habe meinen Beruf als Gattin und „Mutter gewissenhaft erfüllt und mir redlich Mühe gegeben, vollständige Be-„friedigung darin zu finden, allein trotzdem ich einen liebevollen Gatten und „drei brave wohlgeratene Söhne habe, die mit grosser Liebe an mir hängen, „konnte ich diese Befriedigung nicht finden, und ich fühle eine Leere in „meinem Innern, welche weder die Liebe meiner Söhne, noch die gewissen-„hafte Erfüllung meiner häuslichen Pflichten auszufüllen vermag.“

keine höhere Art geistiger Thätigkeit giebt, als die der Mutter. Das Material, mit dem sie arbeitet, ist das edelste, das je einer gestaltenden Hand anvertraut ward; der Thon, den sie formt, so fein, so weich, dass die leiseste Berührung Spuren hinterlässt. Daher kann aber auch nur die höchste Kultur, die selbst die Instinkte geadelt hat, hier vor Missgriffen schützen. Und es muss für die vornehmste Art geistiger Thätigkeit — weit über die hygienische und pädagogische Vorbereitung hinaus — auch eine entsprechende Ausbildung gefordert werden.[1]) So lange die Erziehung des Menschengeschlechts Geschöpfen anvertraut ist, denen man nur eine niedere Bildung zugesteht, bleibt das Wort von der Heiligkeit des Mutterberufs Phrase.

Die Erkenntnis von der Bedeutung der Mutterpflichten weist nicht nur auf die Notwendigkeit einer weiteren Ausbildung des weiblichen Geschlechts, sondern auch auf die Notwendigkeit einer ganz anderen Würdigung der Mutter hin, die in ihrer öffentlichen Stellung zum Ausdruck kommen muss. Denn wie sehr uns in Wort und Bild der Kultus der Mutter entgegentritt — zur wirkenden Kraft ist dieser Kultus nicht geworden.

Freilich würde erst in einer anderen wirtschaftlichen Ordnung die Möglichkeit gegeben sein, die soziale Funktion der Mutterschaft als solche zu werten und durch ökonomische Sicherstellung jede Mutter für die Ausübung ihres Berufes freizusetzen. Aber schon heute wäre die Verleihung des Wahlrechts immerhin ein erster Schritt, der Mutter die Stellung einzuräumen, die ihr auf Grund ihrer Thätigkeit gebührt — einer Thätigkeit, welche die höchsten Anforderungen an Intelligenz, Einsicht und Selbstdisziplin stellt. Nur eine gänzliche Verkennung der Aufgaben und Pflichten der Mutter konnte dieser bis jetzt eine maassgebende Einwirkung auf Erziehungs- und Schulangelegenheiten versagen. Allein weit hierüber hinaus ist ihre thätige Teilnahme am öffentlichen Leben[2]), ihr

[1]) Schon Mary Wollstonecraft betonte ausdrücklich die Wichtigkeit der frühen geistigen und seelischen Ausbildung des Weibes mit Rücksicht auf ihre Pflichten als Mutter. „As the care of children in their infancy is one of the grand duties annexed to the female character by nature, this duty would afford many forcible arguments for strengthening the female understanding if it were properly considered.“

[2]) Wie dem Mann die Bethätigung dieser Interessen neben seiner eigentlichen Berufssphäre möglich ist, so ist sie es auch der Mutter. Wir betonten

Einfluss auf die Gestaltung gesellschaftlicher Einrichtungen in zwiefacher Hinsicht von Bedeutung: zunächst gewinnt sie erst hierdurch die Möglichkeit, über die Pfähle des Heims hinaus für das Wohl und Gedeihen ihrer Kinder zu wirken — in zweiter Linie kommt die Verwertung der Einsicht in Betracht, die nur die eigenartigen Erfahrungen der Frau geben können.

Ein Verkennen der Bedeutung, welche die Eigenart des Weibes für das geistige Leben gewinnen kann, erscheint uns, wie wir zum Schluss betonen müssen, als verhängnisvoller Irrtum. Mögen immerhin die geistigen und künstlerischen Leistungen des Weibes hinter denen des Mannes zurückbleiben — im Wesentlichen rührt dies daher, dass die Frau in ihrer Eigenschaft als Geschlechtswesen anders und stärker absorbiert ist, als der Mann. Und anderseits erwächst aus dieser Sonderheit zugleich ihr eigenartiger Reichtum. Das Erlebnis der Mutterschaft ist wesensverschieden von allen Erfahrungen des Mannes, dem schon physiologisch jegliche Analogie fehlt. Hier liegen geheimnisvolle Welten, die sich nur der Frau erschliessen. In dem Weibe, das erschauernd das Mysterium des werdenden Lebens in seinem Schoosse gefühlt, das die letzte Hingabe an ein hilfloses Wesen empfunden, in der Mutter, die aus ihrer blühenden Kraft ein anderes Geschöpf erwachsen und sich leise, fast unmerklich zu selbstündigem Sein von ihr loslösen sah — in ihr werden Saiten angeschlagen, die im Manne nie erzittern können. Was hier an Empfindungen emporschwillt, an Ideen angeregt wird, hat bisher nur vereinzelt Ausdruck gefunden. Gelingt es der Frau, seinen tiefsten Gehalt auszuschöpfen, so wird dies, wie früher erwähnt, auf geistigem und künstlerischem Gebiet eine wertvolle Bereicherung bedeuten.

---

schon an anderer Stelle den ungleichen Charakter des Mutterberufs, der zeitweise für ganze Strecken die Persönlichkeit frei lässt, vor Allem in einer Lebensperiode zum Abschluss gelangt, da Thatkraft und geistige Regsamkeit häufig noch in ungeminderter Frische erhalten sind. Allerdings darf dies nicht dazu verleiten, den Mutterberuf weniger als Beruf zu würdigen. Denn selbst nach der physischen Mutterschaft ist oft der Verbrauch der Kräfte so gross, dass hier wie mit Kriegsjahren gerechnet werden muss. Aber immerhin bleiben in vielen Fällen Zeit und Kräfte, deren Verwertung in den oben gezeichneten Bahnen ebenso wohl die Gesammtheit, wie das Individuum fördern würde.

Und wenn es auch stets nur Aufgabe einer Elite bleiben kann, jenen intimen Erlebnissen eine Sprache zu geben, so ist es doch wichtig, sich zu vergegenwärtigen, dass in der Mutterschaft für die Gesamtheit des weiblichen Geschlechts ein Gebiet liegt, dessen eigenartige Erfahrungen nur der Frau zugängig sind. Beginnt sie diese Erfahrungen unter grösseren Gesichtspunkten zu betrachten, so wird sie auch als geistige Persönlichkeit gefördert. Und nur eine solche kann die Mutter im idealen Sinne sein — die Mutter, die nicht nur dem Kinde hilft, dem das Spielzeug entglitten, sondern die auch den herangewachsenen Menschen in den dunklen Stunden dieses wechselvollen Lebens mit dem heiligen Trost unverlierbarer Güter der Menschheit tröstet.

Anhang.

Register der Experten.[1]

Clementine Abranyi Katona.
Juliette Adam.
Hope Bridges Adams-Lehmann Dr. med.
Helen Allingham.
Rosy Amadori.
Sarah Maclardie-Amos.
Aurél von Anderkó.
Adelaide Anderson.
Susan B. Anthony.
A. Archangelskaja.
L. D'Ariel.
Belle Armstrong Whitney.
Anita Augspurg.
Florence Balgarnie.
Anna Balitzog.
Romualda Baudonin de Courtenay.
Alice Barber-Otrphens.
Fanny Basch-Mahler.
Therese, Prinzessin von Bayern.
Arvède Barine.
Margarethe Bateson.
Dorothea Beale.
Gertrud von Beaulieu.
Luise Begas-Parmentier.
Hedwig Bender.
Marie Bernhard.
Charlotte Besnard.
Marie Besobrasof.
Goswina von Berlepsch.
Valeska Gräfin Bethusy.
Tina Blau-Lang.
Jenny Blicher-Clausen.
Helen Blackburn.
Elizabeth Blackwell, Dr. med.
Therese Blanc (Bentzon).
Lady Blennerhassett, Dr. hon. causa.
Agnes Bluhm, Dr. med.
Bianca Bobertag.
Hanna Bieber-Boehm.
Fannie Bloomfield-Zeisler.
Rose Camille Bonsignorio.
Helene Böhlau.
Mary Bollet-Branch.
Ottilie Bondy.
Elizabeth Bonsall.
Grace Duffie Boylan.
Isabelle Amélie Bogelot.
Marie Anne de Bovet.
Ida Boy-Ed.
Olga von Boznanska.
Anna C. Brackett.
Sarah Brigham.
Ingeborg von Bronsart.
Antoinette Brown-Blackwell.
Charlotte Broicher.
Jenny Brownscombe.
Carola Bruch-Sinn (Drachenfels, Saldau).
Alinda Brunamonti.
Sophie Bryant.
Arabella B. Buckley.
Anna Bugge-Wixel.
Frieda Freiin von Bülow.
Gertrud Gräfin Bülow von Dennewitz.
Frigga Carlberg.

[1]) Etwa der 7. Teil der Experten gehört Nordamerika an.

Anna de Castro-Ororio.
Minna Cauer.
Marion Couthony-Smith.
Catharina Cavos-Zaroudny.
Cécile Chaminade.
Izosa Chandler.
B. A. Charles.
Ria Claassen.
I. Clant van der Myll.
Anna Claud Saar.
Marie Conrad Ramlo.
Emma Coradi-Stahl.
Pauline du Coin de Forges.
T. Combe.
Marguerite Coppin.
Louise Cornaz (Joseph Autier).
Anna Croissant-Rust.
E. Crouzet.
Elizabeth Dale.
Kata Dalström.
Zofia Daszynska, Dr. phil.
Helen Dawes-Brown.
Jeanne Delsante.
Virginie Demont-Breton.
Dr. med. Desmolières.
Comtesse Diane.
Isa van Diest.
Dr. Luise Dodel.
Hedwig Dohm.
Auguste Dohlmann.
Annie Douglas Robinson.
Jane Frances Dove.
Helene Druskowitz, Dr. phil.
Louise Dumont.
Dora Duncker.
Gertrud Dyhrenfurth.
Carina Campbell Eaglesfield.
Emma Eames.
Gertrude Ebhardt.
Marie von Ebner-Eschenbach.
Blanche Edwards-Pillier, Dr. med.
George Egerton.
Franziska Ellmenreich (Baronin Fuchs-Nordhoff).
Sophie Elkan.
Sigrid Elmblad.
Dr. I. Eltzina.
Nataly von Eschstruth.
E. Eschelsohn, Dr. jur., Privatdocent an der Universität zu Upsala.
J. de St. Etienne.
Olga Faurceus.
Millian Garrett Fawcett.
Olga Fedtschenko.
Florence Fenwick-Miller.
Anna Fischer-Dückelmann Dr. med.
Laura Fitinghoff.
Auguste Fickert.
Angela Folkmann.
Gertrud Franke-Schievelbein.
Ilse Frapan.
Kirstine Frederiksen.
Alice French (Octave Thanet).
Camilla Friedlaender.
Henriette Fürth.
Susanna Pheefs-Gage.
Alice Gardener.
Emma Gad.
Louise Gagneur.
Ellen Gates.
René Gauge.
Dr. Anna Gebser.
Adine Gemberg.
Fanny von Geiger-Weishaupt.
Theresina Gessner-Sommerstorff.
Jeanne Gevin-Cassal.
Lotte Glas.
Elisabeth Gnauck-Kühne.
Henriette Goldschmidt.
Florence Gotthold.
Anna Adams-Gordon.
Ethel Gordon-Jenwich.
Marie Gorlenka-Dolina.
Wera von Grave.
Marie delle Grazie.
Fanny Gröger.
Auguste Groner.
Alice Gurschner.
Maximiliane Guyon.
Luise Hagen.

Marianne Hainisch.
Julia Clark-Hallam.
Mary Hallock-Foote.
R. Harding Davis.
Philomena Hartl-Mitius.
Elise Hedinger.
Anna Heer, Dr. med.
Marie Heim, Dr. med.
Selma Heine (Anselm Heine).
Jeannette Herniton-Loop.
Georgine Heller.
Lillian B. Henschel.
Marie Herzfeld.
Emilie Welti-Herzog.
Agnes Leonard Hill.
Mildred I. Hill.
Wilhelmine von Hillern.
Sinaida Hippius-Mereschkowskaja.
Dora Hitz.
Sophie Hoechstetter.
Nina Hoffmann.
Kate Holladay Claghorn.
Katharine Prearson Hoods.
Ricarda Huch, Dr. phil.
Gräfin Vilma Hugonnai, Dr. med.
Violet Hunt.
Ida Heyermans.
Aletta Jakobs, Dr. med.
Hannah P. James.
Eliza Ichenhäuser.
Fanny Igleheart.
Emma Ihrer.
Virginia Jones.
Louise Jopling.
Winifred Judson.
Irene Katona.
Minna Kautsky.
J. Keelhof.
Florence Kelley.
Jettie de Bosch-Kemper.
Lucy Kemp-Wetch.
Arabella Keneally.
Clara Kern Bayliss.
Ellen Key.
Laura Kieler.
Anna Wahlenberg Kjerman.
Andréa Kleen.
Helene Knowlton.
Nellie van Kol.
Linda Kögel.
Mary Kollock.
Sophie Koner.
Julie Kopacsy-Karczag.
Sophie Kramskoi.
Mathilde von Kralik.
Marie Krestovskaja.
Selma Lagerlöf.
Teresa Labriola, Dr. jur.
Marie Lang.
Helene Lange.
Lydia Lascheewa.
Liza Lehmann-Bedford.
Lilli Lehmann-Kalisch.
Olga von Leonawa.
Sabine Lepsius.
Wilma Lindke.
Maria Iwanowna Litwinowskaga.
Belva Ann Lockwood, A. M. B. L.
Marie Loeper-Housselle.
Johanna Loewenherz.
Clementine Lonant.
Ascelline Lund.
Margaret Macdonald.
Isabella Macdonald-Alden.
Marion McKenzie.
Laura McLaren.
Julia McacNair Wright.
Pauline Mailhac.
Baronin Gizella Malcomes.
Marie Mali.
Elisabeth Malo.
Harriet Mann-Miller.
Mathilde Marchesi.
Jeanne Marni.
Mary P. Marschall.
Maria Martin.
Rosa Mayreder.
Berthe Mendès.
Elsbeth Meyer-Förster.
Henriette van der Mey.

Leonie Meyerhof (Leo Hildeck).
Malvida von Meysenbug.
Carolina Michaelis de Vasconcellos, Dr. hon. causa.
Dr. Margarethe Mengarini-Traube.
Katherina Migerka.
Helen Minslow.
Wilhelmine Mitterwurzer.
Alice Moderno.
Nicoline M. Möller.
Dora B. Montefiore.
Rina Monti (Dozent der Anatomie an der Universität zu Pavia).
Lina Morgenstern.
Mary Whitney Morrison.
Alice Morse Earle.
Virginia Mulazzi.
Helene von Mülinen.
Lilly Nadler.
Marie Nageotte, Dr. med.
Kapitolina Nasarjewa.
Laura Netzel-Lago.
Marie Néron.
Annie Neumann-Hofer (Annie Bock).
Anita Newcomb M. Gee. (M. D. U. S. Army.)
Elly Nienstaedt.
Martha Nordenholz.
Marie Louise Norlund.
Elizabeth Nourse.
Dr. Alida Nyland.
Fanny Obetko.
Kate Ocklerton-Lippa.
Oda Olberg.
Cornelie van Oosterzee.
Laura Ormiston-Chant.
Caroline Orne.
Anna Pappritz.
Hanna Pauli.
Alexandra Peschkof.
Alice Pestana (Caiel).
Albertina Paraiza.
Elizabeth Stuart Phelps-Ward.
Nora Philipps.
Elizabeth Phipps-Smith.
Beatriz Pinheiro de Lemos.
Eugenie Pirson Lothier.
Rosa Platter.
Sara Plummer Lemmon.
Maria Pognon.
Marie Pokrovacaya.
Charlotte Popert.
Adelheid Popp.
Hermione von Preuschen.
Marie Prongeansky.
Dr. Lydia Rabinowitsch-Kempner.
Lina Ramann.
Laura Rappoldi-Kahrer.
Marie Raskine,
Mary Jane Rathbun.
Mme. Rauber.
Nahida Remy (Ruth Lazarus).
Gabriele Reuter.
Elizabeth Armstrong-Reed.
Emma Pieczynska-Reichenbach.
Helene Richter.
Elizabeth Richartz.
Adelaide Ristori (Marchesa Capranica del Grillo).
Anna Ritter.
Louise Roan-Hansen.
Mary Robinson.
Dr. Alice Rodrigue, Privatdozent in Genf.
Henriette Roland-Holst.
Clara Kathleen Barnett-Rogers.
Marie Rassysxaca.
Elsa Ruegger.
Natalie von Rümelin.
M. Russell Cooke.
Irma Saenger-Sethe.
G. de Sainte-Croix.
Helene von Samokisch.
Anna von Savornin-Lohmann.
Anna Schabanoff, Dr. med.
Olga Schapir.
Catharine Schepiloff.
Flora Scherres-Friedenthal.
Käthe Schirmacher.
Therese Schlesinger-Eckstein.

Jeanne Elizabeth Schmahl.
Auguste Schmidt.
Amalie Schönchen.
Johanna Schultze-Wege.
Sophie Schumann (Sophie Junghans).
Ernestine Schumann-Heink.
Therese Schwartze.
Jeannette Schwerin.
Tatyana Sctebepkina-Koupernick.
Irma Melany Scodnik.
Janet Scudder.
Helene Sebestyen.
Mary Sharlieb M. D. M. S.
Kate Brownlee Sherwood.
E. Sidgwick.
Sophia da Silva.
Sophie Smirnowa.
Agnes Sorma (von Minotto).
Jeanne Henriette Sobiesky.
Catharina Sokobow.
Cady Stanton.
Anna Steel.
Frida Steenhoff.
Sara Y. Stevenson.
Helene Stöcker.
Marie Stritt.
Mary Summer.
Baronin Bertha von Suttner.
Carmen Sylva (Elisabeth, Königin von Rumänien).
Attala von Szalay.
Josephine von Szechy-Lorenz.
E. Szepetilnikowa.
Marie von Szilassy.
Dr. Bettina Tedeschiff.
Gräfin Teleki.
May Abraham Tennant.
Marie von Thilo, Dr. med.
Magdalene Thoresen.
Irma von Troll-Borostyani.
Eva Tryxell.
Dr. Anna Tumarkin, Privatdocent an d. Universität zu Bern.
Catharine von Tussenbrock, Dr. med.
Hendrika van Tussenbrock.
Clara Umlauf.
Catharine van Valkenburg-Waile.
Erna Velten.
Helene von Vesque.
Marie Bequet de Vienne.
Clara Viebig.
Gertrud Villiger.
Hermine Villinger.
Therese Vogl.
Anna Vorwerk.
Emilie Vouga-Pradez.
Helene Wachsmuth.
Ada Wallas.
Beatrice Webb.
Adelheid Weber.
Ninette Wegmann.
Bertha Wegmann.
Adele Werner.
Enid Stacy Widdrington.
Marguerite van de Wiele.
Clara Willdenow, Dr. med.
Käthe Windscheid, Dr. phil.
Isabel Winifred-Emery.
Olga Wisinger-Florian.
Marie Wittich.
Ulla Wolff (Ulrich Frank).
Julie Wolf-Thorn.
Maria Wolkowa.
Kate Tannat-Woods.
Elizabeth Wormeley-Latimer.
Helene von Wrangel.
Mary Wright-Plummer.
Lydie Yavorsky (Prinzessin Baria-tinsky).
Enid Yandell.
Gabrielle Zapolska.
Wally Zepler.
Klara Zetkin.
Clara Ziegler.

FSC
www.fsc.org
MIX
Papier | Fördert gute Waldnutzung
FSC® C083411

Kolibri 360 GmbH
Ferdinand-Jühlke-Straße 7
99095 Erfurt, Deutschland
produktsicherheit@kolibri360.de